THE BARBOUR COLLECTION OF CONNECTICUT TOWN VITAL RECORDS

THE BARBOUR COLLECTION OF CONNECTICUT TOWN VITAL RECORDS

NEWTOWN 1711–1852

NORTH BRANFORD 1831–1854

NORTH HAVEN 1786–1854

Compiled by
Greater Omaha Genealogical Society

General Editor
Lorraine Cook White

Copyright © 2000
Genealogical Publishing Co., Inc.
Baltimore, Maryland
All Rights Reserved
Library of Congress Catalogue Card Number 94-76197
International Standard Book Number 0-8063-1644-6
Made in the United States of America

INTRODUCTION

As early as 1640 the Connecticut Court of Election ordered all magistrates to keep a record of the marriages they performed. In 1644 the registration of births and marriages became the official responsibility of town clerks and registrars, with deaths added to their duties in 1650. From 1660 until the close of the Revolutionary War these vital records of birth, marriage, and death were generally well kept, but then for a period of about two generations until the mid-nineteenth century, the faithful recording of vital records declined in some towns.

General Lucius Barnes Barbour was the Connecticut Examiner of Public Records from 1911 to 1934 and in that capacity directed a project in which the vital records kept by the towns up to about 1850 were copied and abstracted. Barbour previously had directed the publication of the Bolton and Vernon vital records for the Connecticut Historical Society. For this new project he hired several individuals who were experienced in copying old records and familiar with the old script.

Barbour presented the completed transcriptions of town vital records to the Connecticut State Library where the information was typed onto printed forms. The form sheets were then cut, producing twelve small slips from each sheet. The slips for most towns were then alphabetized and the information was then typed a second time on large sheets of rag paper, which were subsequently bound into separate volumes for each town. The slips for all towns were then interfiled, forming a statewide alphabetized slip index for most surviving town vital records.

The dates of coverage vary from town to town, and of course the records of some towns are more complete than others. There are many cases in which an entry may appear two or three times, apparently because that entry was entered by one or more persons. Altogether the entire Barbour Collection--one of the great genealogical manuscript collections and one of the last to be published--covers 137 towns and comprises 14,333 typed pages.

TABLE OF CONTENTS

NEWTOWN 1

NORTH BRANFORD 221

NORTH HAVEN 235

ABBREVIATIONS

ae.------------age
b.-------------born or both
bd.-----------buried
B. G.---------Burying Ground
d.-------------died, day, or daughter
decd.---------deceased
f.--------------father
h.-------------hour or hours
Int. Pub.-----Intentions Published
J. P.----------Justice of Peace
LR-----------Land Records
m.------------married
N. S.---------New Style
O. S.---------Old Style
PR------------Probate Records
res.-----------resident
TM-----------Town Meeting Records
s.--------------son
st.-------------stillborn
V. D. M.----Voluns Dias (minister, one who serves God)
w.-------------wife, week, or weeks
wid.----------widow
wk.-----------week
y.-------------year

THE BARBOUR COLLECTION OF CONNECTICUT TOWN VITAL RECORDS

NEWTOWN VITAL RECORDS
1711-1852

	Vol.	Page
ABBOTT, Mason Squires, of Bridgeport, m. Caroline **SHEPARD**, of Newtown, Sept. 7, 1845, by Rev. S. S. Stocking	3	127
ACKMAN, Chezpa, d. Apr. 7, 1868, ae 26	4	40
ADAMS, Abigail, m. Abraham **KIMBERLY**, Oct. last, 1725	1	79
Harriet, of Milford, N. Y., m. Nathaniel **LYON**, of Danbury, June 9, 1842, by Lanson N. Beers, J. P.	3	112
Hulda, m. Zachariah **FERRISS**, Apr. 5, 1768	1	32
John, of Bethel, d. [, 1842]	2	120
Joseph Stevens, s.[Reuben & Naomy], b. June 4, 1775	1	87
Mary Paterson, d. [Reuben & Naomy], b. Jan. 21, 1773	1	87
Reuben, m. Naomy **STEVENS**, Dec. 4, 1771	1	87
ALBEE, [see also **ALIBY**], Washington M., of Oxford, Mass., m. Celia R. **FAIRCHILD**, of Newtown, Oct. 4, 1840, by Rev. Alexander Leadbetter. Int. Pub.	3	100
ALDIS, Ja[me]s, his s. [ ], d. Jan. 20, 1866, ae 2 d.	4	36
Phebe, d. Feb. 17, 1870, ae 54	4	43
ALEXANDER, Betsey, m. William **PECK** (colored), Mar. 2, 1829, by Rev. Daniel Burhans	3	37
Munson, colored, d. Feb. 6, 1824	2	149
ALIBY, [see also **ALBEE**], Eli R. B., m. Sarah **WILLIAMS**, b. of Newtown, July 1, 1825, by Rev. David Bennett	3	22
ALLEN, [see also **ALLING**], Hannah, her child d. [Mar. , 1824]	2	149
Hannah W., of Newtown, m. Eli **MITCHELL**, of Huntington, Apr. 1, 1838, by Ezra Morgan, J. P.	3	90
Stephen, of Woodbury, m. Sophia **FAIRCHILD**, of Newtown, Feb. 6, 1842, by Rev. S. S. Stocking	3	110
Stephen J., his d. [ ], d. Aug. 20, 1853, ae 3	4	15
Stephen J., his d. [ ], d. Aug. 29, 1853, ae 6	4	15
ALLING, [see also **ALLEN**], Ichabod E., of Humphreysville, m. Laura **SMITH**, of Newtown, Aug. 6, 1848, by Rev. J. Atwater	3B	24
ANDREWS, [see also **ANDRUS**], George, his d. [ ], d. Jan. 24, 1854, ae 4 w.	4	16
George, his s. [ ], d. June 8, 1856, ae 8 m.	4	19
George, his s. [ ], d. Mar. 12, 1860, ae 4 w.	4	25
Philo, m. Fanny **DeFOREST**, of Bridgeport, Nov. 5, [1820], by Rev. Daniel Burchans	2	1
Philo, of Bridgeport, m.Judeth **BLACKMAN**, of Newtown, Mar. 20, 1828, by Rev. Daniel Burhans	3	32
Philo, of Bridgeport, m. Judeth **BLACKMAN**, of Newtown, Mar. 20, 1828, by Rev. Daniel Burhans	3	32
Susan M., m. Albert **HYDE**, Oct. 7, 1849, by Rev. J. Atwater	3B	28

	Vol.	Page

ANDREWS, [see also **ANDRUS**] (cont.),
  Thomas, d. Dec. 3, 1847, ae 20 — 2 — 113-4
  Thomas, d. Dec. 3, 1847, ae 20 — 4 — 7
ANDRUS, [see also **ANDREWS**], Andrew, his d. [   ],
  d. Feb. 17, 1853, ae 6 — 4 — 14
  David, d. Apr. 24, 1863, ae 26 — 4 — 31
  William, his s. [   ], d. June 4, 1838, ae 15 — 2 — 125
  William, his s. [   ], d. [   ], 1840 — 2 — 121
ANTHONY, Rebecca, Mrs., d. Mar. 3, 1867, ae 64 — 4 — 38
ATHERTON, George, of New York City, m. Eliza **SMITH**, of Newtown, Nov. 19, 1843, by Samuel B. Peck, J. P. — 3 — 118
ATWATER, J[   ], Rev. his w. [   ], d. Apr. 30, 1854, ae 48 — 4 — 16
ATWOOD, Delia, d. July 16, 1846, ae 27 — 2 — 115
  Delia, d. July16, 1846, ae 24 — 4 — 3
  Phebe, of Bethlem, m. Reuben **BLACKMAN**, Sr., Aug. 25, 1823, by Rev. Daniel Burhans — 3 — 8
AUXLEY, Abigail, m. William **PRATT**, of Danbury, May 1, 1848, by Alexander Hall, J. P. — 3B — 21
AVERY, Jane, m. David **SOMERS**, b. of Newtown, June 7, 1846, by Rev. S. S. Stocking — 3 — 132
BACKEN, [see also **BACON**], Hannah, m. Jonathan **FAIRCHILD**, June 25, 1740 — 1 — 80
BACON, [see also **BACKEN**], Mary, m. Zachariah **CLARK**, Feb. 4, 1761 — 1 — 61
BAILEY, **BAILY**, Edward, m. Mary **BOTSFORD**, b. of Newtown, Oct. 13, 1833, by Rev. Samuel C. Stratton — 3 — 63
  Edward, d. July 17, 1835, ae 23 — 2 — 132
  Edward, his s. [   ], d. Feb. 16, 1859, ae 1 — 4 — 23
  Mary, Mrs., m. Joseph **BLACKMAN**, Jr., b. of Newtown, Dec. 24, 1836, in Trinity Church, by Rev. S. C. Stratton — 3 — 81
  Michael, d. Feb. 15, 1869, ae 4 — 4 — 41
  Reuben, his s. [   ], d. Oct. 23, 1852, ae 9 — 4 — 14
BAKER, [see also **BAKEY**], Kneulue(?), d. Feb. 20, 1813 — 2 — 160
BAKEY, [see also **BAKER**], Mary, Mrs., d. Jan. 30, 1857, ae 70 — 4 — 20
BALDWIN, Abel, s. [Lieut. Caleb, 3rd & Naomy], b. Feb. 7, 1757 — 1 — 12
  Abel, [s. Caleb, 3rd & Naomy], d. Apr. 16, 1787 — 1 — 12
  Abel, s. [Elijah & Cloe], b. Oct. 7, 1787 — 1 — 54
  Alma, Mrs., d. Feb. 11, 1868, ae 67 — 4 — 39
  Ambrose, s. [Mathew & Mary], b. June 29, 1780 — 1 — 82
  Amial, s. [Jabez & Mary], b. July 10, 1766 — 1 — 6
  Amos, s. [Daniel & Ann], b. Nov. 8, 1756 — 1 — 83
  Amos Glover, s. [Clark & Phedine], b. Jan. 22, 1779 — 1 — 57
  Amy, [d. John], b. Oct. 8, 1790 — 2 — 58
  Amy, d. Mar. 10, 1848, ae 57 — 4 — 7
  Ann, d. [Caleb], b. Sept. 18, 1727 — 1 — 66
  Ann, [w. Daniel], d. June 6, 1759 — 1 — 83
  Ann, b. July 2, 1760 — 1 — 45
  Ann, d. [Daniel & Abigail], b. July 2, 1760 — 1 — 83

	Vol.	Page
BALDWIN (cont.),		
Ann, m. Philo **NORTON**, Dec. 2, 1782	1	45
Anna, [d. Caleb, Jr. & Betsey], b. May 13, 1800	2	2
Anner, wid., d. June 8, 1817	2	156
Anna, d. Oct. 24, 1825	2	2
Anna, d. Caleb, d. Oct. 24, 1825, ae 25	2	148
Augustus, s. [Philo & Betsey], b. Dec. 24, 1796	1	48
Betsey, d. [Elijah & Cloe], b. Aug. 30, 1783	1	54
Betsey, d. Nov. 17, 1822	2	2
Bete, d. [Jabez & Mary], b. Dec. 11, 1762	1	6
Betty, m. David **HINMAN**, May 28, 1785	1	54
Betty, [w. Caleb, 3rd], d. June 28, 1787	1	12
Boyle Van Brooks, s. [David & Hannah], b. Nov. 1, 1784	1	83
Caleb, his eldest d. [ ], b. Dec. 28, 1725	1	66
Caleb, s. [Caleb], b. Dec. 13, 1728	1	66
Caleb, 3rd, Lieut., m. Naomy **HORD**, Mar. 8, 1756, by David Judson	1	12
Caleb, m. 2nd w. Jerusha [ ], Feb. 8, 1759	1	66
Caleb, s. Caleb, 3rd & Bettey, b. Oct. 15, 1772	1	12
Caleb, had negro Phillis, b. Feb. 16, 1762, in Stratford; Jennie d. Phillis, b. Aug. 26, 1782, in Stratford; Joseph Freedom, s. Phillis, b. Oct. 27, 1784; d. May 6, 1790	1	60
Caleb, 4th, s. Caleb, b. [ ], in Milford; d. July 2, 1763	1	80
Caleb, 3rd, m. Bettey **BETTS**, Nov. 13, 1770, by Rev. Mr. Lewis	1	12
Caleb, d. Mar. 9, 1772	1	66
Caleb, m. Annah **FAHRIGER***, Sept. 18, 1787 *(FABRIQUE?)	1	12
Caleb, Jr., m. Betsey **BEERS**, May 19, 1799	2	2
Caleb, d. Sept. 6, 1804, ae 75 y. 8 m. 12 d.	1	12
Caleb, Col., d. Sept. [ ], 1804	2	169
Caleb, his w. [ ], d. Nov. 17, 1822	2	151
Caleb, m. Sarah **BEARDSLEE**, of Oxford, Mar. 24, 1824, by Rev. Chauncy Prindle	2	2
Caleb, d. Dec. 10, 1844	2	2
Caleb, d. Dec. 10, 1844, ae 72 y.	2	84
Caleb, d. Dec. 10, 1844, ae 72	2	118
Caleb, d. Dec. 10, 1844, ae 72	4	1
Caroline, d. Aug. 18, 1828, ae 23	2	143
Clark, s. [Daniel & Ann], b. Nov. 27, 1752	1	83
Clark, m. Phedine **PRINDLE**, Apr. 20, 1775	1	57
Cornelius B., [s. John], b. Dec. 19, 1784	2	58
Currants, d. [Daniel & Abigail], b. Oct. 12, 1763	1	83
Cyrus Burwell, s. [Clark & Phedine], b. Sept. 25, 1782	1	57
Daniel, s. [Caleb], b. Aug. 27, 1730	1	66
Daniel, m. Ann **TOUSEY**, May 2, 1752	1	83
Daniel, s. [Daniel & Ann], b. Feb. 17, 1755	1	83
Daniel, m. Abigail **NORTHRUP**, Sept. 20, 1759	1	83
Daniel, s. [Juston & Amy], b. Dec. 16, 1788	1	50
Daniel, s. [Caleb, Jr. & Betsey], b. June 10, 1802	2	2
Daniel, d. May 17, 1819	2	154

	Vol.	Page
BALDWIN (cont.),		
Daniel, m. Ann **BOOTH**, Oct. 13, 1824, by B. Glover	3	13
Daniel, d. Aug. 26, 1825	2	2
Daniel, d. Aug. 26, 1825, ae 23	2	147
Daniel, wid., d. Oct. 1, 1825, ae 19	2	148
Daniel Tousey, s. [Clark & Phedine], b. Jan. 30, 1776	1	57
Daniel Tousey, s. [Clark & Phedine], d. Nov. 20, 1786	1	57
Daniel Tousey, s. [Clark & Phedine], b. Feb. 18, 1792	1	57
David, s. [Lieut. Caleb, 3rd & Naomy], b. Mar. 17, 1758	1	12
David, m. Hannah **BROOKS**, Feb. 12, 1778	1	83
David, Gen., d. Apr. 14, 1811	2	162
David, Gen., his wid. [ ], d. Feb. 15, 1826, ae 68	2	145
David B., d. Aug. 12, 1865, ae 77	4	35
David B., d. Aug. 12, 1865, ae 77	4	35
David V. B., his w. [ ], d. Dec. 6, 1840, ae 52	2	121
David V. B., m. Betsey **CURTIS**, b. of Newtown, Oct. 30, 1845, by Rev. S. S. Stocking	3	127d
David VanBrooks, s. [David & Hannah], b. Feb. 25, 1788	1	83
Donald, [s. John], b. Feb. 17, 1796	2	58
Donald, d. Oct. 1, 1823	2	150
Donald, d. Feb. 16, 1849, ae 22	4	8
Eliada, of Bridgeport, m. Laura Ann **THOMPSON**, May 19, 1822, by Daniel Burhans	3	1
Elijah, s. [Lieut. Caleb, 3rd & Naomy], b. Jan. 13, 1762	1	12
Elijah, m. Cloe **LOBDEL**, July 10, 1782	1	54
Elizabeth, m. Moses **PECK**, Dec. 1, 1748	1	21
Elizabeth, of Newtown, m. Lewis **BOOTH**, of New Milford, Sept. 9, 1846, by Rev. Samuel W. Smith. Int. Pub.	3	134
Emeline, Mrs., m. A. C. **SANFORD**, Jan. 27, 1850, by Rev. J. Atwater	3B	31
Enos, of Newtown, m. Damares **BENNETT**, of Stratfield, Dec. 1, 1720, by Jeames Bennitt, J. P., in Stratfield	LR2	351
Esther, d. Nathaniel, m. Samuel **SANFORD**, b. of Milford, [ ]	2	89
Flora, d. [David & Hannah], b. Apr. 28, 1783	1	83
Frederick, s. [Philo & Betsey], b. July 11, 1794	1	48
Hannah, d. [Daniel & Abigail], b. Mar. 24, 1765; d. July 19, 1766	1	83
Hannah, d. [Daniel & Abigail], b. Jan. 6, 1770	1	83
Henry, [s. Caleb, Jr. & Betsey], b. Jan. 30,1807	2	2
Henry, [s. Caleb, Jr. & Betsey], d. Mar. 29, 1871	2	2
Heth, s. [Jabez & Mary], b. Mar. 12, 1756	1	6
Hulda Ann, d. [Clark & Phedine], b. Feb. 19, 1789	1	57
Isaac, s. [Lieut. Caleb, 3rd & Naomy], b. Sept. 30, 1760	1	12
Isaac, m. Francis **HOLLY**, Oct. 10, 1782	1	86
Jabez, m. Mary **PECK**, Mar. 24, 1755	1	6
Jared, m. Damaris **BOOTH**, Sept. 18, 1753, by David Judson	1	79
Jared, s. [Jared & Damaris], b. Sept. 4, 1754	1	79
Jerusha, d. [Caleb & Jerusha], b. July last day, 1765	1	66
John, s. [Lieut. Caleb, 3rd & Naomy], b. Dec. 18, 1763	1	12

	Vol.	Page
BALDWIN (cont.),		
John, his w. [ ], d. Apr. 28, 1835, ae 71	2	131
John, d. Jan. 22, 1837, ae 73	2	58
John, d. Jan. 22, 1837, ae 73	2	127
Joseph Clark, s. [Clark & Phedine], b. Sept. 1, 1780	1	57
Laura, d. [David & Hannah], b. Nov. 1, 1780; d. Mar. 2, 1782	1	83
Lazarus Smith, s. [Clark & Phedine], b. Oct. 13, 1793	1	57
Lucinda, d. [Lieut. Caleb, 3rd & Naomy], b. June 11, 1769	1	12
Mary, d. [Jabez & Mary], b. Oct. 8, 1757	1	6
Mary, d. [Jabez & Mary], b. Aug. 13, 1760	1	6
Mary, m. Clement **BOTSFORD**, Nov. 24, 1774	2	81
Mary, [d. Caleb, Jr. & Betsey], b. May 3, 1804	2	2
Mary, [d. Caleb, Jr. & Betsey], d. May 3, 1804	2	2
Mary, d. May 3, 1804	2	169
Mathew, s. [Caleb, Jr. & Ann, of Wiskenxor], b. Apr. 18, 1748	1	80
Mathew, m. Mary **NORTHRUP**, Feb. 12, 1778	1	82
Mehetable, 1st w. [Caleb], d. Sept. 25, 1758	1	66
Mehetable, d. [Daniel & Ann], b. Jan. 17, 1759	1	83
Molly, twin with Nabby, d. [Daniel & Abigail], b. Dec. 21, 1771	1	83
Nabby, twin with Molly, d. [Daniel & Abigail], b. Dec. 21, 1771	1	83
Nabby, d. [Juston & Amy], b. Oct 26, 1794	1	50
Naomy, [w. Lieut. Caleb, 3rd], d. Jan. 5, 1770	1	12
Naomy, d. [Isaac & Francis], b. May 20, 1784	1	86
Phedine, d. [Clark & Phedine], b. July 15,1784	1	57
Philemon Prindle, s. [Clark & Phedine], b. Feb. 21, 1786	1	57
Philo, [s. Lieut. Caleb, 3rd & Naomy], b. Sept. 7, 1765	1	12
Philo, [s. John], b. Sept. 25, 1788	2	58
Philo, s. [Juston & Amy], b. Apr. 2, 1791	1	50
Philo, m. Betsey **LACEY**, Nov. 25, 1792	1	48
Polly, d. [Elijah & Cloe], b. July 4, 1785	1	54
Polly Ann, d. [Juston & Amy], b. Oct. 29, 1786	1	50
Ransford, s. [Daniel & Abigail], b. Feb. 17, 1768	1	83
Rebeckah, m. Eliphalet **HULL**, Oct. 30, 1765	1	81
Rhoda, d. [Daniel & Abigail], b. June 7, 1766	1	83
Sally, d. [Isaac & Francis], b. Apr. 6, 1787	1	86
Sally, [d. John], b. Jan. 15, 1800	2	58
Sally, m. John **BLACKMAN**, Jr., July 10, 1823, by Rev. Daniel Burhans	3	7
Samuel Burrell, s. [Juston & Amy], b. Mar. 7, 1785	1	50
Sary, d. [Caleb, Jr. & Ann, of Wiskenxor], b. July 2, 1745	1	80
Sarah, d. Feb. 26, 1818	2	155
Senton, s. [Daniel & Abigail], b. Dec. 8, 1761	1	83
Sherman Smith, s. [Elijah & Cloe], b. Apr. 20, 1790	1	54
Sydney, s. [Philo & Betsey], b. Nov. 8, 1798	1	48
William, [s. John], b. Nov. 28, 1803	2	58
William, m. Caroline **NORTHROP**, Oct. 19, 1825, by Rev. W[illia]m Mitchell	3	19
William, his infant d. [ ], d. Sept. 8, 1828, ae [ ]	2	143
William, d. Jan. 11, 1848, ae 44	4	7

	Vol.	Page
BALDWIN (cont.),		
Zada, d. [Clark & Phedine], b. July 3, 1771	1	57
BANCROFT, Catharine S., of Newtown, m. George **BURROUGHS**, of Bridgeport, Dec. 26, 1837, by Rev. S. C. Stratton	3	89
Elizabeth O., d. Jan. 26, 1861, ae 78	4	27
Oliver, his w. [　　　　　], d. Feb. 17, 1839, ae 79	2	123
Oliver, Dr., d. Aug. 18, 1840, ae 82	2	121
BANFORD, John, d. June 5, 1807	2	166
BANKS, Afred O., of Danbury, m. Jane Ann **SHEPARD**, of Newtown, Nov. 10, 1844, by Rev. George L. Fuller	3	125
Charles, of Norwalk, m. Cornelia **SOMERS**, of Newtown, July 23, 1848, by Rev. James Mallory, of Stepney	3B	23
Jesse, Jr., of Redding, m. Clarissa **NORTHROP**, of Newtown, Apr. 13, 1822, by Dea. Hawley Sanford	2	6
Mary Ann, m. Reed **BRADLEY**, of Westport, July 3, 1836, by Rev. F. Hitchcock	3	79
Moses, of Bridgeport, m. Maria **FOOT**, of Newtown, Mar. 15, 1835, by Rev. S. C. Stratton	3	72
BARDSLEY, [see under **BEARDSLEE**]		
BARLOW, -----, Mrs., d. May 26, 1805	2	168
-----, wid. his child d. [Oct.　　　], 1805	2	168
BARNES, BARNS, Emeline, of Britain, m. Samuel P. **HAWLEY**, Oct. 19, 1829, by Rev. Daniel Burhans	3	39
Ezekiel, d. Mar. 30, 1804	2	169
George, his d. [　　　　　], d. June 7, 1837, ae 2	2	127
Levi, m. Flora **HUBBELL**, Nov. 7, 1824, by Daniel Crane	3	14
Loeva, of Newtown, m. Zalmon M. **GRISWOLD**, of Danbury, Feb. 25, 1839, by Rev. S. C. Stratton	3	96
Lucius, m. Clarinda **TOUSEY**, b. of Newtown, July 12, 1837, by Rev. N. M. Urmston	3	87
Lucius, his s. [　　　　　], d. Sept. 15, 1838, ae [ ]	2	126
Parmelia, of Colesville, N. Y., m. Jotham B. **HAWLEY**, of Newtown, Oct. 11, 1826, by Rev. Samuel D. Ferguson	3	23
BARNUM, Benjamin F., of Danbury, m. Ann **LAKE**, of Newtown, Sept. 29, 1833, by David H. Belden, J. P.	3	63
Catharine, d. Mar. 21, 1856, ae 22	4	19
Catharine Jane, [d. Sallu Pell & Laura], b. Jan. 8, 1834, in Danbury	2	97-8
David Beach, [s. Sallu Pell & Laura], b. Feb. 21, 1837	2	97-8
Homer, of New Fairfield, m. Eliza **FOOT**, of Newtown, Sept. 8, 1830, by Lamson Birch, J. P.	3	43
Horace, of Danbury, m. Sally **SHERMAN**, of Newtown, Dec. 18, 1831, by Rev. Samuel C. Stratton	3	51
Horace, his s. [　　　　　], d. Feb. 21, 1833, ae 3	2	135
Horace, his d. [　　　　　], d. Apr. 5, 1834, ae 1	2	133
Horace, his s. [　　　　　], d. Nov. 8, 1854, ae 4	4	17
Joseph M., of Bethel Danbury, m. Hannah **LOBDELL**, Oct. 18, 1848, by Rev. J. Atwater	3B	25
Keziah, d. June 10, 1843, ae 21	2	119
Lamyra, m. Andrew **KNAPP**, b. of Newtown, Apr. 30, 1834, by		

	Vol.	Page
BARNUM (cont.),		
Jacob Beers, J. P.	3	68
Laura T., Mrs., d. Apr. 15, 1861, ae 49	4	28
Mariette, d. Jan. 4, 1862, ae 12	4	29
Naoma, of Danbury, m. Amos **HAY**, of Newtown, Apr. 28, 1838, by Samuel Fairchild, J. P.	3	91
Phebe, of Danbury, m. Sherman H. **DIBOROUGH**, Aug. 26, 1827, by Rev. W[illia]m Mitchell	3	28
Ruth, m. John **BASSETT**, Mar. 28, 1765	1	88
Sallu Pell, b.Sept. 2, 1808; m. Laura **FAIRCHILD**, Oct. 5, 1831, by Rev. Lemuel B. Hull, of Danbury	2	97-8
Salu Pell, of Danbury, m. Laura **FAIRCHILD**, Oct. 5, 1831, by Rev. Lemuel B. Hull	3	50
Sam[ue]l, his d. [ ], d. June 18, 1860, ae 8 m.	4	26
Sam[ue]l, his w. [ ], d. Apr. 7, 1864, ae 37	4	33
Sarah Frances, [d. Sallu Pell & Laura], b. May 14, 1845	2	97-8
BARRITT, Amos, m. Sarah **SEELEY**, Jan. 21, 1768	1	41
Annis, d. [Amos & Sarah], b. Apr. 12, 1772; d. Oct. 17, 1776	1	41
Annis Dayton, d. [Amos & Sarah], b. Feb. 12, 1781	1	41
Betsey Hinman, d. [Amos & Sarah], b. Dec. 13, 1787	1	41
Hannah Seely, d. [Amos & Sarah], b. Apr. 15, 1785	1	41
Joseph, [twin with Rubee, s. Amos & Sarah], b. July 13, 1768; d. Oct. 27, 1773	1	41
Joseph, s. [Amos & Sarah], b. Oct. 20, 1776	1	41
Rubee, [twin with Joseph, d. Amos & Sarah], b. July 13, 1768	1	41
Urana, d. [Amos & Sarah], b. Sept. 10, 1774	1	41
BARTHOLOMEW, Charity, of Waterbury, m. Elias **COOK**, Oct. 11, 1837, by Rev. N. M. Urmston	3	86
BASSETT, BASSET, Abraham, s. [John & Ruth], b. Aug. 25, 1768	1	88
Amy, m. Stephen M. **DOWNES**, b. of Newtown, June 14, 1820, by John Sherman	2	7
Chloe, Mrs., d. July 10, 1867, ae 47	4	39
Edward, of Bridgeport, m. Ruth A. **FAIRCHILD**, of Newtown, Nov. 5, 1838, by Thomas Nichols, J. P.	3	93
Edward, his s. [ ], d. Nov. 14, 1851, ae 7	4	13
Edward, d. Nov. 8, 1862, ae 40	4	30
Eliphaz, s. [John & Ruth], b. Apr. 7, 1767	1	88
George, m. Mary **WELLS**, Oct. 6, 1844, by Charles Peck, J. P., at the house of Daniel Ferris	3	123
George R., of Bethel, m. Cloe **SHEPARD**, of Newtown, Mar. 23, 1845, by Rev. John L. Ambler	3	126
Joel, d. July 2, 1829, ae 94	2	142
Joel, d. Mar. 12, 1838, ae 41	1	125
John, m. Ruth **BARNUM**, Mar. 28, 1765	1	88
John, d. July 13, 1856, ae 26	4	20
John B., d. Apr. 18, 1843, ae 30	2	119
Lucy, d. [John & Ruth], b. Sept. 28, 1772	1	88
Maryett, of Newtown, m. Charles **EDWARDS**, of Danbury, Sept. 22, 1841, by Rev. Alexander Leadbetter. Int. Pub.	3	106

	Vol.	Page

BASSETT, BASSET (cont.),
 Philo L., of Stratford, m. Catharine H. **HUBBELL**, of Newtown,
  Apr. 30, 1843, by Rev. Steven J. Stebbins — 3 — 117
 Ruth, d. [John & Ruth], b. Oct. 28, 1765 — 1 — 88
 Sarah, m. Henry **GLOVER**, Jr., May 24, 1759, by Frances Newtown, Miss. — 1 — 1
 Sarah, d. [John & Ruth], b. Jan. 8, 1770 — 1 — 88
 Thomas, d. Oct. 5, 1772 — 1 — 88
 -----, wid., d. Apr. 30, 1798 — 2 — 173
 -----, wid., d. Apr. 30, 1798, in the 90th y. of her age — LR19 — Index

BATES, Samuel B., of Ithaca, N. Y., m. Jane P. **TURNER**, of Newtown, June 17, 1840, by Rev. L. H. Corson — 3 — 102

BATTERSON, Clara, m. William **STUART**, Aug. 10, 1851, by Rev. Orsamus H. Smith, of Redding Ridge — 3B — 37
 Legrand, his w. [ ], d. Apr. 20, 1835, ae 39 — 2 — 131
 Samuel, d. Oct. 8, 1826, ae 28 — 2 — 146

BAUMS, O., Mrs., her s. [ ], d. Sept. 10, 1868, ae 5 m. — 4 — 40

BAXTER, Martha, d. June 4, 1813 — 2 — 160

BAYES, James, d. Sept 3, 1846, ae 57 — 2 — 116

BEACH, Burr, m. Sarah **GRIFFIN**, Oct. 12, 1844, by Rev. William Denison — 3 — 124
 John, s. Rev. John [& Sarah], b. Jan. 19, 1731; d. Dec. 31, 1733 — 2 — 83
 John, s. John & Sarah, b. Jan. 19, 1731/2 — 1 — 70
 John, s. Jno & Sarah, b. Dec. 31, 1733 — 1 — 70
 John, s. John & Sarah, b. Sept. 5, 1734 — 1 — 70
 John, s. Rev. John & Sarah, b. Sept. 5, 1734 — 2 — 83
 John, m. Phebe **CURTIS**, Aug. 3, 1756, by John Beach — 1 — 11
 John, s. [John & Phebe], b. Dec. 9, 1756 — 1 — 11
 John, Rev., d. Mar. 12, 1782 — 2 — 83
 John, s. Rev. John, d. [ ] — 2 — 83
 Joseph, s. John & Sarah, b. Sept. 26, 1727 — 1 — 70
 Joseph, s. Rev. John & Sarah, b. Sept. 26, 1727 — 2 — 83
 Lazarus, s. [John & Sarah], b. Sept. 20, 1736 — 1 — 70
 Lazarus, s. [Rev. John & Sarah], b. Sept. 20, 1736 — 2 — 83
 Mary, d. John, m. Abel **BEERS**, Sept. [ ], 1799, by Rev. Daniel Burchard — 2 — 32
 Mary J., m. Lewis M. **SEELEY**, June 30, 1844, by J. H. Ingalls — 3 — 123
 Pheebe, d. John & Sarah, b. Sept. 30, 1729 — 1 — 70
 Phebe, [d. Rev. John & Sarah], b. Sept. 30, 1729 — 2 — 83
 Phebe, d. [John & Phebe], b. Jan. 29, 1760 — 1 — 11
 Phebe, wid., d. Dec. 4, 1815 — 2 — 158
 Sarah, d. [Rev. John & Sarah], b. Jan. 24, 1738 — 2 — 83
 Sarah, d. [John & Sarah], b. Jan. 24, 1738/9 — 1 — 70

BEARD, Catharine Ann, m. Alfred N. **SHARP**, b. of Newtown, Mar. 20, 1838, by Rev. John Greenwood, of Bethel — 3 — 90
 Henry H., of Danbury, m. Orphia C. **SHEPARD**, of Newtown, Nov. 18, 1851, by William M. Carmichael, D. D. — 3B — 39
 James, of Huntington, m. Caroline **WOOD**, of Newtown, May 18, 1836, by Rev. S. C. Stratton — 3 — 78

	Vol.	Page
BEARD (cont.),		
Sarah, Mrs., d. Nov. 23, 1861, ae 53	4	28
William, d. Mar. 4, 1870, ae 74	4	43
BEARDSLEY, BEARDSLEE, BEARDSELEE, BARDSLEY,		
BARDSLEE, Abel, his child d. Feb. 24, 1816	2	157
Abel, d. Nov. 26, 1832, ae 58	2	138
Abel, of Monroe, m. Hannah **SHERMAN**, of Newtown, Nov. 1, 1836, by Rev. Jacob Sloper	3	86
Abel F., m. Hannah **GRAY**, b. of Newtown, Dec. 3, 1838, by Rev. Eli Brunson	3	94
Abel F., his d. [ ], d. Aug. 19, 1849, ae 2	4	9
Abram, m. Sally **CROFUT**, b. of Newtown, Mar. 20, 1831, by Lamson Birch, J. P.	3	47
Abram, d. Aug. 6, 1847, ae [ ]	4	6
Abram, d. Aug. 6, 1847, [ae]	2	113-4
Ann, d. May 7, 1806	2	167
Ann, of Newtown, m. Hawley B. **NICHOLS**, of Monroe, Jan. 1, 1835, by Rev. S. C. Stratton	3	71
Anson, d. Jan. 25, 1824	2	149
Asa, d. Oct. 13, 1850, ae 66	4	11
Asa, his d. [ ], d. Oct. 27, 1850, ae 7	4	11
Baily, d. June 4, 1831, ae 39	2	139
Beach, his w. [ ], d. Jan. 6, 1849, ae 35	4	8
Betsey, Mrs., d. Nov. 16, 1867, ae 75	4	39
Caroline, of Newtown, m. Albert **BOOTH**, of Stratford, Oct. 16, 1831, by Jacob Beers, J. P.	3	51
Catharine, Mrs., d. Mar. 29, 1866, ae 31	4	36
Clarissa, m. Samuel D. **WAKELEY**, b. of Danbury, Nov. 8, 1827, by Rev. W[illia]m Mitchell	3	30
David W., his d. [ ], d. Dec. 1, 1821	2	152
Dorcas, d. Mar. 11, 1830, ae 50	2	141
Edwin, m. Susan A. **PERKINS**, b. of Newtown, Jan. 12, 1845, by Rev. John L. Ambler	3	126
Elias, m. Hannah **CLARK**, July 2, 1783	2	15
Elias, his d. [ ], d. Mar. 5, 1798	2	173
Elijah, d. Sept. 15, 1850, ae 77	4	11
Eliza, of Newtown, m. Charles **BOOTH**, of Monroe, July 18, 1824, by Chauncey G. Lee. Int. Pub.	3	12
Eliza, of Newtown, m. Hiram **SHEPHERD**, of Danbury, Dec. 19, 1847, by Rev. Samuel H. Smith. Int. Pub.	3	145
Emily, d. Mar. 12, 1853, ae 21	4	14
Esther, wid., d. Apr. 9, 1851, ae 66	4	12
Esther, wid., d. Apr. 5, 1869, ae 85	4	42
Huldah, wid., d. Mar. 6, 1833, ae 85	2	135
Israel A., d. Jan. 22, 1846, ae 67	2	115
Israel A., d. Jan. 22, 1846, ae 67	4	3
James, of Monroe, m Phebe **SHERMAN**, of Newtown, May 14, 1844, by Rev. W[illia]m Denison	3	124
Jane, of Newtown, m. Abel B. **GREGORY**, of Danbury, Nov. 18,		

BEARDSLEY, BEARDSLEE, BEARDSELEE, BARDSLEY, BARDSLEE (cont.),

	Vol.	Page
1840, by Rev. Alva Gregory	3	102
Jerusha, d. Oct. 18, 1834, ae 78	2	134
Jesse, d. July 22, 1825, ae 23	2	147
John, his child d. Sept. 5, [1800]	LR20	0
John, his child d. Apr. [ ], 1819	2	154
John, d. Aug. 26, 1820	2	153
John, d. June 21, 1854, ae 9	4	17
Jonathan, s. [Josiah & Ann], b. Apr. 21, 1746	1	79
Jonathan, d. Apr. 17, 1818	2	155
Josiah, m. Ann **STILSON**, June 5, 1745	1	79
Josiah, m. Ann **STILSON**, [ ]	1	30
Josiah, s. [Josiah & Ann], b. Sept. 15, 1748	1	30
Juliette, m. Jared **BOTSFORD**, Dec. 28, 1829, by Stephen Middlebrooks, J. P.	3	39
Lois, m. Elial **CROFUT**, July 28, 1822, by Rev. Daniel Burhans	3	2
Lucy, [d. Elias & Hannah], b. Dec. 24, 1793	2	15
Lucy, [d. Elias & Hannah], d. Mar. 5, 1798	2	15
Lucy(?)*, d. Elias, d. Mar. 5, 1798 *("Lewey"?)	LR19	Index
Lucy, d. June 3, 1825, ae 64	2	147
Lydia, m. Jeremiah W. **TURNER**, Mar. 7, 1821, by D. Burchans	2	32
Maria, d. Aug. 17, 1826, ae 25	2	145
Mary, m. Philo **FAIRCHILD**, Jr., Jan. 5, 1821, by Adoniram Fairchild, J. P.	2	1
Mehetable, d. Oct. 8, 1823	2	150
Molly, wid., d. Nov. 24, 1850, ae 80	4	11
Moses, s. [Josiah & Ann], b. Nov. 4, 1753	1	30
Moses, d. Aug. 28, 1824	2	149
Moses, d. Mar. 13, 1861, ae 75	4	27
Parmelee, [s. Elias & Hannah], b. Feb. 19, 1788	2	15
Phebe, Mrs., of Newtown, m. Rev. James **MALLORY**, of LaGrange, N. Y., Apr. 29, 1852, by Rev. Levi H. Wakeman	3B	39
Philow, s. [Josiah & Ann], b. Nov. 31, 1755	1	30
Philo, [s. Elias & Hannah], b. Feb. 13, 1797	2	15
Philo, his w. [ ], d. July 11, 1822	2	151
Philo, of Newtown, m. Mrs. Levina **WADSWORTH**, of Ohio, May 23, 1830, by Nathan D. Benedict	3	42
Philo, d. Apr. 19, 1833, ae 70	2	135
Philo, d. Sept. 21, 1862, ae 35	4	30
Philo S., d. Jan. 31, 1846, ae [ ]	2	115
Philo T., d. Jan. 31, 1846, ae 26	4	3
Polly, d. Philo, d. Oct. 28, 1807	2	166
Polly, Mrs., d. Sept. 17, 1825, ae 51	2	148
Polly Ann, m. Benjamin **BEERS**, Mar. 18, 1824, by Adoniram Fairchild, J. P.	3	12
Price, s. Israel & Elizabeth, b. May 19, 1761	1	84
Rebecca, wid., d. Feb. 28, 1834, ae 92	2	133
Ruth, m. Ziba **MORSE**, June 3, 1827, by Rev. George Benedict,		

	Vol.	Page
BEARDSLEY, BEARDSLEE, BEARDSELEE, BARDSLEY, BARDSLEE (cont.),		
of Danbury	3	27
Ruth Ann, d. Mar. 19, 1855, ae 17	4	18
Sally, wid., d. Sept. 19, 1832, ae 60	2	138
Sally Maria, of Newtown, m. Henry M. **LEWIS**, of Southeast, N. Y., Oct. 21, 1849, by Rev. Horace Hills, Jr.	3B	28
Samuel, s. [Josiah & Ann], b. Jan. 28, 1751	1	30
Samuel, Jr., his w. [ ], d. Aug. 20, 1807	2	166
Samuel, d. Jan. 17, 1812	2	161
Sarah, of Oxford, m. Caleb **BALDWIN**, Mar. 24, 1824, by Rev. Chauncy Prindle	2	2
Sarah, wid., d. July 14, 1852, ae 61	4	14
Susan, d. Dec. 28, 1803	2	170
Turney, d. May 14, 1836, ae 5	2	129
William, m. Esther M. **TAYLOR**, b. of Newtown, Feb. 15, 1826, by Zachariah Clark, Jr., J. P.	3	21
William, d. Feb. 12, 1858, ae 81	4	22
Zachariah, m. Sally **HULL**, b. of Newtown, Sept. 4, 1828, by Rev. Nathan D. Benedict	3	34
Zachariah Clark, [s. Elias & Hannah], b. Mar. 8, 1786	2	15
BEEBE, Alpheas, of Brookfield, m. Maria **FAIRCHILD**, of Newtown, Nov. 17, 1829, by Rev. Daniel Burhans	3	40
Asahel, m. Lucia **FAIRCHILD**, May 24, 1821, by Rev. Stephen Burrett	2	6
Henry E., of Norwalk, m. Susan H. **BULKLEY**, of Newtown, Nov. 22, 1851, by William M. Carmichael, D. D.	3B	38
Mary, d. Nov. 9, 1864, ae 1 y. 8 m.	4	34
Samuel, m. Phebe **FOOT**, Oct. 17, 1827, by Rev. Bennet Glover	3	30
BEECHER, Alvy B., m. Zelpha Ann **PECK**, May 17, 1835, by Rev. S. C. Stratton	3	73
Lewis L., of Woodbury, m. Polly Ann **FARICHILD**, of Newtown, Apr. 14, 1833, by Rev. S. C. Stratton	3	61
William H., of New Haven, m. Ann **CLARK**, of Newtown, May 21, 1837, by Rev. Rodney Rossiter, of Monroe	3	84
BEERS, BEARS, Abel, s. [Sam[ue]ll & Abigil], b. Dec. 10, 1748	1	72
Abel, s. [Samuel & Abagail], b. Dec. 10, 1748	2	85
Abel, [s. Simeon & Phedime], b. Sept. 1, 1777	2	32
Abel, m. Mary **BEACH**, d. John, Sept. [ ], 1799, by Rev. Daniel Burchard	2	32
Abel, his w. [ ], d. Oct. 19, 1846, ae 68	2	116
Abel, his w. [ ], d. Oct. 19, 1846, ae 68	4	5
Abel, d. Feb. 18, 1858, ae 30	2	32
Abel, d. Feb. 19, 1858, ae 30	4	22
Abigail, d. Sam[ue]ll & Sarah, b. Apr. 17, 1724	LR2	355
Abigail, [d. Samuel & Sarah], b. Apr. 17, 1724	2	83
Abigail, [d. Samuel & 1st w. [ ]], b. May 22, 1776	1	87
Abigail, of Newtown, m. Alfred **BLACKMAN**, of Humphreysville, June 3, 1832, by Henry Dutton, J. P.	3	55

BEERS, BEARS (cont.),

	Vol.	Page
Abijah, d. Aug. 30, 1829, ae 44	2	142
Abijah, his wid. [ ], d. Sept. 21, 1853, ae 68	4	15
Abner, [s. Simeon & Phedime], b. May 19, 1793	2	32
Abraham, 4th s. [Samuell & Sarah], b. Aug. 22, 1716	LR2	355
Abraham, s. [Samuel & Sarah], b. Aug. 22, 1716	2	83
Abraham, his s. [ ], d. Apr. 4, 1799	LR19	Ind. A
Abraham, his d. [ ], d. Apr. 6, 1799	LR19	Ind. A
Abraham, his d. [ ], d. Apr. 24, 1799	LR19	Ind. A
Abraham, Mrs., d. Sept. 9, 1804	2	169
Abraham, his wid., d. June 2, 1846, ae 86	2	117
Abram, d. Oct. 23, 1840, ae 82	2	121
Abram, his wid., d. June 3, 1845, ae 86	4	2
Abram B., m. Sarah O. **PERKINS**, b. of Newtown, Dec. 13, 1846, at Edwin Beardsley, by Hervy Little	3	134
Alanson N., of Monroe, m. Eunice **BRISCO**, of Newtown, May 6, 1827, by Rev. W[illia]m Mitchell	3	27
Alfred B., s. Henry N., d. Mar. 2, 1861, ae 7	4	27
Amariah, [child Samuel & 1st w. [ ], b. July, 12, 1795	1	87
Amariah, d. Mar. 7, 1865, ae 71	4	35
Amos, s. [Daniel & Mabel], b. May 12, O. S. 1750	1	76
Ame, d. [John & Mary], b. Aug. 31, 1739	1	27
Amey, d. [John & Mary], b. Aug. 31, 1739	2	85
Amy, d. [Oliver & Catharine], b. Aug. 23, 1782	1	57
Amey, d. [Oliver & Catharine], b. Aug. 25, 1782	2	88
Andrew, s. [John & Mary], b. Aug. 9, 1749	1	27
Andrew, s. [John & Mary], b. Aug. 9, 1749	2	85
Andrew, d. [ ], in Danbury	2	85
Ann, d. [Daniel & Mabel], b. Nov. 17, 1754	1	76
Ann, d. Lem[uel], d. July 7, 1852, ae 21	4	14
Ann S., wid., d. Nov. 23, 1827, ae 67	2	144
Anner, d. [John & Mary], b. Nov. 7, 1737	1	27
Anner, d. [John & Mary], b. Nov. 7, 1737	2	85
Annette, of Newtown, m. David **BOTSFORD**, of Woodbury, Feb. 2, 1846, by Rev. S. S. Stocking	3	129
Arthur, s. Henry N., d. Mar. 15, 1861, ae 4	4	27
Aurelia, of Monroe, m. George **TUGNOT**(?), of Philipstown, Feb. 21, 1843, by Rev. Stephen J. Stebbins	3	115
Austin, s. [Daniel & Mabel], b. July 10, 1763	1	24
Austin, [s. Daniel & Mabel], b. July 10, 1763	2	85
Austin, d. May 16, 1825, ae 62	2	85
Austin, d. June 16, 1825, ae 63	2	147
Benjamin, m. Polly Ann **BARDSLEY**, Mar. 18, 1824, by Adoniram Fairchild, J. P.	3	12
Benjamin, his d. [ ], d. June 21, 1842, ae 17	2	120
Benjamin, d. June 18, 1849, ae 56	4	9
Betsey, m. Caleb **BALDWIN**, Jr., May 19, 1799	2	2
Betsey, Mrs., d. Apr. 25, 1858, ae 62	4	22
Booth G., d. Apr. 14, 1861, ae 22	4	28

	Vol.	Page
BEERS, BEARS (cont.),		
Caroline, m. Cyrus Beers **SHERMAN**, b. of Newtown, Feb. 10, 1847, by Rev. S. S. Stocking	3	135
Catharine Maria, d. [Oliver & Catharine], b. Jan. 24, 1790	1	57
Catharine Maria, [d. Oliver & Catharine], b. Jan. 24, 1790	2	88
Charles, [s.Samuel & 1st w. [ ], b. Aug. 25, 1797	1	87
Charles, m. Mary A. **DILLON**, b. of Newtown, June 2, 1834, by Rev. Samuel C. Stratton	3	68
Charles, m. Mary **GLOVER**, b. of Newtown, May 8, 1836, by Rev. F. Hitchcock	3	77
Charles C., m. Harriet **PECK**, Oct. 2, 1831, by Rev. S. C. Stratton, in Trinity Church	3	50
Charles C., d. Nov. 28, 1843, ae 34	2	119
Charles Curtis, [s. Abel & Mary], b. Sept. 2,1808	2	32
Charlotte, [d. Samuel, Jr. & Charlotte], b. Dec. 15, 1806	2	12
Charlotte, d. Feb. 26, 1858, ae 51	4	22
Cornelia, d. Mar. 7, 1868, ae 26	4	39
Cintha, d. [John & Mary], b. May 11, 1736	2	85
Cintha, d. [John & Mary], b. May 15, 1736	1	27
Cyrenial, s. [Oliver & Catharine], b. Feb. 10, 1778	2	88
Cyrenius, s. [Oliver & Catharine], b. Feb. 10, 1778	1	57
Cyrenius, of Chicago, Ill., m. Mary **CURTIS**, of Newtown, Oct. 7, 1838, by Rev. S. T. Carpenter	3	92
Cyrus, s. [Daniel & Mabel], b. Mar. 23, 1746	1	76
Cyrus, s. [Daniel & Mabel], b. Mar. 23, 1746	2	85
Cyrus, d. Nov. 7, 1825, ae 79	2	85
Cyrus, d. Nov. 8, 1825, ae 79	2	148
Daniel, 3rd s. [Samuell & Sarah], b. Nov. 23, 1714, in Stratford	LR2	355
Daniel, s. [Samuel & Sarah], b. Nov. 23, 1714, in Stratford	2	83
Daniel, m. Mabel **BOOTH**, Dec. 27, 1744	1	76
Daniel, m. Mabel **BOOTH**, Dec. 27, 1744	2	85
Daniel & w. Mabel, had 3rd child b. May 12, O. S., 1750	2	85
Daniel & w. Mabel, had d. [ ], b. Nov. 17, 1754	2	85
Daniel, s. [Daniel & Mabel], b. Mar. 15, 1759	1	24
Daniel, s. [Daniel & Mabel], b. Mar. 15, 1759	2	85
Daniel, d. Jan. 14, 1800, ae 86	2	85
Daniel, d. Jan. 25, [1800]	LR20	0
Daniel, s. Eli, d. Feb. 12, 1809	2	164
Daniel, d. Mar. 2, 1839, ae 80	2	85
Daniel, d. Mar. 2, 1839, ae 80	2	123
Daniel M., m. Caroline S. **TERRILL**, of Newtown, July 24, 1848, by Rev. S. S. Stocking	3B	22
David, s. [Daniel & Mabel], b. Dec. 25, N. S., 1752	1	76
David, s. [Daniel & Mabel], b. Dec. 25, N. S., 1752	2	85
David B., his d. [ ], d. May 18, 1853, ae 6	4	15
David Booth, [s. Samuel, Jr. & Charlotte], b. Feb. 18, 1805	2	12
David H., m. Lucy A. **FAIRCHILD**, b. of Newtown, Dec. 4, 1844, by Rev. John L. Ambler	3	126
Dima Ann, m. Walter **CLARK**, Apr. 11, 1827, by Rev. Daniel		

BEERS, BEARS (cont.),

	Vol.	Page
Burhans	3	27
Eb[enezer], his d. [ ], d. Feb. 15, 1799	LR19	Ind. A
Ebenezer, his w. [ ], d. Jan. 11, 1811	2	162
Ebenezer, d. May 12, 1826, ae 78	2	145
Ebenezer, Jr., d. Jan. 24, 1834, ae 17	2	133
Ebenezer, his w. [ ], d. Aug. 20, 1850, ae 63	4	11
Ebenezer, d. Oct. 25, 1856, ae 70	4	20
Eli, d. Sept. 12, 1841, ae 79	2	122
Elias, Jr., m. Julia **BEERS**, b. of Newtown, Dec. 28, 1836, at the house of Jeremiah Beers, by Rev. Samuel C. Stratton	3	81
Elias, Jr., d. Oct. 14, 1839, ae 1	2	124
Elias, d. May 28, 1845, ae 83	4	2
Elias, d. May 28, 1846, ae 83	2	117
Elias, his d. [ ], d. Sept. 11, 1846, ae 2	4	3
Elias, his child d. Sept. 11, 1846, ae 2	2	116
Elias, d. Oct. 6, 1846, ae 36	2	116
Elias, d. Oct. 6, 1846, ae 36	4	5
Elias, his wid., d. Sept. 23, 1848, ae 78	4	8
Easther, d. [Daniel & Mabel], b. May 1, 1761	1	24
Esther, d. [Daniel & Mabel], b. May 1, 1761	2	85
Esther, [d. Simeon & Phedime], b. Oct. 29, 1781	2	32
Esther, [d. Abel & Mary], b. Dec. 31, 1813	2	32
Esther, m. David H. **JOHNSON**, Nov. 1, 1835, in Trinity Church, by Rev. S. C. Stratton	3	74
Esther, d. Jan. [ ], 1849, ae 68	2	32
Esther A., m. William **SOMERS**, b. of Newtown, Sept. 8, 1833, by Rev. Samuel C. Stratton	3	63
Ezekiel, his w. [ ], d. Oct. 5, 1824	2	149
Ezekiel, his w. [ ], d. Aug. 25, 1830, ae 34	2	141
Ezekiel, m. Sally **BEERS**, Mar. 4, 1832, by Rev. Rodney Rossiter, of Monroe	3	56
Ezekiel, his s. [ ], d. May 1, 1832, ae 4	2	137
George, d. Feb. 16, 1826, ae 21	2	145
George, his d. [ ], d. Aug. 9, 1841, ae 2 (of Ithica, N. Y.)	2	122
George, m. Sarah E. **PECK**, b. of Newtown, May 2, 1849, by Rev. Horace Hills, Jr.	3B	27
George D., of Ithaca, N. Y., m. Harriet **BEERS**, of Newtown, Nov. 3, 1836, by Rev. S. C. Stratton	3	80
George D., d. May 1, 1859, ae 16	4	24
Gideon, d. May 15, 1824	2	149
Hannah, [d. Samuell & Sarah], b. May [ ], 1722	LR2	355
Hannah, [d. Samuel & Sarah], b. May [ ], 1722	2	83
Hannah, m. Abner **HEARD***, Aug. 20, 1740 ***(HARD)**	1	20
Hannah, [d. Samuel & 1st w. [ ], b. Feb. 14, 1775	1	87
Harriet, [d. Samuel, Jr. & Charlotte], b. Oct. 30, 1808	2	12
Harriet, of Newtown, m. George D. **BEERS**, of Ithaca, N. Y., Nov. 3, 1836, by Rev. S. C. Stratton	3	80

	Vol.	Page

BEERS, BEARS (cont.),

	Vol.	Page
Hawley, s. [Samuel & 1st w. [ ], b. Nov. 11, 1773	1	87
Hawley, of Redding, m. Julia **PLATT**, of Newtown, Feb. 12, 1832, by Rev. Hawley Sanford	3	53
Henry, [s. Samuel & 1st w. [ ], b. Apr. 13, 1792	1	87
Henry, his w. [ ], d. Nov. 4, 1835, ae 42	2	132
Henry, m. Julia **BEERS**, of Newtown, Oct. 8, 1837, by Rev. S. C. Stratton	3	86
Henry, his d. [ ], d. Dec. 18, 1846, ae 3	4	5
Henry, his d. [ ], d. Dec. , 1846, ae 3	2	116
Henry, d. Nov. 19, 1864, ae 72	4	34
Henry L., his s. [ ], d. Aug. 21, 1870, ae 1 w.	4	44
Henry N., d. Mar. 9, 1867, ae 43	4	38
Herman, m. Phebe C. **SHERMAN**, Feb. 14, 1838, by Rev. S. C. Stratton	3	89
Hezekiah H., d. July 12, 1864, ae 55	4	34
Hiram, m. Sally Ann **BEERS**, b. of Newtown, Jan. 25, 1835, by Rev. N. M. Urmston	3	71
Horace, m. Emily **TERRILL**, b. of Newtown, Nov. 19, 1845, by Rev. S. S. Stocking	3	128
Isaac, [s. Abel & Mary], b. Mar. 10, 1805	2	32
Isaac, m. Maria **GLOVER**, Oct. 28, 1837, by Rev. Samuel T. Carpenter	3	87
Isaac, his w. [ ], d. Apr. 2, 1870, ae 70	4	44
Jacob, his w. [ ], d. Jan. 30, 1855, ae 64	4	17
Jacob, d. June 28, 1858, ae 77	4	22
James B., m. Hulda **CLARK**, Aug. 30, 1835, by Rodney Rossiter	3	75
Jeremiah, his w. [ ], d. Mar. 18, 1821	2	152
Jeremiah, d. June 28, 1840, ae 62	2	121
Jeremiah, s. [John & Sarah], b. [ ]	2	85
Jerusha, d. [Daniel & Mabel], b. Sept. 29, 1747	1	76
Jerusha, [d. Daniel & Mabel], b. Sept. 29, 1747	2	85
John, eldest s. [Samuell & Sarah], b. Sept. 1, 1710, in Stratford	LR2	355
John, s. [Samuell & Sarah], b. Sept. 1, 1710, in Stratford	2	83
John, s. [John & Mary], b. Nov. 3, 1745	1	27
John, s. [John & Mary], b. Nov. 3, 1745	2	85
John, Jr., m. Sarah **STARLING**, Nov. 8, 1769, by Rev. David Judson	1	33
John, m. Sarah **STERLING**, Nov. 8, 1769, by Rev. David Judson	2	85
John, [s. Samuel & 1st w. [ ], b. Sept. 2, 1787	1	87
John, Jr., d. Apr. 28, 1792, ae 47	2	85
John, his d. [ ], d. Feb. 28, 1797	2	173
John, of Newtown, m. Polly **TREADWELL**, of Weston, Sept. 23, 1827, by Lamson Birch, J. P.	3	29
John, Capt., d. Mar. 3, 1831, ae 43	2	139
John, m. Roxy Ann **GLOVER**, b. of Newtown, Nov. 18, 1832, by Rev. Solomon Glover	3	58
John, his s. [ ], d. Apr. 1, 1838, ae [ ]	2	125
John, s. Jeremiah, d. Aug. 15, 1846, ae 18	2	116

	Vol.	Page
BEERS, BEARS (cont.),		
John, d. Aug. 15, 1846, ae 18	4	3
John & w. Sarah, had 3rd child b. [ ], & 4th child b. [ ]	2	85
John Beach, [s. Abel & Mary], b. Sept. 11, 1802	2	32
John Beach, d. Mar 3, 1860	2	32
John S., d. Feb. 27, 1819	2	154
John Starling, s. [John, Jr. & Sarah], b. Sept. 12, 1770	1	33
John Sterling, s. [John & Sarah], b. Sept. 12, 1770	2	85
John Starling, his d. [ ], d. Feb. 28, 1797	LR19	Index
Julia, [d. Samuel, Jr. & Charlotte], b. Apr. 18, 1803	2	12
Julia, m. Elias **BEERS**, Jr., b. of Newtown, Dec. 28, 1836, at the house of Jeremiah Beers, by Rev. Samuel C. Stratton	3	81
Julia, m. Henry **BEERS**, b. of Newtown, Oct. 8, 1837, by Rev. S. C. Stratton	3	86
Julia, wid., d. July 13, 1864, ae 47	4	34
Julia, Mrs., d. Nov. 22, 1864, ae 61 y. 7 m.	4	34
Julius S., m. Clarissa **GRAY**, Sept. 30, 1830*, by Rev. J. Atwater *(1850?)	3B	33
Lemuel, m. Eliza **SHEPARD**, Apr. 14, 1824, by Rev. Daniel Burhans	3	12
Lucretia, d. [Oliver & Catharine], b. Dec. 3, 1775	1	57
Lucretia, d. [Oliver & Catharine], b. Dec. [ ], 1775	2	88
Lucy, of Newtown, m. Edward **FAIRCHILD**, of New Haven, July 23, 1848, by Rev. S. S. Stocking	3B	22
Lyman, his d. [ ], d. May 18, 1838, ae 7	2	125
Mabel, d. [Daniel & Mabel], b. Dec. 12, 1756	1	24
Mabel, [d. Daniel & Mabel], b. Dec. 12, 1756	2	85
Mabel, w. Daniel, d. July 14, 1816, ae 94	2	85
Mabel, wid. Daniel, d. July 14, 1816	2	157
Maria, m. Levi **PECK**, Feb. 11, 1825, by Rev. Daniel Burhans	3	16
Maria, m. Elijah **PLATT**, b. of Newtown, Aug. 14, 1831, by Rev. Nathan D. Benedict	3	50
Martha, wid., d. Aug. 5, 1855, ae 88	4	18
Mary, d. Sam[ue]ll & Sarah, b. July 9, 1708, in Stratford	LR2	355
Mary, d. Samuel & Sarah, b. July 9, 1708, in Stratford	2	83
Mary, d. [John & Mary], b. Apr. 18, 1754	1	27
Mary, d. [John & Mary], b. Apr. 18, 1754	2	85
Mary, w. Elias, d. Sept. 9, [1800]	LR20	0
Mary, [d. Abel & Mary], b. Apr. 10, 1811	2	32
Mary, d. May 26, 1829, ae 18	2	142
Mary Frances, d. [Oliver & Catharine], b. Mar. 19, 1785; d. Aug. 27, 1786	1	57
Mary Frances, d. [Oliver & Catharine], b. Mar. 19, 1785	2	88
Mary Jane, d. May 28, 1832, ae 4	2	138
Michael, d. Mar. 4, 1863, ae 45	4	31
Naome, d. [John & Mary], b. Nov. 8, 1743	1	27
Naome, d. [John & Mary], b. Nov. 8, 1743	2	85
Naoma, wid., d. Aug. 5, 1848, ae 83	4	8

	Vol.	Page
BEERS, BEARS (cont.),		
Nathan, 5th s. [Samuell & Sarah], b. Feb. 10, 1718	LR2	355
Nathan, s. [Samuel & Sarah], b. Feb. 10, 1718	2	83
Nathan, [s. Samuel & 1st w. [ ], b. Mar. 5, 1780	1	87
Norman, m. Betsey **DIKEMAN**, b. of Newtown, Dec. 16, 1832, by Rev. S. C. Stratton	3	59
Norman, his d. [ ], d. Jan. 22, 1840, ae 5	2	121
Norman, his s. [ ], d. Dec. 9, 1849, ae 1	4	10
Norman, his w. [ ], d. Feb. 20, 1867, ae 61	4	38
Oliver, s. [John & Mary], b. Dec. 28, 1751	1	27
Oliver, [s. John & Mary], b. Dec. 28, 1751	2	85
Oliver, s. John, m. Catharine **HUBBELL**, d. Capt. Ezra, Oct. 30, 1774	1	57
Oliver, s. John, m. Catharine **HUBBELL**, d. Ezra, Oct. 30, 1774	2	88
Oliver, d. Sept. 13, 1795, in the 44th y. of his age	1	57
Phebe, d. [John & Mary], b. Aug. 14, 1741	1	27
Phebe, d. [John & Mary], b. Aug. 14, 1741	2	85
Phebe, m. Samuel **FERRISS**, Jr., Apr. 9, 1763, by John Beach	1	10
Phebe, [d. Abel & Mary], b. Aug. 4, 1816	2	32
Phebe, d. Jan. 2, 1835, ae 98	2	131
Phedima (**NICHOLS**), [d. Peter & Rebecca **NICHOLS**], d. Jan. 6, 1822, ae [ ]	2	86
Phydima, w. [Simeon], d. Jan. 6, 1822, ae 66	2	32
Phedima, wid., d. Jan. 6, 1822	2	151
Phedima, wid., d. Feb. 4, 1860, ae 88	4	25
Philo, d. Oct. 22, 1813	2	160
Philo S., of Bridgewater, m. Susan M. **TOMLINSON**, of Newtown, Jan. 10, 1844, by Rev. S. S. Stocking	3	119
Polly, [d. Samuel & 1st w. [ ], b. Mar. 11, 1778	1	87
Polly, of Newtown, m. John **PURDY**, of Cold Spring, N. Y., June 22, 1848, by Rev. S. S. Stocking	3B	21
Rebecca, [d. Simeon & Phedime], b. July 2, 1786	2	32
Rebecca, [d. Abel & Mary], b. Apr. 27, 1822	2	32
Rebecca, w. David C. **PECK**, d. Dec. 30, 1829, ae 43	2	32
Rissa, wid., d. Dec. 8, 1842, ae 63	2	120
Roswell, d. May 21, 1851, ae 56	4	12
Sally, b. Sept. 19, 1753, m. Dr. Bennitt **PERRY**, b. of Woodbury, Oct. 9, 1777	2	3
Sally, Mrs., d. Apr. 18, 1815	2	158
Sally, m. Ezekiel **BEERS**, Mar. 4, 1832, by Rev. Rodney Rossiter, of Monroe	3	56
Sally Ann, m. Hiram **BEERS**, b. of Newton, Jan. 25, 1835, by Rev. N. M. Urmston	3	71
Sally M., d. Mar. 17, 1861, ae 60	4	27
Sally Maria, [d. Samuel, Jr. & Charlotte], b. Oct. 4, 1800	2	12
Samuell, 2nd s. [Samuell & Sarah], b. June 26, 1712, in Stratford	LR2	355
Sam[ue]l, s. [Samuel & Sarah], b. June 26, 1712, in Stratford	2	83
Sam[ue]ll, d. Mar. 12, 1724/5	LR2	355
Samuel, d. Mar. 12, 1725	2	83

	Vol.	Page

BEERS, BEARS (cont.),

	Vol.	Page
Samuel, Jr., b. Dec. 27, 1773; m. Charlotte **BOOTH**, Oct. 13, 1799	2	12
Samuell, [s. Simeon & Phedime], b. June 27, 1779	2	32
Samuel, d. June 8, 1813, ae 39	2	12
Samuel, Jr., d. June 8, 1813, ae 39	2	160
Samuel, d. July 23, 1820, ae 41	2	32
Samuel, Jr., d. July 23, 1820	2	153
Samuel, hatter, d. Apr. 1, 1823, ae 73	2	150
Samuel, d. Oct. 31, 1828, ae 19	2	143
Samuel, his s. [ ], d. Oct. 8, 1842, ae 4	2	120
Sarah, 2nd d. [Samuell & Sarah], b. June 16, 1720	LR2	355
Sarah, d. [Samuel & Sarah], b. June 16, 1720	2	83
Sarah, d. [John & Mary], b. July 15, 1747	1	27
Sarah, d. [John & Mary], b. July 15, 1747	2	85
Sarah, m. Eliadah **PRINDLE**, Mar. 9, 1766	1	14
Sarah, m. Zalmon **TOUSEY**, Dec. [ ], 1792	1	65
Sarah, [d. Abel & Mary], b. Sept. 6, 1819	2	32
Sarah, d. Abel, d. Nov. 27, 1830, ae 11	2	141
Simeon, s. [Sam[ue]ll & Abigail], b. July 20, 1752	1	72
Simeon, s. [Samuel & Abagail], b. July 20, 1752	2	85
Simeon, m. Phedime **NICHOLS**, Feb. 7, 1776	2	32
Simeon, d. Dec. 11, 1813, ae 63 y.	2	32
Simeon, d. Dec. 11, 1813, ae 63	2	160
Simeon N., his s. [ ], d. June 24, 1832	2	138
Simeon N., his d. [ ], d. Sept. 25, 1841	2	122
Susan Jane, m. James B. **BLAKESLEE**, b. of Newtown, Mar. 4, 1849, by Rev. Horace Hill, Jr.	3B	26
Sylvia, [d. Abel & Mary], b. June 24, 1800	2	32
Thomas, [s. Samuel & 1st w. [ ], b. Sept. 5, 1782	1	87
Thomas, d. Sept. 3, 1836, ae 54	2	130
William, d. June 28, 1868, ae 16	4	40
BEHLER, Christian, his d. [ ], d. Aug. 27, 1869, ae 11 m.	4	42
BELDEN, Cornelia, Mrs., d. Jan. 5, 1828, ae 23	2	143
David H., m. Cornelia **JOHNSON**, Oct. 20, 1824, by B. Glover	3	13
David H., his w. [ ], d. Jan. 15, 1835, ae 26	2	131
David H., his s. [ ], d. Nov. 4, 1848, ae 2 d.	4	8
David H., his s. [ ], d. Aug. 29, 1853, ae 2	4	15
David H., his w. [ ], d. Oct. 17, 1863, ae 44	4	32
David Hull, m. Susan **JOHNSON**, Dec. 25, 1828, by Rev. Daniel Burhans	3	35
Frederick, d. Dec. 31, 1870, ae 25	4	44
Mary E., d. Nov. 14, 1863, ae 19 y. 10 m.	4	32
----, wid., d. [ ], 1801	2	171
BELL, A. Nelson, Dr. of Franktown, Va., m. Julia Ann **HAMLIN**, of Newtown, Nov. 23, 1842, by Rev. S. S. Stocking	3	114
BELLENY, Rebeckah, m. Dr. Elisha **CHAPMAN**, Oct. 23, 1771	1	84
BEMIS, Albert, d. Dec. 31, 1858, ae 13	4	23
Sally, wid., d. July 3, 1869, ae 57	4	42

	Vol.	Page

BEMIS (cont.),

William P., d. Aug. 26, 1866, ae 56	4	37
BENEDICT, Adeline, of Bridgeport, d. Mar. 30, 1842	2	120
Amanda, of Newtown, m. Horace **TROWBRIDGE**, of Danbury, July 17, 1836, by Rev. Hawley Sanford	3	79
Asahel, his w. [ ], d. Dec. 4, 1837, ae 33	2	128
Asahel, of Newtown, m. Mrs. Livina **DIBBLE**, of Danbury, July 14, 1839, by Rev. F. Hitchcock	3	97
Benjamin C., d. Feb. 7, 1861, ae 21	4	27
Charles, m. Jennett **MALLETT**, b. of Newtown, Sept. 25, 1848, by Rev. Lorenzo D. Nickerson	3B	25
Cornelia, Mrs., d. Oct. 22, 1861, ae 28	4	28
Cynthia, of Newtown, m. Comfort **WHITLOCK**, of Danbury, June 1, 1828, by Adoniram Fairchild, J. P.	3	33
Edwin, his s. [ ], d. May 19, 1860, ae 6	4	26
Edwin, his s. [ ], d. Oct. 22, 1861, ae 1 w.	4	28
Edwin, d. Oct. 15, 1869, ae 35	4	43
Elam, d. Nov. 18, 1821	2	152
Eli, d. Sept. 20, 1858, ae 2	4	23
Gad, his child, d. Sept. 7, 1844, ae 2	2	118
Gad, his d. [ ], d. Sept. 7, 1844, ae 2	4	1
Gad, his d. [ ], d. Apr. 24, 1849, ae 2	4	9
George, m. Jerusha **NORTHROP**, Mar. 28, 1827, by Rev. W[illia]m Mitchell	3	26
George M., of Danbury, m. Harriet **FAIRCHILD**, of Newtown, Jan. 1, 1829, by Rev. William Mitchell	3	35
George M., his s. [ ], d. July 27, 1841, ae 11	2	122
George W., his s. [ ], d. Feb. 22, 1833, ae 1	2	135
Hannah, m. Reuben N. **GRIFFIN**, b. of Newtown, Feb. 2, 1832, by Rev. Samuel C. Stratton	3	53
Harriet, m. Elam **WHEELER**, Sept. 12, 1821, by Rev. D. Burchans	2	22
Harry, m. Sally **PECK**, June 23, 1830, by Rev. Daniel Burhans	3	41
John S., m. Elizabeth **SQUIRES**, Oct. 8, 1835, by Rev. N. M. Urmston	3	74
John S., d. Sept. 24, 1859, ae 46	4	24
Louisa, d. Apr, 14, 1850, ae 23	4	10
Lydia, wid., d. Mar. 5, 1864, ae 86	4	33
Lydia Ann, Mrs., d. July 12, 1862, ae 63	4	30
Polly A., d. Oct. 4, 1862, ae 52	4	30
Polly M., Mrs. of Newtown, m. Wheeler **DREW**, of Bridgeport, Mar. 9, 1845, by Rev. John L. Ambler	3	126
BENNETT, BENNET, BENNITT, Abel, s. [Ephraim & Ann], b. Apr. 1, 1746	1	20
Abel, m. Ann **STILSON**, Aug. 9, 1770	2	39
Abel & w. Ann, had d. [ ], b. June 6, 1784; lived 4 hours	2	39
Abel, [s. Abel & Ann], b. Sept. 28, 1789	2	39
Abel, his w. [ ], d. May 13, 1815	2	158
Abel, m. Betsey **CROFUT**, b. of Newtown, Dec. 10, 1828, by Samuel C. Blackman, J. P.	3	35

	Vol.	Page
BENNETT, BENNET, BENNITT (cont.),		
Abel, d. Feb. 21, 1831, ae 85	2	139
Abigail, wid., d. Apr. 5, 1845, ae 85	4	2
Abigail, d. Apr. 5, 1845, ae 86	2	117
Abraham, of Newtown, m. Christian **BOTSFORD**, of Milford, Apr. 6, 1726, by Sam[ue]ll Eells	LR2	353
Abraham, eldest s. [Abraham & Christian], b. Mar. 12, 1727/8	LR2	353
Abraham, twin with Sarah, [s. Richard & Annis], b. June 20, 1797	1	50
Abraham, Dea., d. Apr. 25, 1814, ae 87	2	159
Amos, d. Aug. 6, 1820	2	153
Ann, d. [Ephraim & Ann], b. June 1, 1751	1	20
Ann, [d. Abel & Ann], b. Feb. 21, 1774	2	39
Annah, m. John **BOTSFORD**, May 2, 1733, by Rev. Mr. Kent	1	69
Anna, d. [Richard & Annis], b. Sept. 8, 1792	1	50
Anson, of Trumbull, m. Flora **STILSON**, of Newtown, Nov. 17, 1824, by Rev. Beardslee Northrop, of Trumbull	3	15
Austin, d. July 29, 1813	2	160
Bethiah, d. [Ephraim & Ann], b. Apr. 9, 1755	1	20
Bethiah, m. Henry **FAIRMAN**, Oct. 1, 1771	1	67
Betsey, [d. Thomas & Molly], b. Apr. 27, 1779	2	41
Betsey, Mrs., m. Dan **PECK**, b. of Newtown, May 26, 1832, by Lamson Birch, J. P.	3	55
Betsey, of Newtown, m. John **WILLIAMS**, of Danbury, Oct. 14, 1832, by Rev. Samuel C. Stratton	3	57
Caleb, s. [Ephraim & Ann], b. Feb. 18, 1757	1	20
Charles T., d. Mar. 12, 1852, ae 41	4	13
Damares, of Stratfield, m. Enos **BALDWIN**, of Newtown, Dec. 1, 1720, by Jeames Bennitt, J. P., in Stratfield	LR2	351
Dameraes, d. [Ephraim & Ann], b. Mar. 4, 1759	1	20
Damaris, m. Jabez **GERALD**, Mar. 28, 1781	1	82
Daniel, m. Rosett **CANDEE**, Feb. 2, 1834, by Rev. S. C. Stratton	3	65
Daniel, his w. [ ], d. Jan. 20, 1838, ae 27	2	125
David, [s. Thomas & Molly], b. Mar. 7, 1777	2	41
Ebenezer Ford, [s. Thomas & Molly], b. Mar. 30, 1773	2	41
Eli, of Oxford, m. Sally **BENNET**, of Newtown, Jan. 12, 1823, by John Sherman	3	5
Eli, his w. [ ], d. Feb. 14, 1839, ae 67	2	123
Eliza M., of Newtown, m. Jabez T. **BRUNDAGE**, of Bloomfield, N. J., July 23, 1843, by Rev. John L. Ambler	3	118
Elizabeth, of Stratford, m. John **GLOVER**, of Newtown, July 12, 1724, at Norwalk, by Stephen Buckingham	LR2	355
Emma, m. Walter **JOHNSON**, b. of Newtown, Mar. 28, 1824, by Rev. Charles Smith	3	11
Eph[rai]m, m. Ann [ ], June 18, 1745	1	20
Ephraim, s. [Ephraim & Ann], b. Dec. 25, 1764; d. Mar. 6, 1765	1	20
Gideon, d. July [ ], 1824	2	149
Hannah, d. [Richard & Annis], b. Jan. 26, 1786	1	50
Hannah, w. Abraham, d. May 29, 1819, ae 86	2	154
Henry, [s. Thomas & Molly], b. Feb. 7, 1775	2	41

	Vol.	Page
BENNETT, BENNET, BENNITT (cont.),		
Isaac, [s. Abel & Ann], b. July 7, 1771	2	39
Isaac, his s. [ ], d. June 30, 1807	2	166
James, b. Jan. 17, 1750; m. Abigail **CAMP**, Oct. 14, 1779	2	42
James, s. [Richard & Annis], b. Jan. 9, 1790	1	50
James, d. June 17, 1832, ae 74	2	138
James, d. Apr. 24, 1837, ae 47	2	127
James, his wid. [ ], d. Jan. 29, 1861, ae 62	4	27
Ja[me]s, his d. [ ], d. Jan. 11, 1863, ae 1 y. 8 m.	4	30
James W., d. Nov. 23, 1826, ae 35	2	146
Ja[me]s W., his d. [ ], d. June 9, 1827, ae 4	2	144
James Wheeler, [s. Abel & Ann], b. July 28, 1791	2	39
Jane, 2nd d. [Abraham & Christian], b. Feb. 1, 1729/30	LR2	353
Jerusha, d. [Ephraim & Ann], b. July 19, 1762	1	20
Jerusha, [d. Abel & Ann], b. Dec. 26, 1786	2	39
Jerusha, Mrs., d. [Nov. , 1826], ae 40	2	146
Joseph, [s. Thomas & Molly], b. Dec. 31, 1783	2	41
Joseph, his w. [ ], d. Aug. 29, 1815	2	158
Julia, d. [Richard & Annis], b. June 24, 1794	1	50
Julia, m. Lue L. **SHERMAN**, b. of Newtown, Mar. 18, 1826, by Rev. David Bennett	3	22
Julia Ann, of Monroe, m. George **GILBERT**, of Newtown, Jan. 8, 1834, by Rev. S. C. Stratton	3	65
Lucy Ann, d. [Richard & Annis], b. Aug. 28, 1787	1	50
Lydia, m. Eli G. **MORRIS**, b. of New Town, Mar. 21, 1821, by John Sherman	2	71
Mary, m. Joseph **BOTSFORD**, b. of Newtown, Jan. 9, 1717/18, by Thomas Tousey	LR2	353
Mary, 1st d. [Abraham & Christian], b. Jan. 6, 1726/7	LR2	353
Mary, d. [Ephraim & Ann], b. June 28, 1747	1	20
Mary, m. Joshua **NORTHRUP**, Oct. 22, 1747, by Rev. Mr. Judson	1	4
Mary, m. Abel **BOTSFORD**, Jan. 19, 1764	2	36
Mary, m. Luther **HARRIS**, Sept. 21, 1785	2	16
Mary Ann, [d. Thomas & Molly], b. Dec. 20, 1788	2	41
Mehetabell, d. [Ephraim & Ann], b. Mar. 28, 1749	1	20
Minerva, d. Dec. 28, 1823	2	150
Mingo, colored, d. Dec. 21, 1815	2	158
Molly, Mrs., d. June 30, 1828, ae 74	2	143
Nancy, of Newtown, m. Nathan L. **JACKSON**, of Trumbull, Oct. 14, 1838, by Rev. Rodney Rossiter, of Monroe	3	93
Phebe, d. [Richard & Annis], b. Sept. 20, 1802	1	50
Phebe, wid., d. Mar. 26, 1852, ae 83	4	13
Philo, [s. Thomas & Molly], b. Mar. 18, 1791	2	41
Polly, [d. Abel & Ann], b. May 20, 1776	2	39
Polly, m. Bronson **BULKLEY**, Oct. 5, 1831, by Rev. S. C. Stratton	3	50
Rebeca L., m. Lorenzo C. **DUNNING**, Nov. 27, 1839, by Rev. F. Hitchcock	3	98
Richard, m. Annis **GLOVER**, Dec. 27, 1784	1	50
Richard, his s. [ ], d. July 23, 1806	2	167

	Vol.	Page
BENNETT, BENNET, BENNITT (cont.),		
Richard, d. May 29, 1829, ae 67	2	142
Richard, his wid., d. [Feb. , 1837], ae 71	2	127
Rosel, [s. Thomas & Molly], b. Mar. 27, 1797	2	41
Sally, [d. Thomas & Molly], b. Feb. 28, 1794	2	41
Sally, of Newtown, m. Eli **BENNET**, of Oxford, Jan. 12, 1823, by John Sherman	3	5
Sally, m. Israel **BRADLEY**, of Southbury, Feb. 27, 1827, by Rev. Daniel Burhans	3	26
Sally B., m. Ebenezer G. **BLACKMAN**, Jan. 3, 1836, by Rodney Rossiter	3	75
Sarah, d. [Ephraim & Ann], b. May 1, 1768	1	20
Sarah, twin with Abraham, [d. Richard & Annis], b. June 20, 1797	1	50
Sarah A., d. Mar. 21, 1853, ae 64	4	15
Sarah Ann, m. Nichols **CURTIS**, Nov. 3, 1803	2	30
Tamar, [m.] Abraham **KIMBERLEY**, [ ]	1	173
Thaddeus, d. Jan. 8, 1831, ae 72	2	139
Thomas, Capt., d. Apr. 5, 1739	1	76
Thomas, s. [Ephraim & Ann], b. Nov. 9, 1752	1	20
Thomas, m. Molly **FORD**, Sept. 28, 1772	1	42
Thomas, m. Molly **FORD**, [ ], 1772	2	41
Thomas, his w. [ ], d. Aug. 9, 1814	2	159
Thomas, d. Feb. 7, 1836, ae 83	2	129
Thomas Tousey, [s. Thomas & Molly], b. July 23, 1768	2	41
Walter, [s. Thomas & Molly], b. May 2, 1786	2	41
Wyllys, m. Lydia Ann **JOHNSON**, b. of Newtown, May 25, 1821, by Benjamin Hord, J. P.	2	6
Wyllis, his w. [ ], d. Sept. 7, 1821	2	152
-----, wid., d. Dec. 10, 1803	2	170
BENTON, Hattie, d. Mar. 7, 1869, ae 1 y. 6 m.	4	41
BERHANS, Frederick, d. May 20, 1867, ae 35	4	38
BERRY, Charlotte, d. June 8, 1854, ae 50	4	17
Kellogg, Dr., his w. [ ], d. Aug. 24, 1844, ae 73	4	1
Kellogg, his w. [ ], d. Aug. 24, 1844	2	118
Kellogg, Dr., d. May 16, 1848, ae 86	4	7
BETTS, Bettey, m. Caleb **BALDWIN**, 3rd, Nov. 13, 1770, by Rev. Mr. Lewis	1	12
Huldah, wid., d. Oct. 16, 1804	2	169
Polly, d. July 14, 1798	LR19	Index
Polly, d. July 4, 1798	2	173
BIBBINS, Israel, of Fairfield, m. Charity Ann **DOWNS**, of Newtown, Nov. 10, 1838, by Rev. Eli Brunson	3	93
BICKLEY, [see also **BUCKLEY**], Bethiah, m. John **GLOVER**, July 14, 1707	LR2	83
BIDWELL, John, his twin s. [ ], d. Apr. 21, 1863, ae 1 hour	4	31
Lorenzo D., m. Phebe **BLAKEMAN**, b. of Newtown, Dec. 13, 1835, by Rev. S. C. Stratton	3	75
BIRCH, BIRTCH, BRICH, BURCH, Betsey, w. Lamson, d. May 28, 1823	2	150

	Vol.	Page
BIRCH, BIRTCH, BRICH, BURCH (cont),		
Catherine, d. [William & Catherine], b. Aug. 11, N. S. 1762	1	5
Catharine, wid., d. Feb. 11, 1812	2	161
David Meeker, [s. Lamson & Polly], b. Mar. 21, 1798	2	25
Delight, d. [William & Catherine], b. Nov. 14, N. S. 1759	1	5
Ezra, s. [William & Catherine], b. Jan. 28, O. S. 1751	1	5
Ezra, m. Jedidah **LACEY**, Nov. 29, 1772	1	87
George, m. Mabel **FERRISS**, June 3, 1767	1	9
Hannah, d. May 10, 1835, ae 65	2	131
Lamson, m. Polly **NICHOLS**, June 15, 1797	2	25
Lamson, m. Hannah **LAKE**, Aug. 30, 1823, by Rev. Daniel Burhans	3	7
Lamson, m. Mrs. Joanna **SHELDEN**, June 6, 1835, by Jacob Beers, J. P.	3	73
Lamson, his w. [ ], d. Dec. 27, 1850, ae 76	4	11
Lamson, m. Mary Ann **GLOVER**, b. of Newtown, May 10, 1851, by Jacob Beers, J. P.	3B	36
Lamson, d. Nov. 19, 1859, ae 88	4	24
Lamson, m. Polly **NICHOLS**, d. Peter & Rebecca, [ ]	2	86
Mariah, m. Philo **CURTIS**, Jan. 23, 1825, by Rev. Daniel Burhans	3	16
Nehemiah, s. [William & Catherine], b. Feb. 11, 1753	1	5
Polly, d. Nov. 19, 1807	2	25
Polly, w. Lamson, d. Nov. 19, 1807	2	166
Polly Ann, [d. Lamson & Polly], b. Feb. 21, 1800	2	25
Polly Ann, m. Philo **LAKE**, Nov. 2, 1822, by Rev. Daniel Burhans	3	4
Polly (**NICHOLS**), w. Lamson, d. [ ]	2	86
Philo Nichols, [s. Lamson & Polly], b. Apr. 28, 1806	2	25
Sally Maria, [d. Lamson & Polly], b. Nov. 10, 1803	2	25
Samson, [s. William & Catherine], b. Oct. 15, 1771	1	5
Sarah, d. [William & Catherine], b. Oct. 13, N. S. 1755	1	5
William, m. Catherine **HUBBEL**, Sept. 27, O. S. 1750, by Rev. David Judson	1	5
William, s. [William & Catherine], b. Oct. 16, 1766	1	5
William, d. July 8, 1797	LR19	Index
William, d. July 8, 1797	2	173
William Nichols, [s. Lamson & Polly], b. Feb. 21, 1800	2	25
BIRD, Martin, his child d. Sept. 28, 1869, ae 7 w. 4	4	43
[BIRDSEY], BURDSEY, Sarah, m. Abijah **CURTIS**, Oct. 28, 1762, by [ ]	1	2
BISCO, [see under **BRISCO**]		
[BISHOP], BYSHUP, Hannah, m. Stiles **CURTISS**, Nov. 26, 1769	1	67
BISSELL, Almira, m. Plumb **GRAY**, Dec. 11, 1851, by Rev. J. Atwater	3B	42
Sarah, d. May 14, 1848, ae 8	4	7
BLACKMAN, [see also **BLAKEMAN**], Abigal, d. [John & Abigal], b. Oct. 1, 1716	LR2	349
Abigail, Mrs., d. Nov. 16, 1839, ae 83	2	124
Agur, his d. [ ], d. Sept. 24, 1820	2	153
Agur, his d. [ ], d. Sept. 30, 1820	2	153
Agur, his w. [ ], d. Oct. 3, 1820	2	153

	Vol.	Page

BLACKMAN, [see also **BLAKEMAN**] (cont.),

	Vol.	Page
Agur, m. Hannah **ROWLAND**, Aug. 8, 1822, by Rev. Daniel Burhans	3	2
Agur, d. Oct. 3, 1825, ae 46	2	148
Albert, d. Sept. 19, 1869, ae 35	4	43
Alfred, of Humphreysville, m. Abigail **BEERS**, of Newtown, June 3, 1832, by Henry Dutton, J. P.	3	55
Allis, m. Lemuel **NICHOLS**, Feb. 23, 1784, by Rev. Richard Clark	1	81
Ammon B., m. Caroline **SKIDMORE**, Feb. 10, 1846, by Rev. S. S. Stocking	3	130
Ann, wid., d. June 30, 1824	2	149
Ann, m. Ira **WELLS**, b. of Newtown, Jan. 25, 1841, by Rev. L. H. Corson	3	104
Ann, wid., d. Apr. 3, 1858, ae 62	4	22
Ann Eliza, m. Henry S. **STEPHENS**, Dec. 1, 1847, by Rev. S. S. Stocking	3	140
Annis, m. Orville **BOOTH**, b. of Newtown, Oct. 1, 1838, by Rev. Eli Brunson	3	91
Augusta, d. June 16, 1866, ae 19	4	37
Beers, his d. [ ], d. Sept. 14, 1845, ae 1	4	3
Beers, his child d. Aug. 4, 1846, ae 15 m.	2	116
Beers, his s. [ ], d. Aug. 4, 1846, ae 15 m.	4	3
Beers, his child, d. Sept. 14, 1846	2	117
Benjamin R., d. Nov. 26, 1798	LR19	Index
Benjamin R., d. Nov. 26, 1798	2	173
Bennet, m. Hepsia **SHEPARD**, Oct. 16, 1839, by Rev. F. Hitchcock	3	98
Bennett, his w. [ ], d. Nov. 30, 1855, ae 35	4	19
Caroline, 2nd, of Newtown, m. Bryant **SMITH**, of Brookfield, Dec. 22, 1839, by Rev. F. Hitchcock	3	98
Caroline, d. July 26, 1848, ae 48	4	8
Charity, m. Asa **COGSWELL**, May 8, 1760	1	24
Charles, of Albany, m. Ann **BOOTH**, of Newtown, Apr. 14, 1828, by Rev. Daniel Burhans	3	33
Charles, of Monroe, m. Eunice Maria **GLOVER**, of Newtown, Sept. 14, 1836, by Rev. Rodney Rossiter, of Monroe	3	80
Charles E., d. June 2, 1862, ae 35	4	29
Charlotte, of Newtown, m. Stephen M. **BURNS**, of Milford, Mar. 30, 1841, by Rev. L. H. Corson	3	104
Clarissa, wid., d. May 1, 1817	2	156
Clark, m. Sarah Ann **SHEPERD**, b. of Newtown, Mar. 14, 1848, by Rev. J. Atwater	3B	20
Curtis, of Huntington, d. Oct. 11, 1823	2	150
Daniel, d. Oct. 25, 1842, ae 78	2	120
Daniel, his wid. [ ], d. May 10, 1847, ae 74	2	113-4
Daniel, his wid., d. May 10, 1847, ae 74	4	6
Daniel M., his child d. Nov. 23, 1818	2	155
Daniel S., d. Sept. 15, 1851, ae 70	4	13

Delia, of Newtown, m. Philo **HALL**, of Weston, Dec. 30, 1834, by

	Vol.	Page
BLACKMAN, [see also **BLAKEMAN**] (cont.),		
Daniel Jones	3	72
Demmon, m. Elizabeth Jane **SHEPARD**, b. of Newtown, Jan. 6, 1831, by Rev. Charles Sherman	3	46
Donald, m. Louisa **PLATT**, b. of Newton, Feb. 10, 1833, by Rev. Samuel C. Stratton	3	60
Eben[eze]r, s. Jno & Abigal, b. Mar. 3, 1723/4	LR2	349
Ebenezer G., m. Sally B. **BENNETT**, Jan. 3, 1836, by Rodney Rossiter	3	75
Eliza, of Newton, m. Charles L. **SHERMAN**, of Danbury, Jan. 21, 1844, by Rev. S. S. Stocking	3	119
George, Dr., his w.[ ], d. Dec. 16, 1840, ae 18	2	121
Hannah, Mrs., m. Daniel **SUMMERS**, b. of Newton, July 4, 1841, by Jacob Beers, J. P.	3	105
Harriet, m. Robert N. **HAWLEY**, Dec. 30, 1841, by Rev. S. S. Stocking	3	110
Horace, s. Agur, d. Sept. 15, 1820	2	153
Huldah, wid., d. Sept. 23, 1827, ae 79	2	144
Isaac, m. Lucy **JOHNSON**, Sept. 26, 1827, by Rev. W[illia]m Mitchell	3	29
Isaac, his w. [ ], d. Oct. 5, 1830, ae [ ]	2	141
Isaac, d. Oct. 22, 1859, ae 66	4	24
James, s. John, b. June 1, 1730	LR2	349
James, his partition deed, May 8, 1772	1	31
James, d. May 12, 1805	2	168
James, m. Hannah **TURNER**, b. of Newtown, Nov. 15, 1826, by David H. Belden, J. P.	3	25
James G., d. Feb. 11, 1842, ae 45	2	120
John, s. Jno & Abigail, b. Sept. 27, 1720	LR2	349
John, Capt., d. Aug. 26, 1807	2	166
John, his w. [ ], d. Apr. 10, 1809	2	164
John, Jr., m. Sally **BALDWIN**, July 10, 1823, by Rev. Daniel Burhans	3	7
John, d. July 9, 1824	2	149
John, d. Oct. 23, 1859, ae 29	4	24
John T., d. Nov. 7, 1823	2	150
Joseph, s. Jno & Abigal, b. May 23, 1726	LR2	349
Jooseph, his partition deed, May 8, 1772	1	31
Joseph, Jr., his child d. July 2, 1801	2	171
Joseph, his child d. Nov. 18, 1811	2	162
Joseph, had negro d. Nov. 26, 1813	2	160
Joseph, d. Apr. 15, 1817	2	156
Joseph, his wid. [ ], d. Jan. 31, 1821	2	152
Joseph, his d. [ ], d. Sept. 13, 1823	2	150
Joseph, Jr., m. Mrs. Mary **BAILEY**, b. of Newtown, Dec. 24, 1836, in Trinity Church, by Rev. S. C. Stratton	3	81
Joseph, his w. [ ], d. Aug. 10, 1837, ae 63	2	128
Joseph, Jr., his infant s. [ ], d. May 8, 1841	2	122
Joseph, d. Oct. 11, 1844, ae 82	2	118

	Vol.	Page

BLACKMAN, [see also **BLAKEMAN**] (cont.),

	Vol.	Page
Joseph, d. Oct. 11, 1844, ae 82	4	1
Josiah, d. Jan. 10, 1803	2	170
Judeth, of Newtown, m. Philo **ANDREWS**, of Bridgeport, Mar. 20, 1828, by Rev. Daniel Burhans	3	32
Julia Esther, d. Nov. 11, 1862, ae 19	4	30
Lois, wid., d. Sept. 18, 1858, ae 77	4	23
Lotty, d. Sept. 15, 1865, ae 72	4	35
Lucy, m. William **GUIRE**, of Brookfield, June 8, 1830, by Rev. Daniel Burhans	3	42
Lucy, of Newtown, m. James H. **COLEMAN**, of Ridgefield, June 12, 1836, by Rev. H. Humphreys	3	78
Lucy, wid., d. Mar. 25, 1869, ae 78	4	42
Margary, Mrs., d. Apr. 1, 1804	2	169
Mariah, of Newton, m. Abner **BLAKESLEE**, of Plymouth, Oct. 13, 1829, by Rev. Daniel Burhans	3	38
Marietta, m. Wilson **LYON**, Dec. 10, 1837, by Ambrose Shepard, J. P.	3	89
Matha, d. John & Abigal, b. Nov. 29, 1714	LR2	349
Martha, d. Ziba, d. Nov. 23, 1844, ae 14 y.	2	84
Mary J., wid., d. Feb. 1, 1869, ae 34	4	41
Phebe, d. Jan. 16, 1834, ae 72	2	133
Polly, m. John B. **WHEELER**, Nov. 2, 1808	2	75
Polly, m. William **PAINE**, Dec. 25, 1841, by Rev. Stephen J. Stebbins	3	109
Polly Ann, m. Cyrus Dibble **FAIRCHILD**, Sept. 25, 1823, by Rev. Daniel Burhans	3	8
Reuben, his w. [ ], d. Feb. 22, 1816	2	157
Reuben, Sr., m. Phebe **ATWOOD**, of Bethlem, Aug. 25, 1823, by Rev. Daniel Burhans	3	8
Reuben, d. Apr. 29, 1834, ae 81	2	133
Reuben. Col., his w. [ ], d. Sept. 21, 1838, ae 50	2	126
Reuben, m. Florilla **LEAVENWORTH**, b. of Newton, June 7, 1846, by Rev. S. S. Stocking	3	132
Reuben, Col., d. Jan. 29, 1870, ae 87	4	43
Russell, s. Truman, d. June 15, 1797	LR19	Index
Russell, d. June 15, 1797	2	173
Samuel, his w. [ ], d. Dec. 14, 1837, ae 38	2	144
Sam[ue]l B., m. Louisa Ann **HURLBUT**, of Danbury, [probably 1824], by Rev. Daniel Burhans	3	10
Samuel B., his d. [ ], d. Feb. 8, 1833, ae 4	2	135
Samuel B., his d. [ ], d. Dec. 31, 1843	2	119
Samuel C., his w.[ ], d. Dec. 6, 1835, ae 58	2	132
Samuel C., d. Nov. 17, 1858, ae 90	4	23
Sarah, d. Jno & Abigail, b. Sept. 20, 1718; d. June [ ], 1721	LR2	349
Sarah, m. Ebenezer **GRIFFIN**, b. of Newtown, Apr. 10, 1831, by Rev. Erastus Cole	3	47
Sarah, of Roxbury, m. Abel **CURTIS**, of Newtown, Sept. 21, 1834, by Rev. Rodney Rossiter, of Monroe	3	69

	Vol.	Page
BLACKMAN, [see also **BLAKEMAN**] (cont.),		
Sarah D., of Newton, m. Andrew B. **NOBLE**, of Brookfield, Oct. 16, 1842, by Rev. Alexander Leadbetter. Int. Pub.	3	113
Sarah M., m. Monroe **JUDSON**, b. of Newtown, May 1, 1844, by Rev. S. S. Stocking	3	121-2
Simeon, his infant d. [ ], d. Jan. 18. 1831	2	139
Simeon, d. Jan. 11, 1852, ae 67	4	13
Simeon S., his d. [ ], d. May 11, 1835, ae 10	2	131
Stephen W., m. Sophia **BOTSFORD**, b. of Newtown, Nov. 17, 1844, by Rev. J. H. Ingalls	3	125
Stephen W., his s. [ ], d. May 19, 1855, ae 8	4	18
Stephen W., his w. [ ], d. May 18, 1860, ae 38	4	26
Stephen W., his s. [ ], d. Jan. 14, 1861, ae 9 m.	4	27
Thomas, his d. [ ], d. Apr. 21, 1837, ae 1	2	127
Thomas, d. July 31, 1847, ae 59	4	6
Thomas, d. July 31, 1847, ae 59	2	113-4
Truman, d. Apr. 26, 1831, ae 71	2	139
Ursula, m. Wooster **TAYLOR**, Jan. 4, 1826, by Rev. W[illia]m Mitchell	3	21
Wheeler, his s.[ ], d. Nov. 14, 1849, ae 5	4	10
Wilcox, of Monroe, m. Jerusha **SHEPARD**, of Newton, Dec. 2, 1827, by Rev. W[illia]m Mitchell	3	31
William, d. Sept. 15, 1828, ae 16	2	143
Zera, m. Ann **CURTIS**, b. of Newtown, Oct. 28, 1828, by Rev. Nathan D. Benedict	3	34
Zera H., his child d. Apr. 29, 1806	2	167
Zera H., his child d. Oct. 23, 1815	2	158
Zera H., his w. [ ], d. July 27, 1828, ae 45	2	143
Zera H., d. Mar. 15, 1832, ae 2	2	137
Zerah H., his d. [ ], d. Oct. 6, 1836	2	130
Ziba, m. Augusta **BLAKESLEE**, this day, [May 28, 1823], by Samuel C. Blackman, J. P.	3	6
Ziba, his d. [ ], d. May 12, 1827, ae 3	2	144
Ziba, his d. [ ], d. Jan. 23, 1832, ae 3	2	137
Ziba, his d. [ ], d. Nov. 23, 1844, ae 6	2	118
Ziba, his d. [ ], d. Nov. 23, 1844, ae 6	4	1
BLAKE, Bridget, d. Oct. 6, 1864, ae 10 m.	4	34
Daniel, his child d. Oct. 28, 1870, ae 7 d.	4	44
John, d. Sept. 9, 1867, ae 1 m.	4	39
Mary, d. Sept. 8, 1864, ae 3	4	34
Patrick, his d. [ ], d. July 20, 1868, ae 1 w.	4	40
Patrick, d. Aug. 28, 1870, ae 1 y. 6 m.	4	44
Tho[ma]s, his d. [ ], d. Sept. 2, 1869, ae 11 m.	4	42
BLAKEMAN, [see also **BLACKMAN**], David S., his d.[ ], d. Mar. 10, 1807	2	166
Phebe, m. Lorenzo D. **BIDWELL**, b. of Newtown, Dec. 13, 1835, by Rev. S. C. Stratton	3	75
BLAKESLEE, BLAKELEE, Abner, of Plymouth, m. Mariah **BLACKMAN**, of Newtown, Oct. 13, 1829, by Rev. Daniel Burhans	3	38

	Vol.	Page
BLAKESLEE, BLAKELEE (cont.),		
Augusta, [child of Ziba & Mehetable], b. Feb. 15, 1793	2	65
Augusta, d. Aug. 1, 1794	2	65
Augusta, [d. Ziba & Mehetable], b. Dec. 24, 1797	2	65
Augusta, d. May 21, 1800	2	65
Augusta, [d. Ziba & Mehetable], b. Apr. 15, 1805	2	65
Augusta, m. Ziba **BLACKMAN**, this day [May 28, 1823], by Samuel C. Blackman, J. P.	3	6
Charles, [s. Ziba & Mehetable], b. Sept. 19, 1802	2	65
Charles, d. Feb. 27, 1833, ae [ ]	2	135
Charles B., d. Mar. 28, 1849, ae 46	4	8
Chloe, Mrs., d. Oct. 30, 1862, ae 61	4	30
Eliza M., m. Henry Beers **GLOVER**, July 30, 1848, by Rev. J. Atwater	3B	23
James B., m. Susan Jane **BEERS**, b. of Newtown, Mar. 4, 1849, by Rev. Horace Hill, Jr.	3B	26
James B., his d. [ ], d. Oct. 19, 1857, ae 2	4	21
Leba*, d. Nov. 9, 1834, ae 66 *(Ziba?)	2	134
Mehitabel, wid., d. May 12, 1838, ae 69	2	125
Sally, [d. Ziba & Mehetable], b. Oct. 30, 1809	2	65
Sally M., m. William **STEBBINS**, b. of Newtown, June 11, 1829, by Rev. William Mitchell	3	38
Samuel, m. Polly **STILSON**, June 17, 1827, by Rev. Daniel Burhans	3	28
Thomas B., d. Apr. 10, 1808	2	65
Thomas Botsford, [s. Ziba & Mehetable], b. Nov. 4, 1807	2	65
William, [s. Ziba & Mehetable], b. June 21, 1795	2	65
William, m. Chloe **FAIRMAN**, b. of Newtown, July 3, 1822, by Samuell C. Blackman, J. P.	3	1
William, his d. [ ], d. May 2, 1834, ae 2	2	133
Ziba, m. Mehetable **BOTSFORD**, May 3, 1792	2	65
Ziba & w. Mehetable, had s. [ ], b. Oct. 23, 1800	2	65
Ziba & w. Mehetable, had 4th child d. Nov. 8, 1800	2	65
Ziba, his child d. Nov. 8, 1800	2	172
Ziba, his d. [ ], d. May 21, 1801	2	171
Zeba, his child d. Apr. 10, 1808	2	165
Ziba, d. Nov. 9, 1834, ae 66	2	65
Ziba(?)*, d. Nov. 9, 1834, ae 66 *(Arnold copy has "Leba")	2	134
BOCOCK, Sarah Ann, her d. [ ], d. Mar. 8, 1850, ae 2 y. 6 m.	4	10
BOLAN, Mary Ann, Mrs., d. Apr. 13, 1864, ae 29	4	33
BONTON, -----, negro his w. Dinah, d. Feb. 23, 1826, ae 55	2	145
BOOTH, Able, s. [Jonathan & Easther], b. July 15, 1707	PR1	1
Abel, s. Abel & Rebeckah, b. Sep. 11, 1741	1	73
Abiah, 4th d. [Ebenezer & Mary], b. Feb. 11, 1719/20	LR2	167
Abiel, s. Abel & Rebeckah, b. Sept. 19, 1743	1	73
Abiel, d. Sept. 22, 1803	2	170
Abiel, his wid. [ ], d. Jan. 4, 1804	2	169
Abigail, w. Ezra, d. Jan. 11, 1810	2	163
Abigail, m. Robert S. **PECK**, b. of Newtown, Nov. 1, 1838, by		

	Vol.	Page
BOOTH (cont.),		
Rev. S. C. Stratton	3	92
Abner, 2nd s. [Ebenezer & Mary], b. July 16, 1714	LR2	167
Abraham, m. Ann **WALKER**, Dec. 3, 1759, by Rev. Mr. Bebe	1	1
Abraham, d. Aug. 20, 1815	2	158
Albert, of Stratford, m. Caroline **BEARDSLEE**, of Newtown, Oct. 16, 1831, by Jacob Beers, J. P.	3	51
Alonzo, d. Apr. 6, 1817	2	156
Amos, s. [Ebenezer & Rachel], b. Mar. 8, 1760	1	22
Ann, d. [Jonathan & Easther], b. Apr. 15, 1710	PR1	1
Ann, 2nd d. [Ebenezer] & Mary, b. Dec. 6, 1711	LR2	167
Ann, m. Nathaniel **NICHOLS**, Dec. 3, 1730, by Rev. Jno Beach	1	70
Ann, m. Nathaniel **NICHOLS**, Dec. 3, 1730, by Rev. John Beach	2	87
Ann, d. Abel & Rebeckah, b. June 11, 1731	1	73
Ann, d. [Ebenezer & Rachel], d. Jan. 12, 1741	1	22
Ann, d. [Ebenezer & Rachel], b. Mar. 28 ,1742	1	22
Ann, wid., d. June 16, 1816	2	157
Ann, m. Daniel **BALDWIN**, Oct. 13, 1824, by B. Glover	3	13
Ann, of Newtown, m. Charles **BLACKMAN**, of Albany, Apr. 14, 1828, by Daniel Burhans	3	33
Anna, m. George **SMITH**, Nov. 24, 1748	1	71
Anner, d. [Abraham & Ann], b. Oct. 8, 1761	1	1
Asail, s. [Ebenezer & Rachel], b. Oct. 19, 1747	1	22
Austin, d. Sept. 2, 1825, ae 44	2	148
Bethiah, m. John **PECK**, Nov. 8, 1739	1	75
Bethiel, his w. [ ], d. Jan. 15, 1857, ae 42	4	20
Betty, m. Abraham **FERRISS**, July 22, 1747, by Jedediah Mills	1	42
C. H., his w. [ ], d. Jan. 21, 1864, ae 63	4	33
Carlos, his s. [ ], d. May 30, 1854, ae 8	4	17
Carlos B., m. Elizabeth **FAIRCHILD**, b. of Newtown, Jan. 3, 1841, by Rev. L. H. Corson	3	103
Caroline, m. Henry **FAIRCHILD**, b. of Newtown, Nov. 27, 1844, by John L. Ambler	3	125
Catharine, colored, d. Aug. 16, 1809	2	164
Charles, of Monroe, m. Eliza **BEARDSLEY**, of Newtown, July 18, 1824, by Chauncey G. Lee. Int. Pub.	3	12
Charles, Jr., his s. [ ], d. Jan. 25, 1860, ae 1 y. 7 m.	4	25
Charles Betts, [s. Philo & Aurilla], b. Apr. 15, 1800	2	24
Charlotte, b. Apr. 26, 1780; m. Samuel **BEERS**, Jr., Oct. 13, 1799	2	12
Charlotte, d. Oct. 19, 1840, ae 16	2	121
Chloe m. Austin **TAYLOR**, Sept. 13, 1833, by Rev. Nathaniel M. Urmston	3	63
Cyrenius H., m. Sarah **EDMOND**, Oct. 1, 1820, by Rev. Daniel Berhans	2	69
Cyrenius Hard, [s. Philo & Aurilla], b. May 25, 1797	2	24
Damariss, d. Abel & Rebeckah, b. Sept. 7, 1733	1	73
Damaris, m. Jared **BALDWIN**, Sept. 18, 1753, by David Judson	1	79
Daniel, eldest s. Jonathan & Easther, b. Jan. 12, 1704	PR1	1
Daniel, deed of 10 acres of land, 1742	1	78

	Vol.	Page
BOOTH (cont.),		
Daniel, d. Apr. 1, 1814	2	159
Daniel, d. Apr. 16, 1862, ae 85	4	29
Daniel B., of Roxbury, m. Jane Ann **PECK**, of Newton, Oct. 3, 1847 by Rev. S. S. Stocking	3	138
David, s. [Jonathan & Phebe], b. Aug. 11, 1749; d. Sept. 22, 1753	1	2
David, s. [Jonathan & Phebe], b. Aug. 11, 1749; d. Nov. 22, 1753	1	73
David, s. [Jonathan & Phebe], b. Nov. 10, 175[ ]	1	2
David, s. [Ebenezer & Rachel], b. Nov. 8, 1754	1	22
David, s. [Jonathan & Phebe], b. Nov. 10, 1755	1	73
David Smith, s. [Reuben H. & Sarah], b. Mar. 7, 1796	1	48
Deborah, d. [Ebenezer] & Mary, b. July 6, 1710	LR2	167
Delana, of Newton, m. Cyrus N. **BRINSMADE**, of Trumbull, Feb. 18, 1844, by John L. Ambler	3	121
Dinah, colored, d. Apr. 6, 1808	2	165
Ebenezer, b. Mar. 11, 1686	LR2	167
Ebenezer, 3rd s. [Ebenezer & Mary], b. Apr. 1, 1718	LR2	167
Ebenezer, m. Rachel **SANFORD**, Dec. 6, 1739	1	22
Ebenezer, m. Hannah **SANFORD**, d. Samuel, & Esther, Dec. 6, 1739	2	89
Ebenezer, s. [Ebenezer & Rachel], b. Aug. 16, 1743	1	22
Ebenezer, d. Jan. 7, 1803	2	170
Edward, d. Sept. 6, 1825, ae 68	2	148
Elisah, s. [Ebenezer & Rachel], b. Oct. 26, 1745	1	22
Elmer, d. Apr. 14, 1834, ae 26	2	133
Ester, m. James **HEARD***, Jr., Aug. 26, 1747 *(**HARD**)	1	28
Esther, James **HEARD***, 3rd, Aug. 26, 1747 *(**HARD**)	1	70
Eunice, m. Thomas Bennitt **BOTSFORD**, Apr. 26, 1798	2	37
Ezra, d. July 18, 1812	2	161
George, s. Charles, d. Feb. 24, 1858, ae 1 y. 3 m.	4	22
Harriet, m. David C. **PECK**, b. of Newtown, Apr. 10, 1842, by Rev. S. S. Stocking	3	111
Hezekiah, s. Abel & Rebeckah, b. July 19, 1732	1	73
Homer B., d. Mar 5, 1864, ae 18 y. 8 m.	4	33
Hubbell, d*. Jonathan & Esther, b. Dec. 13, 1722 *(son?)	PR1	1
Huldah, wid., d. Mar. 22, 1824	2	149
James, his w. [ ], d. Feb. 20, 1799	LR19	Ind. A
James, his child d. Dec. 20, 1800	2	172
James, d. Jan. 15, 1816	2	157
James, colored, d. May 9, 1830, ae 23	2	141
James B., his s. [ ], d. Dec. 4, 1804	2	169
Jerusha, [d. Jonathan & Phebe], b. July 17, 1745	1	2
Jerusha, d. [Jonathan & Phebe], b. July 15, 1745	1	73
Jonathan, s. Jonathan & Easther, b. June 10, 1715	PR1	1
Jonathan, m. Phebe **SHERMAN**, Nov. [ ], 1738	1	2
Jonathan, m. Phebe **SHERMAN**, about Thanksgiving, 1739	1	73
Jonathan, s. [Jonathan & Phebe], b. Dec. 29, 1762	1	2
Jonathan, m. Eunice [ ], June 17, 1784	1	56
Joseph, s. [Jonathan & Phebe], Mar. 1, 175[ ]	1	2

	Vol.	Page
BOOTH (cont.),		
Joseph, s. [Jonathan & Phebe], b. July 10, 1751; d. Aug. 10, 1754	1	2
Joseph, his colored girl d. Aug 26, 1815	2	158
Joseph, his w. [ ], Sept. 19, 1846, ae 64	2	116
Joseph, his w. [ ], Sept. 19, 1846, ae 64	4	5
Joseph, m. Avis **PRAY**, b. of Newtown, Feb. 13, 1848 by Rev. S. S. Stocking	3	143
Joseph d. Dec. 9, 1853, ae 74	4	16
Jothnall, s. [Ebenezer & Mary], b. Mar. 10, 1713	LR2	167
Kelsey, of Monroe, m. Rachel **COLBURN**, of Newton, Mar. 17, 1830, by Rev. W[illia]m Mitchell	3	41
Legrand, d. Apr. 16, 1807	2	166
Lewis, of New Milford, m. Elizabeth **BALDWIN**, of Newton, Sept. 9, 1846, by Rev. Samuel W. Smith. Int. Pub.	3	134
Lucinda, m. Abijah **MERRETT**, June 22, 1840, by Theophilus Nichols, J. P.	3	100
Lucy, d. [ ], 1801	2	171
Lucy, of Newton, m. W[1lia]m G. **SMITH**, of Ridgefield, June 28, 1827, by Rev. W[illia]m. Mitchell	3	28
Mabel, d. [Jonathan & Phebe], b. Aug. 9, 1743	1	2
Mabel, d. [Jonathan & Phebe], b. Aug. 9, 1743	1	73
Mabel, m. Daniel **BEERS**, Dec. 27, 1744	1	76
Mabel, m. Daniel **BEERS**, Dec. 27, 1744	2	85
Mariette, of Brookfield, m. Matthew B. **FAIRCHILD**, of Newtown, Apr. 14, 1834, by Rev. N. M. Urmston	3	67
Mary, 3rd d. [Ebeneser & Mary], b. Feb. 22, 1716/17	LR2	167
Mary, d. [Ebenezer & Rachel], b. Mar. 17, 1762	1	22
Mary, wid., d. Oct. 2, 1824	2	149
Mary Ann, d. [Reuben & Mary], b. Feb. 16, 1774	1	82
Mary Ann, m. Daniel **NICHOLS**, b. of Newtown, Aug. 21, 1797	2	60
Mary E., m. Henry **SANFORD**, b. of Newtown, Nov. 9, 1845, by Rev. S. S. Stocking	3	127d
Noah H., m. Damares **FAIRCHILD**, Feb. 11, 1834, by Rev. N. M. Urmston	3	66
Olive, wid., d. June 16, 1805	2	168
Orville, m. Annis **BLACKMAN**, b. of Newton, Oct. 1, 1838, by Rev. Eli Brunson	3	91
Patience, of Newtown, m. Commy **SIMONS**, of Southbury, May 4, 1827 by Solomon Glover	3	26
Peggy, colored, d. Apr. 14, 1831, ae 60	2	139
Persius, d. June 16, 1812, ae 18	2	161
Phebe, b. June 11, 1766; m. Zalmon **TOUSEY**, Jr., Dec.10, 1786	2	52
Phebe, Mrs., d. Jan. 17, 1803	2	170
Phebe, d. Sept. 11, 1831, ae 46	2	140
Phebe, d. Jan. 11, 1863, ae 82	4	30
Philo, b. June 9, 1768; m. Aurilla **HARD**, Jan. 4, 1795	2	24
Philo, d. May 10, 1833, ae 65	2	24
Philo, d. May 10, 1833, ae 65	2	135
Philo, his wid. [ ], d. June 17, 1856, ae 86	4	19

	Vol.	Page
BOOTH (cont.),		
Polly, d. [Jonathan & Eunice], b. Jan. 22, 1787	1	56
Prince, d. Sept 5, 1807	2	166
Ruben, s. [Jonathan & Phebe], b. May 9, 174[ ]	1	73
Ruben, s. [Jonathan & Phebe], b. May 14, 1741	1	2
Reuben, m. Mary **SMITH**, Nov. 20, 1763	1	82
Reuben, s. [Reuben H. & Sarah], b. Nov. 26, 1794	1	48
Reuben, d. July 12, 1797	LR19	Index
Reuben, d. July 12, 1797	2	173
Reuben, m. Sarah **NICHOLS**, d. Peter & Rebecca, [ ]	2	86
Reuben H., m. Sarah **NICHOLS**, Jan. 2, 1794	1	48
Reuben Hull, s. [Reuben & Mary], b. Sept. 12, 1771	1	82
Ruth, m. Lieut. Jonathan **NORTHRUP**, b. of Newtown, June 2, 1740	1	71
Sabra, d. Aug. 27, 1846, ae 56	2	116
Sabra, d. Aug. 27, 1846, ae 56	4	3
Sary, d. [Jonathan & Phebe], b. July 2, 1747; d. Feb. 15, 1759	1	2
Sarah, d. [Jonathan & Phebe], b. July 2, 1747	1	73
Sarah, m. Ebenezer **PECK**, Mar. 13, 1757, by Rev. Mr. Judson	1	9
Sarah, d. [Reuben H. & Sarah], b. Mar. 12, 1804	1	48
Sarah, d. [ ]	2	86
Sarah (**NICHOLS**), w. Reuben Hull, d.[ ]	2	86
Selleck, of Monroe, m. Almira **FOOT**, of Newtown, Sept. 3, 1834, by Rev. N. M. Urmston	3	69
Smith, s. [Reuben & Mary], b. Sept. 20, 1764	1	82
Solomon Glover, m. Emeline **CANFIELD**, July 2, 1826, by Rev. Daniel Burhans	3	23
Suckey, d. [Jonathan & Eunice], b. May 8, 1789	1	56
Susanna, colored, d. Apr. 30, 1821	2	152
Walker, s. [Abraham & Ann], b. Oct. 26, 1762	1	1
W[illia]m E., Dr., d. Feb. 19, 1859, ae 37	4	23
Zalmon, s. [Jonathan & Phebe], b. Nov. 9, 1760	1	2
Zalmon, s. [Jonathan & Eunice], b. July 15, 1791	1	56
Zephaniah, colored, d. Sept. 25, 1813	2	160
[**BORDEN**], **BOORDEN**, Jane, of Danbury, m. Joseph **MILES**, of Newtown, Nov. 19, 1718, by James Beebe, J. P.	LR2	350
BORLAND, Anthony, d. Oct. 25, 1856, ae 27	4	20
Anthony, his d. [ ], d. Mar. 17, 1856, ae 9 m.	4	19
BOSTEN, Hannah, m. Jehoshaphat **PRINDLE**, Feb. 19, 0. S. 1745, by John Beach	1	3
Hannah, m. as 2nd w. Jehoshephat **PRINDLE**, [ ]	1	79
BOSTWICK, Isaac, [m.] Mary **KIMBERLEY**, [ ]	2	173
BOTSFORD, Abel, m. Mary **BENNETT**, Jan. 19, 1764	2	36
Abel, Dea., d. Apr. 29, 1822	2	151
Abel, m. Charlotte **MERWIN**, b. of Newtown, July 29, 1838, by Rev. Samuel C. Stratton	3	91
Abel d. [ ]	2	36
Abiah, d. [Ephraim & Sarey], b. July 20, 1742	1	74
Abiel, s. [John & Annah], b. Jan. 28, 1733/4	1	69

	Vol.	Page
BOTSFORD (cont.),		
Abiel, s. John, m. Abigal **KENT**, June 13, 1757	1	29
Abigail, d. [Abiel & Abigal], b. Apr. 30, 1759; d. [ ]	1	29
Abigail, d. [Abiel & Abigal], b. July 18, 1765	1	29
Abigail, d. June 8, 1801	2	37
Abigail, [d. Thomas Bennitt & Eunice], b. Mar. 20, 1802	2	37
Abigail, m. Elijah **BOTSFORD**, Dec. 19, 1824, by Rev. William Mitchell	3	16
Abigail, Mrs., d. Aug. 30, 1833, ae 31	2	136
Abigail, wid., d. Aug. 10, 1850, ae 91	4	11
Abraham, s. [Joseph & Mary], b. Nov. 13, 1723	LR2	353
Abraham, [s. Joseph & Mary], d. Feb. 3, 1726/7	LR2	353
Abraham, m. Mary **CHANCY**, Apr. 1, 1755	1	25
Abram, s. [Abraham & Mary], b. Oct. 20, 1767	1	25
Abram, his d. [ ], d. Oct. 25, 1819	2	154
Abram, d. Aug. 16, 1826, ae 58	2	145
Abram, his wid., d. Aug. 30, 1853, ae 75	4	15
Almena, d. Feb. 19, 1860, ae 1 y. 8 m.	4	25
Amos, s. [Gideon & Bethiah], b. Jan. 19, 1743/4	1	87
Ann, m. Ebenezer **SANFORD**, June 10, 1731, by Rev. John Beach	1	75
Ann, d. [Gideon & Bethiah], b. July 23, 1753	1	87
Ann, m. Richard **FAIRMAN**, Jr., Oct. 31, 1771	1	38
Ann, wid. her child d. May 28, 1815	2	158
Ann, wid., d. Nov. 26, 1822	2	151
Annah, d. [John & Annah], b. Feb. 27, 1741	1	69
Anna, [d. Abel & Mary], b. Jan. 19, 1765	2	36
Annah, w. John, d. June 3, 1784	1	69
Anne, m. Joseph B. **WHEELER**, Oct, 23, 1783	2	57
Annis, d. [Gideon & Meriam], b. June 23, 1770	1	87
Annis, wid., d. July 13, 1844, ae 70	2	118
Annis, wid., d. July 13, 1844, ae 70	4	1
Aseneth, wid., d. Feb. [ ], 1840, ae 74	2	121
Austin N., m. Volusia B. **GLOVER**, Feb. 28, 1827, by Rev. Daniel Burhans	3	26
Austin N., d. Apr. 21, 1842, ae 44	2	120
Bethia, [d. Abiel & Abigal], b. Dec. 14, 1760	1	29
Bethiah, d. [Gideon & Meriam], b. June 10, 1767	1	87
Betsey, b. July 14, 1778; m. Wheeler **FAIRCHILD**, Dec. 16, 1798	2	94-5
Caroline, d. [Oct. , 1826], ae 2	2	146
Caroline M., m. Edward A. **PARSONS**, b. of Newtown, Oct. 15, 1849, by Rev. Horace Hills, Jr.	3B	28
Charles, d. Sept. 18, 1837, ae 48	2	128
Charlotte, [d. Jabez B. & Anner], b. May 31, 1827	2	81
Christian, of Milford, m. Abraham **BENNETT**, of Newtown, Apr. 6, 1726, by Sam[ue]ll Eells	LR2	353
Clement, s. [Gideon & Bethiah], b. Aug. 4, 1751	1	87
Clement, m. Mary **BALDWIN**, Nov. 24, 1774	2	81
Clement, [s. Jabez B. & Anner], b. Aug. 25, 1814; d. July 25, 1824	2	81

	Vol.	Page
BOTSFORD (cont.),		
Clement, d. July 25, 1824	2	149
Clement, d. Apr. 25, 1844, ae 86	2	118
Clement, his wid. [ ], d. Apr. 25, 1844, ae 86	4	1
Damiras, d. [Abraham & Mary], b. Sept. 9, 1757	1	25
Damaris, Mrs., d. Apr. 15, [1800]	LR20	0
Daniel, m. Asenath **PRINDLE**, June 10, 1787	2	28
Daniel, Jr., his d. [ ], d. Jan. 6, 1827, ae [ ]	2	144
Daniel, d. Feb. 13, 1830, ae 64	2	28
Daniel, d. Feb. 13, 1830, ae 64	2	141
Daniel, his w. [ ], d. Dec. 17, 1863, ae 78	4	32
Daniel, d. Apr. 8, 1870, ae 79	4	44
David, s. [Gideon & Meriam], b. Oct. 30, 1757	1	87
David, d. May 16, 1822	2	151
David, of Woodbury, m. Annette **BEERS**, of Newtown, Feb. 2, 1846, by Rev. S. S. Stocking	3	129
David Bellamy, [s. Daniel & Asenath], b. Aug. 5, 1793	2	28
Edwin, m. Julia **SUMMERS**, b. of Newtown, Nov. 13, 1822, by Rev. Solomon Glover	3	3
Edwin, his d. [ ], d. Nov. 5, 1832, ae 4	2	138
Edwin, his d. [ ], d. Nov. 29, 1832, ae 2	2	138
Edwin, d. Dec. 16, 1848, ae 46	4	8
Edwin, his s. [ ], d. Dec. 25, 1848, ae 13	4	8
Edwin, his s. [ ], d. Jan. 3, 1849, ae 8	4	8
Edwin, his d. [ ], d. Jan. 4, 1849, ae 16	4	8
Elemus, Mrs., d. Apr. 27, 1804	2	169
Elijah, [s. Daniel & Asenath], b. Apr. 10, 1791	2	28
Elijah, m. Abigail **BOTSFORD**, Dec. 19, 1824, by Rev. William Mitchell	3	16
Emeline, of Newtown, m. James **CORWIN**, of New York, Dec. 31, 1840, by Rev. F. Hitchcock	3	104
Emily, m. Walter **NORTHROP**, Jr., Mar. 24, 1844, by Rev. J. H. Ingalls	3	122
Ephraim, s.[Joseph & Mary], b. Jan. 15, 1720/1	LR2	353
Ephraim, m. Sarey **HAWLY**, Nov. 5, 1741	1	74
Ephraim, s. [Ephraim & Sary], b. Mar. 16, 1750	1	74
Eunice, d. Nov. 8, 1802	2	37
George, m. Clary **PARMELEE**, Mar. 31, 1825, by Rev. Daniel Burhans	3	17
George, his w. [ ], d. May 12, 1830, ae 24	2	141
George, m. Louisa **PARMELEE**, b. of Newtown, Oct. 17, 1830, by Rev. William Mitchell	3	44
George, Jr., his s. [ ], d. Aug. 10, 1833, ae [ ]	2	135
George, his d. [ ], d. Oct. 2, 1844, ae 4	2	118
George, his d. [ ], d. Oct. 2, 1844, ae 4	4	1
George, d. Oct. 14, 1868, ae 59	4	41
George H., his d. [ ], d. Aug. 28, 1860, ae 7 m.	4	26
George R., d. Mar. 24, 1859, ae 38	4	24
George Russell, [s. Jabez B. & Anner], b. Aug. 24, 1820	2	81

	Vol.	Page
BOTSFORD (cont.),		
Gideon, s. [Gideon & Bethiah], b. Feb. 14, 1749	1	87
Gideon, Jr., m. Pulcheria **FAIRMAN**, Oct. 31, 1771	1	36
Gideon, his w. [ ], d. July 15, 1813	2	160
Gideon, d. Sept. 10, 1826, ae 77	2	146
Gideon, his w. [ ], d. June 26, 1834, ae 36	2	134
Gideon B., d. Aug. 28, 1834, ae 34	2	134
Gideon Burtis, m. Sophia **HARD**, Oct. 28, 1827, by Rev. Daniel Burhans	3	31
Hannah, d. [Abraham & Mary], b. July 19, 1759	1	25
Hannah, Mrs., d. Nov. 27, 1837, ae 66	2	128
Harriet, of Newtown, m. Joseph **HAWLEY**, Jr., of Reading, Feb. 13, 1822, by Rev. Daniel Crocker	2	6
Henry, m. Hannah **GLOVER**, May 18, 1794, by Rev. Philo Perry	1	46
Henry, his child, d. Dec. 14, 1821	2	152
Henry, d. Oct. 16, 1823	2	150
Henry & w. Hannah, had d. [ ], [ ]	1	46
Hersey, [s. Clement & Mary], b. May 14, 1786	2	81
Huldah, of Newtown, m. Albert **TURNEY**, of Fairfield, Sept. 15, 1841, by F. Hitchcock	3	107
Huldah, wid., d. May 7, 1857, ae 87	4	21
Isaac Glover, s. [Henry & Hannah], b. Sept. 10, 1795	1	46
Israel C., d. Dec. 11, 1839, ae 77	2	124
Israel Chancey, s. [Abraham & Mary], b. Aug. 22, 1763	1	25
Israel Chauncy, his child d. May 8, [1800]	LR20	0
Jabez, s. [Sergt. Moses & Sary], b. Sept. 26, 1735	1	77
Jabez, s. Moses, d. July 16, 1801	2	171
Jabez B., m. Anner **SMITH**, Nov. 18, 1812	2	81
Jabez B., his w. [ ], d. Mar. 6, 1853, ae 51	4	14
Jabez B., d. June 5, 1862, ae 70	4	29
Jabez Baldwin, [s. Clement & Mary], b. June 29, 1792	2	81
James, d. July 29, 1856, ae 20	4	20
Jane, m. Richard **FAIRMAN**, June 20, 1745	1	26
Jared, m. Ann **SHERMAN**, Dec. 15, 1768	2	14
Jared, his w. [ ], d. Sept. 28, 1827, ae 79	2	144
Jared, d. May 15, 1828, ae 82	2	143
Jared, m. Juliette **BEARDSLEE**, Dec. 28, 1829, by Stephen Middlebrooks, J. P.	3	39
Jerome H., m. Emily **NORTHROP**, Feb. 1, 1852, by William M. Carmichael, D. D.	3B	40
Joanna, of Newtown, m. Elisha **SHELDEN**, of Sangersfield, N. Y., Dec. 17, 1826, by John Sherman	3	25
John, m. Annah **BENNETT**, May 2, 1733, by Rev. Mr. Kent	1	69
John, Dea., d. May 6, 1745	1	69
John, s. [John & Annah], b. Jan. 28, O. S. 1756	1	69
John, s. [Abiel & Abigal], b. June 3, 1763	1	29
John, d. Jan. 29, 1797	LR19	Index
John, d. Jan. 29, 1797	2	173
John, d. Dec. 29, 1806	2	167

BOTSFORD (cont.),

	Vol.	Page
John Smith, [s. Jabez B. & Anner], b. Aug. 23, 1817	2	81
John Smith, of Troy, N. Y., m. Harriet **NICHOLS**, of Newtown, Jan. 29, 1845, by Rev. S. S. Stocking	3	125
Joseph, m. Mary **BENNETT**, b. of Newtown, Jan. 9, 1717/18, by Thomas Tousey	LR2	353
Joseph, s. [Joseph & Mary], b. Feb. 13, 1717/18	LR2	353
Josiah, d. Oct. 1, 1857, ae 59	4	21
Julia, of Newtown, m. William **LAWRENCE**, of Amhurst, N. H., Aug. 12, 1823, by Rev. Daniel Burhans	3	7
Julia, m. Russel **SKIDMORE**, Jan. 25, 1829, by Rev. Daniel Burhans	3	36
Keziah, d. [John & Annah], b. Oct. 12, 1737	1	69
Keziah, m. Joseph **WHEELER**, Mar. 25, 1755, by Rev. Mr. Judson	1	3
Keziah, m. Oliver Clark **HURD***, Apr. 24, 1786 *(**HARD**?)	1	60
Laura, of Newtown, m. Lyman **GRAVES**, of Harpersfield, N. Y., Jan. 28, 1833, by Jacob Beers, J. P.	3	60
Lucia, [d. Clement & Mary], b. Oct. 20, 1795; d. Dec. 5, 1796	2	81
Lucinda, [d. Clement & Mary], b. Jan. 7, 1776	2	81
Luce, d. [John & Annah], b. Dec. 20, 1735	1	69
Lucy, m. George **SMITH**, Oct. 13, 1755	1	71
Lucy, d. [Abiel & Abigal], b. Mar. 8, 1758	1	29
Lucy, m. Henry **WOOD**, Mar. 9, 1774	1	82
Lucy, wid., d. Sept. 4, 1870, ae 79	4	44
Lucy Ann, m. Oliver **SUMMERS**, b. of Newtown, [Sept.] 16, [1827], by Jacob Beers, J. P.	3	28
Lucy Maria, d. Apr. 15, 1799	2	37
Lucy Maria, [d. Thomas Bennitt & Eunice], b. June 17, 1800	2	37
Lydia, wid., d. July 3, 1810	2	163
Lydia, wid., d. Jan. 9, 1860, ae 86	4	25
Lydia Ann, m. Russell **WHEELER**, b. of Newtown, Feb. 22, 1837, by Rev. N. M. Urmston	3	82
Marcia, m. Walter **GLOVER**, b. of Newtown, Jan. 7, 1830, by Rev. Daniel Burhans	3	40
Marcus, m. Huldah **LAKE**, b. of Newtown, Apr. 3, 1833, by Rev. S. C. Stratton	3	61
Marcus, his infant d. [ ], d. Aug. 25, 1836	2	130
Marcus, d. Apr. 15, 1865, ae 83	4	35
Marcus, m. Betsey **PERRY**, [ ]	2	3
Marcy, d. Joseph, m. Abraham **WHEELER**, s. Thomas & Sarah (**CAMP**), Feb. 11, 1776	1	46
Maria, [d. Thomas Bennitt & Eunice], b. Feb. 4, 1799	2	37
Martha, [d. Abel & Mary], b. Oct. 8, 1773	2	36
Mary, [d. Abel & Mary], b. Aug. 18, 1778	2	36
Mary, d. Apr. 27, 1789	2	36
Mary, m. Edward **BAILEY**, b. of Newtown, Oct. 13, 1833, by Rev. Samuel C. Stratton	3	63
Mary, wid., d. Apr. 12, 1845, ae 99	4	2

	Vol.	Page
BOTSFORD (cont.),		
Mary d. Apr. 13, 1845, ae 97	2	36
Mary Ann, [d. Clement & Mary], b. Feb. 24, 1784	2	81
Mary Ann, d. June 18, 1802, ae 21	2	44
Mary E., d. Baldwin, m. Charles B. **NICHOLS**, July 2, 1848, by Rev. J. Atwater	3B	23
Mary E., Mrs., d. Sept. 28, 1865, ae 39	4	36
Mary Elizabeth, [d. Jabez B. & Anner], b. Nov. 7, 1823	2	81
Mehetable, [d. Abel & Mary], b. May 25, 1769	2	36
Mehetable, m. Ziba **BLAKESLEE**, May 3, 1792	2	65
Mehetabel, wid., d. July 17, 1828, ae 79	2	143
Minerva, Mrs., d. Sept. 9, 1825, ae 51	2	148
Molly, wid., d. Apr. 13, 1846, ae 97	2	117
Moses, his w. [ ], d. July 1, 1821	2	152
Moses, d. Apr. 7, 1830, ae 80	2	141
Moses, his s. [ ], d. Apr. 30, 1855, ae 1 y.	4	18
Moses, [ ]	1	72
Moses K., Capt. his w. [ ], d. Aug. 10, 1820	2	153
Moses K., m. Mrs. Lydia **NORTHROP**, Dec. 20, 1820, by Rev. Stephen W. Burrett	2	51
Moses K., Capt., d. Nov. 25, 1829, ae 62	2	142
Moses Kent, s. [Abiel & Abigail], b. Jan. 22, 1768	1	29
Niram, s. [Gideon & Meriam], b. June 15, 1762	1	87
Phebe, d. [Sergt. Moses & Sary], b. Mar. 8, 1739	1	77
Phebe, [d. Abel & Mary], b. May 22, 1785	2	36
Phebe, d. Sept. 22, 1849, ae 14	4	9
Philo, s. [Jared & Ann], b. Feb 16, 1769	1	14
Philo, d. July 16, 1850, ae 80	4	11
Philo, his wid. [ ], d. May 29, 1854, ae 78	4	17
Philo G., of Newtown, m. Charlotte A. **HINMAN**, of Cooperstown, Oct. 6, 1851, by William M. Carmichael, D. D.	3B	37
Polly, [d. Abel & Mary], b. Dec. 15, 1766	2	36
Polly, [d. Daniel & Asenath], b. Apr. 3, 1788	2	28
Polly, d. Oct. 14, 1836, ae 51	2	130
Polly, of Newtown, m. Willliam C. **FAIRWEATHER**, of Bridgeport, June 30, 1844, by J. H. Ingalls	3	123
Polly Ann, m. Cyrus **CAMP**, Dec. 8, 1824, by Rev. Daniel Burhans	3	15
Richard, d. Jan. 7, 1837, ae 63	2	127
Rolla, d. June 2, 1866, ae 49	4	37
Russell Bennett, [s. Clement & Mary], b. May 7, 1794	2	81
Ruth, d. [Abraham & Mary], b. Jan 27, 1756	1	25
Sally, [d. Clement & Mary], b. Jan. 25, 1782	2	81
Sally, d. Moses K., d. Aug. 24, 1808	2	165
Sally, m. Harry W. **TUCKER**, b. of Newtown, Aug. 3, 1834, by Rev. S. C. Stratton	3	68
Sally, d. Dec 23, 1868, ae 86	4	41
Samuel, s. [Abraham & Mary], b. June 3, 1761	1	25
Samuel P., m. Lucy M. **FAIRCHILD**, b. of Newtown, Dec. 1,		

	Vol.	Page
BOTSFORD (cont.),		
1841, by Rev. S. S. Stocking	3	108
Samuel P., his w.[ ], d. Dec. 30, 1842, ae 19	2	120
Samuel P., d. June 22, 1843, ae 40	2	119
Sarah, d. [Abraham & Mary], b. Aug. 27, 1765	1	25
Sarah, [d. Abel & Mary], b. Sept. 3, 1780	2	36
Sarah, d. Aug. 14, 1781	2	36
Sarah, [d. Abel & Mary]. b. June 23, 1782	2	36
Sarah, wid. Moses, d. Mar. 1, 1789, in the 76th y. of her age	1	88
Sarah, wid., d. May 5, 1812	2	161
Sarah, Mrs., d. Feb. 10, 1869, ae 26	4	41
Sarah Ann, of Newtown, m. Frederick B. **DIBBLE**, of Danbury, May 4, 1836, by Rev. S. C. Stratton	3	77
Sarah B., m. Reuben B. **BURROUGHS**, b. of Newtown, Dec. 9, 1838, by Rev. S. C. Stratton	3	94
Sherman, Capt., d. Jan. 27, 1815	2	158
Sophia, m. Abel Booth **TYRREL**, Apr. 3, 1822, by Rev. D. Burhans	2	76
Sophia, m. Stephen W. **BLACKMAN**, b. of Newtown, Nov. 17, 1844, by Rev. J. H. Ingalls	3	125
Theophilus, s. [Sergt. Moses & Sary], b. Mar. 23, 1731	1	77
Theophilus, d. Dec. 28, 1837, ae 42	2	144
Thomas, [s. Sergt. Moses & Sary], b. June 13, 1743	1	77
Thomas, s. [Abel & Mary], b. May 25, 1771	2	36
Thomas, d. July 15, 1772	2	36
Thomas, his d. [ ], d. Apr. 16, 1799	LR19	Ind. A
Thomas B., his child d. June 8, 1801	2	171
Thomas B., his child d. Jan. 17, 1818	2	155
Thomas B., d. July 14, 1840	2	36
Thomas B., d. July 14, 1840, ae 64	2	37
Thomas B., d. July 14, 1840, ae 64	2	121
Thomas Bennett, [s. Abel & Mary], b. May 18, 1776	2	36
Thomas Bennitt, m. Eunice **BOOTH**, Apr. 26, 1798	2	37
Thomas Bennitt, m. Sally **BEARDSLEE**, Aug. 30, 1804	2	37
Vine, s. [Gideon & Meriam], b. Aug. 14, 1764	1	87
Volucia B., Mrs., m. Walter **NORTHROP**, Mar. 16, 1851, by Rev. J. Atwater	3B	35
W[illia]m, m. Mary Sophia **TERRELL**, b. of Newtown, Nov. 21, 1841, by Rev. S. S. Stocking	3	108
BOYCE, [see also **BOYER**], John, d. Jan 4, 1801	2	171
BOYD, Augusta, d. Feb. 12, 1858, ae 19	4	22
Francis, d. June 4, 1867, ae 77	4	39
Stiles, d. Mar. 15, 1860, ae 17	4	25
BOYER, Caroline, d. Aug. 18, 1839, ae 19	2	123
Catharine D., m. Frank T. **MOREHOUSE**, b. of Newtown, Nov. 10, 1851, by William M. Carmichael, D. D.	3B	38
James, his w. [ ], d. Oct. 18, 1837, ae 42	2	128
James, d. Sept. 3, 1846, ae 57	4	3
Mehetable, d. July 21, 1834, ae 84	2	134

	Vol.	Page
BRADLEY, BRADLY, Abijah, his child d. Jan. 24, 1820	2	153
Abijah, d. July 20, 1824	2	149
Abijah B., his w.[ ], d. Oct. 10, 1803	2	170
Bartram, of Fairfield, m. Huldah **LAKE**, of Newtown, Mar. 10, 1824, by Zachariah Clark, Jr.	3	11
Bartram, d. Jan. 21, 1848, ae 47	4	7
Betsey, d. Dec. 6, 1830, ae 22	2	141
Catherine, Mrs., d. Feb. 8, 1863, ae 70	4	31
Clarissa, d. Aug. 7, 1870, ae 43	4	44
Comfort, Mrs., d. Sept. 8, 1868, ae 77	4	40
Cornelia, m. Botsford **WINTON**, Apr. 24, 1837, by Rev. Rodney Rossiter, of Monroe	3	84
Delia, m. Joseph D. **WHEELER**, June 7, 1820, by Joseph B. Wheeler, J. P.	2	67
Eliphalet, d. Aug. 19, 1843, ae 74	2	119
Eliphalet, d. Nov. 6, 1849, ae 72	4	10
Eliza, m. John A. **FIELFORD***, Oct. 26, 1845, by Alexander Hall, J. P. *(**PULFORD**?)	3	127d
Esther, of Weston, m. Charles H. **SHERMAN**, of Newtown, Mar. 27, 1839, by Rev. F. Hitchcock	3	96
Fanny E., d. Mar. 12, 1863, ae 32	4	31
George, his s. [ ], d. June 22, 1823	2	150
George, his s. [ ], d. Aug. 28, 1831, ae 2	2	140
George, his d. [ ], d. Apr. 24, 1842, ae 17	2	120
George, of Fairfield, m. Abigail **WEED**, of Newtown, Mar. 9, 1845, by Alexander Hall, J. P.	3	126
George W., m. Caroline **MUNSON**, b. of Newtown, June 24, 1849, by Rev. Nathaniel C. Lewis	3B	30
Israel, of Southbury, m. Sally **BENNET**, Feb. 27, 1827, by Rev. Daniel Burhans	3	26
Ja[me]s, his d. [ ], d. May 6, 1867, ae 6	4	38
Jared, d. Jan. 22, 1834, ae 22	2	133
Jesse P., of Maple Grove, N.Y., m. Sarah A. **WINTON**, of Newtown, Sept. 7, 1845, by Rev. S. S. Stocking	3	127
Joel, m. Harriet Eliza **ELWOOD**, Aug. 10, 1851, by David Sanford, J. P.	3B	37
John, of Reading, m. Huldah **FAIRCHILD**, of Newtown, Oct. 25, 1826, by Rev. William Mitchell	3	24
John, his d. [ ], d. Feb. 15, 1834, ae [ ]	2	133
John, his s. [ ], d. June 15, 1839, ae 1	2	123
John, his d. [ ], d. Dec. 27, 1856, ae 9 m.	4	20
John, d. July 5, 1860, ae 30	4	26
John, d. Jan. 10, 1862, ae 57	4	29
John, d. Nov. 3, 1865, ae 3 m.	4	36
Julia, m. Czar **PLUMB**, b. of Newtown, Apr. 6, 1835, by Matthew Batchelor	3	72
Louisa H., d. Dec. 24, 1862, ae 18	4	30
Lyman, of Southbury, m. Mary Ann **EDMONDS**, of Newtown, Jan. 5, 1837, by Rev. N. M. Urmston	3	81

	Vol.	Page

BRADLEY, BRADLY (cont.),

	Vol.	Page
Margarette, d. May 2, 1867, ae 1 y. 6 m.	4	38
Maria, m. Laurison **SHERMAN**, Oct. 26, 1834, by Rev. Rodney Rossiter, of Monroe	3	70
Martin, d. Dec 6, 1869, ae 60	4	43
Medad, of Weston, m. Eliza **HAWLEY**, of Newtown, Sept. 17, 1826, by Rev. Lemuel B. Hull, of Reading	3	24
Michael, d. Nov. 26, 1857, ae 26	4	21
Michael, d. July 25, 1864, ae 1 y. 8 m.	4	34
Patience, Mrs., d. Oct. 30, 1865, ae 88	4	36
Patrick, his w. [ ], d. Mar. 24, 1855, ae 25	4	18
Patrick, his d. [ ], d. July 16, 1855, ae 3 m.	4	18
Polly, her s. [ ], d. [Jan. , 1827]	2	144
Rachel, m. Job **BUNNELL**, Sept. 10, 1772	1	81
Reed, m. Mary Ann **BANKS**, b. of Westport, July 3, 1836, by Rev. F. Hitchcock	3	79
Sturgis, m. Sophia **PARKER**, Mar. 28, 1830, by David H. Belden, J. P.	3	41
Sturges, d. Apr. 1, 1851, ae 43	4	12
Sylvester B., d. Nov. 8, 1865, ae 25	4	36
Walter, his s. [ ], d. July 5, 1848, ae 5	4	8
Whiting, his child d. Sept. 11, 1846, ae 19	2	116
Whiting, his s. [ ], d. Sept. 11, 1846, ae 19	4	3
-----, d. of Roger **TERRILL**, d. Sept. 18, 1797	LR19	Index
BRADSHAW, Charles, m. Mary **WOOSTER**, b. of Oxford, Aug. 19, 1827, by Rev. Daniel Burhans	3	29
BRANIGAN, BRANAGAN, John, d. Mar. 24, 1810	2	163
Mary, d. Mar. 27, 1864, ae 12	4	33
BRENNAN, Ann, Mrs., d. Mar. 14, 1867, ae 35	4	38
John, d. May 1, 1866, ae 2 y. 6 m.	4	37
BREWER, Charles, [s. Daniel], b. July 13, 1784	1	85
Simeon, [s. Daniel], b. Aug. 29, 1782	1	85
Susanah, [d. Daniel], b. June 8, 1780	1	85
BRIANT, Harvey, m. Antoinette **SPRING**, Nov. 28, 1830, at the house of Reuben Spring, by George Bradley, J. P.	3	45
BRIGGS, James C., of New Milford, m. Sarah **MOREHOUSE**, of Newtown, Sept. 22, 1844, by John L. Ambler	3	124
BRINSMADE, Cyrus N., of Trumbull, m. Delana **BOOTH**, of Newtown, Feb. 18, 1844, by John L. Ambler	3	121
BRISCO, BISCO, BRISCOE, Abigail, m. Isaac **PATCHIN**, of Newtown, Nov. 19, 1840, by Rev. Nathaniel Mead	3	102
Alexander, his child d. Feb. 18, 1811	2	162
Elixandaer, negro, m. Peggy [ ], [ ], by Rev. Mr. Rexford	1	60
Andrew, his child d. June 2, 1812	2	161
Anna, d. Apr. 4, 1803	2	170
Anna, wid., d. Jan. 28, 1848, ae 64	4	7
Avis J., m. Peter M. **NASH**, b. of Newtown, Aug. 24, 1834, by		

	Vol.	Page
BRISCO, BISCO, BRISCOE (cont.),		
Rev. S. C. Stratton	3	69
Azubah, m. Nathaniel **HUBBELL**, of Redding, Oct. 17, 1821, by		
Rev. Daniel Berchans	2	6
Bettey, d. [James & Hannah], b. Oct. 13, 1757 [sic]	1	5
Bradley D., m. Mary C. **GLOVER**, d. David, Mar. 2, 1851, by		
Rev. J. Atwater	3B	35
Caroline, m. Warren **FAIRCHILD**, b. of Newtown, Dec. 27, 1829,		
by Rev. Daniel Burhans	3	40
Charity, m. Jerome **MIDDLEBROOK**, b. of Newtown, June 12,		
1831, by Rev. John Lovejoy	3	48
Charles, d. Nov. 28, 1843, ae 38	2	119
Charles, his d. [ ], d. July 21, 1869, ae 5 w.	4	42
Charles G., of Bridgeport, m. Mary Ann **SUMMERS**, of Newtown,		
Jan. 11, 1824, by Daniel Blackman, J. P.	3	10
Cornelia Eliza, d. Lewis, m. Edward **CROFUT**, Dec. 25, 1850, by		
Rev. J. Atwater	3B	34
Daniel, his w. [ ], d. Feb. 7, 1836, ae 45	2	129
Daniel, of Newtown, m. Mrs. Julia **JACKSON**, of Weston, Sept.		
17, 1836, by Jacob Beers, J. P.	3	79
Daniel, d. Dec. 25, 1859, ae 70	4	25
Elizabeth, w. James, d. Aug. 22, 1735, in the 57th y. of her age	1	72
Elizabeth, d. Dec. 7, 1842, ae 19	2	120
Eunice, of Newtown, m. Alanson N. **BEERS**, of Monroe, May 6,		
1827, by Rev. W[illia]m Mitchell	3	27
Eunice, wid., d. Dec. 22, 1838, ae 96	2	126
George, s. Bradley, d. May 10, 1863, ae 1 y.	4	31
Gustavus, d. Sept. 25, 1863, ae 32	4	32
Harriet, of Newtown, m. Horace **DIBBLE**, of Brookfield, June 5,		
1827, by Rev. W[illia]m Mitchell	3	27
Harvey, m. Caroline **TAYLOR**, b. of Newtown, Mar. 16, 1834,		
by Jacob Beers, J. P.	3	66
Hervey, his d. [ ], d. Mar. 16, 1842, ae 4	2	120
Horace, his d. [ ], d. Oct. 30, 1856, ae 7	4	20
Horace, d. Jan. 18, 1859, ae 43	4	23
Isaac, d. June 26, 1812	2	161
Isaac W., m. Caroline **FAIRCHILD**, b. of Newtown, Feb. 5, 1849,		
by Rev. Horace Hill, Jr.	3B	26
Isaac W., his d. [ ], d. May 10, 1855, ae 2	4	18
James, s. [James & Hannah], b. July 27, 1741	1	71
James, Jr., m. Lucy **KEELER**, Sept. 14, 1834, by Rev. N. M.		
Urmston	3	69
John, [s. James & Hannah], b. Dec. 27, 1747	1	5
John, his w. [ ], d. Sept. 3, 1817	2	156
John, d. Apr. 12, 1830, ae 82	2	141
John, his w. [ ], d. Oct. 11, 1833, ae 47	2	136
Joseph, his child d. Dec. 27, 1815	2	158
Joseph, d. Sept. 22, 1848, ae 65	4	8
Lewis S., his s. [ ], d. Jan. 25, 1832, ae [ ]	2	137

	Vol.	Page
BRISCO, BISCO, BRISCOE (cont.),		
Lewis Sherman, m. Jane Eliza **PETTIS**, Nov. 6, 1824, by Rev. Daniel Burhans	3	15
Linda, d. [Elixander & Peggy, negros], b. [ ]	1	60
Lucy, m. Jacob **STILSON**, Nov. 17, 1768	1	64
Lucy, m. Gould **DIMON**, b. of Newtown, Jan. 30, 1837, by Jacob Beer. J. P.	3	82
Margary, colored, d. Sept. 4, 1807	2	166
Mary, [d. James & Hannah], b. Nov. 14, 1754	1	5
Mary, m. Horace **TOMLINSON**, Dec. 23, 1832, by Rev. Luther Mead	3	59
Mary, m. Joseph G. **FERRIS**, b. of Newtown, Nov. 26, 1834, by Rev. N. M. Urmston	3	70
Mehitebal, d. [James & Hannah], b. May 29, 1750	1	5
Miranda, m. Derangil* **HALL**, b. of Newtown, Nov. 27, 1845, by Rev. S. S. Stocking *(Duranzel)	3	128
Nancy, d. [Elixander & Peggy], b. [ ] (negros)	1	60
Nancy, her child d. June 27, 1812	2	161
Nathan, [s. James & Hannah], b. Oct. 22, 1760	1	5
Nathaniel, [s. James & Hannah], b. June 12, 1763	1	5
Nathaniel, his s. [ ], d. Dec. 29, 1804	2	169
Nathaniel, d. July 4, 1820	2	153
Nathaniel, Jr., m. Mrs. Sally D. **RAYMOND**, this day [Sept. 17, 1820], by Nath[anie]ll Freeman	2	4
Nathaniel, his w. [ ], d. Dec. 30, 1843, ae 79	2	119
Nathaniel, d. Oct. 5, 1848, ae 85	4	8
Nathaniel, d. Jan. 5, 1869, ae 84	4	41
Nathaniel, his wid. [ ], d. Aug. 21, 1869, ae 79	4	42
Pachence, d. [James & Hannah], b. Apr. 30, 1743	1	71
Rebecca, of Monroe, m. Seeley **PERRY**, of Newtown, May 8, 1844, by Rev. John L. Ambler	3	122
Sally, of Newtown, m. Hermos **NICHOLS**, of Huntington, Dec. 31, [1820], by Israel A. Beardslee, J. P.	2	36
Sally, of Newtown, m. Alonzo C. **FROST**, of New Milford, June 1, 1828, by Rev. Daniel Burhans	3	33
Samuel, d. Sept. 29, 1839, ae 22	2	124
Succa, [child of Elixander & Peggy, negros], b. [ ]	1	60
Susan, of Newtown, m. Alfred **WICKSON**, of Paterson, N. Y., Oct. 24, 1828, by Rev. Daniel Burhans	3	34
Thomas, his s. [ ], d. Feb. 20, 1839, ae [ ]	2	123
Thomas Jefferson, m. Betsey **MERIT**, of Derby, (colored), Sept. 2, 1827, by Rev. Daniel Burhans	3	29
Walter, d. July 21, 1868, ae 55	4	40
William, d. June 3, 1843	2	119
BRISTOL, BRISTOLL, Abel, s. [Ebenezer & Sarah], b. Oct. 20, 1749	1	21
Abel, s. Ebenezer & Sarah, b. May 5, 1755	1	21
Abigal, d. [Joseph & Sarah], b. Mar. 31, 1731	LR2	350
Abraham, s. [Joseph & Sarah], b. Apr. 23, 1727	LR2	350
Abraham, m. Mehetable **NICHOLS**, Jan. 5, 1750	1	76

		Vol.	Page
BRISTOL, BRISTOLL (cont.),			
Abraham & w. Mehetable, had d. [ ], b. Apr. 22, 1751		1	76
Abraham & w. Mehetable, had s. [ ], b. Aug. 7, 1752		1	76
Abraham & w. Mehetibel, had d. [ ], b. Oct. 25, 1754		1	76
Adah, d. [Job & Adah], b. Feb. 25, 1771		1	62
Adah, w. [Job], d. Mar. 5, 1771		1	62
Ann, d. [Enos B. & Mary], b. Aug 30, 1746; d. Oct. 28, [1746]		1	28
Ann, d. [Enos B. & Mary], b. Apr. 20, 1750		1	28
Ann, m. Nathan **PRINDLE**, Aug. 10, 1768		1	68
Anna, [d. Elias & Charity], b. Oct. 13, 1773		2	90
Charity, wid. Elias, m. Samuel **SANFORD**, [ ]		2	90
Daniell, s. [Joseph, Jr. & Jemimah], b. Oct. 23, 1738		1	77
David, s. [Joseph & Sarah], b. May 29, 1723		LR2	350
David, s. Enos B. & Mary], b. Oct. 21, 1747; d. Aug. 5, 1753		1	28
David, s. [Enos & Mary], b. June 12, 1755		1	5
Drousillah, d. [Job & Adah], b. Feb. 28, 1769		1	62
Eben[eze]r, s. [Joseph & Sarah], b. Jan. 19, 1715		LR2	350
Elias, m. Charity **FOOT**, [ ]		2	90
Enos, s. [Joseph & Sarah], b. Dec. 5, 1720		LR2	350
Enos, d. June 5, 1768		1	5
Gideon, s. [Joseph & Sarah], b. Apr. 2, 1725		LR2	350
Henry, s. [Ebenezer & Sarah], b. Jan. 29, 1751		1	21
Henry, s. Ebenezer [& Sarah], b. Jan. 7, 1757		1	21
Hulda, d. [Ebenezer & Sarah], b. Aug. 1, 1752		1	21
Ichanah, d. [Enos B. & Mary], b. Apr. 23, 1745		1	28
James, s. Abraham & Mabel, b. Mar. 12, 1757		1	69
Jerusha, [d. Enos & Mary], b. May 14, 1762		1	5
Jerush[a], [d. Elias & Charity], b. July 28, 1776		2	90
Joanna, m. Theophilus **HARD**, Nov. 15, 1764		1	15
Job, s. [Enos B. & Mary], b. Feb. 13, 1744		1	28
Job, m. Adah **SHERMAN**, May last day, 1763		1	62
John, s. Joseph & Sarah, b. Mar. 15, 1718		LR2	350
Joseph, s. [Joseph & Sarah], b. Nov. 8, 1713, at New Haven		LR2	350
Levy, [s. Enos & Mary], b. Feb 20, 1765		1	5
Lucy, [d. Enos B. & Mary], b. Apr. 17, 1753		1	28
Lucy, [d. Enos & Mary], b. July 18, 1755 [sic]		1	5
Lusey, 2nd, [s. Enos & Mary], b. July 21, 1760; d. Jan. 21, 1761		1	5
Mary, [d. Joseph & Sarah], b. May 24, 1729		LR2	350
Mary, m. Ephraim **LAKE**, May 19, 1748		1	20
Mary, d. [Enos B. & Mary], b. Nov. 5, 1752; d. July 30, 1753		1	28
Mary, 2nd, [d. Enos & Mary], b. Aug. 12, 1758; d. Feb. 2, 1761		1	5
Mehettabell, d. [Joseph & Sarah], b. July 4, 1712, at New Haven		LR2	350
Mercy, m. Stephen **CROFUT**, Oct. 20, 1779		1	47
Naoma, d. Ebenezer, b. June 23, 1759		1	21
Nathan, [s. Enos & Mary], b. May 28, 1757; d. same day		1	5
Peter, s. [Job & Adah], b. July 6, 1764		1	62
Ruth, d. Ebenezer & Sarah, b. Dec. 15, 1760		1	21
Samuel, s. [Abraham & Mehetibel], b. Jan. [ ], 1756		1	76

	Vol.	Page

BRISTOL, BRISTOLL (cont.),

Samuel, twin with Sherman, [s. Job. & Adah], b. Mar. 11, 1767	1	62
Sarah, d. Joseph & Sarah, b. Mar. 3, 1711, at New Haven	LR2	350
Sarah, d. Ebenezer & Sarah, b. June 16, 174[ ]	1	21
Sarah, d. [Ebenezer & Sarah], b. Feb. 5, 1754	1	21
Sherman, twin with Samuel, [s. Job & Adah], b. Mar. 11, 1767; d. Feb 2, 1769	1	62
Thankful, m. William **WRIGHT**, Aug. 1, 1765	1	13

BRONSON, Roxana, of Warren, m. Robert **CAMERON**, of Bridgeport, May 19, 1833, by Rev. N. M. Urmston — 3, 62

BROOKINGS, Samuel, R., m. Lucy A. **JENNINGS**, b. of Newtown, June 1, 1836, by Rev. N. M. Urmston — 3, 78

BROOKS, Hannah, m. David **BALDWIN**, Feb. 12, 1778 — 1, 83

BROWN, John, d. Oct. 3, 1739 — 1, 76

Joseph, d. Sept. 14, 1799 — LR19, Ind. A

BRUNDAGE, Jabez T., of Bloomfield, N. J., m. Eliza M. **BENNETT**, of Newtown, July 23, 1843, by Rev. John L. Ambler — 3, 118

BRUSH, Delagon, d. Jan. 12, 1853, ae 52 — 4, 14

Erastus, d. May 5, 1870, ae 63	4	44
Nancy, colored, d. June 15, 1804	2	169
Phillip, his d. [ ], d. Dec. 6, 1812 (colored)	2	161
Phillip, colored, d. Jan. 3, 1832, ae 66	2	137
Phillip, his wid. (colored), d. June 8, 1839, ae 75	2	123

BRYAN, Alexander, s. [Ezra & Sarah], b. Mar. 25, 1762 — 1, 6

Elijah, s. [Ezra & Sarah], b. Sept. 13, 1764	1	6
Ezra, m. Sarah **PECK**, May 21, 1761, by Rev. David Judson	1	6
Sally, of Newtown, m. George W. **COGSWELL**, of Fairfield, May 8, 1825, by Rev. David Bennet	3	18

BUCHANAN, R., m. Mary **DREW**, Aug. 24, 1823, by B. Glover — 3, 8

BUCKINGHAM, ------, his d. [   ], d. Aug. 11, 1841, ae 1 — 2, 122

BUCKLEY, [see under **BICKLEY & BULKLEY**]

BUEL, George, of New Haven, m. Caroline **TAYLOR**, of Newtown, Oct. 13, 1844, by Rev. William Denison — 3, 124

BULKLEY, BUCKLEY, [see also **BICKLEY**], Ann, d. Apr. 7, 1848, ae 69 — 4, 7

Bronson, m. Polly **BENNET**, Oct. 5, 1831, by Rev. S. C. Stratton	3	50
Bronson, his infant d. [ ], d. [June , 1836]	2	129
Daniel S., m. Meriam **PECK**, b. of Newtown, Apr. 13, 1834, by Rev. Samuel C. Stratton	3	67
Daniel S., his s. [ ], d. Sept. 17, 1838, ae 2	2	126
Lucy, d. Nov. 9, 1864, ae 81	4	34
Mary, wid., d. Feb. 4, 1828, ae 75	2	143
Susan H., of Newtown, m. Henry E. **BEEBE**, of Norwalk, Nov. 22, 1851, by William M. Carmichael, D. D.	3B	38

BUNCE, Charles, of New York, d. Oct. 1, 1825 — 2, 148

BUNDY, BUNDAY, Benjamin, his s. [   ], d. [1842] — 2, 120

Diamy, of Masonville, N. Y., m. Rufus L. **PARMELEE**, of Newtown, Mar. 2, 1845, by Rev. S. S. Stocking — 3, 126

	Vol.	Page
BUNNELL, BUNNILL, Bradley, s. [Job & Rachel], b. Jan. 26, 1784	1	81
Hannah, d. [Nathaniel & Sarah], b. Feb. 9, 1773	1	86
Hannah, d. [Job & Rachel], b. July 4, 1773; d. Aug. 5, 1775	1	81
Hannah, d. [Job & Rachel], b. June 10, 1776	1	81
Job, m. Rachel **BRADLY**, Sept. 10, 1772	1	81
Nathaniel, m. Sarah **PERSONS**, Sept. 18, 1768	1	86
Nathaniel, s. [Nathaniel & Sarah], b. Dec. 7, 1769	1	86
Patience, d. [Nathaniel & Sarah], b. July 12, 1775	1	86
Stephen, s. [Job & Rachel], b. Nov. 22, 1778	1	81
BURCH, [see under **BIRCH**]		
BURCHARD, Eber, d. Oct 24, 1805	2	168
Eden, his d. [ ], d. Mar. 22, 1803	2	170
Eden, his child d. Aug. 25, 1814	2	159
BURDETT, BURDIT, BURDITT, Ann, d. [Dec.], 1815	2	158
Mary Ann, Mrs., d. Oct. 13, 1826, ae 29	2	146
Philo, d. Nov. 5, 1833, ae 32	2	136
Philo, his s. [ ], d. Jan. 25, 1834, ae 6 w.	2	133
Polly, d. Feb. 4, 1817	2	156
William, d. Jan. 29, 1845, ae 40	4	2
William, d. Jan. 28, 1846, ae 40	2	117
BURDICK, Charity, Mrs., d. Sept. 2, 1855, ae 98	4	18
BURGOYNE, Frances, colored, d. June 29, 1831, ae 40	2	139
Francis, m. Nancy **EDWARDS**, b. of Newtown (colored), Dec. 13, 1829, by Daniel Blackman, J. P.	3	39
BURHANS, Catharine, Mrs., d. Mar. 15, 1823, ae [ ]	2	150
Dan[ie]l, Rev., d. Dec. 30, 1853, ae 90	4	16
Daniel E., his d. [ ], d. Apr. 22, 1821	2	152
Prudence, d. May 5, 1803	2	170
Zerueah, wid., d. Feb. 8, 1823	2	150
BURKE, John, d. Apr. 17, 1854, ae 30	4	16
BURNS, Stephen M., of Milford, m. Charlotte **BLACKMAN**, of Newtown, Mar. 30, 1841, by Rev. L. H. Corson	3	104
BURR, Abigail, m. Gould **DIMON**, Mar. 6, 1776	2	40
Huldah, Mrs., d. May 5, 1861, ae 77	4	28
Josiah, d. July 15, 1821	2	152
Mary, d. [John] & Hannah, b. June 15, 1713	LR2	349
Miles, d. July 30, 1846, ae 24	2	115
Miles, d. July 30, 1846, ae 24	4	3
Nathan, his d. [ ], d. Aug. [ ], 1837, ae 59	2	128
Sarah, d. John & Hannah, b. June 27, 1711	LR2	349
BURRITT, BURRETT, BURRIT, Amos, d. Oct. 9, 1814	2	159
Andrew, s. [Stephen], b. May 28, 1741	1	76
Annah, d. [Stephen], b. May 16, 1739	1	76
Charles T., his d. [ ], d. Jan. 23, 1843, ae 11	2	119
Daniel, s. [Stephen], b. May 22, 1735	1	76
Eleazer, d. Dec. 12, 1736	1	76
Eliza Ann, of Newtown, m. Samuel **GILLET**, of Danbury, July 16, 1843, by Rev. Alex Leadbetter. Int. Pub.	3	118
Elizabeth, [d. Benjamin & Mary], b. May 12, 1709	LR2	148

	Vol.	Page
BURRITT, BURRETT, BURRIT (cont.),		
Emily, m. John **PECK**, Sept. 3, 1767	2	20
George, d. Oct. 17, 1859, ae 13	4	24
James A., d. Oct. 19, 1838, ae 31	2	126
John P., his s. [ ], d. Jan. 24, 1833, ae 3	2	135
John P., his d. [ ], d. Apr. 12, 1837, ae [ ]	2	127
John P., d. Sept. 20, 1842, ae 42	2	120
Joseph, d. Aug. 30, 1831, ae 55	2	140
Lavinia, d. Mar. 27, 1836, ae 56	2	129
Mary, d. Sept. 10, 1856, ae 15	4	20
Phebe, [d. Benjamin & Mary], b. Jan. 9, 1707	LR2	148
Phebe, d. [Stephen], b. May 17, 1737	1	76
Sary, m. Benjamin **DUNING**, [ ]	1	74
Stephen, [s. Benjamin & Mary], b. Jan. 7, 1705/6	LR2	148
BURROUGHS, Charles, his s. [ ], d. Jan. 28, 1801	2	171
Charles, d. Oct. 1, 1823	2	150
Clark, d. Jan. 30, 1826, ae 19	2	145
George, of Bridgeport, m. Catharine S. **BANCROFT**, of Newtown, Dec. 26, 1837, by Rev. S. C. Stratton	3	89
Henry C., of Bridgeport, m. Ophelia **HURD**, of Newtown, Jan. 24, 1832, by Rev. S. C. Stratton	3	52
Polly, d. Mar. 30, 1809	2	164
Reuben B., m. Sarah B. **BOTSFORD**, b. of Newtown, Dec. 9, 1838, by Rev. S. C. Stratton	3	94
BURTON, Sarah, d. Judson, b. Jan. 11, 1722/3, in Stratford; m. Abel **JUDSON**, s. Capt. Dan[ie]ll, of Stratford, May 7, 1744	1	72
BURWELL, John, d. Sept. 21, 1773	1	88
Mary, m. Benj[ami]n **GLOVER**, Oct. 10, 1733, by Rev. John Beach	1	74
Nathan, s. [William & Phebe], b. July 3, 17[ ]; d. June 30, 1792, in the 21st y. of his age	1	17
Phebe, wid., d. Nov. 8, 1824	2	149
Rebeckah, d. Jan. 5, 1736/7	1	76
Rebeckah, Mrs., d. Jan. 25, 1737/6	1	76
Samuel, s. Stephen & Ann, b. Sept. 19, 1734	1	74
Sary, d. Stephen, d. Dec. 27, 1736	1	76
Sary, d. Stephen, d. Oct. 5, 1739	1	76
Sarah, d. [William & Phebe], b. Sept. 21, 1766	1	17
Sarah, m. Isaac **TOUSEY**, Jan 27, 1788	1	84
Stephen, his child d. Oct. 7, 1736	1	76
Stephen, d. June 25, 1805	2	168
William, m. Phebe **KIMBERLEY**, Dec. 1, 1765, by Rev. John Beach	1	17
William, Dea., d. June 14, 1815, ae 75	2	158
BUSSEE, Otto, his s. [ ], d. Mar. 15, 1855, ae 5 [ ] 1 [ ]	4	18
BUTTS, John N., m. Mary Ann **PECK**, Feb. 10, 1821, by Rev. Daniel Burchans	2	19
CABLES, CABLE, Horace, of Blandford, Mass., m. Minerva **FREEMAN**, of Newtown, June 4, 1829, by Rev. W[illia]m Mitchell	3	38

	Vol.	Page

CABLES, CABLE (cont.),
Horace, his s. [   ], d. Sept. 15, 1849, ae 2   4   9
Nathan J., of Monroe, m. Phebe **LAWRENCE**, of Newtown,
    Sept. 11, 1848, by Rev. Lorenzo D. Nickerson   3B   25
CAHILL, Mary M., Mrs., d. Sept. 26, 1865, ae 25   4   35
Michael, d. Oct. 23, 1865, ae 3 m.   4   36
Peter, d. May 14, 1812   2   161
CAMERON, Robert, of Bridgeport, m. Roxana **BRONSON**, of Warren,
    May 19, 1833, by Rev. N. M. Urmston   3   62
CAMP, [see also **DeCAMP**], Abigail, b. Sept. 16, 1760; m. James
    BENNITT, Oct. 14, 1779   2   42
Alice, d. [Lemuel & Alis], b. Dec. 7, 1743   1   70
Beach, m. Catharine **FOOT**, Oct. 26, 1830, by Rev. Daniel Burhans   3   44
Bethiah, wid., d. May 20, 1798   LR19   Index
Bethia, d. May 20, 1798   2   173
Clarissa(?), see Salias
Currence, d. Apr. 30, 1799   LR19   Ind. A
Cyrus, m. Polly Ann **BOTSFORD**, Dec. 8, 1824, by Rev. Daniel
    Burhans   3   15
Cyrus, his s. [   ], d. Nov. 14, 1829, ae 3   2   142
Cyrus, his d. [   ], d. May 6, 1833, ae 1   2   135
Cyrus, his s. [   ], d. Sept. 11, 1836, ae 1   2   130
Cyrus, d. Apr. 20, 1841, ae 45   2   122
Dibble, d. Feb. 23, 1847, ae 49   2   113-4
Dibble, d. Feb. 23, 1847, ae 49   4   6
Eliza J., Mrs., d. July 13, 1859, ae 28   4   24
Hannah, m. Heth **PECK**, Feb. 19, 1729/30, at Old Milford   1   29
Hannah, wid., d. July 15, 1860, ae 79   4   26
Hepp*, d. [Lemuel & Alis], b. May 29, 1741   *(Hoppie)   1   70
Hiram, d. Aug. 15, 1868, ae 59   4   40
Jacob, d. Jan. 21, 1817   2   156
Joel, s. [Lemuel & Alis], b. Oct. 20, 1734   1   70
Joel, d. Oct. 3, 1799   LR19   Ind. A
Joel, his wid. [   ], d. May 22, [1800]   LR20   0
John, s. [Lemuel & Alis], b. Feb. 2, 1730/1   1   70
John, m. Bethiah **GLOVER**, Feb. 7, 1751   1   19
Lemuel, b. Oct. 4, 1701, in Milford; m. Alis **LEVENWORTH**,
    Mar. 19, 1730   1   70
Lemuel, d. Feb. 9, 1837, ae 75   2   127
Lucia, m. John Bissell **SMITH**, Jan. 7, 1852, by William M. Carmichael, D. D.   3B   41
Luther, his w. [   ], d. May 10, 1827, ae 38   2   144
Lydia Jane, d. Sept. 4, 1855, ae 17   4   18
Maria, m. John **SMITH**, b. of Newtown, Apr. 1, 1834, by Rev.
    S. C. Stratton   3   66
Mariett, m. Amos **HARD**, b. of Newtown, Nov. 29, 1832, in
    Trinity Church, by Rev. Samuel C. Stratton   3   58
Olive, d. [John & Bethiah], b. June 12, 1758   1   19

	Vol.	Page
CAMP, [see also **DeCAMP**] (cont.),		
Peter, s. [John & Bethiah], b. July 26, 1751; d. Apr 30, 1753	1	19
Peter, s. [John & Bethiah], b. Feb. 15, 1754	1	19
Phebe, d. [Lemuel & Alis], b. Feb. 3, 1745/6	1	70
Phebe, m. Cyrenus **HARD**, Jan 28, 1769	1	88
Phebe, d. June 9, 1853, ae 80	4	15
Polly, m. Samuel **FAIRCHILD**, May 15, 1822, by Rev. D. Burhans	2	78
Polly, Mrs., d. Nov 23, 1867, ae 73	4	39
Rebeckah, d. [Oemuel & Alis], b. Nov. 4, 1732	1	70
Rebeckah, m. Peter **NICHOLS**, Apr. 29, 1753	1	26
Rebecca, m. Peter **NICHOLS**, Apr. 29, 1753	2	86
Rebeckah, b. Apr. 28, 1771; m. Herman **WARNER**, Jan. 29, 1793	2	11
Ruby, d. [John & Bethiah], b. June 20, 1765	1	19
Salias(?)*, s. [Lemuel & Alis], b. July 20, 1749 *(Clarissa?)	1	70
Samuel, s. [Lemuel & Alis], b. Mar. 5, 1739	1	70
Samuel, d. Oct. 26, 1815	2	158
Samuel E., his s. [ ], d. Sept. 1, [1847], ae 2	2	113-4
Samuel E., his s. [ ], d. Sept. 1, 1847, ae 2	4	6
Sarah A., wid., d. Nov. 16, 1857, ae 85	4	21
Sarah Ann, of Newtown, m. Zachariah **CLARK**, of Danbury, May 4, 1831, by Rev. Lemuel B. Hull	3	48
Silas, s. [Lemuel & Alis], b. Nov. 21, 1736	1	70
Silas, his child d. May 29, 1815	2	158
Silas, his w. [ ], d. Apr 7, 1821	2	152
Silas, d. Dec. 8, 1825, ae 50	2	148
Susan Frances, d. July 9, 1859, ae 3	4	24
William, Dr., d. Mar. 23, 1864, ae 32	4	33
CAMPBELL, Edward, s. Hugh, d. Jan. 1, 1863, ae 7 m.	4	30
Hugh, his d. [ ], d. Nov. 25, 1860, ae 8 m.	4	27
Hugh, his s. [ ], d. July 4, 1869, ae 2	4	42
William, d. Aug. 4, 1869, ae 13	4	42
CANDEE, Rebecca, of Newtown, m. Cyrus **SMITH**, of Southbury, Aug. 26, 1832, by Rev. Luther Mead	3	56
Rosett, m. Daniel **BENNET**, Feb. 2, 1834, by Rev. S. C. Stratton	3	65
Samuel L., of Southbury, m. Caroline R. **WHEELER**, of Newtown, Feb. 4, 1844, by Rev. Alexander Leadbetter. Int. Pub.	3	120
CANE, Margarette, d. Apr. 1, 1763, ae 2	4	31
CANFIELD, Edward H., d. Dec. 31, 1862, ae 7 m.	4	30
Emeline, m. Solomon Glover **BOOTH**, July 2, 1826, by Rev. Daniel Burhans	3	23
Huldah, Mrs., d. Nov. 12, 1812	2	161
Josiah, m. Mrs. Phebe **STILSON**, b. of Weston, Feb. 8, 1832, by Jacob Beers, J. P.	3	53
Margarette, Mrs., d. July 1, 1863, ae 30	4	32
Willie, d. June 17, 1862, ae 9	4	29
CANNON, John, d. May 20, 1797	LR19	Index
John, d. May 20, 1797	2	173
CAREY, Ja[me]s, his w. [ ], d. May 27, 1867, ae 70	4	38

	Vol.	Page
CARLEY, CARLY, Bridget, d. Aug. 25, 1864, ae 48	4	34
Henry C., d. Oct. 24, 1861, ae 1 y.	4	28
James, his d. [ ], d. Sept 24, 1849, ae [ ]	4	9
John, his s. [ ], d. Aug. 10, 1867, ae 4 m.	4	39
John, d. Feb. 15, 1869, ae 3 y. 6 m.	4	41
CARMICHAEL, W[illia]m, Rev. his w.[ ], d. Mar. 23, 1851, ae 42	4	12
CARMODY, John, his child, d. Nov. 15, 1869, ae [ ]	4	43
John, his child d. Oct. 7, 1870, ae 1 d.	4	44
Tho[ma]s, d. Oct 2, 1864, ae 3	4	34
CARR, CCARR, Sheldon*, m. Sarah A. **SOMERS**, Jan 13, 1850, by Rev. J. Atwater *(Possibly "Sheldon **O'CARR**"?)	3B	31
William, of New Haven, m. Sally Betsey **PAYNE**, of Monroe, Oct. 29, 1837, by Jacob Beers, J. P.	3	88
CARROLL, James, d. Sept. 21, 1860, ae 3 y. 10 m.	4	26
John, his s. [ ], d. July 1, 1856, ae 4 m.	4	19
John, s. Peter, d. June 24, 1859, ae 5 m.	4	24
John, d. Jan. 12, 1866, ae 2	4	36
John, d. Sept. 15, 1868, ae 43	4	40
Tho[ma]s, d. May 17, 1868, ae 2	4	40
CARTY, [see also **McCARTY**], Catharine, Mrs., d. Apr. 24, 1869, ae 27	4	42
Mary Ann, d. Feb. 24, 1862, ae 10 m.	4	29
Patrick, his d. [ ], d. Mar. 31, 1864, ae 4 d.	4	33
CASEY, Barney, his s. [ ], d. Apr. 17, 1864, ae 1 y. 6 m.	4	33
Mary, Mrs., d. Jan. 1, 1861, ae 37	4	27
CASS, George, d. May 5, 1867, ae 23	4	38
CAVANAUGH, Mary, d. Oct. 11, 1860, ae 20	4	27
Thomas, his d. [ ], d. Nov. 20, 1859, ae 17 d.	4	25
CHAFAN, Joshua, m. Louis **SANFORD**, July 20, 1802	2	53
Thomas Jefferson, [s. Joshua & Louis], b. May 17, 1803	2	53
CHAMBERS, Abigal, d. [Thomas & Mary], b. Mar. 12, 1746	1	21
Amerillis, d. [Thomas & Mary], b. May 10, 1762, at Waterbury	1	34
Anne, d. [Thomas & Mary], b. Apr. 29, 1756	1	21
Asa, s. [Thomas & Mary], b. Nov. 3, 1744	1	21
Asa, d. Apr. 17, 1834, ae 89	2	133
David, his w. [ ], d. Mar. 31, 1845, ae 45	4	2
Eliadah, s. [Thomas & Mary], b. Mar. 22, 1760	1	34
Elizabeth, Mrs., d. Aug. 13, 1826, ae 79	2	145
Frederick, his d. [ ], d. Jan. 30, 1870, ae 2 w.	4	43
James, s. [Thomas & Mary], b. July 10, 1752	1	21
Jane E., m. James **MORRIS**, Sept. 2, 1850, by Daniel Berhans	3B	32
Jemimah, d. [Thomas & Mary], b. Dec. 31, 1757	1	21
Jesse, s. [Thomas & Mary], b. Dec. 1, 1747	1	21
Joseph, s. [Thomas & Mary], b. Aug. 6, 1764	1	34
Mary, d. [Thomas & Mary], b. May 14, 1743	1	21
Nathan, s. [Thomas & Mary], b. Aug. 20, 1750	1	21
Thomas, s. [Thomas & Mary], b. July 7, 1754	1	21

	Vol.	Page
CHANCEY, [see under **CHAUNCEY**]		
CHANDLER, Elizabeth Jemima, d. John, m. William **EDMONDS**, s. Robert, Nov. 30, 1784, by Rev. Elisha Rexford, of Huntington	2	26
Jenny, colored, d. July 24, 1828, ae 90	2	143
CHAPIN, Lois, m. Stephen **TAYLOR**, Mar. 15, 1825, by Rev. Daniel Burhans	3	17
CHAPMAN, CHATMAN, [see also **CHIPMAN**], Amelia, d. [Dan & Anna], b. Jan. 24, 1797	1	84
Andrew Tuttle, s. [Daniel & Abigail], b. July 14, 1805	1	84
Anna, [w. Dan], d. Aug. 27, 1799	1	84
Anner, [d. Daniel & Abigail], b. Apr. 27, 1803	1	84
Asa, m. Polly **PERRY**, [ ]	2	3
Charles, m. Sarah **TOMLINSON**, Jan. 3, 1821, by Rev. Daniel Burchans	2	9
Charlotte, m. Alfred Apollos **HOLLY**, of Stamford, Oct. 22, 1822, by Rev. Daniel Burchans	3	3
Collins, s. [Dan & Anna], b. Apr. 25, 1798	1	84
Collins, [m.] Mary **KIMBERLEY**, [ ]	1	173
Dan, m. Anna **PRINDLE**, Aug. 28, 1796	1	84
Daniel, his w. [ ], d. Aug. 27, 1799	LR19	Ind. A
Daniel, m. Abigail **PRINDLE**, Oct 9, 1799	1	84
Elisha, m. Rebeckah **BELLENY**, Oct. 23, 1771	1	84
Ransford, [s. Daniel & Abigail], b. Nov. 12, 1801	1	84
Samuel, s. [Dr. Elisha & Rebeckah], b. Mar. 30, 1772	1	84
William, s. Asa, d. Jan. 21, 1813	2	160
CHATMAN, [see under **CHAPMAN**]		
[**CHAUNCEY**], **CHANCEY, CHANCY**, Isaac, d. June 8, 1807	2	166
Mary, m. Abraham **BOTSFORD**, Apr. 1, 1755	1	25
CHIPMAN, [see also **CHAPMAN**], Delos, d. Nov. 24, 1862, ae 4	4	30
Lyman, m. Susan **SHEPARD**, b. of Newtown, Apr. 13, 1842, by Rev. S. S. Stocking	3	111
Ransom, of Stratford, m. Charlotte **HURD**, of Newtown, Jan. 4, 1843, by Rev. Charles Chittenden	3	114
CHITESTER, Moses, s. Andrew, s. of Samuel, s. of David, s. of James, of Huntington, in Suffolk, in province of New York, b. Aug. 7, 1743	LR8	517
Moses, s. Andrew (s. of Samuel, s. of David, s. James, of Huntington, in Suffolk in province of New York), b. Aug. 7, 1743	1	13
CHITTENDEN, Frederick, of Kent, m. Emily **TOUSEY**, June 7, 1826, by Rev. Daniel Burhans	3	23
CLARKE, CLARK, Abigail, Mrs., d. June 17, 1807	2	166
Allen, his d. [ ], d. July 12, 1855, ae 2	4	18
Andrew, d. Apr. 2, 1818	2	155
Ann, of Newtown, m. William H. **BEECHER**, of New Haven, May 21, 1837, by Rev. Rodney Rossiter, of Monroe	3	84
Ann Maria, m. Charles **WARNER**, Nov. 4, 1832, by Rev. Rodney Rossiter, of Monroe	3	58
Asa, colored, d. Sept. 21, 1828, ae 70	2	143
Baldwin, d. Feb. 13, 1832, ae 19	2	137

	Vol.	Page

CLARKE, CLARK (cont.),

	Vol.	Page
Burton E., m. Abby **TERRELL**, Dec. 24, 1826, by Rev. William Mitchell	3	25
Caroline, of Newtown, m. Elias **STURDEVANT**, of Brookfield, Nov. 26, 1826, by Rev. William Mitchell	3	24
Charles, b. Apr. 2, 1804; m. Betsey Ann **FAIRCHILD**, Jan 20, 1828, by Rev. Daniel Burhans	2	96-7
Charles, d. Dec. 20, 1854, ae 50	4	17
Charles, his wid. [ ], d. July 25, 1857, ae 48	4	21
Charles, d. May 31, 1863, ae 21	4	31
Charles Walter, [s. Charles & Betsey Ann], b. July 22, 1842	2	96-7
Daniel, s. [Zachariah & Mary], b. Dec. 10, 1767	1	61
Daniel, d. Jan. 12, 1797	2	173
Daniel, Mrs., d. Jan. 12, 1797	LR19	Index
David, his w. [ ], d. Mar. 10, 1851, ae 69	4	12
David, d. Sept. 30, 1851, ae 70	4	13
Edward T., m. Sylvia Maria **PECK**, b. of Newtown, Nov. 5, 1848, by Rev. H. V. Gardiner	3B	25
Edwin, his w. [ ], d. Sept. 13, 1869, ae 35	4	42
Eli, d. Sept. 10, 1855, ae 26	4	18
Eliza, d. [James & Polly], b. Sept. 13, 1799	2	1
Elizabeth, [d. Charles & Betsey Ann], b. Jan. 4, 1839	2	96-7
Ellen, d. Nov. 15, 1853, ae 18	4	16
Emily, [d. Charles & Betsey Ann], b. Oct. 14, 1831	2	96-7
Emily, d. Sept. 2, 1863, ae 31	4	32
Emma, of Newtown, m. W[illia]m H. **HILL**, of Redding, Dec. 11, 1828, by Rev. Laban Clark	3	35
Esther, d. [Zachariah & Mary], b. June 23, 1766	1	61
Esther, d. Jan. 13, 1831, ae 64	2	139
Everit, s. [James & Polly], b. June 29, 1797	2	1
Ezra, his d. [ ], d. Sept. 27, 1847, ae 6	2	113-4
Ezra, his d. [ ], d. Sept. 27, 1847, ae 6	4	6
Frank, s. Edward, d. Mar. 9, 1859, ae 5	4	23
George, d. Apr. 27, 1865, ae 38	4	35
Grandison, s. [James & Polly], b. Mar. 16, 1794	2	1
Grandison, his s. [ ], d. Sept. 6, 1823	2	150
Grandison, d. Sept. 25, 1850, ae 57	4	11
Grandison, his wid. [ ], d. Dec. 11, 1853, ae 59	4	16
Hannah, Mrs., of Milford, m. Rev. Thomas **TOUSEY**, Nov. 12, 1717, at Milford, by Samuel Andrew	LR2	352
Hannah, m. John **SHERMAN**, Jan. 6, 1747	1	81
Hannah, d. [Zachariah & Mary], b. Mar. 10, 1764	1	61
Hannah, m. Elias **BARDSLEY**, July 2, 1783	2	15
Henry, d. July 23, 1864, ae 19	4	34
Huldah, m. James B. **BEERS**, Aug. 30, 1835, by Rodney Rossiter	3	75
James, s. [Zachariah & Mary], b. June 13, 1769	1	61
James, m. Polly **SHERMAN**, Oct. 24, 1793	2	1
James, his w. [ ], d. Mar. 11, 1848, ae 69	4	7
James, Jr. his d. [ ], d. Aug. 22, 1848, ae 3	4	8

	Vol.	Page
CLARKE, CLARK (cont.),		
James, d. Nov. 1, 1857, ae 87	4	21
Ja[me]s, d. Feb. 7, 1863, ae 48	4	31
Jeremiah, m. Mariette **HINMAN**, b. of Newtown, Mar. 9, 1834, by Rev. Nathan Wildman	3	67
John, s. [James & Polly], b. Nov. 3, 1803	2	1
Lushus, s. [James & Polly], b. Aug. 26, 1795	2	1
Maria, m. Harry **HAWLEY**, of Ridgefield, Oct. 13, 1822, by Rev. Daniel Burhans	3	3
Mary, Mrs., d. Oct. 1, 1858, ae 69	4	23
Matha, m. Nehemiah **CURTISS**, Feb. 8, 1756, by Cistefer Nutton, Miss.	1	29
Mehetable, d. [Zachariah & Mary], b. Mar. 21, 1762	1	61
Oliver, s. [Zachariah, Jr. & Hannah], b. Oct. 20, 1797	1	45
Polly, d. [James & Polly], b. Nov. 6, 1801	2	1
Polly, m. Abijah **HARD**, b. of Newtown, Nov. 2, 1823, by Benjamin Hard, J. P.	3	9
Robert T., [s. Charles & Betsey Ann], b. Feb. 11, 1829	2	96-7
Rose, colored, her child d. Mar. 14, 1811	2	162
Sally, d. [Zachariah, Jr. & Hannah], b. Mar. 2, 1795	1	45
Sally, m. Daniel **CONLEY**, b. of Newtown, Apr. 16, 1829, by Abner Brundage	3	37
Sally Betsey, m. Amos B. **FAIRMAN**, Dec. 29, 1794	2	54
Sylvester, [s. Charles & Betsey Ann], b. Sept. 26, 1833	2	96-7
Walter, m. Dima Ann **BEERS**, Apr. 11, 1827, by Rev. Daniel Burhans	3	27
William, d. Apr. 27, 1846, ae 40	2	115
William, d. Apr. 27, 1846, ae 40	4	3
William Henry, [s. Charles & Betsey Ann], b. Aug. 21, 1845	2	96-7
Zachariah, m. Mary **BACON**, Feb. 4, 1761	1	61
Zachariah, Jr., m. Hannah **TOUSEY**, Apr. 8, 1794	1	45
Zachariah, his w. [ ], d. Nov. 30, 1800	2	172
Zachariah, his w. [ ], d. Feb. 28, 1824	2	149
Zachariah, of Danbury, m. Sarah Ann **CAMP**, of Newtown, May 4, 1831, by Rev. Lemuel B. Hull	3	48
Zachariah, d. Aug. 12, 1831, ae 92	2	140
Zachariah, his w. [ ], d. Oct. 30, 1844, ae 69	2	118
Zachariah, m. Aurelia **GLOVER**, b. of Newtown, Jan. 15, 1845, by Rev. S. S. Stocking	3	125
Zachariah, d. June 4, 1846, ae 75	4	3
Zachariah, d. June 4, 1846, ae 75	2	115
Zachy, his w. [ ], d. Oct. 30, 1844, ae 69	4	1
CLINGAN, Charlotte E., d. Oct. 8, 1857, ae 1	4	21
James, d. Dec. 8, 1852, ae 3 d.	4	14
CLINTON, Tho[ma]s, d. Oct. 28, 1862, ae 25	4	30
Willis L., of Derby, m. Laura **SANFORD**, of Newtown, Feb. 15, 1846, by Rev. S. S. Stocking	3	130
CLUGSTON, Abagel, m. Enoch **PERSON**, Feb. 11, 1761, by Rev. Mr. Joudson	1	3

	Vol.	Page
CLUGSTON (cont.),		
Mary, m. Amos **SANFORD**, Jan. 13, 1751	1	69
Mary, m. Amos **SANFORD**, Jan. 13, 1757	1	2
COE, Theodosia, m. Thomas Wheeler **PECK**, Feb. 17, 1822, by Rev. D. Burchans	2	5
COGER, Cynthia E., d. Dec. 15, 1868, ae 24	4	41
Henry, of Monroe, m. Harriet **COLE**, of Brookfield, Nov. 26, 1830, by Lamson Birch, J. P.	3	45
Henry, his s. [ ], d. Aug. 9, 1843, ae [ ]	2	119
COGSWELL, Asa, m. Charity **BLACKMAN**, May 8, 1760	1	24
Asa, had negroes Patient, d. Polly, b. Feb. 5, 1781; Rachel, d. Polly, b. July 8, 1785; Mary, d. Polly, b. Sept. 2, 1787	1	24
George W., of Fairfield, m. Sally **BRYAN**, of Newtown, May 8, 1825, by Rev. David Bennet	3	18
Hannah, d. Feb. 4, 1761	1	24
COHEN, [see also **CONE**], Mary, d. Mar. 26, 1868, ae 26	4	39
COLBURN, Abigail, [d. Daniel & Sarah], b. Feb. 24, 1792	2	19
Anna, [d. Daniel & Sarah], b. May 26, 1801	2	19
Betsey, [d. Daniel & Sarah], b. Nov. 22, 1790	2	19
Charles, [s. Daniel & Sarah], b. Dec. 26, 1785	2	19
Daniel, b. Sept. 28, 1759; m. Sarah **JOHNSON**, Mar. 22, 1784	2	19
Daniel, d. May 20, 1809	2	19
Daniel, d. May 20, 1809	2	164
Esther, [d. Daniel & Sarah], b. Oct. 27, 1796	2	19
Rachel, [d. Daniel & Sarah], b. Mar. 9, 1804	2	19
Rachel, of Newtown, m. Kelsey **BOOTH**, of Monroe, Mar. 17, 1830, by Rev. W[illia]m Mitchell	3	41
Rebecca, [d. Daniel & Sarah], b. Feb. 21, 1798	2	19
Rebecca, m. Alexander **HALL**, Apr. 28, 1821, by D. Burhans	2	35
Sarah, [d. Daniel & Sarah], b. Aug. 4, 1788	2	19
Sarah, wid., d. Sept. 30, 1840, ae 77	2	121
COLE, [see also **COWLES**], Harriet,, of Brookfield, m. Henry **COGER**, of Monroe, Nov. 26, 1830, by Lamson Birch, J. P.	3	45
Hiram, of Danbury, m. Mary **GILBERT**, of Newtown, [Mar.] 14, [1822], by Rev. Daniel Crocker	2	6
COLEMAN, James H., of Ridgefield, m. Lucy **BLACKMAN**, of Newtown, June 12, 1836, by Rev. H. Humphreys	3	78
COLEY, Aaron, m. Mrs. Sarah A. **SOMERS**, b. of Newtown, Aug. 15, 1847, by Henry Little	3	137
Emeline, d. Sept. 9, 1857, ae 19	4	21
Levi, his s. [ ], d. Jan. 28, 1845, ae 7	4	2
COLGAN, COLLGAN, Ja[me]s, d. Jan. 12, 1863, ae 65	4	30
John, s. Patrick, d. July 27, 1861, ae 6	4	28
Patrick, his child d. July 10, 1866, ae 3 y.	4	37
Patrick, his child d. Apr. 24, 1869, ae [ ]	4	42
COLLINS, Patrick, his s. [ ], d. Aug. 23, 1866, ae 1 y. 6 m.	4	37
COMSTOCK, Lucretia, m. Goold **ST. JOHN**, Nov. 1, 1801	2	38
CONE, [see also **COHEN**], Hurlburt, d. Nov. 10, 1839	2	124

	Vol.	Page
CONE, [see also **COHEN**] (cont.),		
Marana, wid., d. May 10, 1854, ae 73	4	17
Reliance, of Newtown, m. Eber **JOHNSON**, of Monroe, Apr. 24, 1831, by Rev. Nathan D. Benedict	3	47
CONKLIN, CONKLING, Ann, Mrs., d. Apr. 23, 1854, ae 39	4	16
Anthony, of New York, m. Ann **SQUIRE**, of Reading, Dec. 4, 1831, by Rev. Nathan D. Benedict	3	52
Anthony, d. May 13, 1854, ae 46	4	17
CONLEY, Daniel, m. Sally **CLARK**, b. of Newtown, Apr. 16, 1829, by Abner Brundage	3	37
CONLONG, Ann, wid., d. Jan. 10, 1870, ae 64	4	43
CONNOLLY, Daniel, his w. [ ], d. Oct. 30, 1863, ae 69	4	32
COOK, Elias, m. Charity **BARTHOLOMEW**, of Waterbury, Oct. 11, 1837, by Rev. N. M. Urmston	3	86
CORBETT, CORBIT, Hannah, d. Aug. 14, 1864, ae 66	4	34
Ja[me]s, his s. [ ], d. Apr. 4, 1862, ae 1 d.	4	29
Ja[me]s, his d. [ ], d. Oct 26, 1869, ae 5 m.	4	43
John, his s. [ ], d. June 27, 1857, ae 6 m.	4	21
CORCORAN, John, m. Mary **HALL**, b. of Newtown, Apr. 12, 1846, by Rev. Daniel Gibbs	3	131
John, his s. [ ], d. Jan. 12, 1860, ae 11 m.	4	25
CORNING, CORNINE, David, of Monroe, m. Polly Ann **PARMELEE**, of Newtown, Mar. 27, 1842, by Rev. Stephen J. Stebbins	3	112
Henry*, d. May 22, 1846, ae 30 *(Probably "Henry **CORNISH?**")	4	3
Hobart, d. Sept. 27, 1868, ae 1	4	40
Sarah, d. Aug. 28, 1868, ae 28	4	40
CORNISH, CORNICE, Elizabeth, d. Mar. 17, 1866, ae 35	4	36
Henry*, d. May 24, 1846, ae 30 *(Probably "Henry **CORNING?**")	2	115
Julia, d. May 30, 1864, ae 24	4	33
CORNWALL, Sherman, of Detriot, N.Y., m. Anna Mariah **FAIRCHILD**, Feb. 10, 1822, by Rev. D. Burchans	2	6
CORTELL, Thomas, d. Jan. 24, 1863, ae 39	4	31
CORWIN, James, of New York, m. Emeline **BOTSFORD**, of Newtown, Dec. 31, 1840, by Rev. F. Hitchcock	3	104
COSTELLO, Margarette, d. Jan. 22, 1869, ae 15 y. 6 m.	4	41
Nora, Mrs., d. Apr. 3, 1859, ae 18	4	24
COUCH, Asenath, wid., d. Mar. 20, 1870, ae 70	4	43
Charles, m. Patience **SIMONS**, Oct. 20, 1850, by Rev. J. Atwater	3B	34
Charles H., d. Sept. 5, 1869, ae 41	4	42
Nathan, his d. [ ], d. Sept. 3, 1849, ae 2 m.	4	9
Nathan R., of Danbury, m. Betsey **WHEELER**, of Newtown, May 10, 1847, by Rev. George L. Fuller	3	137
COWLES, [see also **COLE**], Chester W., his w. [ ], d. Jan. 15, 1861, ae 49	4	27
Mary Jane, d. Jan. 31, 1866, ae 1 y. 3 m.	4	36
Norman, m. Abigail **WARNER**, Sept. 12, 1824, by B. Glover	3	13
COX, George Davis, d. Mar. 6, 1809	2	164

	Vol.	Page
COX (cont.),		
Michael, his d. [ ], d. Aug. 15, 1862, ae 3 d.	4	30
Patrick, d. Jan. 20, 1813	2	160
CROFUT, Aaron, his w. [ ], d. May 15, 1852, ae 39	4	13
Abel, [s. Elihu, Jr. & Olive], b. Sept. 24, 1799	2	31
Abel, of Danbury, m. Eliza **SMITH**, of Newtown, Nov. 7, 1824, by Rev. Lemuel B. Hull	3	14
Abel F., his d. [ ], d. Aug. 31, 1822	2	151
Abraham, [s. Stephen, Jr. & Sarah], b. Apr 28, 1800	2	23
Ann J., m. Henry **SMITH**, Oct. 13, 1851, by Charles Bartlett	3B	99
Avis, [child of Isaac & Tarhphena], b. Feb. 6, 1798	2	61
Betsey, m. Abel **BENNETT**, b. of Newtown, Dec. 10, 1828, by Samuel C. Blackman, J. P.	3	35
Betsey, Mrs., d. June 22, 1862, ae 51	4	30
Betty, [d. Isaac & Tarhphena], b. Mar. 12, 1806	2	61
Betty, of Newtown, m. Robert S. **PLATT**, of Washington, Feb. 18, 1827, by Zachariah Clark, Jr., J. P.	3	25
Burgoyne, d. [Sept. , 1826], ae 31	2	146
Daniel, s. [Isaac & Tarhphena], b. Oct. 20, 1787	2	61
Daniel, Capt., d. Aug. 7, 1827, ae 67	2	144
David, d. Nov. 3, 1787	2	61
Eber, [child of Elihu, Jr. & Olive], b. Dec. 20, 1802	2	31
Edward, d. Aug. 18, 1823	2	150
Edward, m. Cornelia Eliza **BRISCO**, d. Lewis, Dec. 25, 1850, by Rev. J. Atwater	3B	34
Elam, d. Oct. 19, 1822	2	151
Eli, his w. [ ], d. Jan. 28, 1810	2	163
Eli, his d. [ ], d. Mar. 17, 1815	2	158
Eli, his d. [ ], d. Jan. 21, 1817	2	156
Eli, his w. [ ], d. Apr. 7, 1832, ae 67	2	137
Elial, m. Lois **BEARDSLEE**, July 28, 1822, by Rev. Daniel Burhans	3	2
Elias Bristol, s. [Stephen & Mercy], b. Nov. 15, 1782	1	47
Elihu, Jr., m. Olive **CROFUT**, Dec. 22, 1796	2	31
Elihu, his w. [ ], d. Mar. 5, 1823	2	150
Elihu, d. Aug. 22, 1825, ae 70	2	147
Esther, d. Dec. 28, 1809	2	164
Florille, d. [Stephen & Mercy], b. Dec. 25, 1786	1	47
Hanford, of Newtown, m. Clarinda **SNYDER**, of Monroe, Aug. 23, 1835, by Jacob Beers, J. P.	3	73
Hanford, d. Mar. 30, 1836, ae 20	2	129
Hannah, [d. Isaac & Tarhphena], b. Jan. 4, 1792	2	61
Harriet, d. [Stephen & Mercy], b. Sept. 15, 1789	1	47
Harriet M., of Newtown, m. Bennet **PATRICK**, of Norwalk, July 2, 1839, by Walter Clark, J. P.	3	101
Herman, [s. Elihu, Jr. & Olive], b. Dec. 20, 1797	2	31
Hiram W., of Danbury, m. Anna **HAWLEY**, of Brookfield, Oct. 13, 1850, by N. C. Lewis	3B	33
Huldah, Mrs., d. Mar. 23, 1825, ae 55	2	147

	Vol.	Page
CROFUT (cont.).		
Hull, [s. Isaac & Tarhphena], b. June 26, 1795	2	61
Hull, d. Aug. 25, 1846, ae [ ]	4	3
Hull, d. Aug. 26, 1846	2	116
Isaac, b. May 26, 1766; m. Tarhphena **HULL**, Mar. 8, 1787	2	61
Isaac, Jr., [s. Isaac & Tarhphena], b. Mar. 5, 1808	2	61
Isaac, his w. [ ], d. Dec. 26, 1813	2	160
Isaac, m. Ruth **LOTT**, June 8, 1825, by Rev. W[illia]m Mitchell	3	19
Isaac, his w. [ ], d. Sept. 1, 1845, ae 75	4	3
Isaac, his w. [ ], d. Sept. 1, 1846, ae 73	2	117
Isaac, Jr., d. Apr. 27, 1850, ae 40	4	10
Isaac, d. Mar. 8, 1851, ae 85	4	12
James, Jr., d. Aug. 19, 1813	2	160
James, d. Feb. 1, 1815	2	158
Jared, [s. Isaac & Tarhphena], b. Mar. 11, 1789	2	61
Jared, his child d. June 19, 1811	2	162
John, d. Oct. 2, 1822	2	151
Joseph, his child d. Oct. 11, 1820	2	153
Joseph, his w. [ ], d. Mar. 29, 1858, ae 56	4	22
Joseph Smith, s. [Stephen & Mercy], b. Nov. 11, 1791	1	47
Levine, d. [Stephen & Mercy], b. Sept. 20, 1780	1	47
Lucy Ann, d. [Stephen & Mercy], b. Nov. 23, 1784	1	47
Lucy Ann, of Newtown, m. Joseph H. **WARD**, of Louisboroe, N.Y. Apr. 30, 1848, by Rev. S. S. Stocking	3B	20
Luzon, [s. Isaac & Tarhphena], b. Aug. 14, 1800	2	61
Martha, of Newtown, m. George W. **PAYNE**, of Monroe, Oct. 8, 1837, by Levi Edwards, J. P.	3	88
Mary Ann, [d. Elihu, Jr. & Olive], b. June 26, 1801	2	31
Mary Ann, d. Feb. 17, 1802	2	31
Mercy Mariah, d. [Stephen & Mercy], b. Oct. 7, 1798	1	47
Moses, of Reading, m. Hetty M. **SHERMAN**, of Newtown, Nov. 6, 1828, by Nathan D. Benedict	3	34
Moses K., his w. [ ], d. Dec. 20, 1843, ae 39	2	119
Olive, m. Elihu **CROFUT**, Jr., Dec. 22, 1796	2	31
Rachel, d. Jan. 18, 1825, ae 35	2	147
Rebecca E., of Newtown, m. John J. **SQUIER**, of Roxbury, Oct. 6, 1851, by William M. Carmichael, D. D.	3B	38
Rockwell, his w. [ ], d. Feb. 26, 1813	2	160
Russell, m. Ann **PECK**, b. of Newtown, May 3, 1829, by Jacob Beers, J. P.	3	37
Russell, his w. [ ], d. Jan. 31, 1853, ae 42	4	14
Sally, m. Abram **BEARDSLEE**, b. of Newtown, Mar. 20, 1831, by Lamson Birch, J. P.	3	47
Sarah, wid., d. Feb. 20, 1847, ae 83	2	113-4
Sarah, wid., d. Feb. 20, 1847, ae 83	4	6
Sidney W., m. Sarah M. **HENDRICK**, b. of Bridgeport, Oct. 10, 1842, by Rev. S. S. Stocking	3	113
Stephen, m. Mercy **BRISTOLL**, Oct 20, 1779	1	47
Stephen, Jr., m. Sarah **SHERMAN**, Sept. 17, 1795	2	23

	Vol.	Page
CROFUT (cont.),		
Stephen, d. [ ], 1801	2	171
Stephen, d. Mar. 17, 1828, ae 55	2	143
Stephen E., d. Aug. 19, 1859, ae 38	4	24
Stephen Lucius, s. [Stephen & Mercy], b. Oct. 21, 1794	1	47
Triphena, [d. Isaac & Tarhphena], b. Dec. 6, 1803	2	61
William, d. Mar. 12, 1847, ae 23	4	6
William, d. Mar. 12, 1847, ae 23	2	113-4
CULLIGAN, Mary Jane, d. May 7, 1860, ae 4 m.	4	26
Matthew, d. Feb. 10, 1866, ae 2	4	36
Philip, d. Jan. 17, 1866, ae 4 y. 10 m.	4	36
Sarah Jane, d. May 23, 1860, ae 10 m.	4	26
CUNNINGHAM, Mary, Mrs., d. Sept. 15, 1858, ae 45	4	23
CURLEY, Michael, his infant d. Feb. 15, 1860, ae 1 d.	4	25
CURTIS, CURTISS, Aaron, d. Jan. 20, 1866, ae 75	4	36
Abel, s. Benjamin [& Elizabeth], b. Feb. 7, 1738; d. July 8, 1767	1	70
Abel, s. [Nehemiah & Matha], b. Nov. 2, 1766	1	29
Abel, m. Abiah **HARD**, Nov. 24, 1791	2	17
Abel, his w. [ ], d. Dec. 21, 1833, ae 62	2	136
Abel, of Newtown, m. Sarah **BLACKMAN**, of Roxbury, Sept. 21, 1834, by Rev. Rodney Rossiter, of Monroe	3	69
Abel, d. Dec. 20, 1839, ae 73	2	124
Abigail, [w. Mathew], d. Dec. 28, 1780	1	12
Abigail, d. [Gold & Elizabeth], b. Oct. 14, 1782	1	59
Abigail, m. Cyrus **HARD**, Dec. 6, 1802	2	21
Abijah, s. Benj[ami]n [& Elizabeth], b. Jan. 31, 1740	1	70
Abijah, m. Sarah **BURDSEY**, Oct. 28, 1762, by [ ]	1	2
Abijah, d. Nov. 20, 1817	2	156
Abijah B., his w. [ ], d. Oct. 13, 1820	2	153
Abijah B., d. May 19, 1857, ae 86	4	21
Abijah B., his wid. [ ], d. Dec. 21, 1859, ae 86	4	25
Abner, s. [Mathew & Phebe], b. May 27, 1754	1	12
Abner, s. [Mathew & Phebe], d. Mar. 7, 1772	1	12
Agur, of Stratford, m. Mary Olive **HARD**, of Newtown, Apr. 3, 1837, by Rev. S. C. Stratton	3	83
Alfred, d. Aug. 27, 1850, ae 32	4	11
Alfred, s. Charles, d. Nov. 24, 1850, ae 16	4	11
Alfred D., his s. [ ], d. Dec. 22, 1826, ae [ ]	2	146
Alfred D., his d. [ ], d. May 23, 1834, ae 15	2	133
Alfred D., d. Sept. 30, 1850, ae 68	4	11
Alfred D., his wid. [ ], d. Apr. 6, 1858, ae 75	4	22
Alfred Divine, [s. Benjamin & Divine], b. Jan. 24, 1783	2	27
Ann, d. [Benjamin, Jr. & Phedimah], b. Dec. 20, 1769	1	25
Ann, [d. Matthew & Ann], b. Apr. 4, 1795; d. Apr. 6, 1795	LR10	1. p.
Ann, [d. Matthew & Ann], b. Feb. 20, 1801; d. same day	LR10	1. p.
Ann, m. Zera **BLACKMAN**, b. of Newtown, Oct 28, 1828, by Rev. Nathan D. Benedict	3	34
Ann, m. Simeon **NICHOLS**, b. of Newtown, Dec. 23, 1829, by Rev. Daniel Burhans	3	40

CURTIS, CURTISS (cont.),

	Vol.	Page
Apperal, d. [Nehemiah & Matha], b. Mar. 8, 1762	1	29
Artemisia, [d. Benjamin & Divine], b. May 5, 1778	2	27
Aurilla, [d. Benjamin & Divine], b. Nov. 3, 1780	2	27
Aurilla, [d. Abel & Abiah], b. June 6, 1792	2	17
Aurilla, d. Apr. 23, 1796	2	27
Aurilla, of Newtown, m. Marcus **HARD**, of Huntington, Mar. 20, 1823, by John Sherman	3	6
Aurilla, of Newtown, m. Marcus **HARD**, of Huntington, Mar. 20, 1823, by Rev. Menzies Rayner	3	6
Beach, of New York, d. May 26, 1842	2	120
Benjamin, Jr. m. Phedimah **NICHOLS**, Nov. 23, 1758	1	25
Benjamin, Jr. & w. Phedimah, had d. [ ], b. Dec. 16, 1761	1	25
Benjamin, s. [Benjamin, Jr. & Phedimah], b. Sept. 10, 1772	1	25
Benjamin, m. Divine [ ], [ ], 1774	2	27
Benjamin, m. Phebe **FERRIS**, May 6, 1801	2	27
Benjamin, his child d. Nov. 5, 1804	2	169
Benjamin, d. Feb. 20, 1817	2	156
Benjamin, Dr., d. July 2, 1825, ae 59	2	147
Benjamin, Jr., of Newtown, m. Sarah **SQUIRES**, of Reading, June 29, 1839, by David Sanford, J. P.	3	96
Benjamin, his w. [ ], d. Oct. 30, 1847, ae 73	2	113-4
Benjamin, his w. [ ], d. Oct. 30, 1847, ae 73	4	6
Benj[ami]n, d. Mar. 17, 1856, ae 83	4	19
Benjamin, his w. [ ], d. May 6, 1857, ae 76	4	21
Benjamin, d. Mar. 24, 1858, ae 73	4	22
Betsey, d. [Gold & Elizabeth], b. Mar. 15, 1784	1	59
Betsey, d. July 6, 1807	2	166
Betsey, of Newtown, m. David **HINMAN**, of Southbury, Apr. 5, 1843, by Rev. S. S. Stocking	3	116
Betsey, m. David V. B. **BALDWIN**, b. of Newtown, Oct. 30, 1845, by Rev. S. S. Stocking	3	127d
Carlos G., d. Oct. 16, 1817	2	156
Caroline, m. Simeon **PECK**, Mar. 16, 1831, by Rev. Daniel Burhans	3	47
Charles, [s. Abel & Abiah], b. July 12, 1801	2	17
Charles, s. John, d. July 27, 1820	2	153
Charles, d. Apr. 3, 1843, ae 40	2	119
Charles B., d. Nov. 1, 1860, ae 43	4	27
Charlotte A., d. Oct. 22, 1868, ae 2 y. 5 m. 14 d.	4	41
Cyrenus, his s. [ ], d. Nov. 6, 1850, ae 8	4	11
Daniel, s. [Gold & Elizabeth], b. Jan. 26, 1801	1	59
David, s. [Mathew & Phebe], b. Jan. 4, 1741/2	1	12
David, s. [Gold & Elizabeth], b. July 28, 1798	1	59
David, s. John, d. Oct. 11, 1820	2	153
David, his s. [ ], d. Nov. 11, 1837	2	128
David, his d. [ ], d. Sept. 11, 1841, ae 16 (of New York)	2	122

	Vol.	Page
CURTIS, CURTISS (cont.),		
David, his d. [ ], d. June 30, 1869, ae 2 hrs.	4	42
David, d. July 30, 1869, ae 29	4	42
Deborah, d. [Gold & Elizabeth], b. Mar. 19, 1786	1	59
Eda A., d. July 19, 1868, ae 12	4	40
Edmond, d. Sept. 13, 1839, ae 20	2	124
Edward A., d. Sept. 12, 1825, ae 7	2	148
Elizabeth, d. Benj[ami]n [& Elizabeth], b. Oct. 26, 1733	1	70
Elizabeth, w. Benjamin, d. Feb. 23, 1773	1	88
Elizabeth, m. Robert S. **PECK**, Mar. 16, 1851, by William M. Carmichael, D. D.	3B	36
Elizabeth Birdsey, d. [Benjamin, Jr. & Phedimah], b. Sept. 21, 1766	1	25
Epenetus, [s. Benjamin & Divine], b. Oct. 4, 1786	2	27
Esther, d. Sept. 14, 1818	2	155
Eunice, d. Benj[ami]n [& Elizabeth], b. Jan. 13, 1731/2	1	70
Eunice, m. Amos **HEARD***, Dec. 25, 1753, by John Beach ***(HARD)**	1	19
Eunice, twin with Sarah, [d. Nehemiah & Matha], b. Sept. 5, 1771	1	29
Ezekiel, d. Dec. 8, 1863, ae 86	4	32
Ezra, m. Eunice **HARD**, Apr. 3, 1801	2	18
Ezra, his w. [ ], d. Nov. 29, 1815	2	158
Ezra, his child d. Oct. 24, 1820	2	153
Ezra, d. Mar. 13, 1849, ae 74	4	8
Gold, s. [Mathew & Abigail], b. Dec. 17, 176[ ]	1	12
Gold, m. Elizabeth **GOLD**, Dec. 2, 1781	1	59
Gold, s. [Gold & Elizabeth], b. Dec. 27, 1787	1	59
Goold, his d. [ ], d. July 18, 1810	2	163
Goold, Jr., his d. [ ], d. June 12, 1828	2	143
Goold, his w. [ ], d. Nov. 26, 1839, ae 81	2	124
Goold, d. Mar. 22, 1840, ae 76	2	121
Gould, d. Feb. 3, 1858, ae 70	4	22
Hannah, w. [Matthew], b. Feb. 22, 1755; d. Dec. 29, 1781, ae 25 y. 10 m. 7d.	LR10	1. p.
Hannah, d. [Matthew & Ann], b. May 22, 1784	LR10	1. p.
Hannah, m. Joseph **TOUSEY**, Aug. 17, 1809	2	63
Hannah, w. John, d. May 11, 1816	2	157
Hezekiah, s. [Gold & Elizabeth], b. Mar. 25, 1796	1	59
Hezekiah, m. Marcia **GLOVER**, Jan. 11, 1824, by Rev. Daniel Burchans	3	10
Hezekiah, his d. [ ], d. May 26, 1833, ae 2 m.	2	135
Hezekiah, d. Apr. 14, 1866, ae 70 y. 3 m.	4	37
Hiram, s. [Matthew & Ann], b. July 19, 1797	LR10	1. p.
Holbrook, [s. Salmon & Esther], b. July 14, 1787	2	51
Holbrook, of Watertown, m. Betsey **EDMOND**, Oct. 7, 1822, by Rev. Daniel Burchans	3	3
Huldah, wid., her negro girl, d. Mar. 30, 1819	2	154
Huldah, m. Chauncey M. **HATCH**, Oct. 21, 1841, by Rev. S. S. Stocking	3	107

	Vol.	Page
CURTIS, CURTISS (cont.),		
Huldah, wid., d. Jan. 25, 1853, ae 95	4	14
Ira L., m. Mariett **GLOVER**, b. of Newtown, Jan. 18, 1835, by Rev. S. C. Stratton	3	71
Ira L., his d. [ ], d. Aug. 19, 1839, ae [ ]	2	123
Ira L., d. Jan. 1, 1843, ae 29	2	119
Jane, d. Oct. 15, 1862, ae 33	4	30
Janett, d. [Matthew & Ann], b. June 20, 1793	LR10	1. p.
Jennet, d. Aug. 13, 1827, ae 34	2	144
Joanna, wid., d. Nov. 8, 1860, ae 72	4	27
John, s. [Matthew & Ann], b. May 31, 1790	LR10	1. p.
John, s. [Gold & Elizabeth], b. Mar. 3, 1792	1	59
John, [s. Abel & Abiah], b. May 2, 1796	2	17
John, s. John, d. Sept. 29, 1820	2	153
John, d. Oct. 19, 1820	2	153
John, his s. [ ], d. Aug. 3, 1832	2	138
John, d. Aug. 13, 1845, ae 55	4	2
John, d. Aug. 13, 1846	2	117
Joseph B., d. July 25, 1834, ae 29	2	134
Joseph B., his d. [ ], d. May 4, 1835, ae 2	2	131
Josiah, s. [Mathew & Phebe], b. Nov. 11, 1750	1	12
Josiah, s. [Mathew & Phebe], b. June 7, 1752	1	12
Judson, s. [Matthew, Jr. & Hannah], b. Jan. 8, 1774	1	85
Julia, d. Jan. 15, 1826, 27	2	145
Julia Ann, d. Feb. 11, 1856, ae 27	4	19
July, d. Jan. 3, 1835, ae 36	2	131
Lovicy, of Newtown, m. DeForest **WARNER**, of Southbury, Feb. 25, 1838, by Rev. Rodney Rossiter, of Monroe	3	93
Lucy, d. John, d. Oct. 31, 1820	2	153
Lucy, wid., d. Aug. 28, 1859, ae 65	4	24
Margarette, Mrs., d. May 24, 1870, ae 37	4	44
Mariah, m. David **STILSON**, of Woodbury, Mar. 7, 1827, by Rev. Daniel Burhans	3	26
Marilah, d. [Gold & Elizabeth], b. Mar. 11, 1790	1	59
Marilla, d. Sept. 23, 1863, ae 72	4	32
Mary, d. Aug. 23, 1795	2	27
Mary, d. July 17, 1821	2	152
Mary, of Newtown, m. Cyrenius **BEERS**, of Chicago, Ill., Oct. 7, 1838, by Rev. S. T. Carpenter	3	92
Mathew, m. Phebe **JUDSON**, June 2, 1737	1	12
Matthew, s. [Mathew & Phebe], b. Feb. 4, 1746/7	1	12
Matthew, Jr., b. Feb. 4, 1746/7	1	85
Matthew, m. Abigail **THOMSON**, Dec. 5, 1759	1	12
Matthew, Jr., m. Hannah **FORD**, Mar. 25, 1773, by David Judson	1	85
Matthew, m. Ann **JUDSON**, Sept. 30, 1782	LR10	1. p.
Matthew, d. Nov. 29, 1796	1	12
Mathew, his d. [ ], d. Jan. 20, 1801	2	171
Matthew, of Bridgeport, m. Rebecca **TOUSEY**, July 16, 1821, by Rev. D. Berchans	2	6

	Vol.	Page
CURTIS, CURTISS (cont.),		
Matthew, his w. [ ], d. Dec. 17, 1821	2	152
Matthew, d. June 3, 1824	2	149
Mehetable, wid., d. Aug. 19, 1848, ae 72	4	8
Mortimer, d. Feb. 3, 1798	LR19	Index
Mortimer, d. Feb. 3, 1798	2	173
Nehemiah, s. Benj[ami]n & Elizabeth, b. Feb. 20, 1727	1	70
Nehemiah, m. Matha **CLARK**, Feb. 8, 1756, by Cistefer Nutton, Miss.	1	29
Nehemiah, d. Mar. 26, 1804	2	169
Nichols, m. Sarah Ann **BENNETT**, Nov. 3, 1803	2	30
Nichols, his child d. May 21, 1805	2	168
Nichols, d. Apr. 20, 1852, ae 63	4	13
Nichols, his wid., d. Oct. 28, 1858, ae 71	4	23
Niram, s. [Mathew & Phebe], b. Apr. 5, 1744	1	12
Parthenia, d. [Nehemiah & Matha], b. Apr. 16, 1764	1	29
Phebe, d. Benj[ami]n [& Elizabeth], b. Oct. 5, 1729	1	70
Phebe, d. [Mathew & Phebe], b. Feb. 20, 1737/8	1	12
Phebe, m. John **BEACH**, Aug. 3, 1756, by John Beach	1	11
Phebe, d. [Nehemiah & Matha], b. Feb. 15, 1757	1	29
Phebe, w. Matthew, d. Sept. 10, 1758	1	12
Phebe, d. |Gold & Elizabeth], b. Oct. 25, 1793	1	59
Phebe, m. Joseph **NETTLETON**, Feb. 10, 1830, by Rev. Daniel Burhans	3	40
Phebe, wid., d. July 10, 1832, ae 91	2	138
Phebe, d. Mar. 19, 1835, ae 78	2	131
Phedimah, w. [Benjamin, Jr.], d. Feb. 15, 1773	1	25
Phedima, d. Dec. 19, 1825, ae 16	2	148
Philo, s. [Benjamin, Jr. & Phedimah], b. June 27, 1760	1	25
Philo, d. May 7, 1818	2	155
Philo, m. Mariah **BIRCH**, Jan. 23, 1825, by Rev. Daniel Burhans	3	16
Polly, d. [Matthew, Jr. & Hannah], b. June 21, 1775	1	85
Polly, d. [Matthew], d. Mar. 1, 1787, ae 11 y. 8 m. 10 d.	LR10	l. p.
Polly, [d. Matthew & Ann], b. Feb. 18, 1788	LR10	l. p.
Polly, d. Dec. 22, 1806	2	167
Polly Ann, [d. Salmon & Esther], b. Apr. 2, 1783	2	51
Polly Ann, m. Isaac **TOMLINSON**, Oct. 28, 1799	2	14
Purse, colored, d. Oct. 23, 1839, ae 82	2	124
Rubin, s. [Mathew & Phebe], b. May 13, 1757	1	12
Richard, s. [Matthew, Jr. & Hannah], b. Nov. 8, 1777	1	85
Russell, s. John, d. Oct. 12, 1820	2	153
Ruth Ann, [d. Matthew & Ann], b. July 17, 1786	LR10	l. p.
Ruth Ann, d. July 16, 1845, ae 59	4	2
Ruth Ann, d. July 16, 1845, ae 59	2	117
Sally, of Newtown, m. David **WELLS**, of Stratford, Nov. 27, 1834, by Rev. N. M. Urmston	3	70
Salmon, s. [Benjamin & Elizabeth], b. May 9, 1759; d. same day	1	70
Salmon, m. Esther **HOLBROOK**, July 4, 1782	2	51
Salmon, d. Feb. 2, 1814	2	159

	Vol.	Page

CURTIS, CURTISS (cont.),
   Samuel, m. Mary **NICHOLS**, b. of Newtown, Jan. 5, 1848, by Rev.
      J. Atwater — 3 — 141
   Samuel, m. Rhoda **FULLER**, Aug. 25, 1851, by Rev. J. Atwater — 3B — 41
   Samuel H., m. Ruth Ann **PLATT**, July 5, 1822, by Adoniram
      Fairchild, J. P. — 3 — 2
   Samuel H., his w. [   ], d. Dec. 8, 1849, ae 47 — 4 — 10
   Sary, d. [Benjamin & Elizabeth], b. Mar. 25, 1744 — 1 — 70
   Sary, m. Niram **HARD**, July 17, 176[ ], by Rev. John Beach — 1 — 8
   Sarah, twin with Eunice, [d. Nehemiah & Matha], b. Sept. 5, 1771 — 1 — 29
   Sarah, [d. Benjamin & Divine], b. Nov. 24, 1775 — 2 — 27
   Sarah, [d. Ezra & Eunice], b. Mar. 7, 1802 — 2 — 18
   Sarah, wid., d. June 3, 1849, ae 75 — 4 — 9
   Sarah Ann, d. [Matthew, Jr. & Hannah], b. Feb. 26, 1780 — 1 — 85
   Sarah E., Mrs., d. Nov. 27, 1861, ae 31 — 4 — 28
   Sarah F., d. Aug. 13, 1849, ae 18 — 4 — 9
   Simeon, d. Dec. 24, 1853, ae 26 — 4 — 16
   Solomon, s. [Nehemiah & Matha], b. Aug. 17, 1759 — 1 — 29
   Stil[e]s, s. [Mathew & Phebe], b. Nov. 4, 1748 — 1 — 12
   Stiles, m. Hannah **BYSHUP**, Nov. 26, 1769 — 1 — 67
   Susan M., of Newtown, m. Anson **SMITH**, of Brookfield, Oct. 7,
      1840, by Rev. L. H. Corson — 3 — 103
   Tobias, d. Sept. 5, 1825, ae 28 — 2 — 148
   Venus, of Newtown, m. Henry **JOHNSON**, of Huntington, (colored), Jan. 3, 1821, by John Sherman — 2 — 6
DABY, William, d. Feb. 28, 1813 — 2 — 160
DAIGHTON, [see under **DAYTON**]
DAKEMAN, [see under **DIKEMAN**]
DALEY, DAILEY, DALY, Anna H., d. Sept. 5, 1867, ae 6 — 4 — 39
   Dennis, of Bridgeport, m. Julia Ann **SEELEY**, of Trumbull, Nov.
      7, 1830, by Aaron Sanford, Jr., J. P. — 3 — 45
   Elizabeth, d. Sept. 5, 1867, ae 1 y. 6 m. — 4 — 39
   Martin, his d. [   ], d. Aug. 8, 1864, ae 6 m. — 4 — 34
   Susan, d. Mar. 30, 1867, ae 22 — 4 — 38
DAMON, -----, colored, his d. [   ], d. Dec. 20, 1826, ae 2 — 2 — 146
DANIELS, Ann, of Newtown, m. John D. **LEE**, of Brookfield, Sept.
   15, 1850, by Nathaniel C. Lewis — 3B — 32
   Jane, of Newtown, m. Gustavus A. **HOUGH**, of Herkimer Cty.,
      N. Y., Sept. 15, 1850, by Nathaniel C. Lewis — 3B — 32
DARNLING(?), Barney, his s. [   ], d. Sept. 12, 1853, ae 2 — 4 — 15
DATON, [see under **DAYTON**]
DAUGHTERY, DAULHERTY, Bridget, d. June 26, 1864, ae 2 — 4 — 34
   Martin, d. Jan. 11, 1865, ae 2 d. — 4 — 35
DAVIS, Aaron, his infant s. [   ], d. Jan. 21, 1847 — 2 — 113-4
   Aaron, his s. [   ], d. Jan. 21, 1847, ae 1 d. — 4 — 5
   Betsey, of Southbury, m. William S. **MUNSON**, of Huntington,
      Nov. 1, 1821, by John Sherman — 2 — 26
   George, d. Apr. 6, 1866, ae 25 — 4 — 36
   Jeremiah, his d. [   ], d. Dec. 21, 1861, ae 10 d. — 4 — 29

	Vol.	Page
DAVIS (cont.),		
Julia M., Mrs., d. July 22, 1863, ae 20	4	32
Lucretia, [w. Stephen Benjamin], was in the 18th y. of her age, Mar. [ ], 1785; d. Mar. 17, 1847	1	91
Mary, d. [Aug. , 1843], ae 14	2	119
Moses, d. June 11, 1864, ae 65	4	33
Stephen Benjamin, was in the [18th y. of his age], in Jan. [ ], 1786; d. Mar. 29, 1831	1	91
Willard, his s. [ ], d. Apr. 19, 1859, ae 10 d.	4	24
DAYTON, DAIGHTON, DATON, DATTON, DEIGHTON, Abram, s. Caleb & Mary, b. Aug. 18, 1719	LR2	348
Caleb, s. [Josiah & Catharine], b. Jan. 19, 1735	1	69
Catharine, w. Josiah, d. Jan. 31, 1743	1	69
Daniel, d. Nov. 29, 1736	1	76
Daniel, s. [Josiah & Catharine], b. Jan. 5, 1742	1	69
Hezekiah, s. Jonah & Jerusha, b. Dec. 20, 1755	1	75
Jeheiel, s. Caleb & Mary, b. Sept. 1, 1728	LR2	348
Jonah, d. Apr. 26, 1758	1	75
Josiah, s. Caleb & Mary, b. Sept. 20, 1714	LR2	348
Josiah, s. [Josiah & Catharine], b. June [ ], 1737	1	69
Mary, d. Caleb [& Mary], b. Nov. 20, 1716	LR2	348
Mary, d. [Josiah & Catharine], b. Nov. 5, 1740	1	69
Phebe, d. [Josiah & Catharine], b. Feb. 4, 1738	1	69
DeCAMP, [see also **CAMP**], John H., his s. [ ], d. Mar. 31, 1862, ae 2 hrs.	4	29
William, s. John H., d. Sept. 20, 1861, ae 3 m.	4	28
DeFOREST, Fanny, of Bridgeport, m. Philo **ANDREWS**, Nov. 5, [1820], by Rev. Daniel Burchans	2	1
DEGAN, James, d. Oct. 1, 1858, ae 32	4	23
DEIGHTON, [see under **DAYTON**]		
DEMAN, DEMMAN, [see also **DIMON**], Amenia, of Newtown, m. Reuben **PALMER**, of Bethel, July 4, 1831, by Rev. John Lovejoy	3	49
Fanny, m. Heman **NORTHROP**, b. of Newtown, Apr. 18, 1838, by Rev. F. Hitchcock	3	90-1
DERLIN, Ananias, colored, d. Oct. 29, 1860, ae 35	4	27
Mary C., wid., d. Feb. 29, 1860, ae 58	4	25
DEVONSHIRE, Levi, colored, d. Oct. 4, 1849, ae 70	4	9
Levi, his wid., d. Nov. 26, 1849, ae 69	4	10
Seymore, colored, d. Dec. 11, 1863, ae 60	4	32
DIBBLE, Abel, m. Chloe **PECK**, b. of Newtown, June 1, 1831, by Rev. John Lovejoy	3	48
Abel his d. [ ], d. Aug. 25, 1839, ae 1	2	123
Burtis B., d. May 12, 1854, ae 15	4	17
Catharine, d. May 27, 1828, ae 9	2	143
Clarissa, m. Herman **FAIRCHILD**, b. of Newtown, Jan. 28, 1824, by Smith Booth, J. P.	3	11
Eleazer, m. Fanny **PRINDLE**, d. [Riverus & Betsey], [ ]	2	43
Eliza, m. Josiah Beach **FAIRCHILD**, b. of Newtown, Mar. 20,		

	Vol.	Page
DIBBLE (cont.),		
1836, by Rev. S. C. Stratton	3	76
Frederick B., of Danbury, m. Sarah Ann **BOTSFORD**, of Newtown, May 4, 1836, by Rev. S. C. Stratton	3	77
Frederick B., d. Mar. 14, 1850, ae 35	4	10
Hannah, d. Nov. 20, 1825, ae 18	2	148
Horace, of Brookfield, m. Harriet **BRISCO**, of Newtown, June 5, 1827, by Rev. W[illia]m Mitchell	3	27
Ira, of Danbury, m. Jane Ann **SYLVESTER**, of Kinderhook, Apr. 3, 1825, by Rev. Daniel Burhans	3	17
Jedediah H., d. Sept. 21, 1810	2	163
Livana, Mrs. of Danbury, m. Asahel **BENEDICT**, of Newtown, July 14, 1839, by Rev. F. Hitchcock	3	97
Lucy, m. Daniel **HAWLEY**, Aug. 9, 1787	2	47
Orson, d. May 2, 1850, ae 46	4	10
Polly, wid., d. Nov. 4, 1825, ae 52	2	148
Sally, wid., d. Feb. 21, 1861, ae 69	4	27
Sarah, d. Nov. 25, 1845, ae 22	4	3
Sarah, d. Nov. 25, 1846, ae 22	2	117
Squire, his child d. Nov. 9, 1812	2	161
Squire, his child d. May 10, 1814	2	159
Squire, d. Oct. 25, 1825, ae 35	2	148
Thomas, his w. [ ], d. [Aug. , 1838], ae 76	2	125
Thomas, d. Dec. 9, 1838, ae 81	2	126
William, his s. [ ], d. Dec. 12, 1838, ae 6	2	126
DIBOROUGH, Sherman H., m. Phebe **BARNUM**, of Danbury, Aug. 26, 1827, by Rev. W[illia]m Mitchell	3	28
DICK, Charles L., d. Dec. 21, 1862, ae 47	4	30
Clarissa, m. Joseph **WHEELER**, b. of Newtown, Apr. 22, 1846, by Rev. S. S. Stocking	3	131
Joseph, his child d. Mar. 29, 1817	2	156
Joseph, his w. [ ], d. Sept. 24, 1820	2	153
Joseph, d. Oct. 3, 1846, ae 59	2	116
Joseph, d. Oct. 3, 1846, ae 59	4	5
Joseph, his wid. [ ], d. Apr. 18, 1855, ae 70	4	18
William, his s. [ ], d. Jan. 22, 1853, ae 2	4	14
William S., his w. [ ], d. Nov. 1, 1858, ae 32	4	23
DICKERSON, DIKERSON, Bateman, s. [Nathan & Zilpha], b. Apr. 5, 1767	1	38
Job, s. [Nathan & Zilpha], b. Mar. 4, 1763	1	38
Job, d. Apr. 28, 1801	2	171
Molly, d. [Nathan & Zilpha], b. June 6, 1765	1	38
Nathan, m. Zilpha **SHERMAN**, May 19, 1760	1	38
Nathan, d. Mar. 11, 1772	1	38
DIKEMAN, DAKEMAN, Asa, m. Anna **TERRILL**, Jan. 26, 1804	2	35
Asa, d. June 14, 1835, ae 62	2	131
Asa, his wid., d. Sept. 5, 1838, ae 62	2	126
Betsey, m. Norman **BEERS**, b. of Newtown, Dec. 16, 1832, by Rev. S. C. Stratton	3	59

	Vol.	Page
DIKEMAN, DAKEMAN (cont.),		
Ebenezer, [s. Nathaniel & Experience], b. Mar. 23, 1801	2	34
Ebenezer, m. Julia **FAIRCHILD**, Oct. 1, 1826, by Rev. Daniel Burhans	3	23
Ebenezer, his s. [ ], d. Mar. 16, 1847, ae 11	2	113-4
Ebenezer, his s. [ ], d. Mar. 16, 1847, ae 4	4	6
Ebenezer, his w. [ ], d. Dec. 24, 1860, ae 52	4	27
Ebenezer, d. July 31, 1865, ae 64 y. 5 m.	4	35
Edmond, m. Nancy **GLOVER**, Nov. 28, 1832, by Rev. Luther Mead	3	59
Edmond, his w. [ ], d. Oct. 28, 1846, ae 33	4	5
Edmond, his w. [ ], d. Oct. 28, 1846, ae 38	2	116
Harriet, m. Walter **PARMELEE**, b. of Newtown, Feb. 9, 1831, by Joseph S. Covel	3	49
Ira, [s. Nathaniel & Experience], b. Feb. 6, 1797	2	34
Julia, d. Sept. 19, 1832, ae 27	2	138
Maria, [d. Nathaniel & Experience], b. Jan. 14, 1799	2	34
Mary Ann, [d. Nathaniel & Experience], b. Dec. 19, 1792	2	34
Nathaniel, m. Experience **HAWLEY**, Sept. 15, 1791	2	34
Nathaniel, his w. [ ], d. Mar. 3, 1839, ae 63	2	123
Nathaniel, m. Mrs. Sarah **FAIRCHILD**, Sept. 19, 1841, by Rev. S. S. Stocking	3	106
Nathaniel, his w. [ ], d. Apr. 17, 1842, ae 69	2	120
Nathaniel, d. Dec. 9, 1849, ae 80	4	10
Phebe, d. Mar. 20, 1859, ae 76	4	23
Polly, [d. Nathaniel & Experience], b. Mar. 26, 1795	2	34
Polly Ann, of Newtown, m. Henry **NICHOLS**, of Weston, Nov. 4, 1833, by Rev. N. M. Urmston	3	64
Sylvia, [d. Nathaniel & Experience], b. Oct. 16, 1803	2	34
Silvia, m. Abraham K. **FAIRCHILD**, Nov. 2, 1823, by Rev. Daniel Burhans	3	8
William, of Danbury, m. Rhuma Maria **JUDD**, of Newtown, Sept. 12, 1838, by Rev. S. C. Stratton	3	92
DILLON, Mary A., m. Charles **BEERS**, of Newtown, June 2, 1834, by Rev. Samuel C. Stratton	3	68
DIMON, DIMAN, DIMOND, [see also **DEMAN**], Abigail, Mrs., d. Dec. 20, 1836, ae 86	2	130
Arthur, d. Sept. 6, 1863, ae 18	4	32
Betsey, [d. Gould & Abigail], b. Aug. 29, 1783	2	40
Burgoine, d. June 24, 1793	2	40
Burr Gyne, [s. Gould & Abigail], b. May 8, 1781	2	40
Caroline A., of Newtown, m. John B. **KIRTLAND**, of Monroe, Nov. 7, 1847, by Rev. William Denison	3	142
Charity, [d. Gould & Abigail], b. Sept. 9, 1785	2	40
Charlotte, [d. Gould & Abigail], b. Jan. 13, 1788	2	40
Charlotte, d. June 25, 1793	2	40
Gershom, [s. Gould & Abigail], b. Dec. 10, 1792	2	40
Gershom, his s. [ ], d. Aug. 12, 1824	2	149
Gershom, his s. [ ], d. Dec. 11, 1828, ae 4	2	143

	Vol.	Page
DIMON, DIMAN, DIMOND, [see also **DEMAN**] (cont.),		
Gershom, d. Feb. 27, 1846, ae 53	4	3
Gershom, d. Feb. 28, 1846, ae 53	2	115
Gould, m. Abigail **BURR**, Mar. 6, 1776	2	40
Gould, [s. Gould & Abigail], b. July 3, 1778	2	40
Gould, m. Lucy **BRISCO**, b. of Newtown, Jan. 30, 1837, by Jacob Beers, J. P.	3	82
Goold, Jr., d. Aug. 20, 1837, ae 59	2	128
Goold, Jr., his wid., d. Sept. 19, 1837, ae [ ]	2	128
Gould, d. Mar. 14, 1842, ae 85	2	40
Gould, d. Mar. 14, 1842, ae 85	2	120
Hannah, [d. Gould & Abigail], b. June 11, 1796	2	40
John, his w. [ ], d. Feb. 29, 1832, ae 20	2	137
John B., m. Fanny **TOUSEY**, b. of Newtown, May 5, 1844, by Rev. S. S. Stocking	3	122
Laury, m. Legrand **PECK**, b. of Newtown, Oct. 25, 1831, by Charles Sherman	3	44
Lucy, wid., d. Jan. 7, 1858, ae 95	4	22
Patty, [d. Gould & Abigail], b. Aug. 10, 1776	2	40
Sarah, [d. Gould & Abigail], b. Feb. 9, 1791	2	40
Seeley, m. Esther **TURNEY**, b. of Newtown, Nov. 23, 1836, by Rev. Erastus Cole	3	80
DIXON, Henry, d. June 18, 1860, ae 6	4	26
DOBBS, William, d. May 30, 1804	2	169
DONLAN, Barney, d. Dec. 30, 1862, ae 44	4	30
DONOHUE, Michael, his d. [ ], d. Aug. 23, 1869, ae [ ]	4	42
Michael, his s. [ ], d. Nov. 12, 1870, ae 3 m.	4	44
DONOLD, Francis, d. Sept. 2, 1868, ae 1	4	40
DOWNS, DOWNES, Amaziah, m. Catharine J. **POWEL**, b. of Newtown, Nov. 21, 1841, by Rev. W[illia]m Denison	3	109
Caroline, Mrs., d. Mar. 23, 1860, ae 49	4	26
Charity Ann, of Newtown, m. Israel **BIBBINS**, of Fairfield, Nov. 10, 1838, by Rev. Eli Brunson	3	93
David, his child d. Oct. 16, 1866, ae [ ]	4	37
Esther, m. John **TURNEY**, June 9, 1786	1	53
Mills, d. Mar. 1, 1846	2	115
Mills, d. Mar. 1, 1846, ae [ ]	4	3
Monroe D., his s. [ ], d. Sept. 22, 1853, ae 8	4	16
Nancy, Mrs., d. Mar. 30, 1836, ae 70	2	129
Polly, m. Orry **GUILES**, b. of Newtown, May 31, 1841, by Rev. Charles J. Todd, of Redding	3	105
Stephen M., m. Amy **BASSET**, b. of Newtown, June 14, 1820, by John Sherman	2	7
Stephen M., his d. [ ], d. Apr. 1, 1835, ae 1	2	131
Wolcott, m. Nancy **OAKS**, this day [Sept. 24, 1820], by Adoniram Fairchild	2	6
-----, m. Betsey **SANFORD**, d. Samuel & Abiah, [ ]	2	90
DREW, Isaac, his child d. July 7, 1814	2	159
Levi, his w. [ ], d. Sept. 14, 1861, ae 70	4	28

	Vol.	Page
DREW (cont.),		
Levi, d. Oct. 13, 1870, ae 84	4	44
Mary, m. R. **BUCHANAN**, Aug. 24, 1823, by B. Glover	3	8
Wheeler, of Bridgeport, m. Mrs. Polly M. **BENEDICT**, of Newtown, Mar. 9, 1845, by Rev. John L. Ambler	3	126
DUFFEE, DUFFE, DUFFIE, James L., of Philadelphia, m. Sarah Ann **PECK**, of Newtown, Feb. 16, 1843, by Rev. Stephen J. Stebbins	3	115
James L., his d. [ ], d. Sept. 6, 1846, ae 2	4	3
James, d. Oct. 17, 1858, ae 35	4	23
James L., his child d. Sept. 6, 1846, ae 2	2	116
DUNCOMB, Eleazer, his s. [ ], d. Oct. 5, 1836	2	130
Eleazer, d. Jan. 19, 1841, ae 2	2	122
Eleazer, his w. [ ], d. Apr. 10, 1846, ae 45	2	115
Eleazer, his w. [ ], d. Apr. 10, 1846, ae 45	4	3
Eleazer, d. Nov. 1, 1852, ae [ ]	4	14
Leroy, d. Sept. 27, 1839, ae 18	2	124
Polly, m. Daniel **FERRIS**, Sept. 12, 1821, by Rev. Daniel Burhans	2	42
DUNNING, DUNING, DUNINGS, Abiah, wid., m. John **SANFORD**, Feb. 27, 1760, by Rev. Mr. Beach	1	5
Abiah, m. Samuel **SANFORD**, of Milford, Aug. 19, 1765	2	90
Abiga, [child David & Hannah], b. May 28, 1744	1	79
Abigail, [d. David & Hannah], b. Aug. 3, 1750; d. [ ], 1753	1	79
Abigail, [d. David & Hannah], b. Nov. 17, 1754	1	79
Amos, s. Benj[ami]n, b. Jan. 20, 1733/4	1	70
Amos, [s. David & Hannah], b. Dec. 16, 1746	1	79
Amos, [s. David & Hannah], d. [ ], 1753	1	79
Ann, d. [David & Hannah], b. Jan 11, 1737	1	79
Ashbel, [s. David & Hannah], b. Feb. 22, 1752; d[ ], 1753	1	79
Benjamin, s. Benj[ami]n & Mary, b. Aug. 9, 1709	LR2	118
Benjamin, Sergt., d. Mar. 21, 1739	1	76
Benjamin, m. Sary **BURRIT**, [ ]	1	74
Benjamin, [s. Benjamin & Sary], b. June 30, 1740	1	74
Benjamin, his lot of 34 acres layed out 1742	1	78
David, s. Benj[ami]n & Mary, b. Sept. 6, 1711	LR2	118
David, s. [David & Hannah], b. Apr. 17, 1738	1	79
Eli, [s. Benjamin & Sary], b. Aug. 8, 1737	1	74
Eli, m. Sarah **HUBBELL**, Sept. 4, 1759	1	13
Ezra, s. [Benjamin & Sary], b. Jan. 15, 1733/4	1	74
Ezra, m. Rube **MURREY**, Feb. 16, 1758	1	25
Gideon, [s. David & Hannah], b. Dec. 19, 1742	1	79
James, of Huntington, m. Annis **PECK**, May 15, 1821, by D. Berchans	2	6
Jared, [s. Benjamin & Sary], b. July 30, 1739	1	74
Lorenzo C., m. Rebeca L. **BENNETT**, Nov. 27, 1839, by Rev. F. Hitchcock	3	98
Luse, d. [Ezra & Rube], b. Dec. 6, 1760	1	25

	Vol.	Page
DUNNING, DUNING, DUNINGS (cont.),		
Luther, s. [Eli & Sarah], b. Apr. 20, 1764	1	13
Mary, d. Benj[ami]n & Mary, b. July 6, 1707	LR2	118
Mary, [d. Benjamin & Sary], b. Sept. 9, 1735	1	74
Mehetabell, [d. David & Hannah], b. Nov. 24, 1740	1	79
Mikel, s. Sergt. Benj[ami]n, b. July 20, 1730	1	70
Michael, [m.] Abiah **KIMBERLY**, [ ]	2	173
Richard, [s. David & Hannah], b. Apr 23, 1747	1	79
Sary, d. Benj[ami]n & Mary, b. Aug. 14, 1713	LR2	118
Sary, d. [Ezra & Rube], b. Jan. 28, 1759	1	25
Silas, [s. David & Hannah], b. Nov. 5, 1748; d. [ ], 1753	1	79
DURGEY, David, d. Jan. 1, 1860, ae 25	4	25
DUTTON, Eliza, d. Sept. 28, 1846, ae 15	4	5
Elizia, d. Thomas A., d. Sept. 28, 1846, ae 15	2	116
EAGAN, Bridget, d. May 10, 1868, ae 2	4	40
Edward, his s. [ ], d. Apr. 17, 1858, ae 36	4	22
James, s. John, d. Oct. 2, 1853, ae 1	4	16
Ja[me]s, his s. [ ], d. July 3, 1869, ae 8 m.	4	42
Jane, d. May 23, 1868, ae 13	4	40
John H., d. Aug. 22, 1860, ae 4	4	26
Sarah J., d. Sept. 28, 1858, ae 1 y. 5 m.	4	23
Tho[ma]s, his w. [ ], d. Aug. 15, 1865, ae 70	4	35
EASTERBY, John M., of New York City, m. Mary F. **LYON**, of Newtown, Dec. 1, 1850, by N. C. Lewis	3B	34
EDGAR, Henry, of Morristown, N. J., m. Catharine **VARDEN**, June 3, 1849, by Rev. J. Atwater	3B	28
EDMOND, EDMONDS, Ann Maria, [d. William & Elizabeth], b. Apr. 5, 1804	2	26
Betsey, m. Holbrook **CURTIS**, of Watertown, Oct. 7, 1822, by Rev. Daniel Burhans	3	3
Elizabeth, [d. William & Elizabeth], b. Mar. 17, 1798	2	26
Elizabeth Jemima, d. Feb. 17, 1795	2	26
Mary Ann, of Newtown, m. Lyman **BRADLEY**, of Southbury, Jan. 5, 1837, by Rev. N. M. Urmston	3	81
Mary Elizabeth, d. William & Elizabeth Jemima, b. May 23, 1785	2	26
Robert, [s. William & Elizabeth], b. Sept. 12, 1805	2	26
Sarah, [d. William & Elizabeth], b. June 24, 1800	2	26
Sarah, m. Cyrenius H. **BOOTH**, Oct. 1, 1820, by Rev. Daniel Berhans	2	69
William, s. Robert, m. Elizabeth Jemima **CHANDLER**, d. John, Nov. 30, 1784, By Rev. Elisha Rexford, of Huntington	2	26
William, s. Robert, m. Elizabeth **PAYNE**, d. Benj[amin], Feb. 14, 1796, by Rev. Nathan Strong, of Hartford	2	26
William, his w. [ ], d. Oct. 4, 1833, ae 68	2	136
William, d. Aug. 1, 1838, ae 82	2	26
William, d. Aug. 1, 1838, ae 82	2	125
William P., d. Aug. 16, 1829, ae 27	2	142
William Payne, [s. William & Elizabeth], b. Feb. 4, 1802	2	26
William Payne, d. Aug. 16, 1829, ae 27	2	26

	Vol.	Page
EDWARDS, Albert, d. July 25, 1838, ae 69	2	125
Amos, colored, his child d. Mar. 15, 1810	2	163
Amos, colored, his child d. May 24, 1810	2	163
Amos, colored, his w. [ ], d. Oct. 31, 1810	2	163
Amos, colored, d. June 5, 1832, ae 60	2	138
Betsey, colored, d. Aug. 27, 1832, ae 19	2	138
Catharine, m. Alson **JUDD**, Nov. 25, 1827, by Jacob Beers, J. P.	3	30
Charles, of Danbury, m. Maryett **BASSET**, of Newtown, Sept. 22, 1841, by Rev. Alexander Leadbetter. Int. Pub.	3	106
David, b. Apr. 29, 1772; m. Abigail **SELLECK**, July 19, 1800	2	6
Gage D., of Stratford, m. Mary **FINCH**, of Newtown, May 26, 1822, by Samuel B. Blackman, J. P.	3	1
Henry, his d. [ ], d. Nov. 5, 1848, ae 1 w.	4	8
Henry, his d. [ ], d. Mar. 21, 1850, ae 2	4	10
Laura, [d. David & Abigail], b. Mar. 13, 1803	2	6
Nancy, m. Francis **BURGOYNE**, b. of Newtown (colored), Dec. 13, 1829, by Daniel Blackman, J. P.	3	39
Paulina, [d. David & Abigail], b. Sept. 2, 1801	2	6
Phebe, colored, d. June 20, 1860, ae 44	4	26
ELLIS, Maria, Mrs., d. July 10, 1870, ae 73	4	44
ELWOOD, ELDWOOD, Beeman, d. Mar. 6, 1815	2	158
Harriet Eliza, m. Joel **BRADLEY**, Aug. 10, 1851, by David Sanford, J. P.	3B	37
Joseph H., d. May 7, 1859, ae 24	4	24
Mariette, of Newtown, m. Harrison **GRAY**, of New Fairfield, Oct. 31, 1841, by Rev. Stephen J. Stebbins	3	108
N. F. K., his d. [ ], d. Sept. 11, 1846, ae 2	4	3
N. F. K., his d. [ ], d. Sept. 13, 1846, ae 2	4	3
Nathaniel F. K., his s. [ ], d. Nov. 16, 1843, ae 7	2	119
Nathaniel F. K., his child d. Sept. 11, 1846, ae 2	2	116
Nath[anie]l F. K., his child d. Sept. 13, 1846, ae 2	2	116
Phedima, d. Feb. 7, 1813	2	160
Uriah, m. Polly **GRAY**, Mar. 1, 1836, by Matthew Batchelor	3	72
Uriah, his d. [ ], d. Mar. 15, 1844, ae 5	2	118
Uriah, his d. [ ], d. Mar. 15, 1844, ae 5; s. [ ], d. Mar. 21, 1844; d. [ ], d. Mar. 22, 1844, ae 7	4	1
ELY, Frederick, his w. [ ], d. Mar. 10, 1869, ae 35	4	41
Thomas C., m. Ann Eliza **SHERMAN**, July 9, 1848, by Rev. J. Atwater	3B	23
ENGLISH, James, d. Sept. 27, 1849, ae 21	4	9
ERWIN, Catharine, Mrs., d. Jan. 5, 1869, ae 64	4	41
Erastus, m. Catharine **SHEPARD**, b. of Newtown, Nov. 12, 1838, by Rev. Samuel C. Stratton	3	94
Erastus, his d. [ ], d. Sept. 21, 1842	2	120
Henry, d. Mar. 2, 1865, ae 22	4	35
John, d. Feb. 8, 1847, ae 80	2	113-4
John, d. Feb. 8, 1847, ae 80	4	6
[FABRIQUE], FABREGUE, FAHRIGER, FEBREEGUE, FEBREGUE, FEBREGUIE, FEBRUGUIE, Annah, m. Caleb		

	Vol.	Page
[FABRIQUE], FABREGUE, FAHRIGER, FEBREEGUE, FEBREGUE, FEBREGUIE, FEBRUGUIE (cont.),		
BALDWIN, Sept. 18, 1787	1	12
David, d. Aug. 17, 1798	LR19	Index
David, d. Aug. 17, 1798	2	173
Huldah, m. Nathan **PECK**, Oct. 1, 1775	2	67
James, [s. John & Sarah], b. Mar. 15, 1744	1	73
John & w. Mary, had d. [ ], b. May 3, 1732; bp. by Rev. John Ginyuin	1	73
John, s. John & Sarah, b. May 10, 1733; bp. by Rev. Elisha Kent	1	73
John, [ ]	1	72
Mabel, wid., d. Dec. 8, 1800	2	172
FAIRCHILD, Abigail , d. [Alpheas & Louis], b. Jan. 7, 1777	1	84
Abraham, d. June 2, 1824	2	149
Abraham K., m. Silvia **DIKEMAN**, Nov. 2, 1823, by Rev. Daniel Burhans	3	8
Adoniram, [s. Josiah & Betty], b. Sept. 14, 1777	2	94-5
Adoniram, his w. [ ], d. Feb. 5, 1844, ae 67	2	118
Adoniram, his w. [ ], d. Feb. 5, 1844, ae 72	4	1
Adoniram, his w. [ ], d. May 3, 1845, ae 55	4	2
Adoniram, his w. [ ], d. May 2, 1846, ae 55	2	117
Adoniram, d. Feb. 21, 1857, ae 79	4	21
Agur, m. Sary **SHERMAN**, Sept. 1, 1740	1	23
Agur & Sary, had d. [ ], b. Oct. 11, 1741	1	23
Agur, s. [John & Martha], b. Nov. 5, 1768	1	68
Agur, d. Dec. 8, 1797	LR19	Index
Agur, d. Dec. 8, 1797	2	173
Almira, d. June 26, 1826, ae 27	2	145
Alpheas, m. Louis **HUBBELL**, Jan. 6, 1774	1	84
Alpheus, s. [Alpheas & Louis], b. Oct. 3, 1784	1	84
Ammorilles, m. Michael **PARKES**, May 10, 1780	2	7
Amos, s. [Agur & Sary], b. Apr. 15, 1754	1	23
Amey, wid., d. Mar. 26, 1848, ae 37	4	7
Ann, d. Jan. 10, 1825, ae 16	2	147
Anna, [d. Josiah & Betty], b. June 19, 1789	2	94-5
Anna, d. Oct. 10, 1805	2	168
Anna, d. May 28, 1809	2	164
Anna, wid., her d. [ ], d. Aug. 22, 1838, ae 2	2	125
Anna, wid., d. Mar. 2, 1866, ae 71	4	36
Anna E., m. Edwin **TERRILL**, b. of Newtown, Dec. 31, 1845, by Rev. J. Atwater	3	130
Anna Mariah, m. Sherman **CORNWALL**, of Detroit, N. Y., Feb. 10, 1822, by Rev. D. Burchans	2	6
Aucunah, his w. [ ], d. Feb. 21, 1851, ae 47	4	12
Aurinda, of Newtown, m. Lucius M. **HARD**, of Danbury, Oct. 27, 1833, by Rev. N. M. Urmston	3	64
Aurunah, d. Mar. 23, 1863, ae 59	4	31
Beach, [s. Wheeler & Betsey], b. Jan. 1, 1800	2	94-5
Beach, [s. Wheeler & Betsey], d. Oct. 18, 1806, ae 67	2	94-5

	Vol.	Page

FAIRCHILD (cont.),
Beach, s. Wheeler, d. Oct. 18, 1806	2	167
Beers, [s. Zadock & Mary], b. Dec. 23, 1802	2	56
Beers, his w. [ ], d. Sept. 6, 1853, ae 51	4	15
Beers, d. Dec. 14, 1865, ae 63	4	36
Betsey, [w. Wheeler], d. Jan. 3, 1837, ae 59 y.	2	94-5
Betsey, wid., d. Jan. 3, 1837, ae 58	2	127
Betsey, of Newtown, m. Orange **WARNER**, of Roxbury, Aug. 29, 1837, at the house of Lazarus Shepard, by Rev. S. C. Stratton	3	85-6
Betsey Ann, [d. Josiah & Betty], b. Mar. 15, 1791	2	94-5
Betsey Ann, [d. Wheeler & Betsey], b. Dec. 4, 1808	2	94-5
Betsey Ann, b. Dec. 4, 1808; m.Charles **CLARKE**, Jan.20, 1828, by Rev. Daniel Burhans	2	96-7
Bette, d. Edward & Elizabeth, b. July 19, 1726	LR2	350
Boyle, [s. Wheeler & Betsey], b. Jan. 13, 1802	2	94-5
Boyle, his s. [ ], d. Jan. 20, 1833, ae 2	2	135
Boyle, [s. Wheeler & Betsey], d. Sept. 24, 1843, ae 41 y.	2	94-5
Boyle, d. Sept. 24, 1843, ae 40	2	119
Burtis, [s. Zadok & Mary], b. Nov. 20, 1800	2	56
Burtis, d. Apr. 18, 1856, ae 55	4	19
Caroline, m. Isaac W. **BRISCOE**, b. of Newtown, Feb. 5, 1849, by Rev. Horace Hill, Jr.	3B	26
Caroline, Mrs., d. Oct. 26, 1869, ae 44	4	43
Catharine, d. [Jonathan & Hannah], b. Dec. 9, 1744	1	80
Catharine, m. Charles B. **GLOVER**, b. of Newtown, Nov. 21, 1847, by Rev. S. S. Stocking	3	140
Celia R., of Newtown, m. Washington M. **ALBEE**, of Oxford, Mass., Oct. 4, 1840, by Rev. Alexander Leadbetter. Int. Pub.	3	100
Charles, his d. [ ], d. July 20, 1855, ae 4	4	18
Charles B., his d. [ ], d. July 20, 1870, ae 7 m.	4	44
Charles C., his w. [ ], d. Nov. 9, 1851, ae 30	4	13
Clarinda, d. Mar. 21, 1832, ae 18	2	137
Clark, [s. Zadok & Mary], b. May 28, 1792	2	56
Clark, his child d. July 24, 1816	2	157
Clark, d. Mar. 28, 1843, ae 50	2	119
Clement, his child d. Sept. 10, 1798	LR19	Index
Clement, his child d. Sept. 10, 1798	2	173
Clement, his s. [ ], d. Sept. 2, 1820	2	153
Clement, his w. [ ], d. Oct. 1, 1823	2	150
Clement, d. June 16, 1849, ae 86	4	9
Clement, wid., d. May 14, 1854, ae 79	4	16
Cyrus, [s. Josiah & Betty], b. July 30, 1781	2	94-5
Cyrus, his child d. Jan. 25, 1818	2	155
Cyrus, d. July 21, 1825, ae 44	2	147
Cyrus Dibble, m. Polly Ann **BLACKMAN**, Sept. 25, 1823, by Rev. Daniel Burhans	3	8
Damares, m. Noah H. **BOOTH**, Feb. 11, 1834, by Rev. N. M. Urmston	3	66
David, s.[Agur & Sary], b. Dec. 20, 1743	1	23

	Vol.	Page
FAIRCHILD (cont.),		
David B., d. Feb. 15, 1804	2	169
David B., d. Apr. 23, 1841, ae 35	2	122
David W., m. Emeline **WETMORE**, Sept. 22, 1839, by Rev. F. Hitchcock	3	97
Deborah, d. [Agur & Sary], b. July 2, 1752	1	23
Deborah, m. Andrew **MILLS**, Apr. 22, 1787	1	86
Delia, m. Henry B. **TERRILL**, b. of Newtown, Dec. 8, 1847, by Rev. S. S. Stocking	3	140
Dilea, d. Aug. 3, 1843, ae 16	2	119
Ebenezer, [s. Zadock & Mary], b. Jan. 20, 1785	2	56
Ebenezer, his w. [ ], d. Apr. 3, 1801	2	171
Ebenezer, d. Jan. 15, 1807	2	166
Ebenezer, [m.] Sarah **KIMBERLEY**, [ ]	2	173
Ebenezer W., d. May 4, 1836, ae 51	2	129
Edmond, m. Harriet **WHITNEY**, b. of Newtown, Dec. 9, 1835, by Rev. S. C. Stratton	3	75
Edmond, his d. [ ], d. Feb. 28, 1849, ae 9	4	8
Edmund, m. Lois **PECK**, b. of Newtown, Dec. 25, 1849, by John Morgan	3B	31
Edmond, his w. [ ], d. May 14, 1849, ae 32	4	9
Edward, s. [Alpheas & Louis], b. Oct. 3, 1778	1	84
Edward, of New Haven, m. Lucy **BEERS**, of Newtown, July 23, 1848, by Rev. S. S. Stocking	3B	22
Edward, his w. [ ], d. Oct. 9, 1870, ae 44	4	44
Edwin, d. Feb. 8, 1848, ae 19	4	7
Electe, d. [John & Martha], b. Aug. 6, 1770	1	68
Elijah, [s. Wheeler & Betsey], b. Feb. 15, 1817	2	94-5
Elijah, [s. Wheeler & Betsey], d. Oct. 23, 1817, ae 5 m.	2	94-5
Eliza, m. Moss **FAIRCHILD**, Feb. 24, 1828, by Rev. Daniel Burhans	3	32
Eliza, d. May 10, 1852, ae 25	4	13
Eliza, d. Jan. 17, 1855, ae 39	4	17
Elizabeth, m. Carlos B. **BOOTH**, b. of Newtown, Jan. 3, 1841, by Rev. L. H. Corson	3	103
Elizabeth, d. Sept. 24, 1845, ae 21	4	3
Elizabeth, d. Sept. 24, 1846, ae 21	2	117
Emily, m. Charles **GRAY**, Dec. 29, 1850, by Rev. George H. Deere	3B	34
Enos Tracy, s. [Alpheaus & Louis], b. Feb. 18, 1787	1	84
Eunice, [d. Zadock & Mary], b. Mar. 27, 1783	2	56
Eunice, Mrs., d. Jan. 18, 1826, ae 63	2	145
Eveline, Mrs., d. Jan. 21, 1859, ae 40	4	24
Ezra, [s. Zadock & Mary], b. Dec. 3, 1786	2	56
Ezra, d. June 29, 1859, ae 72	4	24
Florilla, m. Daniel **LEAVENWORTH**, of Huntington, Apr. 3, 1823, by Daniel Burhans	3	6
George, d. Jan. 20, 1849, ae 23	4	8
Gershom, s. [Alpheas & Louis], b. Sept. 13, 1780	1	84
Gideon, d. Oct. 17, 1835, ae 26	2	132

	Vol.	Page
FAIRCHILD (cont.),		
Hannah, m. Elijah **STILSON**, Jan. 10, 1765, by John Beach, Miss.	1	16
Hannah D., m. Charles H. **PECK**, Jan. 17, 1848, by Rev. J. Atwater	3	142
Harriet, wid., d. Jun. 14, 1805	2	168
Harriet, of Newtown, m. George M. **BENEDICT**, of Danbury, Jan. 1, 1829, by Rev. William Mitchell	3	35
Henry, m. Caroline **BOOTH**, b. of Newtown, Nov. 27, 1844, by John L. Ambler	3	125
Herman, m. Clarissa **DIBBLE**, b. of Newtown, Jan. 28, 1824, by Smith Booth, J. P.	3	11
Herman, his d. [ ], d. Jan. 27, 1830, ae 5	2	141
Hope, [ ]	2	56
Horace, d. July 14, 1844, ae [ ]	2	118
Horace, d. July 14, 1844, ae 30	4	1
Horatio, d. Oct. 6, 1844, ae 14	2	118
Horatio, d. Oct. 6, 1844, ae 14	4	1
Hulda, of Newtown, m. John **BRADLEY**, of Reading, Oct. 25, 1826, by Rev. William Mitchell	3	24
Ira, [s. Josiah & Betty], b. July 28, 1785	2	94-5
Ira, his child d. Mar. 4, 1809	2	164
Ira, d. Oct. 5, 1821	2	152
James, s. Edward & Elizabeth, b. Sept. 19, 1720	LR 2	350
James, m. Sarah **FOOT**, Feb. 26, 1745	1	69
James, s. [James & Sarah], b. Dec. 5, 1750	1	69
James, d. Feb. 22, 1813	2	160
James, d. Dec. 17, 1859, ae 44	4	25
James B., d. July 30, 1830, ae 36	2	141
James G., his d. [ ], d. Aug. 4, 1848, ae 9 d.	4	8
Jane, [d. Wheeler & Betsey], b. July 25, 1818	2	94-5
Jane, d. Dec. 16, 1855, ae 19	4	19
Jerusha, d. [Alpheas & Louis], b. June 14, 1774	1	84
John, s. [Agur & Sary], b. Oct. 22, 1745	1	23
John, m. Martha **FOOT**, Dec. 30, 1767	1	68
John, d. May 10, 1807	2	166
Jonathan, s. [Edward & Elizabeth], b. Aug. 2, 1715	LR2	350
Jonathan, m. Hannah **BACKEN**, June 25, 1740	1	80
Jonathan S., his d. [ ], d. July 3, 1811	2	162
Jonathan S., d. [Nov. , 1826], ae 43	2	146
Jonathan Sturges, [s. Josiah & Betty], b. Jan. 27, 1783	2	94-5
Joseph, his w. [ ], d. Aug. 9, 1799	LR19	Ind. A
Joseph, his d. [ ], d. June 12, 1812	2	161
Joseph, his w. [ ], d. Jan. 10, 1829, ae 46	2	142
Joseph, m. Patience **WHEELER**, b. of Newtown, Apr. 17, 1831, by Adoniram Fairchild, J. P.	3	48
Joseph, d. June 22, 1855, ae 85	4	18
Joseph, d. June 28, 1856, ae 16	4	19
Joseph B., d. Jan. 8, 1861, ae 53	4	27
Josiah, d. Nov. 11, 1754; m. Betty **WHEELER**, about the year 1775	2	94-5

	Vol.	Page
FAIRCHILD (cont.),		
Josiah, his w. [ ], d. Dec. 10, 1816	2	157
Josiah, his d. [ ] d. May 3, 1824	2	149
Josiah, Jr., d. Apr. 24, 1826, ae 29	2	145
Josiah, d. Aug. 27, 1831, ae 76	2	140
Josiah B., his d. [ ], d. May 8, 1845, ae 42	4	2
Josiah B., his d. [ ], d. May 8, 1846, ae 2	2	117
Josiah B., d. Mar. 12, 1855, ae 41	4	18
Josiah B., [s. Wheeler & Betsey], d. Mar. 13, 1855, ae 41 y. 3 m. 26 d.	2	94-5
Josiah Beach, [s. Wheeler & Betsey], b. Nov. 17, 1813	2	94-5
Josiah Beach, m. Eliza **DIBBLE**, b. of Newtown, Mar. 20, 1836, by Rev. S. C. Stratton	3	76
Julia, m. Ebenezer **DIKEMAN**, Oct. 1, 1826, by Rev. Daniel Burhans	3	23
Juliet, m. Hosea B. **NORTHROP**, Mar. 17, 1852, by Rev. J. Atwater	3B	42
Kiah B., his w. [ ], d. Jan. 18, 1861, ae 75	4	27
Kiah B., d. Apr. 6, 1868, ae 84 y. 8 m.	4	40
Lamyra, Mrs., d. Jan. 7, 1817	2	156
Laura, [d. Wheeler & Betsey], b. Nov. 24, 1811	2	94-5
Laura, b. Nov. 24, 1811; m. Sallu Pell **BARNUM**, Oct. 5, 1831, by Rev. Lemuel B. Hull, of Danbury	2	97-8
Laura, m. Salu Pell **BARNUM**, of Danbury, Oct. 5, 1831, by Rev. Lemuel B. Hull	3	50
Laura, of Newtown, m. Barlow M. **STEVENS**, of Brookfield, Oct. 29, 1834, by Rev. N. M. Urmston	3	69
Legrand, m. Emily **WHITNEY**, b. of Newtown, Dec. 26, 1841, by Rev. S. S. Stocking	3	109
Legrand, his s. [ ], d. Feb. 20, 1850, ae [ ]	4	10
Lemuel, his s. [ ], d. Oct. 11, 1806	2	167
Lemuel, his child d. July 15, 1814	2	159
Leverett, m. Charlotte **PRINDLE**, Nov. 30, 1837, by Rev. S. C. Stratton	3	88
Leveritt, d. Feb. 27, 1842, ae 25	2	120
Levi, [s. Zadock & Mary], b. Sept. 9, 1798	2	56
Levi, m. Ann **SHEPARD**, Jan. 14, 1821, by Rev. Bejamin Benham, of New Milford	2	70
Levi, d. May 13, 1829, ae 30	2	142
Levi B. m. Frances L. **SANFORD**, b. of Newtown, May 6, 1849, by Rev. Horace Hills, Jr.	3B	28
Lewis, [s. Zadock & Mary], b. Sept. 3, 1790	2	56
Lewis, d. Sept. 8, 1841, ae 22	2	122
Lewis, his w. [ ], d. June 7, 1870, ae 23	4	44
Lewis H., m. Caroline M. **PEARCE**, May 2, 1852, by William M. Carmichael, D. D.	3B	40
Lewis H., his d. [ ], d. Jan. 17, 1854, ae 11 m.	4	16
Lucia, m. Asahel **BEEBE**, May 24, 1821, by Rev. Stephen Burrett	2	6
Lucinda, of Newtown, m. Andrew **HOLSTE**, of Bridgeport, July		

	Vol.	Page
FAIRCHILD (cont.),		
18, 1841, by Rev. Alexander Leadbetter. Int. Pub.	3	106
Lucius H., his s. [ ], d. Feb. 26, 1851, ae 5 d.	4	12
Lucretia, of Newtown, m. George F. **REDSTON**, of New Milford, Feb. 11, 1839, by Rev. S. C. Stratton	3	95
Lucy, wid., d. May 27, 1860, ae 71	4	26
Lucy A., m. David H. **BEERS**, b. of Newtown, Dec. 4, 1844, by Rev. John L. Ambler	3	126
Lucy Ann, [d. Wheeler & Betsey], b. Feb. 24, 1805	2	94-5
Lucy Ann, m. David **NASH**, Oct. 10, 1824, by B. Glover	3	13
Lucy M., m. Samuel P. **BOTSFORD**, b. of Newtown, Dec. 1, 1841, by Rev. S. S. Stocking	3	108
Marcus, m. Abigail **NORTHROP**, Mar. 2, 1823, by Rev. Daniel Burhans	3	5
Marcus, his w. [ ], d. Feb. 5, 1834, ae 33	2	133
Marcus, m. Susan **FOOT**, b. of Newtown, Dec. 18, 1834, by Samuel C. Blackman, J. P.	3	71
Marcus, s. Lewis, d. July 7, 1852, ae 12	4	14
Marcus, his w. [ ], d. Dec. 9, 1852, ae 67	4	14
Marcus, d. Sept. 22, 1854, ae 69	4	17
Margery, d. Sept. 12, 1824	2	149
Maria, of Newtown, m. Alpheas **BEEBE**, of Brookfield, Nov. 17, 1829, by Rev. Daniel Burhans	3	40
Mariett, m. Glover **HAWLEY**, Oct. 17, 1838, by Rev. David H. Short	3	93
Mary, d. Edward & Elizabeth, b. Apr. 6, 1713	LR2	350
Mary, m. Robert **SEELEYE**, [ ], 1734	1	30
Mary, m. Charles **SKIDMORE**, b. of Newtown, Oct. 16, 1833, by Henry Dutton, J. P.	3	64
Mary, wid., d. Sept. 24, 1838, ae 87	2	126
Mary, of Newtown, m. Andrew **SHERMAN**, of Danbury, Oct. 26, 1842, by Rev. Alexander Leadbetter. Int. Pub.	3	113
Mary Ann, d. Sept. 29, 1859, ae 35	4	24
Matthew, [s. Agur & Sary], b. Jan. 31, 1747	1	23
Matthew B., of Newtown, m. Mariette **BOOTH**, of Brookfield, Apr. 14, 1834, by Rev. N. M. Urmston	3	67
Matthew H., his d. [ ], d. Feb. 6, 1846, ae 3	2	117
Mathew H., his w. [ ], d. Feb. 25, 1854, ae 40	4	16
Merritt, m. Susan C. **SANFORD**, b. of Newtown, Sept. 26, 1849, by Rev. Horace Hills, Jr.	3B	28
Merrett, his w. [ ], d. Oct. 13, 1850, ae 22	4	11
Moses, s. Edward & Elizabeth, b. Oct. 1, 1723	LR2	350
Moses, his s. [ ], d. May 20, 1842, ae [ ]	2	120
Moss, m. Eliza **FAIRCHILD**, Feb. 24, 1828, by Rev. Daniel Burhans	3	32
Moss, d. May 12, 1865, ae 60	4	35
Nathan H., his d. [ ], d. Feb. 8, 1845, ae 2	4	2
Oliver, s. [Alpheas & Louis], b. Oct. 18, 1782	1	84
Patience, wid., d. Feb. 2, 1867, ae 81	4	38

	Vol.	Page

FAIRCHILD (cont.),

	Vol.	Page
Peter, d. Sept. 20, 1833, ae 77	2	136
Peter, m.Caroline **SILLIMAN**, Nov. 6, 1837, by Rev. Samuel T. Carpenter	3	87
Peter, his child, d. Mar. 16, 1840	2	121
Peter, his wid., d. Dec. 24, 1854, ae 83	4	17
Phebe, m. Reuben **SHEPARD**, Mar. 13, 1831, by Rev. H. R. Judah, of Bridgeport	3	46
Philo, Jr., m. Mary **BARDSLEY**, Jan. 5, 1821, by Adoniram Fairchild, J. P.	2	1
Philo, Jr., d. June 20, 1831, ae 33	2	139
Philo, his w. [ ], d. Mar. 4, 1836, ae 77	2	129
Philo, d. Aug. 20, 1840, ae 79	2	121
Polly, [d. Zadock & Mary], b. July 21, 1794	2	56
Polly Ann, of Newtown, m. Lewis L. **BEECHER**, of Woodbury, Apr. 14, 1833, by Rev. S. C. Stratton	3	61
Polly Ann, of Newtown, m. William **HINMAN**, of Oxford, May 8, 1839, by Rev. D. H. Short, of Danbury	3	96
Rebeckah, d. [Agur & Sary], b. Feb. 7, 1761	1	23
Russel, d. Sept. 16, 1828, ae 19	2	143
Rustia Ann, m. Lazarus **SHEPARD**, b. of Newtown, Mar. 19, 1826, by Rev. Bennet Glover	3	22
Ruth A., of Newtown, m. Edward **BASSETT**, of Bridgeport, Nov. 5, 1838, by Thomas Nichols, J. P.	3	93
Sally, m. John **GALES**, May 16, 1824, by Adoniram Fairchild, J. P.	3	12
Sally, wid., d. Apr. 3, 1840, ae 43	2	121
Samuel, [s. Zadok & Mary], b. Aug. 12, 1796	2	56
Samuel, m. Polly **CAMP**, May 15, 1822, by Rev. D. Burhans	2	78
Samuel, d. Nov. 26, 1862, ae 66	4	30
Sarah, wid., d. Oct. 4, 1807	2	166
Sarah, wid., d. Mar. 31, 1832, ae 83	2	137
Sarah, Mrs., m. Nathaniel **DIKEMAN**, Sept. 19, 1841, by Rev. S. S. Stocking	3	106
Sarah, of Newtown, m. William **MAYNARD**, of New York, Jan. 12, 1845, by Rev. S. S. Stocking	3	125
Sarah D., d. Mar. 18, 1865, ae 19 y. 6 m.	4	35
Seth, s. [Jonathan & Hannah], b. Mar. 8, 1749* *(1741?)	1	80
Silas, s. [James & Sarah], b. Nov. 14, 1748	1	69
Silas, his w. [ ], d. May 9, 1819	2	154
Silas, Capt., d. [Dec.], 1821	2	152
Silas, d. July 22, 1831, ae 46	2	140
Silas E., his s. [ ], d. Aug. 15, 1867, ae 4	4	39
Sophia, of Newtown, m. Stephen **ALLEN**, of Woodbury, Feb. 6, 1842, by Rev. S. S. Stocking	3	110
Stephen, s. [Alpheas & Louis], b. Oct. 13, 1775	1	84
Stephen, his child d. Apr. 6, 1805	2	168
Stephen, his child d. June 10, 1811	2	162
Theodore, his s. [ ], d. Jan. 5, 1858, ae 2 d.	4	22
Truman, his s. [ ], d. Oct. 21, 1808	2	165

	Vol.	Page
FAIRCHILD (cont.),		
Truman, d. May 31, 1811	2	162
Walter, his s. [ ], d. Apr. 10, 1832, ae 1	2	137
Walter, d. Nov. 29, 1863, ae 66	4	32
Warren, m. Caroline **BRISCO**, b. of Newtown, Dec. 27, 1829, by Rev. Daniel Burhans	3	40
Wheeler, s. [Josiah & Betty], b. Mar. 29, 1776	2	94-5
Wheeler, b. Mar. 29, 1776; m. Betsey **BOTSFORD**, Dec. 16, 1798	2	94-5
Wheeler, his child d. Jan. 23, 1817	2	156
Wheeler, d. Dec. 19, 1835, ae 59 y.	2	94-5
Wheeler, d. Dec. 20, 1835, ae 59	2	132
William, m. Adeline **JOHNSON**, of Newtown. Sept. 17, 1848, by Rev. J. Atwater	3B	24
Zadock, m. Mary **GILLET**, Sept. 1, 1782	2	56
Zadock, his w. [ ], d. Dec. 28, 1812	2	161
Zadock, d. Sept. 22, 1837, ae 76	2	128
Zadock, his w. [ ], d. Mar. 3, 1846, ae 79	2	115
Zadock, his wid., d. Mar. 3, 1846, ae 79	4	3
Ziba, [child of Zadock & Mary], b. Nov. 20, 1788	2	56
-----, wid., her child d. Oct. 29, 1813	2	160
FAIRMAN, [see also **FARNUM**], Amos B., m. Sally Betsey **CLARK**, Dec. 29, 1794	2	54
Anne, [d. Amos B. & Sally Betsey], b. Feb. 15, 1804	2	54
Bethiah, wid., d. Dec. 19, 1820	2	153
Betsey, w. Ja[me]s B., b. Nov. 10, 1779	2	66
Charles, [s. James B. & Betsey], b. Nov. 8, 1809	2	66
Charles, m. Eliza J. **MOREHOUSE**, b. of Newtown, June 18, 1832, by Henry Dutton, J. P.	3	55
Charles, his s. [ ], d. Feb. 15, 1837, ae 2	2	127
Charles, his d. [ ], d. Feb. 20, 1837, ae 2	2	127
Chloe, [d. James Beach & Polly], b. Feb. 21, 1801	2	66
Chloe, m. William **BLAKESLEE**, b. of Newtown, July 3, 1822, by Samuell C. Blackman, J. P.	3	1
Dorcas, d. [Richard & Jane], b. Apr. 8, 1761	1	26
Elizur, [s. Amos B. & Sally Betsey], b. Nov. 25, 1797	2	54
Henry, m. Ruth **JUDSON**, Nov. 9, 1769	1	67
Henry, m. Bethiah **BENNETT**, Oct. 1, 1771	1	67
Henry, d. Nov. 30, 1811	2	162
Ichabod, s. [Richard & Jane], b. June 30, 1746, in Bedford, in New York Gov.	1	26
James, s. [Richard & Jane], b. Nov. 19, 1752; d. Oct. 22, 1753	1	26
James, [s. James B. & Betsey], b. July 16, 1817	2	66
James B., his w. [ ], d. Oct. 29, 1804	2	169
James B., m. Betsey **PECK**, Nov. 16, 1806	2	66
James B., his w. [ ], d. May 12, 1845, ae 65	4	2
James B., his w. [ ], d. May 11, 1846, ae 65	2	117
James B., d. Apr. 8, 1850, ae 78	4	10
James Beach, b. Mar. 21, 1773; m. Polly **PECK**, Mar. 2, 1800	2	66
Jane, d. [Richard & Jane], b. Dec. 2, 1756	1	26

	Vol.	Page
FAIRMAN, [see also **FARNUM**] (cont.),		
Jane, w. Richard, d. May 16, 1775	1	88
Judson, s. [Henry & Ruth], b. Aug. 9, 1770	1	67
LeGrand, [s. Amos B. & Sally Betsey], b. Jan. 3, 1800	2	54
Maria, [d. James B. & Betsey], b. Jan. 28, 1812	2	66
Maria, d. Feb. 22, 1859, ae 47	4	23
Patience, d. [Richard & Jane], b. Feb. 22, 1748, in Bedford, in New York Gov.	1	26
Patience, m. John **JUDSON**, Apr. 30, 1767	1	84
Peter, d. Feb. 17, 1811	2	162
Peter, d. Jan. 5, 1835, ae 78	2	131
Polly, w. [James B.], d. Oct. 29, 1804	2	66
Polly, [d. James B. & Betsey], b. July 30, 1808	2	66
Pulchar*, d. [Richard & Jane], b. Nov. 19, 1754 *(Pulchrea)	1	26
Pulcheria, m. Gideon **BOTSFORD**, Jr., Oct. 31, 1771	1	36
Richard, m. Jane **BOTSFORD**, June 20, 1745	1	26
Richard & w. Jane, had s. [ ], b. Dec. 18, 1747, in Bedford, in New York Gov.	1	26
Richard, s. [Richard & Jane], b. June 23, 1751	1	26
Richard, Jr., m. Ann **BOTSFORD**, Oct. 31, 1771	1	38
Ruth, [w. Henry], d. Aug. 11, 1770	1	67
Ruth, d. [Henry & Bethiah], b. July 30, 1772	1	67
Ruth, m. John **LOTT**, Jan. 1, 1794	2	10
Sally, [d. Amos B. & Sally Betsey], b. Jan. 10, 1802	2	54
William, [s. James B. & Betsey], b. Oct. 17, 1814	2	66
Zerah, [child of James Beach & Polly], b. June 10, 1803	2	66
Zerah, [child James B.], d. Feb. 7, 1817	2	66
Zerah, d. Feb. 7, 1817	2	156
Zerah, [child of James B. & Betsey], b. Mar. 12, 1821	2	66
FARNUM, [see also **FAIRMAN**], Gilead, d. Oct. 30, 1867, ae 83	4	39
Gilead L., of Newtown, m. Sally **PAYNE**, of Monroe, Apr. 16, 1837, by Jacob Beers, J. P.	3	83
Minerva, m. Charles **GLOVER**, b. of Newtown, June 29, 1823, by Rev. Stephen Beach	3	7
Polly Ann, of Newtown, m. Julius **ROBERTS**, of Monroe, Mar. 11, 1832, by Rev. Nathan D. Benedict	3	54
FARRELL, Andrew, his wid., d. Oct. 11, 1848, ae 69	4	8
James, d. Apr. 24, 1860, ae 9 m.	4	26
John, d. July 16, 1860, ae 54	4	26
Lawrence, his s. [ ], d. Feb. 7, 1847, ae 4	4	6
Mary, wid., d. Mar. 29, 1850, ae 65	4	10
Sarah L., of New Haven, m. Royal O. **GURLEY***, of Mansfield, Nov. 15, 1835, by Samuel B. Peck, J. P. *(**O'GURLEY**?)	3	74
Tho[ma]s, his twin s. & d. [ ], d. Mar. 2, 1864, ae 7 h.	4	33
W[illia]m, his s. [ ], d. Aug. 14, 1851, ae 3	4	12
FAULKNER, Otis F., d. Jan. 4, 1864, ae 60	4	33
FAYERWEATHER, FAIRWEATHER, Hannah, wid., d. Mar. 18,		

	Vol.	Page
FAYERWEATHER, FAIRWEATHER (cont.),		
1849, ae 84	4	8
Sally, d. Mar. 17, 1843, ae 48	2	119
William, d. Jan. 28, 1847, ae 22	2	113-4
William, d. Jan. 28, 1847, ae 22	4	5
William C., of Bridgeport, m. Polly **BOTSFORD**, of Newtown, June 30, 1844, by J. H. Ingalls	3	123
FENNELL, FINNELL, Edward, d. Aug. 18, 1869, ae 55	4	42
Patrick, d. May 24, 1863, ae 20	4	31
Roger, d. Feb. 20, 1863, ae 40	4	31
FERRELL, Esther, wid., d. Jan. 10, 1835, ae 54	2	131
FERRIS, FERRISS, FFERRIS, Abel, d. May 21, 1824	2	149
Abiah, d. [Abraham & Betty], b. Jan. 16, 1753	1	42
Abiah, wid., d. Sept. 10, 1842, ae 98	2	120
Abraham, m. Betty **BOOTH**, July 22, 1747, by Jedediah Mills	1	42
Abraham, m. Sarah **SHERMAN**, July 14, 1761, by Robert Rooss	1	42
Betty, [w. Abraham], d. Aug. 29, 1759	1	42
Charlotte, wid., d. Apr. 12, 1870, ae 74	4	44
Daniel, his w. [ ], d. Feb. 26, 1821	2	152
Daniel, m. Polly **DUNCOMB**, Sept. 12, 1821, by Rev. Daniel Burhans	2	42
Daniel, his w. [ ], d. May 13, 1827, ae 36	2	144
Daniel, d. Jan. 13, 1848, ae 75	4	7
Daniel, his w., [ ], d. Mar. 24, 1853, ae 76	4	15
Daniel E., d. May 8, 1859, ae 24	4	24
Frederick, s. Booth, d. Aug. 23, 1816	2	157
George, of Monroe, m. Eliza **SHEPARD**, of Newtown, Jan. 3, 1836, by Rodney Rossiter	3	76
Gideon B., his s. [ ], d. Apr. 5, 1832, ae 3	2	137
Gideon B., d. Sept. 7, 1849, ae 57	4	9
Harriet, of Newtown, m. Starr **SKIDMORE**, of Brookfield, Nov. 29, 1837, at the house of Baldwin Ferris, by Rev. S. C. Stratton	3	88
Hulda, wid., d. Nov. 13, 1833, ae 83	2	136
Jerusha, m. Rufus **SKIDMERE**, May 6, 1821, by D. Burchans	2	15
John, s. Sam[ue]ll & Matha, b. Aug. 25, 1711	LR2	354
John, d. Jan. 7, 1825, ae 55	2	147
Jonathan J., d. Sept. 20, 1850, ae 73	4	11
Joseph, s. [Peter & Ruth], b. Aug. 2, 1746	1	80
Joseph, his w. [ ], d. Dec. 27, 1820	2	153
Joseph, m. Maria **PRINDLE**, Dec. 24, 1822, by Rev. Daniel Burchans	3	4
Joseph, his s. [ ], d. Mar. 4, 1833, ae 5	2	135
Joseph, d. Dec. 4, 1833, ae 87	2	136
Joseph G., m. Mary **BRISCO**, b. of Newtown, Nov. 26, 1834, by Rev. N. M. Urmston	3	70
Joseph G., his w. [ ], d. July 8, 1836, ae 24	2	130
Joseph G., d. June 10, 1849, ae 33	4	9
Lucy, d. [Samuel, Jr. & Phebe], b. Aug. 23, 1761	1	10

	Vol.	Page
FERRIS, FERRISS, FFERRIS (cont.),		
Mabel, d. [Abraham & Betty], b. Mar. 10, 1748	1	42
Mabel, m. George **BIRCH**, June 3, 1767	1	9
Ma[r]tha, d. [Peter & Ruth], b. Nov. 20, 1743	1	80
Mary, d. [Zachariah & Huldah], b. Oct. 27, 1768	1	32
Nannee, d. [Zachariah & Huldah], b. Nov. 10, 1770	1	32
Nathan, s. [Abraham & Betty], b. Aug. 14, 1749	1	42
Peter, s. Sam[ue]ll & Matha, b. Feb. 18, 1713/14, in Newtown	LR2	354
Peter, m. Ruth **NORTHRUP**, Nov. last day, 1737	1	80
Phebe, m. Benjamin **CURTIS**, May 6, 1801	2	27
Polly Ann, m. Walter **LAKE**, Jan. 22, 1832, by Rev. Samuel C. Stratton	3	52
Rhoda, d. [Abraham & Betty], b. Feb. 12, 1751	1	42
Ruth, wid., d. May 29, 1804	2	169
Ruth, d. Aug. 23, 1850, ae 74	4	11
Sally, her d. [ ], d. May 6, 1807	2	166
Sally, m. Oliver P. **McRAY**, b. of Newtown, Apr. 1, 1830, by Rev. William Mitchell	3	41
Samuel, s. [Peter & Ruth], b. May 10, 1740	1	80
Samuel, Jr., m. Phebe **BEERS**, Apr. 9, 1763, by John Beach	1	10
Samuel, Jr., d. Jan. 12, 1776	1	10
Samuel, m. Polly **PRINDLE**, b. of Newtown, Nov. 2, 1823, by Smith Booth, J. P.	3	11
Sarah, d. Jan. 14, 1805	2	168
Sarah, d. Mar. 26, 1835, ae 79	2	131
Thomas, d. May 6, 1807	2	166
Zachariah, m. Hulda **ADAMS**, Apr. 5, 1768	1	32
Zacheriah, d. July 25, 1830, ae 80	2	141
FERRY, Joshua, d. May 30, 1818	2	155
Susan C., d. Jan. 5, 1857, ae 9	4	20
FIELFORD*, John A., m. Eliza **BRADLEY**, Oct. 26, 1845, by Alexander Hall, J. P. ***(PULFORD**?)	3	127d
FINCH, David, d. Jan. 1, 1845, ae 56	4	2
David, his s. [ ], d. Jan. 1, 1845, ae 2	4	2
David, his s. [ ], d. Jan. 7, 1846, ae 2	2	117
David, d. Jan.14, 1846	2	117
Mary, of Newtown, m. Gage D. **EDWARDS**, of Stratford, May 26, 1822, by Samuel C. Blackman, J. P.	3	1
FINEGAN, Patrick, d. Dec. 18, 1869, ae 32	4	43
FINNELL, [see under **FENNELL**]		
FIRKINS, [see also **PERKINS**], Jacob, d. Aug. 5, 1841	2	122
FITZGIBBONS, John, d. Feb. 3, 1869, ae 35	4	41
FITZSIMMONS, Patrick, d. Sept. 13, 1846, ae 60	2	116
Patrick, d. Sept. 13, 1846, ae 70	4	3
FOOTE, FOOT, FOOTT, Abba, [d. James & Adah], b. Mar. 7, 1798	2	45
Abiah, [d. Joseph & Hepzabah], b. Feb. 13, 1772	1	47
Abigail, [d. Daniel & Dority], b. Oct. 16, 1714	1	69
Abagel, d. [Daniel & Sary], b. Oct. 6, 1745	1	73
Abijah, d. May 29, 1810	2	163

	Vol.	Page
FOOTE, FOOT, FOOTT (cont.),		
Adah, wid., d. Aug. 9, 1834, ae 79	2	134
Almira, d. [Joseph & Hepzabah], b. Sept. 19, 1791	1	47
Almira, of Newtown, m. Selleck **BOOTH**, of Monroe, Sept. 3, 1834, by Rev. N. M. Urmston	3	69
Amos, of Salina, N. Y., m. Abi **TERRELL**, Oct. 2, 1825, by Rev. Daniel Burhans	3	20
Amos, his w. [　　　　　], d.Aug. 12, 1847, ae 69	2	113-4
Amos, his w. [　　　　　], d. Aug. 12, 1847, ae 69	4	6
Andrew, d. Jan. 25, 1855, ae 42	4	17
Anna, [d. John & Annie], b. Mar. 16, 1735	LR2	347
Anna, d. [Edward & Anner], b. Dec. 3, 1775	1	39
Anna, [d. James & Adah], b. Aug. 31, 1791	2	45
Anna, d. Nov. 9, 1859, ae 85	4	24
Anna, wid., d. Apr. 12, 1862, ae 74	4	29
Anne, d. [John & Amie], b. Mar. 16, 1735	LR2	346
Anne, d. [Joseph & Hepzabah], b. July 20, 1783	1	47
Arnold, his s. [　　　　　], d. Nov. 25, 1807	2	166
Arsinoe, [child of James & Adah], b. Jan. 7, 1796	2	45
Aurelia, [d. James & Adah], b. July 7, 1793	2	45
Austin, s. [Edward & Anner], b. Mar. 14, 1773; d. Sept. 12, 1773	1	39
Austin, s. [Edward & Anner], b. June 1, 1781	1	39
Beeman, m. Naoma **HAWLEY**, b. of Newtown, Oct. 15, 1831, by Rev. John Lovejoy	3	51
Betty, m. Andrew **STILSON**, Apr. 28, 1768	1	35
Catherine, d. [Edward & Anner], b. July 18, 1779	1	39
Catherine, d. [Edward & Anner], d. Oct. 31, 1793	1	39
Catharine, wid., d. Apr. 12, 1819	2	154
Catharine, m. Beach **CAMP**, Oct. 26, 1830, by Rev. Daniel Burhans	3	44
Catharine Hawley, b. Jan. 31, 1811	2	82
Catherine Maria, d. [Edward & Anner], b. Aug. 17, 1794	1	39
Charity, [d. Joseph & Hepzabah], b. Mar. 13, 1774	1	47
Charity, m. Elias **BRISTOL**, [　　　　　]	2	90
Charlotte, d. [Edward & Anner], b. May 13, 1797	1	39
Clarrina, d. [Peter & Sarah], b. Apr. 14, 1760	1	18
Daniel, s. [Daniel & Dority], b. May 5, 1716	1	69
Daniel, d. Jan. 16, 1819	2	154
David, s. [Daniel & Dority], b. July 7, 1707	1	69
David, s. [Joseph & Hepzabah], b. May 17, 1776	1	47
David, d. May 20, 1834, ae 59	2	133
David Stilson, [s. James & Adah], b. Mar. 20, 1783	2	45
Deborah, d. [Daniel, of Taunton], b. Mar. 22, 1764	1	33
Dority, w. Dan[ie]ll, d. Jan. 28, 1721/2	1	69
Dority, [d. Daniell & Abigaill], b. Mar. 31, 1729	1	69
Dorothy, [d. Daniel & Sary], b. Jan. 4, 1756	1	73
Ebenezer, [s. Daniel & Dority], b. Sept. 22, 1720	1	69
Edward, m. Anner **PRINDLE**, Oct. 23, 1769	1	39
Edward, his w. [　　　　　], d. Dec. 13, 1826, ae 75	2	146
Edward, d. Oct. 14, 1835, ae 88	2	132

	Vol.	Page
FOOTE, FOOT, FOOTT (cont.),		
Edward Allen, s. [Edward & Anner], b. May 12, 1783	1	39
Eliza, of Newtown, m. Homer **BARNUM**, of New Fairfield, Sept. 8, 1830, by Lamson Birch, J. P.	3	43
Elizabeth, d. [John & Sarah], b. May 14, 1717	LR2	351
Elizabeth, [d. Daniel & Dority], b. about middle of Aug. 1719	1	69
Experience, d. Feb. 4, 1810	2	163
Frederick William, b. Oct. 23, 1816	2	82
George, [s. Daniel & Abigaill], b. Mar. 26, 1725	1	69
George, [s. Daniel & Sary], b. Nov. 18, 1754	1	73
George, d. Jan. 30, 1815	2	158
George, of Hobart, N. Y., m. Emma **GLOVER**, of Newtown, June 12, 1836, by Rev. S. C. Stratton	3	79
George Lewis, b. Mar. 3, 1812	2	82
Hannah, d. [Joseph & Hepzabah], b. Aug. 19, 1778	1	47
Hannah, [d.] Aug. 15, 1800, in the 26th y. of her age	2	45
Hannah Hard, [d. James & Adah], b. Oct. 31, 1774	2	45
Harriet, b. Apr. 13, 1819	2	82
Heber, [s. James & Adah], b. Dec. 5, 1787	2	45
Henry, d. Dec. 24, 1859, ae 37	4	25
Henry Hawley, b. Jan 6, 1823	2	82
Hulda, d. [Edward & Anner], b. July 12, 1774	1	39
Isaac, s. [Joseph & Hepzabah], b. Oct. 5, 1785	1	47
Isaac, his d. [ ], d. July 19, 1822	2	151
Isaac, d. Mar. 16, 1856, ae 70	4	19
James, s. [Daniel & Sary], b. June 20, 1747	1	73
James, m. Adah **STILSON**, Apr. 25, 1774	2	45
James, [s. James & Adah], b. June 29, 1801	2	45
James, Jr., of Newtown, m. Pamela **ROBERTS**, of Monroe, July 16, 1826, by Rev. W[illia]m Mitchell	3	21
James, d. Feb. 26, 1831, ae 79	2	139
Jane Elizabeth, b. July 23, 1825	2	82
Jane Elizabeth, of New Town, m. Walter Benoni **WELTON**, of Bridgewater, New Milford, Oct. 18, 1848, at the house of Polly Foote, by Rev. George L. Foote	3B	26
Jehiel, s. [Daniel, of Taunton], b. Apr. 23, 1762	1	33
Jehiel, d. June 24, 1798	2	173
Jehiel, d. June 24, 1798	LR19	Index
Jemima, d. [Daniel & Dority], b. Mar. 13, 1718	1	69
Jerusha, of Hobart, N. Y., m. Amos N. **SANFORD**, of Newtown, May 8, 1836, by Rev. S. C. Stratton	3	77
Joel, [ ]	1	72
John, s. [Daniel & Dority], b. July 2, 1711	1	69
John, m. Sarah **PRINDLE**, July 19, 1715, by Joseph Curtis	LR2	351
John, s. [John & Sarah], b. Nov. 29, 1721	LR2	351
Joseph, m. Hepzabah **SHERMAN**, Aug. 31, 1771	1	47
Joseph, his d. [ ], d. July 6, [1800]	LR20	0
Joseph, d. Dec. 31, 1800	2	172
Joseph, m. Elizabeth **MILLON**, of Richmond, Va., Nov. 5, 1848,		

	Vol.	Page
FOOTE, FOOT, FOOTT (cont.),		
by Rev. J. Atwater	3B	26
Josiah, d. May 10, [1800]	LR20	0
Julia, d. [Joseph & Hepzabah], b. Mar. 8, 1796	1	47
Julia Ann, of Newtown, m. Joseph **POLLY**, of Danbury, May 14, 1834, by Rev. N. M. Urmston	3	67
Julia Maria, b. Nov. 8, 1809	2	82
Lampson, [s. James & Adah], b. Oct. 13, 1779	2	45
Lucina, d. [Edward & Anner], b. Sept. 22, 1777	1	39
Lucy, d. [Joseph & Hepzabah], b. Mar. 15, 1788	1	47
Maria, of Newtown, m. Moses **BANKS**, of Bridgeport, Mar. 15, 1834, by Rev. S. C. Stratton	3	72
Martha, m. John **FAIRCHILD**, Dec. 30, 1767	1	68
Mary, d. John & Amie, b. Oct. 17, 1732	LR2	346
Mary, d. John & Annie, b. Oct. 17, 1732	LR2	347
Mary, m. Dr. Lemuel **THOMAS**, Sept. 15, 1756, by Rev. David Judson	1	28
Mary, m. Nathaniel **PECK**, Jr., Oct. 16, 1760	1	32
Mary, d. [Daniel, of Taunton], b. Mar. 11, 1766	1	33
Mary, b. Dec. 21, 1817	2	82
Mehetable, d. [Daniel, of Taunton], b. Jan. 20, 1749; d. Jan. 31, [ ]	1	33
Mehetable, [d. Daniel & Sary], b. Nov. 30, 1752	1	73
Mehetable, d. Feb. 25, 1813	2	160
Milton, [s. James & Adah], b. Sept. 15, 1789	2	45
Naoma, Mrs., d. Oct. 15, 1862, ae 63	4	30
Nathan, s. [John & Sarah], b. Oct. 24, 1719	LR2	351
Nison, s. [Edward & Anner], b. May 9, 1790	1	39
Olive, d. [Edward & Anner], b. Nov. 26, 1770	1	39
Parriflas, d. [Peter & Sarah], b. Apr. 7, 1762	1	18
Peter, m. Sarah **HEARD***, July 6, 1759, by Rev. David Judson *(HARD)	1	18
Peter, d. Apr. 9, 1811	2	162
Peter, his wid. [ ], d. Nov. 4, 1815	2	158
Phebe, m. Samuel **BEEBE**, Oct. 17, 1827, by Rev. Bennet Glover	3	30
Phedime, d. [Daniel, of Taunton], b. Jan. 7, 1760	1	33
Philo, his d. [ ], d. Nov. 6, 1801	2	171
Philo, his w. [ ], d. June 15, 1805	2	168
Philo, d. Aug. 3, 1834, ae 69	2	134
Polly, d. [Joseph & Hepzabah], b. May 19, 1781	1	47
Polly, Mrs., d. Dec. 6, 1861, ae 76	4	28
Polly Ann, of Newtown, m. Garry **MINOR**, of Woodbury, Dec. 14, 1823, by Smith Booth, J. P.	3	11
Prosper A., his d. [ ], d. Feb. 17, 1823	2	150
Prosper Alonzo, s. [Edward & Anner], b. July 16, 1792	1	39
Rhesa, [d. James & Adah], b. Apr. 4, 1776	2	45
Rhesa, [d. James & Adah], d. Sept. 5, 1777, in the 2nd y. of her age	2	45
Rhesa, [d. James & Adah], b. July 5, 1781	2	45

	Vol.	Page
FOOTE, FOOT, FOOTT (cont.),		
Rhesa, her child d. May 12, 1814	2	159
Rhesa, her d. [　　　　　　], d. Jan. 14, 1816	2	157
Rhesa, wid., d. Dec. 3, 1827, ae 46	2	144
Robert, b. Apr. 6, 1821	2	82
Robert, d. Apr. 5, 1830, ae 10	2	141
Robert Parkes, s. Arnold & Anna, b. July 21, 1803	2	8
Ruth, [d. James & Adah], b. Dec. 11, 1777	2	45
Samuel, s. [Daniel & Sary], b. Jan. 24, 1750	1	73
Sarah, d. [Daniel & Dority], b. June 16, 1713	1	69
Sarah, d. [John & Sarah], b. Oct. 30, 1715	LR2	351
Sarah, d. Dan[ie]ll & Abigaill, b. Sept. 8, 1723	1	69
Sarah, m. James **FAIRCHILD**, Feb. 26, 1745	1	69
Sarah, d. [Daniel, of Taunton], b. Sept. 27, 1770	1	33
Susan, m. Marcus **FAIRCHILD**, b. of Newtown, Dec. 18, 1834, by Samuel C. Blackman, J. P.	3	71
Sylvanney, d. [Peter & Sarah], b. Apr. 3, 1764	1	18
Tabitha, [d. Daniel & Dority], b. Jan. 1, 1721/2	1	69
Vine, [s. James & Adah], b. Oct. 10, 1785	2	45
William, [s. Daniel & Sary], b. Jan. 5, 1758	1	73
Winthrop, s. [Edward & Anner], b. Nov. 30, 1787	1	39
Ziba, s. [Edward & Anner], b. July 20, 1785	1	39
Ziba, s. [Edward & Anner], d. Apr. 30, 1806	1	39
FORD, FORDE, Ann, d. [Ebenezer], b. July 13, 1757	1	63
Ebenezer, d. Oct. 25, 1773	1	88
Hannah, d. [Ebenezer], b. Feb. 22, 1755	1	63
Hannah, b. Feb. 22, 1755	1	85
Hannah, m. Matthew **CURTISS**, Jr., Mar. 25, 1773, by David Judson	1	85
Mary, d. Thomas, b. July 26, 1746	1	71
Molley, d. [Ebenezer], b. Apr. 10, 1756	1	63
Molly, m. Thomas **BENNITT**, Sept. 28, 1772	1	42
Molly, m. Thomas **BENNITT**, [　　　　], 1772	2	41
Sarah, m. Ephraim **PECK**, b. of Milford, Nov. 7, 1716, by Joseph Treat, J. P.	LR2	351
Sarah, wid., d. Dec. 14, 1803	2	170
FORDICE, Esther, d. July 4, 1739	1	76
FORESTER, Alexander, colored, d. Feb. 18, 1811	2	162
FOX, Henry, his d. [　　　　　　], d. Aug. 14, 1848, ae 1	4	8
Henry, d. Aug. 27, 1862, ae 45	4	30
FRANKLIN, James, his s. (colored), d. Aug. 23, 1849, ae 1	4	9
FREDONIA, Belinda, d. Oct. 3, 1823	2	150
FREEMAN, FREMAN, Diantha, colored, d. Jan. 7, 1847, ae 32	2	113-4
Diantha, d. Jan. 7, 1847, ae 32	4	5
Dinah, wid. d. Apr. 10, 1861, ae 76	4	28
Dorcas, colored, d. Oct. 6, 1835, ae 77	2	132
Henry, colored, d. Jan. 23, 1850, ae 65	4	10
Ira, colored, d. July 21, 1835, ae [　]	2	132
Jason W., m. Julia Maria **NICHOLS** (colored), Mar. 20, 1849, by		

	Vol.	Page
FREEMAN, FREMAN (cont.),		
Rev. Horace Hills, Jr.	3B	27
Minerva, of Newtown, m. Horace **CABLES**, of Blandford, Mass., June 4, 1829, by Rev. W[illia]m Mitchell	3	38
Philo, colored, d. Sept. 5, 1824	2	149
Ransler, m. Jane **PARR**, May 24, 1825, by Adoniram Fairchild, J. P.	3	18
Roderick, his w. [ ], d. Jan. 7, 1857, ae 56	4	20
Roderick, colored, d. Sept. 13, 1868, ae 67	4	40
Sukey, d. Feb. 13, 1837, ae 50	2	127
Thomas, colored, d. June 15, 1798	LR19	Index
Thomas, colored, d. June 15, 1798	2	173
Timothy, colored, d. May 27, 1848, ae 65	4	7
FRENCH, Abel, of Weston, m. Laura **WAKELEE**, of Newtown, Sept. 6, 1835, by Rev. S. C. Stratton	3	73-4
Abel, d. Nov. 18, 1835, ae 24	2	132
Charles A., d. Jan. 12, 1862, ae 1	4	29
Clarissa, d. Feb. 28, 1832, ae 16	2	137
David, his child d. Sept. 10, 1820	2	153
Dinah, colored, d. Nov. 29, 1825	2	148
Gamaliel, d. Apr. 18, 1811	2	162
George, m. Fanny E. **PARMELEE**, d. Levi, Dec. 21, 1851, by Rev. J. Atwater	3B	42
John, his s. [ ], d. Oct. 10, 1806	2	167
John, d. Aug. 21, 1842, ae 77	2	120
Lucy, wid., d. [Jan. , 1827], ae 90	2	144
Nancy, Mrs., d. Dec. 27, 1850, ae 91	4	11
Nichols, m. Nancy **JORDAN**, Jan. 5, 1847, by Rev. George E. Fuller	3	135
Perkins, of Weston, m. Abby **STILSON**, of Newtown, Dec. 13, 1843, by Rev. W[illia]m Denison	3	120
Sally, of Newtown, m. Harry **WAKELEE**, of Weston, Feb. 16, 1834, by Jacob Beers, J. P.	3	66
Sally, wid., d. Apr. 26, 1847, ae 76	2	113-4
Sally, wid., d. Apr. 26, 1847, ae 76	4	6
Wheeler, m.Euphemia **JUDD**, b. of Newtown, July 3, 1844, by Rev. William Denison	3	124
FRISTLER, Christian, his s. [ ], d. May 13, 1861, ae 1 y. 5 m.	4	28
FROST, Alonzo C., of New Milford, m. Sally **BRISCO**, of Newtown, June 1, 1828, by Rev. Daniel Burhans	3	33
Amelia, Mrs., d. July 11, 1861, ae 21	4	28
Sidney B., his d. [ ], d. July 13, 1861, ae 6 w.	4	28
FULLER, Rhoda, m. Samuel **CURTIS**, Aug. 25, 1851, by Rev. J. Atwater	3B	41
GALES, John, m. Sally **FAIRCHILD**, May 16, 1824, by Adoniram Fairchild, J. P.	3	12
GALLAGHER, Barney, d. June 11, 1864, ae 26	4	33
John, d. Mar. 19, 1864, ae 32	4	33

	Vol.	Page
GALLAGHER (cont.),		
John, d. Mar. 23, 1867, ae 65	4	38
GALLIGAN, John H., d. Jan. 24, 1866, ae 1 y. 5 m.	4	36
GALLOWAY, Nancy, Mrs., d. June 27, 1851, ae 91	4	12
GARRIGAN, Tho[ma]s, d. Apr. 21, 1868, ae 5 y. 6 m.	4	40
GATES, John, d. Jan. 28, 1851, ae 45	4	12
GAUL, Moses, of Danbury, m. Minerva **MOWHEE** (colored), Oct. 23, 1823, by Rev. Daniel Burhans	3	9
GAYLORD, Johannah, of New Milford, m. Ephraim **HUBBELL**, of Newtown, Dec. 25, 1735, by Rev. Daniel Bowman, in Milford	1	80
GERALD, Ephraim Bennett, s. [Jabez & Damaris], b. Jan. 4, 1788	1	82
George, s. [Jabez & Damaris], b. Nov. 25, 1789	1	82
Jabez, m. Damaris **BENNETT**, Mar. 28, 1781	1	82
James, s. [Jabez & Damaris], b. May 5, 1784	1	82
Jerush[a], d. [Jabez & Damaris], b. Mar. 16, 1783	1	82
Susanah, d. [Jabez & Damaris], b. Jan. 7, 1786	1	82
Zebe, s. [Jabez & Damaris], b. Jan. 11, 1792	1	82
GERMAN, GERMAND, Alonzo, of Amenia, N. Y., m. Cynthia **SHERMAN**, of Newtown, Dec. 2, 1827, by Rev. Nathan D. Benedict	3	31
Alonzo, d. Nov. 17, 1834, ae 30	2	134
GIBBS, Mary, Mrs., d. Jan. 20, 1857, ae 71	4	20
GIBSON, Henry, colored, d. Aug. 8, 1833, ae 12	2	135
William, colored, d. Jan. 31, 1847, [ae]	2	113-4
William, d. Jan. 31, 1847, ae 27	4	5
GIFFORD, Bethiah, d. [James & Susanna], b. Jan. 26, 1743/4	1	71
Margaret, d. James & Susanna, b. Jan. 16, 1741/2	1	71
GILBERT, Abner, [s. Stephen & Mary], b. May 8, 1774	2	50
Alonzo, his child d. May 3, 1846, ae 2	2	117
David A., his s. [ ], d. July 20, 1825, ae 4	2	147
Deborah, d. Oct. 16, 1829, ae 58	2	142
Delia, d. Sept. 8, 1837, ae 25	2	128
Elisha, his d. [ ], d. Nov. 16, 1816	2	157
Elisha, his w. [ ], d. June 18, 1818	2	155
Elisha, his w. [ ], d. June 4, 1842, ae 63	2	120
Elisha, d. June 22, 1850, ae 74	4	11
Ephraim, his child d. Jan. 12, 1805	2	168
Ezra, [s. Stephen & Mary], b. Aug. 28, 1782	2	50
Ezra, Capt., d. Dec. 16, 1826, ae 44	2	146
George, of Newtown, m. Julia Ann **BENNET**, of Monroe, Jan. 8, 1834, by Rev. S. C. Stratton	3	65
George, his s. [ ], d. May 15, 1853, ae 10	4	15
Henry D., of Kent, m. Ann E. **GLOVER**, of Newtown, Feb. 23, 1848, by Rev. S. S. Stocking	3	144
Henry D., d. Jan. 6, 1860, ae 35	4	25
Horace, m. Amanda **MORGAN**, b. of Newtown, Sept. 19, 1832, by Rev. Samuel C. Stratton	3	57
Horace, his s. [ ], d. Dec. 7, 1846, ae 13	2	116

		Vol.	Page
GILBERT (cont.),			
Horace, his s. [ ], d. Dec. 7, 1846, ae 13		4	5
Horace, his d. [ ], d. May 26, 1849, ae 6 m.		4	9
Horace, his w. [ ], d. Sept. 4, 1851, ae 40		4	12
Jemima, [d. Stephen & Mary], b. Sept. 2, 1775		2	50
Jonathan, d. Oct. 23, 1811		2	162
Mary, of Newtown, m. Hiram **COLE**, of Danbury, [Mar.] 14, [1822], by Rev. Daniel Crocker		2	6
Mary, of Newtown, m. Edmund **STILSON**, of Danbury, Jan. 10, 1841, by Rev. Nathaniel Mead		3	103
Molly, wid., d. Dec. 18, 1840, ae 88		2	121
Olive, Mrs., m. Norman **TONGUE**, Feb. 16, 1851, by Rev. J. Atwater		3B	35
Philo, his child d. July 4, 1805		2	168
Philo, his w. [ ], d. May 13, 1837		2	127
Philo, m. Polly **SHARP**, b. of Newtown, July 9, 1837, by Sam[ue]ll B. Peck, J. P.		3	85
Polly, d. July 22, 1840, ae 17		2	121
Polly, Mrs., d. Nov. 22, 1862, ae 81		4	30
Samuel, d. Oct. 14, 1835, ae 72		2	132
Stephen, b. Nov. 11, 1749; m. Mary **HOLMES**, Apr. 15, 1773		2	50
Stephen L., d. Apr. 18, 1833, ae 35		2	135
Wanger*, his s. [ ], d. May 4, 1845, ae 4 *(Wanser?)		4	2
Wanger*, his s. [ ], d. Apr. 16, 1851, ae 5 *(Wanser?)		4	12
Wanser S., d. Apr. 22, 1857, ae 51		4	21
Zaida, [d. Stephen & Mary], b. Mar. 4, 1788		2	50
GILLETT, GILLET, GELET, Abel F., his w. [ ], d. Feb. 13, 1843, ae 37		2	119
Abel F., of Newtown, m. Mary H. **PERKINS**, of Bethlem, Apr. 2, 1843, by Rev. Stephen J. Stebbins		3	116
Abel Ferris, of Newtown, m. Lucy **PLATT**, of Newtown, Sept. 16, 1830, by Horace Bartlett		3	43
David, d. Feb. 26, 1863, ae 22		4	31
Eunice, wid., d. Sept. 3, 1807		2	166
Hope, d. John & Sarah, b. Mar. 30, 1717		LR2	348
Jerusha, of Newtown, m. Dennis **TUTTLE**, of North Haven, Dec. 23, 1823, by John Sherman		3	10
John, m. Mrs. Lorana **HALEY**, b. of Newtown, Apr. 2, 1837, by Rev. N. M. Urmston		3	82
Mary, m. Zadock **FAIRCHILD**, Sept. 1, 1782		2	56
Sam[ue]ll, his w. [ ], d. Sept. 21, 1823		2	150
Samuel, of Ohio, d. Sept. 24, 1823		2	150
Samuel, of Danbury, m. Eliza Ann **BURRITT**, of Newtown, July 16, 1843, by Rev. Alex Leadbetter. Int. Pub.		3	118
GLEASON, John, his s. [ ], d. Oct. 14, 1865, ae 2 w.		4	36
GLOVER, Abiel B., d. Oct. 13, 1825, ae 28		2	148
Abiel Booth, m. Maria **NICHOLS**, May 2, 1822, by Rev. D. Bur-			

	Vol.	Page
GLOVER (cont.),		
hans	2	77
Alathea, [d. Benjamin & Mary], b. Oct. 5, 1747	1	74
Amilia, d. [Benjamin & Mary], b. Aug. 28, 1753	1	74
Anadine, d. Henry & Prudence, b. May 29, 1746	1	80
Annadine, [d. Capt. Henry], d. Nov. 18, 1753	1	24
Annadine, 2nd, d. [Henry & Prudence], b. Nov. 7, 1754	1	80
Annadine, d. [Solomon & Mary], b. Apr. 8, 1779	1	85
Ann, Mrs., d. Mar. 27, 1808	2	165
Ann, wid., d. Feb. 3, 1814	2	159
Ann E., of Newtown, m. Henry D. **GILBERT**, of Kent, Feb. 23, 1848, by Rev. S. S. Stocking	3	144
An[n]er, d. Dec. [26], 1814	2	159
Anne, d. [Henry & Ann], b. Oct. 27, 1765	1	1
Annis, m. Richard **BENNETT**, Dec. 27, 1784	1	50
Arnold, Mrs., d. Aug. 26, 1811	2	162
Arnold, his w. [ ], d. Aug. 20, 1821	2	152
Aurelia, m. Zachariah **CLARK**, b. of Newtown, Jan. 15, 1845, by Rev. S. S. Stocking	3	125
Beers, d. Dec. 29, 1809	2	164
Benjamin, d. John & Bethiah, b. May 26, 1708, in Stratford	LR2	83
Benj[ami]n, m. Mary **BURWELL**, Oct. 10, 1733, by Rev. John Beach	1	74
Benjamin, s. [Benjamin & Mary], b. May 5, 1756	1	74
Benjamin C., his w. [ ], d. Oct. 2, 1832, ae 59	2	138
Benjamin C., m. Aurilla **WHITNEY**, b. of Newtown, June 11, 1837, by Rev. S. C. Stratton	3	84
Benjamin C., d. June 27, 1841, ae 70	2	122
Benjamin N., d. June 2, 1860, ae 48	4	26
Bethiah, d. John & Bethiah, b. Dec. 6, 1710	LR2	83
Bethiah, d. [John & Elizabeth], b. Feb. 20, 1730/1	LR2	355
Bethiah, [d. Benjamin & Mary], b. Mar. 4, 1742/3	1	74
Bethiah, m. John **CAMP**, Feb. 7, 1751	1	19
Betsey A., m. Abel B. **PRINDLE**, Dec. 31, 1843, by Rev. J. H. Ingalls	3	120
Birdsey, d. Sept. 8, 1825, ae 68	2	148
Charles, m. Minerva **FARNUM**, b. of Newtown, June 29, 1823, by Rev. Stephen Beach	3	7
Charles, his child d. Sept. 4, 1846, ae [ ]	2	117
Charles, his d. [ ], d. Mar. 6, 1855, ae 3 m.	4	18
Charles B., his d. [ ], d. Sept. 3, 1845, ae 5	4	3
Charles B., his s. [ ], d. Oct. 23, 1848, ae 5 w.	4	8
Charles B., m. Catherine **FAIRCHILD**, b. of Newtown, Nov. 21, 1847, by Rev. S. S. Stocking	3	140
Charles B., his s. Frank, d. Aug. 8, 1860, ae 1 y. 2 m.	4	26
Charles B., his s. [ ], d. Aug. 14, 1861, ae 2 m.	4	28
Charles B., his w. [ ], d. Sept. 1, 1863, ae 37	4	32
Charlotte, d. Apr. 6, 1852, ae 26	4	13
Charlotte, wid., d. Apr. 4, 1868, ae 88	4	40

	Vol.	Page
GLOVER (cont.),		
Christopher, s. [Benjamin & Mary], b. Dec. 9, 1750	1	74
Daniel, s. John & Bethiah, b. Mar. 13, 1717	LR2	83
Daniel, made affidavit Feb. 28, 1791, before John Chandler, the births of his negros, Gene child of Nancy, b. Oct. 7, 1787; Peter, s. Nancy, b. Jan. 30, 1788; Rose, d. Nancy, b. Dec. 3, 1790	1	59
Daniel, s. Silas N., d. Aug. 21, 1838, ae 16	2	125
David J., d. May 28, 1842, ae 1	2	120
David J., his s. [ ], d. Oct. 7, 1846, ae 6 m.	2	116
David J., his s. [ ], d. Oct. 7, 1846, ae 6 m.	4	5
David J., his d. [ ], d. Oct. 16, 1846, ae 2	4	5
Edwin, s. John, d. Feb. 10, 1812	2	161
Elias, s. Henry & Prudence, b. Aug. 9, 1748	1	80
Elias, d. Aug. 30, 1832	2	138
Elizabeth, d. [John & Elizabeth], b. Jan. 8, 1728/9	LR2	355
Eloisa, m. Austin **HURD**, of Derby, Dec. 5, 1824, by Rev. Daniel Burhans	3	15
Emeline, m. Benjamin **HAWLEY**, Mar. 9, 1828, by Rev. Daniel Burchans	3	32
Emma, of Newtown, m. George **FOOT**, of Hobart, N. Y., June 12, 1836, by Rev. S. C. Stratton	3	79
Esther, d. [Henry & Prudence], b. May 23, 1740	1	80
Ester, [d. Capt. Henry], d. Apr. 8, 1759	1	24
Esther, d. [Henry, Jr. & Sarah], b. Aug. 18, 1760	1	1
Esther, w. John, d. Feb. 13, 1812	2	161
Esther, d. Jan. 4, 1860, ae 26	4	25
Eunice Maria, of Newtown, m. Charles **BLACKMAN**, of Monroe, Sept. 14, 1836, by Rev. Rodney Rossiter, of Monroe	3	80
Ezra, his w. [ ], d. Feb. 3, 1812	2	161
Ezra, d. Sept. 4, 1826, ae 54	2	146
Frank, s. Charles B., d. Aug. 8, 1860, ae 1 y. 2 m.	4	26
Gloriann, d. [Benjamin & Mary], b. Aug. 22, 1734	1	74
Granville, his w. [ ], d. Apr. 22, 1852, ae 50	4	13
Granville N., m. Mary **HAWLEY**, Jan. 16, 1821, by Rev. Daniel Berchans	2	10
Hannah, m. Henry **BOTSFORD**, May 18, 1794, by Rev. Philo Perry	1	46
Harry, d. Sept. 15, 1827, ae 31	2	144
Heman, s. [Solomon & Mary], b. June 26, 1796	1	85
Heman, s. Solomon, d. Aug. 17, 1816	2	157
Henry, s. John & Margary, b. Oct. [ ], 1703, in Stratford	LR2	83
Henry, s. [Henry & Prudence], b. Feb. 29, 1735/6	1	80
Henry, m. Prudence **SLODDER***, Apr. 10, 1735, by Anthony Slodder* ***(STODDARD)**	1	80
Henry, Jr., m. Sarah **BASSETT**, May 24, 1759, by Frances Newtown Miss.	1	1
Henry, m. 2nd w. Ann **SANFORD**, Nov. 14, 1762, by John Beach	1	1
Henry, s. [Henry & Ann], b. Apr. 17, 1779	1	1

	Vol.	Page
GLOVER (cont.),		
Henry, d. Feb. 12, 1784	1	80
Henry, d. Jan. 4, 1801	2	171
Henry, Capt., d. Apr. 3, 1841, ae 62	2	122
Henry B., his s. [ ], d. Sept. 9, 1851, ae 1	4	13
Henry B., his s. [ ], d. Dec. 25, 1857, ae 1 d.	4	21
Henry B., his d. [ ], d. May 15, 1859, ae 1 m.	4	24
Henry B., d. Mar. 28, 1870, ae 4 y. 5 m.	4	43
Henry Beers, m. Eliza M. **BLAKESLEY**, July 30, 1848, by Rev. J. Atwater	3B	23
Huldah, d. [Benjamin & Mary], b. Feb. 6, 1736/7	1	74
Huldah, d. [Solomon & Mary], b. July 24, 1781	1	85
Ira, s. Ezra, d. Dec. 23, 1811	2	162
Isaac, s. [Solomon & Mary], b. Aug. 26, 1787; d. Feb. 9, 1788	1	85
Isaac, s. [Solomon & Mary], b. Dec. 10, 1788; d. Oct. 12, 1791	1	85
Ives, m. Julia **HALL**, Nov. 6, 1825, by Rev. David Burhans	3	20
Jabez H., d. Mar. 14, 1860, ae 32	4	25
James, s. [John & Elizabeth], b. Aug. 3, 1735	LR2	355
James, d. Oct. 28, 1821	2	152
James, d. Sept. 19, 1836, ae 66	2	130
Jane Ann, d. David, of Newtown, m. Isaac B. **HARRIS**, of Herkimer Cty., N. Y., Sept. 22, 1850, by Rev. J. Atwater	3B	33
Joanna, d. [Solomon & Mary], b. Aug. 28, 1774	1	85
John, m. Margary **HUBBELL**, Nov. 27, 1700	LR2	83
John, s. John & Margary, b. Dec. [ ], 1701, in New Haven	LR2	83
John, m. Bethiah **BICKLEY**, July 14, 1707	LR2	83
John, of Newtown, m. Elizabeth **BENNITT**, of Stratford, July 12, 1724, at Norwalk, by Stephen Buckingham	LR2	355
John, s. [John & Elizabeth], b. Feb. 11, 1732/3	LR2	355
John, his w. [ ], d. May 10, 1819	2	154
John, d. May 10, 1828, ae 40	2	143
John, his wid., d. Aug. 20, 1838, ae 51	2	125
John, Capt., his wid. [ ], d. Nov. 2, 1846, ae 42	2	117
Josiah, d. Nov. 1, 1840, ae 79	2	121
Juliette, m. Isaac H. **HAWLEY**, Nov. 5, 1837, by Rev. Samuel T. Carpenter	3	87
Lucy, d. [Henry & Ann], b. July 11, 1782	1	1
Mabel, [d. Benjamin & Mary], b. Jan. 22, 1740/1	1	74
Mabel, Mrs., d. July 14, 1809	2	164
Marcia, d. [Solomon & Mary], b. May 2, 1794	1	85
Marcia, m. Hezekiah **CURTIS**, Jan. 11, 1824, by Rev. Daniel Burchans	3	10
Margary, [w. John], d. Mar. 14, 1703/4	LR2	83
Margery, d. [John & Elizabeth], b. May 22, 1725	LR2	355
Maria, m. Isaac **BEERS**, Oct. 28, 1837, by Rev. Samuel T. Carpenter	3	87
Mariett, m. Ira L. **CURTIS**, b. of Newtown, Jan. 18, 1835 by Rev. S. C. Stratton	3	71
Martin V. B., d. Apr. 29, 1863, ae 26	4	31

	Vol.	Page
GLOVER (cont.),		
Mary, d. John & Bethiah, b. May 5, 1713	LR2	83
Mary, [d. Benjamin & Mary], b. Apr. 6, 1739	1	74
Mary, d. A. B., d. Sept. 2, 1825, ae 2	2	148
Mary, m. Charles **BEERS**, b. of Newtown, May 8, 1836, by Rev. F. Hitchcock	3	77
Mary Ann, d. [Solomon & Mary], b. Nov. 19, 1776	1	85
Mary Ann, d. May 18, 1833, ae 22	2	135
Mary Ann, m. Nelson B. **LAKE**, Dec. 25, 1850, by Rev. William M. Carmichael	3B	35
Mary Ann, m. Lamson **BIRCH**, b. of Newtown, May 10, 1851, by Jacob Beers, J. P.	3B	36
Mary C., d. David, m. Bradley D. **BRISCOE**, Mar. 2, 1851, by Rev. J. Atwater	3B	35
Mary E., d. Nov. 10, 1866, ae 29	4	37
Melory, m. Monzo **SHOVE**, of Danbury, May 14, 1826, by Rev. Daniel Burhans	3	23
Nancy, m. Edmond **DIKEMAN**, Nov. 28, 1832, by Rev. Luther Mead	3	59
Nancy, Mrs., d. Mar. 20, 1864, ae 73	4	33
Norman B., his w. [ ], d. July 23, 1842, ae 29	2	120
Olive, d. May 8, 1826, ae 26	2	145
Phebe, wid., d. Nov. 16, 1835, ae 75	2	132
Polly, d. Sept. 23, 1824	2	149
Prudence, d. Henry & Prudence, b. June 5, 1742	1	80
Prudence, d. [Henry & Ann], b. Nov. 3, 1774	1	1
Rebeckah, [d. Benjamin & Mary], b. May 7, 1745	1	74
Rebecca, wid., d. Mar. 7, 1848, ae 76	4	7
Rhoda, d. [Henry & Ann], b. Feb. 25, 1769	1	1
Roxy Ann, m. John **BEERS**, b. of Newtown, Nov. 18, 1832, by Rev. Solomon Glover	3	58
Sally, d. Salmon, d. June 3, 1823	2	150
Salmon, d. Oct. 21, 1827, ae 67	2	144
Samuel P., d. Dec. 9, 1823	2	150
Sarah, d. [John & Elizabeth], b. Jan. 31, 1726/7	LR2	355
Sarah, w. Henry, Jr., d. Mar. 10, 1762	1	1
Sarah, d. [Henry & Ann], b. Nov. 6, 1763	1	1
Sarah, m. Lewis **SHERMAN**, Mar. 21, 1780	1	51
Sarah, wid., d. Sept. 27, 1839, ae 88	2	124
Silas, s. Henry & Prudence, b. Apr. 8, 1744	1	80
Silas, [s. Capt. Henry], d. Dec. 25, 1758	1	24
Silas, d. Mar. 26, 1836, ae 17	2	129
Silas N., d. May 12, 1869, ae 85	4	42
Silas Norman, s. [Solomon & Mary], b. Sept. 30, 1783	1	85
Simeon, s. Henry & Prudence, b. July 2, 1738	1	80
Simeon, [s. Capt. Henry], d. Dec. 10, 1753	1	24
Simeon, s. [Henry & Ann], b. May 14, 1772	1	1
Simeon, his w. [ ], d. Jan. 23, 1801	2	171
Simeon, his child d. Feb. 12, 1812	2	161

	Vol.	Page
GLOVER (cont.),		
Simeon, d. Feb. 26, 1841, ae 64	2	122
Simeon, d. Mar. 30, 1842, ae 69	2	120
Smith P., his s. [ ], d. Sept. 5, 1863, ae 11 m.	4	32
Smith P., his s. [ ], d. Jan. 20, 1866, ae 5 d.	4	36
Solomon, s. [Henry & Prudence], b. Dec. 1, 1750	1	80
Solomon, m. Mary **NORTHRUP**, Feb. 2, 1773	1	85
Solomon, Capt. his w. [ ], d. June 3, 1812	2	161
Solomon, his w. [ ], d. Sept. 3, 1822	2	151
Solomon, his w. [ ], d. Apr. 23, 1826, ae 65	2	145
Solomon, his w. [ ], d. June 14, 1838, ae 80	2	125
Solomon, Capt., d. July 26, 1842, ae 91	2	120
Susan, wid., Velleroy, d. Jan. 13, 1847, ae 40	2	113-4
Susannah, d. Dec. 5, 1822	2	151
Villory, m. Susan **HARD**, Mar. 5, 1828, by Rev. Daniel Burhans	3	32
Villeroy, d. Oct. 2, 1841, ae 47	2	122
Villory, his wid. [ ], d. Jan. 13, 1847, ae [ ]	4	5
Volusia, d. [Solomon & Mary], b. July 9, 1785	1	85
Volusia B., m. Austin N. **BOTSFORD**, Feb. 28, 1827, by Rev. Daniel Burhans	3	26
Walter, m. Marcia **BOTSFORD**, b. of Newtown, Jan. 7, 1830, by Rev. Daniel Burhans	3	40
Walter, d. Sept. 8, 1847, ae 47	2	113-4
Walter, d. Sept. 8, 1847, ae 47	4	6
Wheeler B., d. Sept. 2, 1821	2	152
W[illia]m B., his s. [ ], d. Apr. 5, 1841, ae 5	2	122
William B., his w. [ ], d. Sept. 30, 1843, ae 33	2	119
William B., d. Mar. 16, 1864, ae 53	4	33
Ziba, s. [Solomon & Mary], b. June 17, 1791	1	85
Ziba, d. Aug. 24, 1862, ae 71	4	30
GODFREY, Ahaz, his d. [ ], d. May 25, 1849, ae 6 m.	4	9
Ahaz, d. Dec. 25, 1868, ae 65	4	41
GOLD, [see also **GOULD**], Abigail, m. Richard **NICHOLS**, Dec. 2, 1760	1	82
Elizabeth, m. Gold **CURTISS**, Dec. 2, 1781	1	59
GOODSELL, Betsey, Mrs., d. Aug. 24, 1826, ae 48	2	145
Jonathan, his child d. June 4, 1809	2	164
Jonathan, d. Sept. 17, 1859, ae 89	4	24
Samuel B., d. Jan. 19, 1857, ae 45	4	20
GOODWIN, Phebe, Mrs., d. Dec. 25, 1859, ae 22	4	25
GOODYEAR, Cynthia, Mrs., d. Jan. 24, 1846	2	117
GORDON, Eliza, wid., d. Oct. 4, 1853, ae 47	4	16
W[illia]m, his d. [ ], d. Dec. 21, 1869, ae 3	4	43
GORMAN, Patrick, d. May 23, 1864, ae 35	4	33
Simon, d. Sept. 21, 1863, ae 3 y.	4	32
GOULD, GOOLD, [see also **GOLD**], Anna, Mrs., d. May 13, [1800]	LR20	00
Esther, m. Nathaniel **NORTHRUP**, Nov. 10, 1767	1	34
Hannah, m. Sam[ue]ll **SANFORD**, June 10, 1731, by Rev. John Bours	1	69

	Vol.	Page
GRAINGER, Delia, d. Apr. 12, 1808	2	165
GRANT, Donald, m. Arminal **TOUCEY**, Dec. 7, 1743, by Thomas Tousey	1	71
Donald, Jr., [s. Donald & Arminal], b. Sept. 4, 1747; d. Oct. 18, 1767	1	71
Donald, d. Jan. 10, 1763	1	71
Donald, [ ]	1	72
Elizabeth, d. [Donald & Arminal], b. Apr. 11, 1746; d. May 5, 1762	1	71
Hannah, [d. Donald & Arminal], b. June 28, 1749	1	71
Hannah, of New Town, m. Stephen Mix **MITCHEL**, of Wethersfield, Aug. 2, 1769	1	33
Sueton, s. [Donald & Arminal], b. Dec. 9, 1744; d. Oct. 7, 1760	1	71
GRANTON, John W., of New York, m. Jane A. **TWITCHELL**, of Newtown, July 6, 1846, by Rev. S. S. Stocking	3	133
GRANVILLE, Gara, m.Comfort **TREADWELL** (colored), Aug. 26, 1823, by Rev. Daniel Burhans	3	8
Garry, colored, d. Sept. 28, 1826, ae 40	2	146
Garry, colored, his wid., [ ], d. Dec. 7, 1853, ae 75	4	16
GRAVES, Lyman, of Harpersfield, N. Y., m. Laura **BOTSFORD**, of Newtown, Jan. 28, 1833, by Jacob Beers, J. P.	3	60
GRAY, Andrew W., his w. [ ], d. Sept. 8, 1855, ae 55	4	18
Andrew W., d. Oct. 15, 1858, ae 62	4	23
Andrew W., d. May 2, 1861, ae 24	4	28
Ann, d. Joseph & Sarah, b. Feb. 14, 1723	LR2	354
Burton, d. Sept. 4, 1863, ae 69	4	32
Charles, m. Emily **FAIRCHILD**, Dec. 29, 1850, by Rev. George H. Deere	3B	34
Clarissa, m. Julius S. **BEERS**, Sept. 30, 1830*, by Rev. J. Atwater *(1850?)	3B	33
Clarissa, m. Harry **HILL**, b. of Newtown, Oct. 31, 1830, by Jacob Beers, J. P.	3	44
Emily, Mrs., d. Aug. 6, 1861, ae 30	4	28
Frank, s. Charles G., d. Sept. 4, 1863, ae 6 m.	4	32
Hannah, m. Abel F. **BEARDSLEE**, b. of Newtown, Dec. 3, 1838, by Rev. Eli Brunson	3	94
Harrison, of New Fairfield, m. Mariette **ELWOOD**, of Newtown, Oct. 31, 1841, by Rev. Stephen J. Stebbins	3	108
Harrison, his s. [ ], d. July 22, 1850, ae 6	4	11
Hezekiah, his w. [ ], d. Feb. 22, 1848, ae [ ]	4	7
Jane, m. Starr **SHEPARD**, b. of Newtown, Nov. 6, 1825, by David H. Belden, J. P.	3	20
Jonathan, s. Joseph & Sarah, b. Mar. 21, 1715	LR2	354
Joseph, s. Joseph & Sarah, b. Nov. 15, 1706	LR2	354
Joseph, d. Aug. 4, 1839, ae 67	2	123
Joseph, his wid., d. Oct. 8, 1841, ae 81	2	122
Louisa, of Newtown, m. Oliver **TURKINGTON**, of Reading, Aug. 3, 1845, by Rev. Aaron S. Hill	3	127
Mary, 2nd d. [Joseph] & Sarah, b. Mar. 7, 1713	LR2	354

	Vol.	Page
GRAY (cont.),		
Mary, of Newtown, m. Daniel D. **LOPER**, of Sharon, Oct. 12, 1845, by Rev. Aaron S. Hill	3	127
Nancy, m. Ambrose **SHEPARD**, Sept. 17, 1825, by Daniel Burchans	3	20
Oliver, s. Charles G., d. Sept. 20, 1861, ae 6 m.	4	28
Plumb, m. Almira **BISSELL**, Dec. 11, 1851, by Rev. J. Atwater	3B	42
Plumb B., his w. [ ], d. May 3, 1851, ae 29	4	12
Polly, m. Uriah **ELWOOD**, Mar. 1, 1835, by Matthew Batchelor	3	72
Sarah, d. [Joseph] & Sarah, b. Sept. 10, 1708	LR2	354
Semantha, her s. [ ], d. Aug. 9, 1832, ae 1	2	138
Shelton, d. Aug. 22, 1828, ae 12	2	143
Zolman, m. Abby **ROWLAND**, b. of Newtown, June 13, 1830, by Rev. W[illia]m Mitchell	3	42
GRAYSON, John B., his s. [ ], d. Nov. 19, 1863, ae 6 m.	4	32
GREEN, Caroline, of Bridgeport, m. James **PURDY**, of Newtown (colored), Dec. 21, 1835, by Rev. N. M. Urmston	3	75
Francis W., d. Jan. 18, 1863, ae 2	4	31
George, d. Apr. 9, 1840, ae [ ]	2	121
James, his d. [ ], d. Apr. 6, 1861, ae 1 w.	4	28
Thomas, his w. [ ], d. Oct. 6, 1846, ae 52	4	5
Thomas H., his w. [ ], d. Oct. 6, 1846, ae 52	2	116
Thomas H., d. Apr. 4, 1854, ae 65	4	16
[ ]tible, d. [ ], 1801	2	171
GREGORY, Abel B., of Danbury, m. Jane **BEARDSLEE**, of Newtown, Nov. 18, 1840, by Rev. Alva Gregory	3	102
Benjamin, m. Arsina **JUDD**, Jan. 20, 1842, by Rev. S. S. Stocking	3	110
Benj[ami]n, d. June 12, 1861, ae 44	4	28
Daniel, m. Catharine **JUDD**, b. of Newtown, Apr. 16, 1848, by Rev. S. S. Stocking	3B	20
Rhoda, wid., d. Mar. 7, 1835, ae 89	2	131
GREYSON, John P., d. Jan. 7, 1864, ae 13	4	33
GRIFFIN, Amos, s. [John & Bulah], b. Aug. 12, 1755	1	1
Andrew, his w. [ ], d. Dec. 14, 1806	2	167
Andrew, d. May 8, 1809	2	164
Anna, of Newtown, m. William McArthur **SHEPARD**, of Redding, Dec. 1, 1824, by Rev. Lemuel B. Hull, of Redding	3	15
Augusta, d. Nov. 3, 1865, ae 21	4	36
Betsey, Mrs., d. May 13, 1849, ae 84	4	9
Ebenezer, his w. [ ], d. July 10, 1830, ae 49	2	141
Ebenezer, m. Sarah **BLACKMAN**, b. of Newtown, Apr. 10, 1831, by Rev. Erastus Cole	3	47
Ebenezer, Capt., d. Sept. 8, 1839, ae 62	2	123
Elizabeth, wid., d. June 19, 1847, ae 89	2	113-4
Elizabeth, wid., d. June 19, 1847, ae 89	4	6
Harry, m. Sarah **SOMMERS**, Oct. 21, 1841, by Rev. S. S. Stocking	3	107
Heth, s. [John & Bulah], b. Nov. 8, 1758	1	1

		Vol.	Page
GRIFFIN (cont.),			
John, m. Bulah **HIBBELL**, Dec. 18, 1754, by Rev. David Judson		1	1
John, d. May 9, 1801		2	162
John, m. Julia **SUMMERS**, b. of Newtown, [Dec.] 30, [1838], by Rev. F. Hitchcock		3	95
Joseph, d. [June , 1824]		2	149
Joseph, his w. [ ], d. June 4, 1824		2	149
Margary, wid., d. May 14, 1864, ae 78		4	33
Michael, his s. [ ], d. Aug. 18, 1865, ae 1 y.		4	35
Peleg, d. July 21, 1844, ae 76		2	118
Peleg, d. July 21, 1844, ae 75		4	1
Reubin, d. June 27, 1821		2	152
Reuben N., m. Hannah **BENEDICT**, b. of Newtown, Feb. 2, 1832, by Rev. Samuel C. Stratton		3	53
Sarah, d. Oct. 27, 1810		2	163
Sarah, m. Burr **BEACH**, Oct. 12, 1844, by Rev. William Denison		3	124
Sarah, wid. d. Jan. 9, 1850, ae 63		4	10
Sebell, d. [John & Bulah], b. May 25, 1762		1	1
Sebell, [d. John & Bulah], d.Dec. 4, 1762		1	1
Thomas, d. July 24, 1870, ae 1 y. 5 m.		4	44
Timothy, d. Oct. 3, 1862, ae 19		4	30
William, his d. [ ], d. June 17, 1843, ae 4		2	119
William, d. Sep. 20, 1850, ae 54		4	11
Winthrop, d. Oct. 31, 1849, ae 65		4	10
GRISWOLD, Zalmon, his s. [ ], d. Jan. 14, 1844, ae 4		2	118
Zalmon M., of Danbury, m. Loeva **BARNS**, of Newtown, Feb. 25, 1839, by Rev. S. C. Stratton		3	96
Zalmon W., his s. [ ], d. Jan. 14, 1844, ae 4		4	1
Zalmon W., his s. [ ], d. July 12, 1850, ae 7		4	11
GUILES, Orry, m. Polly **DOWNES**, b. of Newtown, May 31, 1841, by Rev. Charles J. Todd, of Redding		3	105
GUMMOND, Alonzo, his wid. [ ], d. Aug. 4, 1854, ae 44		4	17
GUNTHER, Mary Ann, Mrs., d. Sept. 1, 1858, ae 23		4	22
GURLEY, Royal O., his infant d. [ ], d. Feb. 7, 1844, ae [ ]		4	1
Royal O.*, of Mansfield, m. Sarah L. **FARRELL**, of New Haven, Nov. 15, 1835, by Samuel B. Peck, J. P. *(Royal O. **O'GURLEY**?)		3	74
Royal O., his d. [ ], d. Feb. 7, 1844, ae [ ]		2	118
GUYER, GUIRE, Amos, declared on Oct. 9, 1805, he was 21 y. of age; b. Oct. 9, 1784		2	55
Ann, d. Oct. 29, 1797		2	173
Ann, d. Oct. 29, 1797		LR19	Index
William, of Brookfield, m. Lucy **BLACKMAN**, June 8, 1830, by Rev. Daniel Burhans		3	42
HAHN, Caroline, d. Oct. 9, 1857, ae 9 m.		4	21
HALEY, [see also **HAWLEY**], Lorana, Mrs., m. John **GILLETT**, b. of Newtown, Apr. 2, 1837, by Rev. N. M. Urmston		3	82

	Vol.	Page
HALEY, [see also **HAWLEY**] (cont.),		
Niram P., d. Aug. 23, 1836	2	130
HALL, [see also **HULL**], Albin, his w. [ ], d. Mar. 5, 1832, ae 29	2	137
Alexander, m. Rebecca **COLBURN**, Apr. 28, 1821, by D. Burhans	2	35
Alexander, his d. [ ], d. May 20, 1829, ae 1	2	142
Alexander, his s. [ ], d. Sept. 14, 1837, ae 3	2	128
Alexander, d. Nov. 11, 1856, ae 56	4	20
Aner, m. Daniel **JOHNSON**, Oct. 3, 1829, by Jacob Beers, J. P.	3	38
Betty, m. Stephen **TAYLOR**, Aug. 20, 1786	1	53
Daniel, m. Sarah **JUDSON**, b. of Newtown, Mar. 5, 1843, by Rev. Alexander Leadbetter. Int. Pub.	3	116
Daniel, his s. [ ], d. Aug. 23, 1848, ae 2 m.	4	8
Daniel, his d. [ ], d. Oct. 4, 1849, ae 3	4	9
Derangil*, m. Miranda **BRISCO**, b of Newtown, Nov. 27, 1845, by Rev. S. S. Stocking *(Duranzel)	3	128
Dwight F., of New York City, m. Mrs. Lauria **MILLS**, of Newtown, Aug. 20, 1848, by Rev. J. Atwater	3B	24
Eli W., d. July 1, 1826, ae 50	2	145
Erastus, his d. [ ], d. June 25, 1836, ae 2	2	129
Hannah, d. Sept. 4, 1798	LR19	Index
[H]arriet, m. W[illia]m A. **PEASE**, b. of Newtown, Nov. 23, 1843, by Rev. S. S. Stocking	3	119
Henry, his s. [ ], d. June [ ], 1858, ae 3 m.	4	22
Jane, colored, d. Apr. 13, 1841, ae 64	2	122
Julia, m. Ives **GLOVER**, Nov. 6, 1825, by David Burhans	3	20
Levi, colored, his w. [ ], d. Jan. 31, 1820	2	153
Levi, colored, d. May 2, 1832, ae 40	2	137
Mary, m. John **CORCORAN**, b. of Newtown, Apr. 12, 1846, by Rev. Daniel Gibbs	3	131
Philo, of Weston, m. Delia **BLACKMAN**, of Newtown, Dec. 30, 1834, by Daniel Jones	3	72
Rhoda, m. Nathaniel **JUDSON**, s. Abel, decd., June 8, 1775	1	58
William, d. May 27, 1865, ae 48	4	35
Zal[mo]n, his child d. Jan. 29, 1797	LR19	Index
Zalmon, his child d. Jan. 29, 1797	2	173
HALLOWAY, Lzia(?), wid., d. Apr. 14, 1866, ae 66	4	37
HAMLIN, Arillus, d. Jan. 13, 1827, ae 43	2	144
Burton, his infant s. [ ], d. Jan. 16, 1847	2	113-4
Burton, his s. [ ], d. Jan. 16, 1847, ae 3 d.	4	5
Burton, his w. [ ], d. Jan. 20, 1847, ae 18	2	113-4
Burton, his w. [ ], d. Jan. 20, 1847, ae 18	4	5
Eli, m. Prudence **HOWE**, b. of Brookfield, Oct. 19, 1823, by Rev. Daniel Burhans	3	9
Eli B. of New Milford, m. Hannah E. **PECK**, of Newtown, Aug. 25, 1844, by Samuel B. Peck, J. P.	3	123
Jerusha, wid., d. Jan. 16, 1867, ae 76	4	38
Julia Ann, of Newtown, m. Dr. A. Nelson **BELL**, of Franktown, Va., Nov. 23, 1842, by Rev. S. S. Stocking	3	114

	Vol.	Page
HAMLIN (cont.),		
Mary, of Newtown, m. Eli **LYON**, 2nd, of Redding, Feb. 14, 1836, by Rev. S. C. Stratton	3	76
HAMMOND, -----, d. [ ], 1846	2	117
HARD, HEARD, [see also **HURD**], Abel, [s. Amos & Eunice], b. Feb. 22, [ ]	1	19
Abiah, d. [John & Mary], b. Apr. 7, 1772	1	87
Abiah, m. Abel **CURTISS**, Nov. 24, 1791	2	17
Abigail, d. [Abner & Hannah], b. Jan. 7, 1748	1	20
Abigail, d. [Theophilus & Joanna], b. Sept. 25, 1776	1	15
Abigail, wid., d. Dec. 24, 1841, ae 59	2	122
Abijah, [s. Amos, Jr. & Ruth], b. Jan. 18, 1801	2	22
Abijah, m. Polly **CLARK**, b. of Newtown, Nov. 2, 1823, by Benjamin Hard, J. P.	3	9
Abijah, his w. [ ], d. Aug. 7, 1824	2	149
Abijah, his child, d. Jan. 5, 1827, ae [ ]	2	144
Abner, m. Hannah **BEERS**, Aug. 20, 1740	1	20
Abner, his lot of 8 acres layed out 1742	1	78
Abner, s. [Abner & Hannah], b. Sept. 6, 1757	1	20
Abner, of Watertown, m. [ ]	2	86
Abraham, m. Charity **MANSEE**, Nov. 7, 1751	1	74
Agur, s. Lieut. James, Jr. & Ester, b. Oct. 22, 1759	1	28
Alphonso, his s. [ ], d. Oct. 7, 1846, ae 4	2	116
Alphonso, his s. [ ], d. Oct. 13, 1846, ae 4	4	5
Amon, b. Oct. 6, 1744; m. Lucy **THOMAS**, Feb. 24, 1773	2	44
Ammon, [s. Abner & Hannah], b. Sept. 25, 1745	1	20
Amos, m. Eunice **CURTISS**, Dec. 25, 1753, by John Beach	1	19
Amos, Jr., m. Ruth **JUDSON**, Dec. 22, 1793	2	22
Amos, Jr., d. Nov. 14, 1802	2	22
Amos, d. Nov. 15, 1802	1	19
Amos, m. Mariett Camp, b. of Newtown, Nov. 29, 1832, in Trinity Church, by Rev. Samuel C. Stratton	3	58
Amos, his d. [ ], d. Mar. 26, 1844, ae 7	4	1
Amos, his d. [ ], d. Mar. 26, 1844, ae 7	2	118
Amos, his w, [ ], d. Feb. 17, 1847, ae 32	4	6
Amos, his w. [ ], d. Feb. 17, 1847, ae 32	2	113-4
Amos, m. Catharine **LAKE**, b. of Newtown, Mar. 6, 1848, by Rev. S. S. Stocking	3	144
Amos J., Dr., m. Eunice L. **SHEPARD**, b. of Newton, Mar. 1, 1821, by Benj[ami]n Hord, J. P.	2	13
Amos Judson, [s. Amos, Jr. & Ruth], b. Feb. 8, 1799	2	22
Andrew, s. [John & Mary], b. Apr. 21, 1770	1	87
Ann, [d. Abner & Hannah], b. May 9, 1755	1	20
Anna, d. [James, 3rd & Esther], b. May 26, 1752	1	70
Anna, d. [Theophilus & Joanna], b. Oct. 10, 1770	1	15
Anna, [d. Amon & Lucy], b. Mar. 5, 1795	2	44
Anna, d. Nov. 9, 1796	2	44
Anna, m. Beach **TOMLINSON**, Jan. 9, 1799	2	5
Anna, m. Richard D. **SHEPARD**, Aug. 4, 1821, by Rev. D. Bur-		

HARD, HEARD, [see also **HURD**] (cont.),

	Vol.	Page
hans	2	33
Anna Maria, [d. Amon & Lucy], b. July 14, 1783	2	44
Aurilla, b. May 1, 1771; m. Philo **BOOTH**, Jan. 4, 1795	2	24
Aurilla, d. [Cyrenus & Phebe], b. May 1, 1771	1	88
Austin, of Derby, m. Eloisa **GLOVER**, Dec. 5, 1824, by Rev. Daniel Burhans	3	15
Belus, s. [Zadock & Chloe], b. May 16, 1766	1	9
Benjamin, m. Mabel **TOMLINSON**, Dec. 17, 1801	2	29
Benjamin, d. Sept. 4, 1836, ae 57	2	29
Benjamin, d. Sept. 4, 1836, ae 57	2	130
Betsey, d. Cyrus, d. May 11, 1808	2	165
Ceazer, colored, d. Jan. 7, 1830, ae 49	2	141
Charles, his infant d. June 29, 1853, ae 1	4	15
Charles T., his s. [ ], d. Apr. 30, 1836, ae 7	2	129
Charles Tomlinson, [s. Benjamin & Mabel], b. May 21, 1804	2	29
Chloe, d. [Zadock & Chloe], b. Jan. 13, 1768	1	9
Clarrey, d. [Theophilus & Joanna], b. Jan. 8, 1783	1	15
Clotilde, d. [Joseph & Experience], b. Feb. 4, 1737	1	22
Curence, [child of Abner & Hannah], b. Mar. 21, 1753	1	20
Curtis, s. [Amos & Eunice], b. [ ]; d. next Jan. after his b. 1754	1	19
Curtis, s. [Amos & Eunice], b. Nov. 22, 1755	1	19
Curtis, d. Jan. 21, 1810	2	163
Cyrenus, s. [Abner & Hannah], b. Jan. 5, 1742/3	1	20
Cyrenus, m. Phebe **CAMP**, Jan. 28, 1769	1	88
Cyrenus, d. May 25, 1821	2	152
Cyrenus, d. Sept. 19, 1855, ae 82	4	18
Cyrus, s. [Theophilus & Joanna], b. Apr. 5, 1767	1	15
Cyrus, m. Abigail **CURTIS**, Dec. 6, 1802	2	21
Cyrus, d. Oct. 18, 1838, ae 65	2	21
Cyrus, d. Oct. 18, 1838, ae 65	2	126
Daniel, d. Feb. 7, 1812	2	161
Eli, [s. Amon & Lucy], b. Mar. 31, 1776	2	44
Eli, his s. [ ], d. Sept. 8, 1815	2	158
Elisha, s. [James, 3rd & Esther], b. May 22, 1749	1	70
Ester, d. [Lieut. James, Jr. & Ester], b. Oct. 26, 1761	1	28
Eunice, of Derby, m. Enos **JOHNSON**, [ ]	2	92
Eunice, b. Aug. 29, 1752	2	46
Eunice, m. Daniel **SHERWOOD**, June 4, 1772	2	46
Eunice, w. Amos, d. Mar. 11, 1797	LR19	Index
Eunice, Mrs., d. Mar. 11, 1797	2	173
Eunice, m. Ezra **CURTIS**, Apr. 3, 1801	2	18
Fanny Shepard, d. [Dr. Amos J. & Eunice L.], b. Dec. 13, 1823	2	13
Graham, his s. [ ], d. Sept. 15, 1846, ae 1	4	3
Graham, his s. [ ], d. Sept. 15, 1846, ae 1	2	116
Hannah, [d. Abner & Hannah], b. May 14, 1761	1	20
Hannah, d. [Zadock & Chloe], b. May 23, 1763	1	9
Hannah, wid., d. Feb. 19, 1799	LR19	Ind. A

	Vol.	Page
HARD, HEARD, [see also **HURD**] (cont.),		
Hannah, d. May 28, 1824	2	149
Herman, [s. Amon & Lucy], b. Sept. 23, 1790	2	44
Hermon, d. Oct. 12, 1792	2	44
Herman, [s. Amon & Lucy], b. Jan. 2, 1793	2	44
Huldah, d. [Joseph & Experience], b. June 2, 1749	1	22
Jabesh, s. [Joseph & Experience], b. July 26, 1739	1	22
Jabesh, [s. Abner & Hannah], b. Sept. 9 1763	1	20
James, Jr. m. Ester **BOOTH**, Aug. 26, 1747	1	28
James, 3rd, m. Esther **BOOTH**, Aug. 26, 1747	1	70
James, s. [James, 3rd & Esther], b. Jan. 9, 1756	1	70
James, Jr., Lieut. & Ester, had s. [ ], b. Dec. 12, 1757	1	28
James, s. James & Elizabeth, b. Jan. 7, 1765, at Darbee	LR2	354
James Thomas, [s. Amon & Lucy], b. June 23, 1779	2	44
John, s. [Abner & Hannah], b. July 20, 1746	1	20
John, m. Mary **NETTLELSON**, Sept. 6, 1769	1	87
John, s. Eli, d. Feb. 24, 1827, ae 11	2	144
Joseph, s. James & Elizabeth, b. Sept. 1, 1707	LR2	354
Joseph, s. [Joseph & Experience], b. June 18, 1747; d. Apr. 17, 1768	1	22
Lazarius, s. [Niram & Sary], b. Oct. 29, [176]	1	8
Lemire, d. [Zadock & Chloe], b. Oct. 18, 1764	1	9
Lemuel, d. Mar. 18, 1829, ae 55	2	142
Lemuel, his wid. [ ], d. July 17, 1856, ae 73	4	20
Lois, d. [James, 3rd & Esther], b. May 12, 1748	1	70
Lucius, [s. Amon & Lucy], b. Apr. 11, 1785	2	44
Lucius M., of Danbury, m. Aurinda **FAIRCHILD**, of Newtown, Oct. 27, 1833, by Rev. N. M. Urmston	3	64
Lucius M., his s. [ ], d. July 13, 1836	2	130
Lucy, d. [Zadock & Chloe], b. Nov. 22, 1769	1	9
Lucy, d. July 1, 1803, ae 46 y. wanting 16 d.	2	44
Lucy, Mrs., d. July 1, 1803	2	170
Lucy Ann, [d. Amon & Lucy], b. May 24, 1787	2	44
Marcus, of Huntington, m. Aurilla **CURTIS**, of Newtown, Mar. 20, 1823, by John Sherman	3	6
Marcus, of Huntington, m. Aurilla **CURTISS**, of Newtown, Mar. 20, 1823, by Rev. Menzies Rayner	3	6
Maria, [d. Amos, Jr. & Ruth], b. Aug. 28, 1796	2	22
Mary Ann, [d. Amon & Lucy], b. Apr. 5, 1781	2	44
Mary Olive, of Newtown, m. Agur **CURTIS**, of Stratford, Apr. 3, 1837, by Rev. S. C. Stratton	3	83
Molly, d. [Zadock & Cloe], b. Sept. 25, 1773	1	9
Naomy, d. [Joseph & Experience], b. Oct. 28, 1733	1	22
Naomy, m. Lieut. Caleb **BALDWIN**, 3rd, Mar. 8, 1756, by David Judson	1	12
Naomy, [d. Joseph & Experience], d. Jan. 5, 1770	1	22
Nehemiah, [s. Amon & Lucy], b. June 1, 1777	2	44
Niram, s. [Abner & Hannah], b. Dec. 18, 1740	1	20
Niram, m. Sary **CURTISS**, July 17, 176[ ], by Rev. John Beach	1	8

	Vol.	Page
HARD, HEARD, [see also **HURD**] (cont.),		
Niran, his w. [ ], d. Jan. 11, 1828, ae 83	2	143
Niram, d. May 17, 1834, ae 93	2	133
Noble, s. [Zadock & Chloe], b. June 25, 1771	1	9
Oliver Clark,* s. [Theophilus & Joanna], b. Nov. 2, 1765		
*(Written "Oliver Clark **HORD**")	1	15
Parthena, d. [James, 3rd & Esther], b. Apr. 19, 1754	1	70
Phebe, d. [Joseph & Experience], b. Feb. 4, 1734	1	22
Phebe, m. Benjamin **NICHOLS**, Aug. 1, 1762, by Caleb Baldwin	1	5
Philo, s. [James, 3rd & Esther], b. Aug. 17, 1750	1	70
Phineheas, s. [Theophilus & Joanna], b. Sept. 4, 1778	1	15
Phinehas, s. [Theophilus & Joanna], d. Jan. 27, 1780	1	15
Phineheas Smith, s. [Theophilus & Joanna], b. Dec. 27, 1780	1	15
Prudence, d. [Abraham & Charity], b. Feb. 28, 1755	1	74
Rebecca, m. Orrin **YEMMAN**, b. of Newtown, Apr. 16, 1845, by Rev. Aaron S. Hill	3	126
Rissa, d. [Cyrenus & Phebe], b. Dec 22, 1773	1	88
Ruth, d. James & Elizabeth, b. Feb. 10, 1705/6 at Darbee	LR2	354
Ruth Ann, [d. Amos, Jr. & Ruth], b. Nov. 14, 1794	2	22
Ruth Ann, d. Apr. 26, 1817	2	156
Ruth Ann, d. [Dr. Amos J. & Eunice L.], b. Dec. 16, 1821	2	13
Salle, d. [Theophilus & Joanna], b. Dec. 11, 1773	1	15
Sam[ue]l, [s. Amon & Lucy], b. Mar. 30, 1774	2	44
Sarah, d. [Joseph & Experience], b. May 5, 1741	1	22
Sarah, [d. Abner & Hannah], b. Jan. 9, 1751	1	20
Sarah, m. Peter **FOOT**, July 6, 1759, by Rev. David Judson	1	18
Sarah, m. Ebenezer **JOHNSON**, Nov. 28, 1771	1	64
Sarah, wid., d. May 27, 1811	2	162
Sophia, [d. Cyrus & Abigail], b. Oct. 6, 1803	2	21
Sophia, m. Gideon Burtis **BOTSFORD**, Oct. 28, 1827, by Rev. Daniel Burhans	3	31
Stephen, s. [Abraham & Charity], b. Nov. 17, 1752	1	74
Susan, m. Villory **GLOVER**, Mar. 5, 1828, by Rev. Daniel Burhans	3	32
Theophilus*, m. Joanna **BRISTOLL**, Nov. 15, 1764		
*(Written "Theophilus **HORD**")	1	15
William, d. Jan. 12, 1837, ae 20	2	127
Zadock, m. Chloe **NOBEL**, Dec. 5, 1762, by Thomas Danise	1	9
Zilpha, [child Abner & Hannah], b. Nov. [ ], 1756	1	20
Zilpha, m. Zalmon **PECK**, Sept. 12, 1781	1	53
HARRIGAN, John, his s. [ ], d. Nov. 11, 1869, ae 1 y.	4	43
HARRINGTON, Harriet, her d. [ ], d. Sept. 30, 1840, ae [ ]	2	121
HARRIS, Amos Bennit, [s. Luther & Mary], b. Dec. 22, 1797	2	16
Delpha, [child of Luther & Mary], b. Oct. 17, 1804	2	16
Franklin, d. Apr. 13, 1853, ae 9	4	15
Hannah, [d. Luther & Mary], b. May 30, 1786	2	16
Isaac, his d. [ ] d. Sept. 2, 1852, ae 5 m.	4	14
Isaac B., of Herkimer Cty., N. Y., m. Jane Ann **GLOVER**, d.		

	Vol.	Page
HARRIS (cont.),		
David, of Newtown, Sept. 22, 1850, by Rev. J. Atwater	3B	33
Jerusha, [d. Luther & Mary], b. Oct. 11, 1792	2	16
Jerusha, [d. Luther & Mary], d. Oct. 13, 1792	2	16
Julia, [d. Luther & Mary], b. Feb. 16, 1796	2	16
Julia, [d. Luther & Mary], d. Feb. 5, 1797	2	16
Luther, m. Mary **BENNETT**, Sept. 21, 1785	2	16
Luther, his d. [ ], d. Feb. 3, 1797	2	173
Lydia, [d. Luther & Mary], b. Aug. 10, 1793	2	16
Nabby, [d. Luther & Mary], b. May 5, 1801	2	16
Nicholas, d. Feb. 10, 1816	2	157
Polly, [d. Luther & Mary], b. Mar. 24, 1791	2	16
Sally, [d. Luther & Mary], b. Nov. 3, 1788	2	16
Sylvester, his s. [ ], d. Feb. 28, 1858, ae 7 w.	4	22
------, Capt. his d. [ ], d. Feb. 5, 1797	LR19	Index
HARNETT, Alice, d. Mar. 3, 1864, ae 2	4	33
Honora, d. Mar. 26, 1864, ae 5	4	33
Maurice, d. Apr. 6, 1864, ae 31	4	33
HARVEY, Thomas, d. Nov. 14, 1852, ae 37	4	14
HASSET, Margarette, d. Oct. 19, 1864, ae 4	4	34
Patrick, his child d. Dec. 3, 1867, ae 1 m.	4	39
HATCH, Chauncey M., m. Huldah **CURTIS**, Oct. 21, 1841, by Rev. S. S. Stocking	3	107
Hannah, d. [Joshua], b. July 14, 1769	1	85
Joshua, d. Feb. 5, 1820	2	153
Mark S., his s. [ ], d. Sept. 17, 1797	2	173
Mark T., his s. [ ], d. Sept. 17, 1797	LR19	Index
Mark Thomas, s. [Joshua], b. July 11, 1774	1	85
Phebe, d. [Joshua], b. Jan. 31, 1772	1	85
Phebe, wid., d. Jan. 11, 1835, ae 95	2	131
Polle, d. [Joshua], b. May 18, 1766	1	85
Sarah Botsford, d. [Joshua], b. Dec. 21, 1763	1	85
HAWKINS, Lee, d. Mar. 17, 1860, ae 82	4	25
Sarah, wid., d. Dec. 23, 1864, ae 93	4	34
HAWLEY, HAWLY, Aaron, d. Dec. 31, 1852, ae 58	4	14
Abel, his wid. [ ], d. Feb. 23, 1799	LR19	Ind. A
Abel S., d. Mar. 24, 1849, ae 63	4	8
Abel Sherman, s. [Jotham & Olive], b. Mar. 5, 1786	1	83
Abiah, m. Mathew **HUBBELL**, Dec. 6, 1743	1	72
Abigail, wid., d. Oct. 16, 1838, ae 56	2	126
Ann, d. Sept. 17, 1842, ae 42	2	120
Anna, of Brookfield, m. Hiram W. **CROFUT**, of Danbury, Oct. 13, 1850, by N. C. Lewis	3B	33
Arthur, d. Sept. 1, 1869, ae 18	4	42
Azor, d. Dec. 5, 1842, ae 83	2	120
Benjamin, s. Stephen & Mary, b. Aug. 21, 1728	LR2	355
Benjamin, had negro Ned, b. Oct. 6, 1788; affidavit made before John Chandler, J. P., Mar. 21, 1791	1	55
Benjamin, his w. [ ], d. Aug. 10, 1816	2	157

	Vol.	Page
HAWLEY, HAWLY (cont.),		
Benjamin, d. Oct. 1, 1820	2	153
Benjamin, m. Emeline **GLOVER**, Mar. 9, 1828, by Rev. Daniel Burchans	3	32
Charles, [s. Daniel & Joanna], b. Feb. 6, 1804	2	47
Charles, his s. [ ], d. Aug. 11, 1846, ae 2	4	3
Charles, his s. [ ], d. Aug. 12, 1846, ae 2	2	116
Charles, his child d. Aug. 23, 1846, ae 2	2	116
Charles, his s. [ ], d. Aug. 23, 1846, ae 7	4	3
Charles, d. Feb. 11, 1863, ae 47	4	31
Charles G., m. An[n]a **WILDMAN**, b. of Newtown, Aug. 20, 1837, by Rev. N. M. Urmston	3	85
Daniel, m. Lucy **DIBBLE**, Aug. 9, 1787	2	47
Daniel, m. Joanna **SEELEY**, Jan. 14, 1796	2	47
Daniel Booth, m. Olive **HAWLEY**, b. of Newtown, Dec. 25, 1833, by Rev. S. C. Stratton	3	64
David, d. Apr. 29, 1832, ae 28	2	137
David J., m. Lucretia **MALLORY**, b. of Newtown, Nov. 25, 1827, by David H. Belden, J. P.	3	30
Ebenezer, s. [Benjamin & Experience], b. Mar. 22, 1749	1	19
Edward, d. Dec. 27, 1854, ae 65	4	17
Eleazer Dibble, [s. Daniel & Lucy], b. Feb. 5, 1788	2	47
Eliza, of Newtown, m. Medad **BRADLEY**, of Weston, Sept. 17, 1826, by Rev. Lemuel B. Hull, of Reading	3	24
Ephraim, s. James, b. Dec. 21, 1726	1	70
Ephraim, s. Amos, b. June 16, 1729	1	70
Experience, m. Nathaniel **DIKEMAN**, Sept. 15, 1791	2	34
Ferris H., d. Nov. 17, 1852, ae 30	4	14
Glover, m. Mariett **FAIRCHILD**, Oct. 17, 1838, by Rev. David H. Short	3	93
Hannah, d. June 28, 1806	2	167
Hannah, wid., d. Apr. 9, 1842, ae 72	2	120
Harry, of Ridgefield, m. Maria **CLARK**, Oct. 13, 1822, by Rev. Daniel Burhans	3	3
Hezekiah, s. Stephen & Mary, b. June 7, 1722, at Stratford	LR2	355
Isaac H., m. Juliette **GLOVER**, Nov. 5, 1837, by Rev. Samuel T. Carpenter	3	87
Jabez, d. July 9, 1827, ae 59	2	144
Jerusha, m. Stephen **WHEELER**, Dec. 19, 1782	1	87
John, of Brookfield, m. Lucy Ann **NASH**, of Newtown, Mar. 11, 1832, by Rev. Samuel C. Stratton	3	54
Jonathan, his d. [ ], d. May 28, 1811	2	162
Joseph, s. [Benjamin & Experience], b. Apr. 27, 1741	1	19
Joseph, Jr., of Reading, m. Harriet **BOTSFORD**, of Newtown, Feb. 13, 1822, by Rev. Daniel Crocker	2	6
Joseph, d. June 14, 1829, ae 67	2	142
Jotham, m. Olive **TERRELL**, Nov. 4, 1784	1	83
Jotham, d. Feb. 25, 1826, ae 69	2	145
Jotham, his w. [ ], d. Apr. 29, 1837, ae 65	2	127

	Vol.	Page
HAWLEY, HAWLY (cont.),		
Jotham B., of Newtown, m. Parmelia **BARNS**, of Colesville, N. Y., Oct. 11, 1826, by Rev. Samuel D. Ferguson	3	23
Jotham B., d. Mar. 12, 1827, ae 28	2	144
Lemuel, d. Mar. 21, 1846	2	115
Lemuel, d. Mar. 21, 1846, ae 79	4	3
Lucy, d. Feb. 23, 1789	2	47
Lucy, [d. Daniel & Joanna], b. June 23, 1801	2	47
Maria, of Newtown, m. Ruffus **SKIDMORE**, of Brookfield, Apr. 16, 1829, by Abner Brundage	3	36
Martha, d. [Stephen & Mary], b. May 3, 1723, at Stratford	LR2	355
Mary, d. Oct. 5, 1736	1	76
Mary, d. [Benjamin & Experience], b. Sept. 6, O. S. 1751	1	19
Mary, m. Granville N. **GLOVER**, Jan. 16, 1821, by Rev. Daniel Berchans	2	10
Mary, of Newtown, m. Justus **THOMPSON**, of Weston, Oct. 7, 1824, by Rev. Lemuel B. Hull, of Redding	3	14
Mary N., d. Apr. 18, 1829, ae 52	2	142
Maryette, of Newtown, m. Philo Judson **MARSH**, of New Milford, Feb. 3, 1846, by Rev. S. S. Stocking	3	129
Naoma, m. Beeman **FOOT**, b. of Newtown, Oct. 15, 1831, by Rev. John Lovejoy	3	51
Nehemiah, 2nd s. [Stephen & Mary], b. Aug. 24, 1726	LR2	355
Niram P., see under Niram P. **HALEY**		
Olive, m. Daniel Booth **HAWLEY**, b. of Newtown, Dec. 25, 1833, by Rev. S. C. Stratton	3	64
Olive, wid., d. May 24, 1848, ae 84	4	7
Parthena, wid., d. Nov. 21, 1851, ae 78	4	13
Robert N., m. Harriet **BLACKMAN**, Dec. 30, 1841, by Rev. S. S. Stocking	3	110
Ruby, wid., d. Sept. 15, 1850, ae 87	4	11
Sally, of Newtown, m. John **WEBB**, of Norwalk, Sept. 9, 1832, by Rev. Samuel C. Stratton	3	56
Samuel G., d. [Sept. , 1826], ae 39	2	146
Samuel P., m. Emeline Barnes, of Britain, Oct. 19, 1829, by Rev. Daniel Burhans	3	39
Sarey, m. Ephraim **BOTSFORD**, Nov. 5, 1741	1	74
Sarah, m. Nathan **TURNER**, Dec. 21, 1796	2	48
Selina, of Newtown, m. Henry **SHERMAN**, of Brookfield, May 16, 1830, by Joseph S. Covell	3	49
Somers, his w. [ ], d. Oct. 14, 1844	4	1
Trowbridge, d. Apr. 3, 1848, ae 46	4	7
Tyrus, d. Apr. 2, 1868, ae 77 y. 10 m.	4	40
William, his s. [ ], d. Oct. 5, 1827, ae 3	2	144
William, d. Apr. 17, 1863, ae 23	4	31
William C., his w. [ ], d. Jan. 18, 1821	2	152
HAYES, HAY, HAYS, Amos, of Newtown, m. Naoma **BARNUM**, of Danbury, Apr. 28, 1838, by Samuel Fairchild, J. P.	3	91
Dennis, d. Jan. 30, 1868, ae 54	4	39

	Vol.	Page

HAYES, HAY, HAYS (cont.),
Elizabeth, of Newtown, m. Levi **SMITH**, of New Milford, July 9,
1826, by Rev. William Mitchell — 3 — 22
Elizabeth, d. Oct. 12, 1828, ae 2 — 2 — 143
Joel, his d. [　　　　　　], d. Apr. 26, 1837, ae 9 — 2 — 127
Joel, his d. [　　　　　　], d. Apr. 27, 1837, ae 12 — 2 — 127
Joel B., of Newtown, m. Sally **STRATTON**, of Weston, Jan. 18,
1825, by Rev. Eli Denison — 3 — 16
Joel B., d. Mar. 5, 1861, ae 56 — 4 — 27
Mabel, m. Hezekiah **PLATT**, b. of Newtown, Jan. 8, 1823, by
Lamson Birch, J. P. — 3 — 4
William, his s. [　　　　　　], d. Jan. 17, 1833, ae 2 — 2 — 135
William, his s. [　　　　　　], d. Mar. 30, 1833, ae 5 — 2 — 135
William, his s. [　　　　　　], d. Aug. 20, 1833, ae 1 — 2 — 136
William, d. Mar. 3, 1851, ae 49 — 4 — 12
William, his w. [　　　　　　], d. Sept. 12, 1853, ae 19 — 4 — 15
W[illia]m, his wid. [　　　　　　], d. July 22, 1855, ae 50 — 4 — 18
William E., d. Nov. 18, 1826, ae 58 — 2 — 146
William H., of Newtown, m. Clara **SHERMAN**, of Danbury, Aug.
22, 1852, by S. B. Britain — 3B — 40
------, wid., d. Apr. 23, 1834, ae 66 — 2 — 133
HAZZARD, Lemuel, d. Dec. 18, 1820 — 2 — 153
HEALD, Henry, his s. [　　　　　　], d. Jan. 15, 1860, ae 12 h. — 4 — 25
HEMPSTEAD, HEMSTEAD, Aseneth E., wid., d. June 21, 1863,
ae 54 — 4 — 31
Zebediah, d. Nov. 1, 1858, ae 51 — 4 — 23
Zebediah P., his d. [　　　　　　], d. Sept. 15, 1846, ae 14 — 2 — 116
Zebediah R., his d. [　　　　　　], d. Sept. 15, 1846, ae 14 — 4 — 5
HENDERSON, David, d. Oct. 25, 1860, ae 79 — 4 — 27
James, m. Antoinette **STILSON**, Oct. 24, 1841, by Rev. S. S.
Stocking — 3 — 107
James, his w. [　　　　　　], d. Apr. 20, 1855, ae 33 — 4 — 18
Stephen, his s. [　　　　　　], d. May 30, 1855, ae 33 — 4 — 18
Stephen W., m. Roxanna M. **WETMORE**, Jan. 16, 1848, by Rev.
J. Atwater — 3 — 142
HENDRIX, HENRIX, A[a]ron, s. [Samuell & Phebe], b. May 25, 1720 — LR2 — 352
Benony, s. [Samuell & Phebe], b. Jan. last day, 1711, in Stratfield — LR2 — 352
Benoni, his d. [　　　　　　], d. Feb. 22, 1803 — 2 — 170
David, s. [Samuell & Phebe], b. Jan. 1, 1716, at Chestnut Ridge — LR2 — 352
Eleazer, s. [Benoni & Sary], b. Feb 14, 1741/2 — 1 — 80
Francis, s. [Samuell & Phebe], b. Apr. 1, 1709, in Stratfield — LR2 — 352
Nathaniel, s. Sam[ue]ll & Phebe, b. Feb. 7, 1704, at Stratfield — LR2 — 352
Obed, s. [Samuell & Phebe], b. Apr. 28, 1714, at Chestnut Ridge — LR2 — 352
Roger, s. [Samuell & Phebe], b. Apr. 14, 1705, in Stratfield — LR2 — 352
Roger, s. [Benoni & Sary], b. Dec. 3, 1737 — 1 — 80
Sam[ue]ll, s. [Samuell & Phebe], b. Mar. 15, 1707, in Stratfield — LR2 — 352
Sary, d. [Benoni & Sary], b. Jan. 13, 1739 — 1 — 80
Sarah M., m. Sidney W. **CROFUT**, b. of Bridgeport, Oct. 10,
1842, by Rev. S. S. Stocking — 3 — 113

NEWTOWN VITAL RECORDS 105

	Vol.	Page
HICKOK, [see also **HISCOCK**], Lucinda, of Danbury, m. Isaac B. **SCUDDER**, of Newtown, May 12, 1830, by Nathan D. Benedict	3	42
HIGGINS, Ann, d. June 12, 1837, ae 36	2	127
Elizabeth, Mrs., d. Apr. 26, 1854, ae 59	4	16
Molly, see Molly **SHEPARD**	1	52
Sally, d. Feb. 18, 1857, ae 79	4	21
HILL, **HILLS**, Amos, m. Sally **RANDALL**, of Danbury (colored), Mar. 9, 1825, by Rev. Daniel Burhans	3	17
Austin, of Newtown, m. Caroline **MERRICK**, of Derby, Jan. 29, 1843, by Rev. Alexander Leadbetter. Int. Pub.	3	115
Avis, d. Apr. 1, [1846], colored	2	117
Betsey, m. Erastus **HULL**, May 2, 1822, by Rev. D. Burhans	2	79
Candice, colored, d. June 3, 1808	2	165
Daniel H., d. Sept. 2, 1857, ae 2	4	21
Harriet, m. Joseph **HUBBELL**, Oct. 14, 1821, by Daniel Burchans	2	14
Harry, his w. [ ], d. July 8, 1830, ae 60	2	141
Harry, m. Clarissa **GRAY**, b. of Newtown, Oct. 31, 1830, by Jacob Beers, J. P.	3	44
Harvey S., his s. [ ], d. July 9, 1836, ae [ ]	2	130
Henry S., his s. [ ], d. July 19, 1837, ae 8	2	128
Henry S., d. Apr. 29, 1852, ae 53	4	13
Herman, m. Agnes **HULL**, Sept. 24, 1826, by Rev. Bennett Glover	3	23
Herman, his s. [ ], d. Oct. 19, 1846, ae 11	2	116
Herman, his s. [ ], d. Oct. 19, 1846, ae 11	4	5
Herman, d. May 26, 1854, ae [ ]	4	17
Hervey, his d. [ ], d. May 7, 1831	2	139
Hervey S., his d. [ ], d. Mar. 29, 1833, ae 1	2	135
Jeremiah T., his d. [ ], d. May 5, 1852, ae 4	4	13
Jeremiah T., his d. [ ], d. May 31, 1852, ae 1	4	13
Margaret, her d. [ ], d. Apr. 24, 1855, ae 9 m.	4	18
Phebe, d. July 22, 1826, ae 4	2	145
Polly Ann, m. Emery **TONGUE**, b. of Newtown, Oct. 14, 1827, by Jacob Beers, J. P.	3	30
Primus, d. Dec. 12, 1835, ae 75 (colored)	2	132
Robert, colored, d. Apr. 4, 1843, ae 35	2	119
Seth, of Oxford, m. Fanny **SMITH**, of Newtown, June 23, 1833, by Rev. N. M. Urmston	3	62
Seth, his s. [ ], d. May 9, 1838, ae 3	2	125
Seth, his s. [ ], d. Apr. 5, 1846, ae 2	2	115
Seth, his s. [ ], d. Apr. 5, 1846, ae 2	4	3
Seth, his d. [ ], d. Sept. 8, 1846, ae 4	2	116
Seth, his d. [ ], d. Sept. 9, 1846, ae 4	4	3
Seth, d. Mar. 25, 1847, ae 34	2	113-4
Seth, d. Mar. 25, 1847, ae 34	4	6
Seth S., his d. [ ], d. Sept. 28, 1811	2	162
Seth S., his w. [ ], d. Mar. 14, 1813	2	160
Sophia, d. Feb. 20, 1862, ae 11	4	29
Vashti, his s. [ ], d. Sept. [ ], 1833, ae 4	2	136

	Vol.	Page
HILL, HILLS (cont.),		
W[illia]m H., of Redding, m. Emma **CLARK**, of Newtown, Dec. 11, 1828, by Rev. Laban Clark	3	35
HINE, Lockwood, d. Mar. 3, 1860, ae 42	4	25
HINMAN, HUNMAN, Charlotte A., of Cooperstown, m. Philo G. **BOTSFORD**, of Newtown, Oct. 6, 1851, by William M. Carmichael, D. D.	3B	37
Curtis, m. Sally **PERRY**, [ ]	2	3
David, m. Zady **PRINDLE**, Aug. 17, 1775	1	54
David, m. Betty **BALDWIN**, May 28, 1785	1	54
David, d. Apr. 6, 1824	2	149
David, of Southbury, m. Betsey **CURTIS**, of Newtown, Apr. 5, 1843, by Rev. S. S. Stocking	3	116
David, m. Henrietta **LEWIS**, Sept. 7, 1846, at the house of Daniel Botsford, by Charles C. Warner., J. P.	3	133
David Curtis, s. [David & Zady], b. Feb. 16, 1778; d. Dec. 28, 1793	1	54
David Curtis, s. [David & Betty], b. Nov. 17, 1793	1	54
Dick, colored, his w. [ ], d. Dec. 10, 1815	2	158
Dick, d. June 10, 1828, (colored)	2	143
Dinah, w. Dick, d. July 25, 1799	LR19	Ind. A
Emily, d. Sept. 30, 1822	2	151
Gelechsey(?), d. [David & Betty], b. Aug. 22, 1788	1	54
Huldah, d. [David & Zady], b. May 3, 1776; d. Jan. 29, 1777	1	54
Huldah, d. [David & Zady], b. May 12, 1780	1	54
Huldah, d. [David & Zady], d. Oct. 13, 1796	1	54
Irene, d. [David & Betty], b. Dec. 26, 1786	1	54
Irene, d. [David & Betty], d. Aug. 23, 1801	1	54
Lewis, of Southbury, m. Maria **SKIDMORE**, of Newtown, Jan. 4, 1826, by Rev. Daniel Burhans	3	21
Mariette, m. Jeremiah **CLARK**, b. of Newtown, Mar. 9, 1834, by Rev. Nathan Wildman	3	67
Nancy, d. Dec. 27, 1826, ae 37	2	146
Wait, d. Apr. 9, 1843, ae 81	2	119
William, of Oxford, m. Polly Ann **FAIRCHILD**, of Newtown, May 8, 1839, by Rev. D. H. Short, of Danbury	3	96
Zady, w. [David], d. Mar. 22, 1781	1	54
HISCOCK, [see also **HICKOK**], Hannah H., Mrs. m. Rev. Zephaniah H. **SMITH**, May 31, 1786	1	56
HOLBROOK, Esther, m. Salmon **CURTIS**, July 4, 1782	2	51
HOLGAN, Mary, Mrs., d. Oct. 9, 1864, ae 30	4	34
HOLLISTER, Amanda, m. Henry R. **LOTT**, Oct. 28, 1821, by Rev. W[illia]m Andrews	2	72
HOLLY, Alfred Apollos, of Stamford, m. Charlotte **CHAPMAN**, Oct. 22, 1822, by Rev. Daniel Burchans	3	3
Charlotte, w. Alfred A., d. June 9, 1824	2	149
Francis, m. Isaac **BALDWIN**, Oct. 10, 1782	1	86
HOLMES, Mary, b. Jan. 28, 1753; m. Stephen **GILBERT**, Apr. 15, 1773	2	50

	Vol.	Page
HOLSTE, Andrew, of Bridgeport, m. Lucinda **FAIRCHILD**, of Newtown, July 18, 1841, by Rev. Alexander Leadbetter. Int. Pub.	3	106
HOMER, Alex, his d. [ ], d. June 4, 1845, ae 10	4	2
HOTCHKISS, Charles, his child d. Apr. 25, 1815	2	158
Charles, d. June 5, 1850, ae 67	4	11
Edward, s. Worster, d. July 28, 1855, ae 15	4	18
Silva Jane, of Newtown, m. Silas **SMITH**, of Weston, July 4, 1837, at the house of Charles Hotchkiss, by Rev. S. C. Stratton	3	85
HOUGH, Augustus, his d. [ ], d. Aug. 18, 1863, ae 1 y. 3 m.	4	32
Cornelius, d. Oct. 26, 1860, ae 3	4	27
DeWitt C., of Schuyler Township Herkimer Co., N. Y., m. Jane A. **WHEELER**, of Newtown, Feb. 5, 1850, by Rev. A. C. Lewis	3B	31
Frances, d. May 20, 1869, ae 32	4	42
Gustavus A., of Herkimer Cty., N. Y. m. Jane **DANIELS**, of Newtown, Sept. 15, 1850, by Nathaniel C. Lewis	3B	32
Jane E., Mrs., d. June 30, 1865, ae 36	4	35
HOWE, HOW, HOWES, Elizabeth, had d. Phebe Lyon, b. Dec. 9, 17[ ]	1	17
Prudence, m. Eli **HAMLIN**, b. of Brookfield, Oct. 19, 1823, by Rev. Daniel Burhans	3	9
William, Capt. of Black Rock, d. Sept. 13, 1870, ae 53	4	44
HOYT, Asa Starr, his s. [ ], d. Dec. 31, 1850, ae 3 d.	4	11
Cornelia E., d. Aug. 30, 1853, ae 17	4	15
Norman, his s. [ ], d. Aug. [ ], 1846, ae 2	2	115
Norman, his s. [ ], d. Aug. 2, 1846, ae 8 m.	4	3
HUBBARD, John S., of Mereden, m. Hannah A. **LAKE**, of Newtown, June 25, 1849, by Rev. Horace Hills, Jr.	3B	28
HUBBELL, HIBBELL, HUBBEL, Abiah, b. Sept. 16, 1775	1	91
Abigail, b. Dec. 6, 1770	1	91
Albert G., Rev. of Berlin, m. Emeline **SHERMAN**, of Newtown, May 6, 1847, by Rev. Samuel H. Smith. Int. Pub.	3	136
Ann, d. [Mathew & Abiah], b. Sept. 18, 1744	1	72
Ann, d. Siliman & Elenor], b. May 23, 1761	1	14
An[n]ah, d. [Mathew & Abiah], b. Dec. 28, 1746	1	72
Anson, m. Eliza **PECK**, June 4, 1823, by Samuel C. Blackman, J. P.	3	7
Anson, his s. [ ], d. Jan. 1, 1827	2	144
Anson, his d. [ ], d. Apr. 27, 1833, ae 3	2	135
Asher, s. [Richard & Jedidah], b. Sept. 20, 1752	1	19
B[e]ulah, m. John **GRIFFIN**, Dec. 18, 1754, by Rev. David Judson	1	1
Billy, b. May 10, 1783	1	91
Catherine, m. William **BIRTCH**, Sept. 27, O. S. 1750, by Rev. David Judson	1	5
Catharine, d. Capt. Ezra, m. Oliver **BEERS**, s. John, Oct. 30, 1774	1	57
Catharine, d. Ezra, m. Oliver **BEERS**, s. John, Oct. 30, 1774	2	88
Catharine H., of Newtown, m. Philo L. **BASSETT**, of Stratford, Apr. 30, 1843, by Rev. Steven J. Stebbins	3	117

	Vol.	Page
HUBBELL, HIBBELL, HUBBEL (cont.),		
Charles, his d. [ ], d. Jan. 27, 1868, ae 3 w.	4	39
Charles, his child d. Aug. 27, 1869, ae 3 m.	4	42
Comfort, s. Peter & Katharine, b. Nov. 10, 1729	PR1	2
Comfort, s. Peter & Katharine, b. Nov. 10, 1729	1	76
Comfort, Capt., d. July 31, 1797	LR19	Index
Comfort, Capt., d. July 31, 1797	2	173
Darius, s. [Richard & Jedidah], b. Oct. 7, 1750	1	19
Eleazer, s. [Capt. Eleazer & Abigail], b. Feb. 14, 1739	1	80
Eleazer, "sale of his common land'	1	77
Elizabeth, b. Sept. 4, 1769	1	91
Enoch, s. Peter & Katharine, b. Aug. 10, 1735	PR1	2
Enoch, s. Peter & Katharine, b. Aug. 10, 1735	1	76
Ephraim, eldest s. [Peter & Katharine], b. Dec. 21, 1712	PR1	2
Ephraim, s. [Peter & Katherin], b. Dec. 21, 1712	1	76
Ephraim, of Newtown, m. Johannah **GAYLORD**, of New Milford, Dec. 25, 1735, by Rev. Daniel Bowman, in Milford	1	80
Eunice, b. Oct. 29, 1766	1	91
Ezra, s. Peter & Katharine, b. Feb. 28, 1716	1	76
Ezra, s. Peter & Katharine, b. Feb. 28, 1716/17	PR1	2
Ezra, b. Sept. 2, 1768	1	91
Flora, m. Levi **BARNES**, Nov. 7, 1824, by Daniel Crane	3	14
Gideon, s. Peter & Katharine, b. Apr. 28, 1726	PR1	2
Gideon, s. Peter & Katharine, b. Apr. 28, 1726	1	76
Hannah, b. Dec. 6, 1777	1	91
Hannah, w. Lewis, d. Mar. 3, 1798	LR19	Index
Hannah, Mrs., d. Mar. 3, 1798	2	173
Jedediah, s. Peter & Katharine, b. Aug. 22, 1720	PR1	2
Jedediah, s. Peter & Katharine, b. Aug. 22, 1720	1	76
Jemimah, m. Abijah **PRINDLE**, Dec. 4, 1765	1	36
John, d. Oct. 8, 1822	2	151
John L., m. Esther **OVITT**, Sept. 16, 1821, by Rev. D. Burchans	2	23
John L., his w. [ ], d. Dec. 25, 1822	2	151
Joseph, b. May 28, 1765	1	91
Joseph, m. Harriet **HILL**, Oct. 14, 1821, by Daniel Burchans	2	14
Joseph W., d. Dec. 17, 1831, ae 31	2	140
Katharine, d. Peter & Katharine, b. July 30, 1732	1	76
Katharine, w. Peter, d. Mar. 16, 1742/3, in the 49th y. of her age	1	76
Lemuel, s. [Siliman & Elenor], b. May 2, 1763	1	14
Lewis, d. Aug. 27, [1800]	LR20	0
Louis, m. Alpheas **FAIRCHILD**, Jan. 6, 1774	1	84
Margary, m. John **GLOVER**, Nov. 27, 1700	LR2	83
Mary, d. [Peter & 2nd w. Sarah], b. Nov. 21, 1746	1	76
Mary, m. Isaiah **NORTHRUP**, Dec. 17, 1767	1	17
Matthew, s. Peter & Katharine], b. Sept. 5, 1723	PR1	2
Matthew, s. Peter & Katharine, b. Sept. 5, 1723	1	76
Mathew, m. Abiah **HAWLEY**, Dec. 6, 1743	1	72
Nancy A., m. James **NICHOLS**, Jr., Aug. 21, 1825, by Rev. Daniel Burchans	3	19

	Vol.	Page
HUBBELL, HIBBELL, HUBBEL (cont.),		
Nathaniel, of Redding, m. Azubah **BRISCOE**, Oct. 17, 1821, by Rev. Daniel Berchans	2	6
Olive, b. Sept. 25, 1774	1	91
Parrillas, wid., d. Mar. 18, 1838, ae 76	2	125
Penina, wid., d. Dec. 15, 1808	2	165
Peter, m. Katharine **WHEELER**, b. of Stratford, Jan. 19, 1709, by Rev. Charles Chansey	PR1	2
Peter, m. Katherin **SYLVESTER**, b. of Stratfield, Jan. 19, 1709, by Rev. Mr. Chandler, of Stratfield	1	76
Peter, s. Peter & Katharine, b. Apr. 5, 1715	PR1	2
Peter, s. Peter & Katharine, b. Apr. 5, 1715	1	76
Phebe, d. [Peter & 2nd w. Sarah], b. Dec. 21, 1748[sic]; d. Feb. 1, 1756	1	76
Rachel, b. May 28, 1781	1	91
Rhoda, b. Apr. 16, 1743	1	91
Rhoda, d. Peter & Sarah, b. May 31, 1745; d. Oct. 3, 1746	1	76
Rhoda, b. Sept. 11, 1772	1	91
Richard, m. Jedidah **SKIDMAN**, Nov. 30, 1749	1	19
Rose, d. Oct. 19, 1862, ae 23	4	30
Sarah, d. Peter & Katharine, b. Feb. 27, 1718	PR1	2
Sarah, d. Peter & Katharine, b. Feb. 27, 1718/19	1	76
Sarah, m. Eli **DUNING**, Sept. 4, 1759	1	13
Silas, s. Peter & Katharine, b. Feb. 24, 1738/9	1	76
Silliman, d. Mar. 18, 1765	1	14
Silliman, s. [Siliman & Elenor], b. Nov. 1, 1765	1	14
Stephen, b. Dec. 10, 1744	1	91
Stephen, b. Sept. 19, 1779	1	91
Truman, of Monroe, m. Ruth Ann **WHITNEY**, of Newtown, Oct. 28, 1847, by Rev. S. S. Stocking	3	139
William, d. May 24, 1869, ae 54	4	42
Will[ia]m Gaylord, s. [Ephraim & Johannah], b. Aug. last day, 1736	1	80
[HUGHES], HUGH. HUGHS, Patrick, his s. [ ], d. Sept. 1, 1858, ae 1 d.	4	22
Patrick, d. Sept. 17, 1863, ae 48	4	32
HULL, [see also **HALL**], Abel, s. Ebenezer, decd., b. Apr. 27, 1754	1	30
Abiah, d. [Eliphalet & Rebeckah], b. Sept. 22, 1768	1	81
Agnes, m. Herman **HILL**, Sept. 24, 1826, by Rev. Bennett Glover	3	23
Annah, d. [Eliphalet & Rebeckah], b. Aug. 5, 1766	1	81
Bennett B., d. Dec. 23, 1868, ae 75	4	41
Betty, d. [Eliphalet & Rebeckah], b. Aug. 11, 1776	1	81
Betty, wid., d. May 2, 1817	2	156
Bradley B., m. Eloisa **PARMELEE**, b. of Newtown, Feb. 13, 1828, by Rev. W[illia]m Mitchell	3	31
Clarissa, m. Nathan B. **SHERMAN**, b. of Newtown, Mar. 15, 1829, by Nathan D. Benedict	3	36
Clark, his wid. [ ], d. Dec. 23, 1844, ae 72 y.	2	79
Clark, his wid. [ ], d. Dec. 23, 1844, ae 72	2	118

	Vol.	Page
HULL, [see also **HALL**] (cont.),		
Clark, his wid. [ ], d. Dec. 23, 1844, ae 72	4	1
David, his w. [ ], d. Apr. 6, 1848, ae 20	4	7
Ebenezer, s. [John & Elizabeth], b. Oct. 5, 1729	1	19
Elijah, s. [John & Elizabeth], b. Mar. 24, 1734	1	19
Elijah, d. [ ], 1811	2	162
Eliphalet, s. [John & Elizabeth], b. Jan. 1, 1737/8	1	19
Eliphalet, m. Rebeckah **BALDWIN**, Oct. 30, 1765	1	81
Eliphalet, d. May 28, [1800]	LR20	0
Erastus, m. Betsey **HILL**, May 2, 1822, by Rev. D. Burhans	2	79
Erastus, his s. [ ], d. Mar. 22, 1833 ae 1	2	135
Easther, d. [Eliphalet & Rebeckah], b. Apr. 17, 1774	1	81
George W., d. Nov. 14, 1861, ae 21	4	28
Hannah, d. Sept. 4, 1798	2	173
John, s. [John & Elizabeth], b. Nov. 13, 1735	1	19
John, his s. [ ], d. Nov. 10, 1819	2	154
John, his infant d. [ ], d. Mar. 16, 1825	2	147
John, d. May 8, 1849, ae 69	4	9
John, his wid., d. July 2, 1849, ae 68	4	9
John, d. Apr. 27, 1855, ae 47	4	18
Laurin, m. Hannah **TONGUE**, b. of Newtown, Dec. 25, 1834, by Matthew Batchelor	3	72
Lawrence, his d. [ ], d. Jan. 2, 1842, ae 3	2	120
Lucy, d. Dec. 2, 1822	2	151
Lydia, d. [Eliphalet & Rebeckah], b. Mar. 3, 1772	1	81
Mary, d. [John & Elizabeth], b. Mar. 5, 1741	1	19
Nancy, of Newtown, m. Horace **TOMLINSON**, of Reading, Oct. 22, 1836, by Rev. Jacob Sloper	3	86
Peter C., his s. [ ], d. May 3, 1807	2	166
Peter C., his d. [ ], d. Mar. 18, 1810	2	163
Peter C., d. Oct. 26, 1831, ae 68	2	140
Rebeckah, d. [Eliphalet & Rebeckah], b. Aug. 17, 1778	1	81
Rebecca, wid., d. May 25, 1814	2	159
Sally, m. Zachariah **BEARDSLEE**, b. of Newtown, Sept. 4, 1828, by Rev. Nathan D. Benedict	3	34
Sarah A., of Newtown, m. Henry **WINTON** of Weston, Sept. 8, 1833, by Rev. N. M. Urmston	3	62
Sherman, d. Feb. 4, 1858, ae 52	4	22
Tarhphena, b. Dec. 2, 1769; m. Isaac **CROFUT**, Mar. 8, 1787	2	61
HUNT, Mary, wid., d. Mar. 27, 1820	2	153
HUNTINGTON, Lewis Booth, d. July 13, 1870, ae 49	4	44
HUPPER, Henry, of New York, m. Sarah **OGDEN**, of Newtown, May 17, 1846, by Rev. S. S. Stocking	3	132
HURD, [see also **HARD**], Charlotte, of Newtown, m. Ransom **CHIP-MAN**, of Stratford, Jan. 4, 1843, by Rev. Charles Chittenden	3	114
Dime Ann, [d. Oliver Clark & Keziah], b. Apr 25, 1788	1	60
Emily R., of Newtown, m. Joel F. **TERRELL**, of Monroe, Feb. 21, 1837, by Rev. S. C. Stratton	3	82
Emma, d. [Oliver Clark & Keziah], b. Aug. 25, 1802	1	60

	Vol.	Page
HURD, [see also **HARD**] (cont.),		
Emma, d. Aug. 26, 1825, ae 23	2	148
Frederick, d. Mar. 20, 1834, ae 22	2	133
George, m. Marriette **THOMPSON**, of Bridgeport, Sept. 24, 1848, by Rev. J. Atwater	3B	24
Jabez, his wid., d. Oct. 3, 1851, ae 83	4	13
Jerusha, [d. Oliver Clark & Keziah], b. Apr. 9, 1797	1	60
Katie N., d. Mar. 31, 1866, ae 3 m.	4	36
Keziah, [w. Oliver Clark], d. Jan. 15, 1817	1	60
Keziah, d. Jan. 15, 1817	1	60
Keziah, Mrs., d. Jan. 15, 1817	2	156
Mabel, wid., d. June 29, 1865, ae 81	4	35
Marcia, of Newtown, m. Bryan **PORTER**, of Farmington, Mar. 4, 1830, by Nathan D. Benedict	3	41
Oliver C., d. Mar. 28, 1835, ae 69	2	131
Oliver Clark,* m. Keziah **BOTSFORD**, Apr. 24, 1786 *(See "Oliver Clark **HARD**" for birth record)	1	60
Ophelia, of Newtown, m. Henry C. **BURROUGHS**, of Bridgeport, Jan. 24, 1832, by Rev. S. C. Stratton	3	52
Roswell Botsford, s. [Oliver Clark & Keziah], b. May 8, 1792; d. Aug. 15, 1793	1	60
Sally, [d. Oliver Clark & Keziah], b. Apr. 21, 1805	1	60
Theophilus,* m. Joanna **BRISTOLL**, Nov. 15, 1764 *("Theophilus **HARD**"?)	1	15
HURLBUT, Louisa Ann, of Danbury, m. Sam[ue]l B. **BLACKMAN**, [probably 1824], by Rev. Daniel Burhans	3	10
HYDE, Albert, m. Susan M. **ANDREWS**, Oct. 7, 1849, by Rev. J. Atwater	3B	28
Calvin, his child d. July 30, 1822	2	151
JACKSON, Artemese, d. [Daniel], b. Mar. 12, 1771	1	82
Asel, s. [Daniel], b. Apr. 22, 1774	1	82
Emma, d. Dec. 4, 1859, ae 3	4	25
Emma, d. June 18, 1864, ae 6	4	34
Huldah E., d. Oct. 7, 1864, ae 2	4	34
Jane, d. Oct. 11, 1864, ae 16	4	34
Julia, Mrs. of Weston, m. Daniel **BRISCO**, of Newtown, Sept. 17, 1836, by Jacob Beers, J. P.	3	79
Mary, d. [Daniel], b. May 8, 1772; d. June 26, 1773	1	82
Nathan, his s. [ ], d. Oct. 31, 1855, ae 4	4	19
Nathan L., of Trumbull, m. Nancy **BENNET**, of Newtown, Oct. 14, 1838, by Rev. Rodney Rossiter, of Monroe	3	93
Sylvia A., of New Milford, m. Abel **SAULS**, of Huntington, this day, [Nov. 25, 1823], by Lamson Birch, J. P.	3	9
JACOBS, Phillip, s. Phillip & Elenor, b. Apr. 6, 1769	1	14
JARVIS, Alfred, of Virginia, d. July 8, 1841, ae 19	2	122
Samuel, d. May 22, 1833, ae 14	2	135
Sarah Ann, d. June 30, 1859, ae 69	4	24
JEFFERSON, Alexander Brisco, f. of Tom, d. Feb. 16, 1812	2	161
Betsey, wid., d. May 27, 1866, ae 56	4	37

	Vol.	Page
JEFFERSON (cont.),		
Charles, d. Dec. 4, 1848, ae 20	4	8
Julia, d. July 14, 1850, ae 9	4	11
Thomas, his d. [ ], d. Mar 13, 1846, ae 9	2	115
Thomas, his d. [ ], d. Mar. 19, 1846, ae 9	4	3
Thomas, his d. [ ], d. Apr. 18, 1846, ae 3	2	115
Thomas, his d. [ ], d. Apr. 18, 1846, ae 3	4	3
Thomas, d. Dec. 21, 1859, ae 51	4	25
Tho[ma]s, d. Mar. 31, 1862, ae 13	4	29
JENNINGS, JENCKINGS, Bennett, his d. [ ], d. Oct. 10, 1851, ae 17	4	13
Boston, colored, d. May 21, 1825	2	147
David, d. Dec. 19, 1736	1	76
David, his w. [ ], d. Apr. 29, 1810	2	163
Dinah, of Newtown, m. Primus **TREADWELL**, of Huntington, Oct. 17, 1822, by Lamson Birch, J. P.	3	2
Elijah, d. Aug. 7, 1810	2	163
Ezra H., d. Jan. 10, 1827, ae 49	2	144
Harriet, colored, d. July 23, 1809	2	164
Hawley B., wid., d. June 11, 1848, ae 71	4	7
Lemuel, d. Jan. 16, 1845, ae 70	4	2
Lucy A., m. Samuel R. **BROOKINGS**, b. of Newtown, June 1, 1836, by Rev. N. M. Urmston	3	78
Sally, d. Jan. 13, 1839, ae 63	2	123
William, d. Jan. 17, 1846, ae [ ]	2	117
JOHNSON, JONSON, Abel, s. [Ichabod & Elizabeth], b. Mar. 26, 1748	1	23
Abel, d. May 21, 1815	2	158
Abigail, d. [Jeremiah & Lepparah], b. Sept. 16, 1735	1	73
Abner, Mrs., d. Mar. 8, 1868, ae 70	4	39
Abraham, s. Ebenezer & Hannah, b. Aug. 19, 1715	LR2	350
Adeline, m. William **FAIRCHILD**, Sept. 17, 1848, by Rev. J. Atwater	3B	24
Alice, d. [Jeremiah & Lepparah], b. Oct. 2, 1742	1	73
Andrew, [s. Enos & Eunice], b. July 12, 1796	2	92
Andrew, d. Nov. 8, 1824	2	149
Anna, [d. Enos & Eunice], b. Apr. 5, 1788	2	92
Betty, d. [Ebenezer & Sarah], b. Mar. 28, 1773	1	64
Bill, colored, his d. [ ], d. Sept. 19, 1826, ae 2	2	146
Bill, his s. [ ], colored, d. Oct. 1, 1846, ae 4	2	116
Bill, colored, d. Feb. 21, 1854, ae 50	4	16
Caroline, of Litchfield, m. Charles **SEELEY**, of Newtown, Mar. 20, 1836, by Rev. S. C. Stratton	3	77
Catharine E., of Newtown, m. Isaac **TURNEY**, of Newtown, Nov. 24, 1841, by Rev. Stephen J. Stebbins	3	108
Charity, d. [Jeremiah & Lepparah], b. July 16, 1733	1	73
Charles, s. Ezra, d. Sept. 29, 1799	LR19	Ind. A
Charles, m. Julia **MERIT**, May 18, 1825, by Rev. Daniel Burhans	3	18
Charles, m. Julia **MERRETT**, May 18, 1825, by Rev. Daniel Burhans	3	19

	Vol.	Page

JOHNSON, JONSON (cont.),

	Vol.	Page
Charles, Jr., m. Sally Maria **JORDAN**, Aug. 15, 1830, by Rev. Daniel Burhans	3	43
Charles, his s. [ ], d. Sept. 14, 1851, ae 1	4	13
Charles, Jr., his s. [ ], d. Feb. 17, 1853, ae 20	4	14
Charles, Jr., his w. [ ], d. July 13, 1856, ae 44	4	20
Charlotte, m. Elizur **NORTHROP**, Mar. 23, 1828, by Rev. Bennet Glover	3	32
Cornelia, m. David H. **BELDEN**, Oct. 20, 1824, by B. Glover	3	13
Curtiss, m. Mrs. Harriet **RILEY**, b. of Oxford, Oct. 23, 1831, by Rev. Nathan D. Benedict	3	51
Cyrus, [s. Enos & Eunice], b. Oct. 1, 1780	2	92
Daniel, m. Aner **HALL**, Oct. 3, 1829, by Jacob Beers, J. P.	3	38
David H. m. Esther **BEERS**, Nov. 1, 1835, in Trinity Church, by Rev. S. C. Stratton	3	74
David H., his w. [ ], d. Nov. 28, 1863, ae 50	4	32
Ebenezer, s. [Ichabod & Elizabeth], b. Feb. 13, 1746/7	1	80
Ebenezer, m. Sarah **HARD**, Nov. 28, 1771	1	64
Ebenezer, s. [Ebenezer & Sarah], b. Aug. 13, 1775	1	64
Eber, of Monroe, m. Reliance **CONE**, of Newtown, Apr. 24, 1831, by Rev. Nathan D. Benedict	3	47
Eber, colored, his 2nd s. [ ], d. Dec. 27, 1831	2	140
Eber, colored, his s. [ ], d. Dec. 9, 1843, ae 11	2	119
Eber, colored, his s. [ ], d. Jan. 3, 1846, ae [ ]	2	115
Eber, his s. [ ], d. Jan. 3, 1846	4	3
Edward, d. Mar. 16, 1868, ae 20 y. 8 m.	4	39
Elias, his s. [ ], d. [Apr. , 1834]	2	133
Emily, m. David **NORTHROP**, Dec. 26, 1836, by Rev. J. Hitchcock	3	82
Enos, m. 2nd w. Eunice **HARD**, of Derby, [ ]	2	92
Enos, s. [Ichabod & Elizabeth], b. Oct. 13, 1757	1	23
Enos, Capt., d. July 13, 1812	2	161
Eunes, d. Abraham & Meriam, b. Dec. 9, 1757	1	10
Eunice, m. James **WHITNEY**, Aug. 13, 1777	1	52
Eunice, wid., d. Jul. 11, 1847, ae 83	4	6
Eunice, wid., d. Jul. 11, 1847, ae 83	2	113-4
Ezra H., his d. [ ], d. Apr. 28, 1810	2	163
Ezra H., his w. [ ], d. Jan. 22, 1838, ae 65	2	125
Ezra H., d. Feb. 17, 1857, ae 88	4	20
Hannah, d. [Ichabod & Elizabeth], b. Nov. 11, 1741	1	80
Hannah, m. Daniel **PECK**, Dec. 1, 1761, by Rev. Mr. Judson	1	10
Henry, of Huntington, m. Venus **CURTIS**, of Newtown, (colored), Jan. 3, 1821, by John Sherman	2	6
Henry, d. July 20, 1846, ae 16	2	115
Henry, d. July 20, 1846, ae 16	4	3
Hullday, d. [Ichabod & Elizabeth], b. Aug. 26, 1755	1	23
Icabod*, s. Ebenezer & Hannah, b. June [ ], 1719 *("Ic[h]abod")	LR2	350
Ichabod, [s. Enos & Eunice], b. Mar. 13, 1779	2	92
Ichabod, his child d. Sept. 27, 1812	2	161

	Vol.	Page
JOHNSON, JONSON (cont.),		
Ichabod, his w. [ ], d. Dec. 11, 1827, ae 47	2	144
Ichabod, his w. [ ], d. Oct. 16, 1855, ae 71	4	19
Ichabod, d. Nov. 2, 1856, ae 78	4	20
Jackson, of Poundridge, N. Y., m. Hannah **PRINDLE**, of Newtown, Apr. 30, 1842, by Rev. Stephen J. Stebbins	3	112
Jacob, his d. [ ], d. Jan. 10, 1798	2	173
Jacob, his 2nd d. [ ], d. Oct. 5, 1811	2	162
Jacob, his w. [ ], d. Sept. 30, 1828, ae 50	2	143
Jacob, d. July 6, 1846	2	117
Jacob, d. July 6, 1845, ae 75	4	2
Jeremiah, of New Haven, m. Mary **PULFORD**, of Newtown, Dec. 7, 1832, by Lamson Birch, J. P.	3	59
Jerusha, d. [Ichabod & Elizabeth], b. Feb. 19, 1744/5	1	80
John, s. [Ichabod & Elizabeth], b. Jan. 29, 1740	1	80
John, d. Nov. 29, 1807	2	166
John, Jr., his s. [ ], d. Aug. 2, 1842, ae [ ]	2	120
John, d. Mar. 9, 1845, ae 63	4	2
John, his wid., d. Aug. 29, 1845, ae 52	4	2
John, d. Mar. 9, 1846, ae 63	2	117
John, s. Abel, d. Apr. 2, 1846, ae 4	2	117
John, his wid., d. Aug. 29, 1846, ae 63	2	117
John, his d. [ ], d. June 19, 1853, ae 2 m.	4	15
John, his d. [ ], d. Dec. 27, 1861, ae 2 m.	4	29
Julia, d. [Jan. , 1826], ae 18	2	145
Julia, m. Jerome **SOMERS**, Oct. 12, 1851, by Rev. J. Atwater	3B	42
Keziah, [d. Enos & Eunice], b. Sept. 15, 1785	2	92
Lucy, m. Isaac **BLACKMAN**, Sept. 26, 1827, by Rev. W[illia]m Mitchell	3	29
Lucy Ann, d. Jan. 15, 1854, ae 44	4	16
Lydia Ann, m. Wyllys **BENNETT**, b. of Newtown, May 25, 1821, by Benjamin Hord, J. P.	2	6
Mabel, d. [Ichabod & Elizabeth], b. Dec. 21, 1752	1	23
Maria, of Cooperstown, N. Y., m. Aaron J. **PARMELEE**, of Newtown, Oct. 18, 1840, by Rev. Nathaniel Mead	3	101
Mariam, wid., m. Thomas **STILSON**, Apr. 12, 1759, by Rev. Thomas Toucey	1	10
Mary, d. [Ichabod & Elizabeth], b. Oct. 30, 1750	1	23
Mary, m. Clark **SMITH**, b. of Newtown, Sept. 13, 1843, by Rev. S. S. Stocking	3	118
Moses, s. [Jeremiah & Lepparah], b. July 30, 1737	1	73
Nabby, [d. Enos & Eunice], b. Jan. 2, 1791	2	92
Nancy, d. Jacob, d. Jan. 10, 1798	LR19	Index
Nancy, of Newtown, m. Thomas U. **STILLMAN**, of Bridgeport, Oct. 4, 1842, by Rev. S. S. Stocking	3	113
Phebe, d. [Jeremiah & Lepparah], b. July 13, 1740	1	73
Polly, b. June 5, 1793	2	91
Polly, [d. Enos & Eunice], b. June 6, 1793	2	92
Polly, m. Josiah **SANFORD**, Aug. 7, 1816	2	91

	Vol.	Page
JOHNSON, JONSON (cont.),		
Sally, d. Oct. 6, 1812	2	161
Samuel, d. May 3, 1862, ae 87	4	29
Sam[ue]l, his wid., d. Oct. 24, 1864, ae 83	4	34
Sarah, d. Jeremiah & Lepparah, b. Dec. 13, 1731	1	73
Sarah, b. June 6, 1763; m. Daniel **COLBURN**, Mar. 23, 1784	2	19
Sarah, [d. Enos & Eunice], b. June 6, 1783	2	92
Sarah, of Newtown, m. Seeley **TOMLINSON**, of Oxford, Nov. 28, 1822, by Beardsley Northrop	3	3
Sarah, of Newtown, m. David **LYON**, of Monroe, Mar. 18, 1849, by Jacob Beers, J. P.	3B	27
Susan, m. David Hull **BELDEN**, Dec. 25, 1828, by Rev. Daniel Burhans	3	35
Walter, m. Emma **BENNETT**, b. of Newtown, Mar. 28, 1824, by Rev. Charles Smith	3	11
William, his s. [ ], d. Oct. 1, 1846, ae 4	4	5
JONES, David W., of Mass., m. Catharine M. **JUDSON**, of Newtown, Oct. 7, 1840, by Rev. Alexander Leadbetter. Int. Pub.	3	100
David W., his d. [ ], d. Sept. 27, 1846, ae 4	2	116
David W., his d. [ ], d. Sept. 27, 1846, ae 4	4	5
David W., d. May 3, 1863, ae 46, at Chancellersville	4	31
John, his infant d. July 12, 1856, ae 1 h.	4	20
William P., d. Mar. 25, 1820	2	153
JORDAN, Abiah, wid., d. Sept. 12, 1846, ae 60	2	116
Abiah, wid., d. Sept. 12, 1846, ae 60	4	3
Eliza, m. Oscar **WINTON**, Apr. 25, 1848, by Rev. Charles Bartlett	3B	20
Isaac, [s. Timothy & Sally], b. Feb. 24, 1799	2	33
Laura B., [d. Timothy & Sally], b. Mar. 4, 1803	2	33
Levi E., [s. Timothy & Sally], b. Nov. 2, 1791	2	33
Levi E., his w. [ ], d. Mar. 29, 1819	2	154
Levi E., d. Dec. 31, 1837, ae 37	2	144
Marshall, his d. [ ], d. [June , 1835]	2	132
Martial, [s. Timothy & Sally], b. Oct. 10, 1794	2	33
Martial, m. Dellany **SHERMAN**, b. of Newtown, Mar. 14, 1824, by John Sherman	3	11
Nancy, m. Nichols **FRENCH**, Jan. 5, 1847, by Rev. George E. Fuller	3	135
Philo M., [s. Timothy & Sally], b. Dec. 2, 1788	2	33
Philo M., d. [Aug.], 1822	2	151
Polly S., Mrs. of Newtown, m. John **MERRET**, of Trumbull, Apr. 27, 1828, by Nathan D. Benedict	3	33
Sally, wid., d. Oct. 28, 1829, ae 62	2	142
Sally Maria, m. Charles **JOHNSON**, Jr., Aug. 15, 1830, by Rev. Daniel Burhans	3	43
Timothy, m. Sally **MILLS**, Dec. 2, 1787	2	33
Timothy, d. Apr. 24, 1829, ae 63	2	142
JUDD, Alson, m. Catharine **EDWARDS**, Nov. 25, 1827, by Jacob Beers, J. P.	3	30
Arsina, m. Benjamin **GREGORY**, Jan. 20, 1842, by Rev. S. S.		

	Vol.	Page
JUDD (cont.),		
Stocking	3	110
Catharine, m. Daniel **GREGORY**, b. of Newtown, Apr. 16, 1848, by Rev. S. S. Stocking	3B	20
Daniel H., m. Phebe **WEED**, b. of Newtown, Dec. 22, 1847, by Edward Starr, J. P.	3	141
Daniel S., d. Apr. 6, 1847, ae 20	4	6
Daniel S., d. Apr. 6, 1847, ae 20	2	113-4
David, his s. [　　　　　], d. Nov. 16, 1836, ae 8	2	130
Euphemia, m. Wheeler **FRENCH**, b. of Newtown, July 3, 1844, by Rev. William Denison	3	124
Juliette, of Newtown, m. Stiles **SMITH**, of Brookfield, Mar. 8, 1848, by Rev. S. S. Stocking	3	144
Louisa, of Newtown, m. Ira **MANLEY**, of Redding, Nov. 3, 1844, by Rev. S. S. Stocking	3	123
Marinda T., m. Marcus B. **SHERMAN**, b. of Newtown, Mar. 25, 1832, by Rev. Samuel C. Stratton	3	54
Rhuma Maria, of Newtown, m. William **DIKEMAN**, of Danbury, Sept. 12, 1838, by Rev. S. C. Stratton	3	92
Taylor, his w. [　　　　　], d. Sept. 19, 1842, ae 52	2	120
Taylor, his d. [　　　　　], d. Oct. 6, 1842, ae 7	2	120
Taylor, m. Mary **STILES**, b. of Newtown, Dec. 7, 1846, by Rev. S. S. Stocking	3	134
Taylor, his w. [　　　　　], d. June 22, 1848, ae 40	4	8
Taylor, d. May 27, 1866, ae 77	4	37
William, his d. [　　　　　], d. Aug. 25, 1843, ae 3	2	119
JUDSON, Abel, s. Capt. Dan[ie]ll, of Stratford, b. Feb. 12, 1721/2 in Stratford; m. Sarah **BURTON**, d. Judson, of Stratford, May 7, 1744	1	72
Abel, s. [Abel & Sarah], b. Feb. 21, 1846/7	1	72
Abel, d. Jan. 3, 1799	LR19	Ind. A
Abel, s. Abel, d. Jan. 10, 1799	LR19	Ind. A
Abner, his w. [　　　　　], d. Nov. 9, 1820	2	153
Abner, his child, d. Feb. 21, 1823	2	150
Abner, m. Anna **SHEPARD**, b. of Newtown, Jan. 9, 1832, by Samuel C. Blackman, J. P.	3	52
Abner, d. Feb. 15, 1848, ae 71	4	7
Andrew, s. [John & Patience], b. Sept. 26, 1770	1	84
Ann, m. Matthew **CURTIS**, Sept. 30, 1770	LR10	1. p.
Ann E., of Newtown, m. Elijah **MIDDLEBROOK**, Jr., of Trumbull, June 1, 1845, by Rev. John L. Ambler	3	131
Anne, d. [Nathaniel & Rhoda], b. June 21, 1778	1	58
Annette, m. John **WETMORE**, Aug. 8, 1820, by Rev. Daniel Burchans	2	16
Anson, s. [Nathaniel & Rhoda], b. Dec. 13, 1781	1	58
Bennet, d. Nov. 24, 1808	2	165
Bennett, his s. [　　　　　], d. Aug. 21, 1838, ae 7	2	125
Betsey, m. Riverus **PRINDLE**, July 8, 1790	2	43
Betty, d. [David & Mary], b. Feb. 22, 1762	1	74

	Vol.	Page
JUDSON (cont.),		
Billy, s. [Nathaniel & Rhoda], b. Feb. 3, 1787	1	58
Catharine M., of Newtown, m. David W. **JONES**, of Mass., Oct. 7, 1840, by Rev. Alexander Leadbetter. Int. Pub.	3	100
Cornelia, Mrs., d. Mar. 4, 1859, ae 24	4	23
Daniel, s. [Nathaniel & Rhoda], b. Nov. 28, 1776	1	58
David, Rev. of Newtown, m. Mary **JUDSON**, d. Joshua, of Stratford, decd., Oct. 20, 1743, by Rev. Mr. Gould, of Stratford	1	74
David, s. [David & Mary], b. May 17, 1748; d. Dec. 11, 1749	1	74
David, s. [David & Mary], b. Aug. 25, 1757	1	74
David, s. [Nathaniel & Rhoda], b. Aug. 25, 1783	1	58
David, d. July 21, 1822	2	151
Eunice, m. Ebenezer **MALLERY**, Feb. 28, 1782	1	55
Fanny, wid., d. Apr. 22, 1869, ae 72	4	42
Fanny M., m. David B. **SHERMAN**, b. of Newtown, June 9, 1844, by Rev. S. S. Stocking	3	122
George, Dr., d. Apr. 22, 1853, ae 39	4	15
George, d. Mar. 15, 1865, ae 2 y. 4 m.	4	35
Hannah, d. [David & Mary], b. June 10, 1750	1	74
Hannah, d. Sept. 8, 1826, ae 30	2	146
Harry, m. Sylvia Ann **SHEPARD**, Mar. 6, 1825, by Rev. Daniel Burhans	3	17
Harry, colored, d. July 29, 1856, ae 50	4	20
James, colored, d. Apr. 18, 1866, ae 21 y. 6 m.	4	37
Jared, colored, d. Feb. 28, 1834, ae 51	2	133
John, s. [Abel & Sarah], b. Apr. 27, 1745	1	72
John, m. Patience **FAIRMAN**, Apr. 30, 1767	1	84
John, d. Feb. 6, 1812	2	161
John, Dr., d. July 29, 1839, ae 50	2	123
John B., m. Caroline **WHITE**, b. of Newtown, May 7, 1843, by Rev. Alex Leadbetter. Int. Pub.	3	117
Lewis, s. [Nathaniel & Rhoda], b. Jan. 22, 1780	1	58
Lucinda, d. Aug. 25, 1857, ae 21	4	21
Martin, d. Oct. 19, 1855, ae 62	4	19
Mary, d. Joshua, of Stratford, m. Rev. David **JUDSON**, of Newtown, Oct. 20, 1743, by Rev. Mr. Gould, of Stratford	1	74
Mary, d. David & Mary, b. July 4, 1744	1	74
Mary, [d. David & Mary], d. July 23, 1750	1	74
Mary, d. [David & Mary], b. June 7, 1752	1	74
Mary, of Newtown, m. William **MALLORY**, of Wilton, Jan. 30, 1823, by Hawley Sanford, Elder	3	5
Monroe, m. Sarah M. **BLACKMAN**, b. of Newtown, May 1, 1844, by Rev. S. S. Stocking	3	121-2
Monroe, his s. [ ], d. Sept. 15, 1846, ae 1	2	116
Monroe, his s. [ ], d. Sept. 15, 1846, ae 1	4	3
Nancy, d. [Nathaniel & Rhoda], b. Aug. 6, 1785	1	58
Nathaniel, s. Abel, decd., b. Mar. 2, 1754; m. Rhoda **HALL**, June 8, 1775	1	58
Nathaniel, his s. [ ], d. May 6, 1806	2	167

	Vol.	Page
JUDSON (cont.),		
Nathaniel, d. Mar. 15, 1815	2	158
Oliver, s. [Nathaniel & Rhoda], b. Jan. 10, 1789	1	58
Orris, d. July 23, 1850, ae 29	4	11
Parthena, Mrs., d. [July , 1831], ae 42	2	139
Phebe, m. Mathew **CURTISS**, June 2, 1737	1	12
Phebe, d. [David & Mary], b. Aug. 16, 1746	1	74
Phebe, wid., d. Feb. 15, 1830, ae 81	2	141
Polly, d. [John & Patience], b. Feb. 27, 1768	1	84
Polly Ann, d. Jan. 18, 1835, ae 36	2	131
Rhoda, wid., d. Mar 6, 1836, ae 79	2	129
Richard, s. [John & Patience], b. Feb. 11, 1772	1	84
Ruth, d. [Abel & Sarah], b. Feb. 8, 1752	1	72
Ruth, m. Henry **FAIRMAN**, Nov. 9, 1769	1	67
Ruth, m. Amos **HARD**, Jr., Dec. 22, 1793	2	22
Sally, d. Dec. 2, 1846, ae 70	4	5
Sally, d. Dec. 2, 1846, ae 70	2	116
Sarah, d. [Abel & Sarah], b. Apr. 26, 1749	1	72
Sarah, m. Asher **PECK**, Nov. 17, 1768	1	63
Sarah, d. Mar. 26, 1799	LR19	Ind. A
Sarah, m. Daniel **HALL**, b. of Newtown, Mar. 5, 1843, by Rev. Alexander Leadbetter. Int. Pub.	3	116
Sarah, Mrs., d. Feb. 25, 1867, ae 42	4	38
Silas Burton, s. [John & Patience], b. June, 2, 1769	1	84
Sylvia, Mrs., d. Feb. 6, 1826, ae 22	2	145
William, d. Sept. 1, 1828, ae 41	2	143
Zenas, his d. [ ], d. Feb. 23, 1832, ae [ ]	2	137
Zenas, his infant s. [ ], d. [Jan. , 1835]	2	131
Zenus, d. Dec. 26, 1859, ae 67	4	25
Zera, her child d. Sept. 6, 1820	2	153
Zerah, her s. [ ], d. Aug. 26, 1849, ae 9	4	9
Zeruh, d. Aug. 15, 1868, ae 78	4	40
KANE, Catharine, d. Sept. 2, 1867, ae [ ]	4	39
Catharine, d. June 28, 1868, ae 16	4	40
Daniel, his s. [ ], d. Jan. 29, 1859, ae 1 h.	4	23
Daniel, his d. [ ], d. Jan. 29, 1859, ae 1 h.	4	23
Daniel, his child d. Aug. 21, 1870, ae 1 y. 6 m.	4	44
Ja[me]s, his s. [ ], d. June 28, 1866, ae 5	4	37
Johannah, d. Oct. 6, 1867, ae 2 w.	4	39
Lizzie, d. Apr. 9, 1866, ae 3	4	36
Margarette, d. May 22, 1863, ae 20	4	31
Mary, wid., d. Sept. 7, 1860, ae 54	4	26
Mary, Mrs., d. Feb. 28, 1861, ae 55	4	27
-----, d. Apr. 17, 1863, ae 1 y. 6 m.	4	31
KATIN, KATING, [see under **KEATING**]		
KAVANAGH, Catharine, d. Dec. 12, 1868, ae 11	4	41
Patrick, d. Nov. 22, 1862, ae 36	4	30
KEATING, KATING, KATIN, KATEN, Catharine, d. Aug. 31, 1863, ae 1	4	32

	Vol.	Page
KEATING, KATING, KATIN, KATEN (cont.),		
James, his s. [ ], d. Dec. 28, 1866, ae 10 m.	4	37
Ja[me]s, d. May 11, 1868, ae 45	4	40
Joanna, d. June 26, 1864, ae 8	4	34
Margarette, d. June 21, 1864, ae 5	4	34
Mariette, d. Feb. 5, 1866, ae 6 y. 4 m.	4	36
Martin, his d. [ ], d. Feb. 20, 1864, ae 10 m.	4	33
Martin, d. Dec. 19, 1869, ae 25	4	43
Mary, d. June 21, 1856, ae 15	4	19
KEELER, Alomon, his s. [ ], d. Feb. 28, 1853, ae 9 m.	4	14
Burr, d. Mar. 7, 1847, ae 19	4	6
Burr, d. Mar. 7, 1847, ae 19	2	113-4
Elizur, his w. [ ], d. May 14, 1846, ae 34	2	117
Elizur H., m. Sally Maria **WHEELER**, d. John B. & Polly, [ ]	2	75
Elezur W., m. Sally M. **WHEELER**, b. of Newtown, May 14, 1834, by Rev. N. M. Urmston	3	67
Elizur W., his w. [ ], d. May 14, 1845, ae 32	4	2
Henry, d. June 8, 1857, ae 15	4	21
Hezekiah, m. Katherine **LYON**, Mar. 31, 1755	1	39
Hezekiah, d. Aug. 31, 1760	1	39
Hezekiah, s. [Hezekiah & Katherine], b. Dec. 2, 1760	1	39
Hezekiah & w. Katherine, had child s. b. [ ]	1	39
Katherine, had s. Levy, b. May 7, 1764	1	39
Levy, s. Katherine, b. May 7, 1764	1	39
Lucy, m. James **BRISCO**, Jr., Sept. 14, 1834, by Rev. N. M. Urmston	3	69
Phebee, [d. Hezekiah & Katherine], b. June 29, 1758	1	39
Sally Maria, w. Elizur H., d. May 14, 1845, ae 34 y.	2	75
KELLY, KELLEY, Ann, Mrs., d. Mar. 7, 1867, ae 24	4	38
John, his child s. b. Oct. 18, 1868	4	41
Martin, his s. [ ], d. Feb. 15, 1862, ae 1 w. 8 m.	4	29
Martin, his child d. Feb. 22, 1865, ae 2 d.	4	35
Martin, d. Nov. 4, 1869, ae 1 m.	4	43
Mary A., d. Jan. 31, 1863, ae 15	4	31
Michael, d. Nov. 27, 1866, ae 82	4	37
Patrick, his s. [ ], d. Sept. 1, 1861, ae 5 w.	4	28
KENNER, Ruchott, d. Oct. 4, 1856, ae 70	4	20
KENT, Abigail, d. [ ] & Abigail], b. July 6, 1736	1	75
Abigal, m. Abiel **BOTSFORD**, s. John, June 13, 1757	1	29
Elisha, s. [ ] & Abigail], b. Oct. 30, 1734	1	75
Mary, d. [ ] & Abigail], b. Dec. 10, 1744	1	75
Sybel, d. [ ] & Abigail], b. July 9, 1738	1	75
KETTRICK, George, d. July 12, 1863, ae 2	4	32
KILBRIDE, Barney, his d. [ ], d. Mar. 5, 1857, ae 2 m.; s. [ ], d. Mar. 14, 1857, ae 2 w	4	21
KILBRIDGE, Michael, his d. [ ], d. Dec. 1, 1864, ae 1 y. 6 m.	4	34
KIMBERLY, KIMBERLEY, Abiah, [d. Abraham & Abigail], b. Aug.		

	Vol.	Page

KIMBERLY, KIMBERLEY (cont.),

	Vol.	Page
13, 1731	1	79
Abiah, [m.] Michael **DUNNING**, [ ]	2	173
Abigail, m. John **LAKE**, b. of Newtown, Jan. 4, 1715/16, by Rev. Thomas Tousey	LR2	353
Abraham, m. Abigail **ADAMS**, Oct. last, 1725	1	79
Abraham, [s. Abraham & Abigail], b. Jan. 6, 1739	1	79
Abraham, [m.] Tamar **BENNETT**, [ ]	1	173
Anah, d. [Abraham & Abigail], b. Aug. 8, 1727	1	79
Fitch, [s. Abraham & Abigail], b. Dec. 22, 1736	1	79
Gideon, of Newtown, m. Mary **OSBORN**, of Stratford, Oct. 9, 1735, by Jon Thompson, J. P.	1	80
Jane, wid., d. Feb. 26, 1829, ae 72	2	142
Jedediah, s. [Abraham & Abigail], b. July 8, 1725/6	1	79
Mary, m. Tho[ma]s **LEAVENWORTH**, b. of Newtown, Jan. 10, 1731/2, by Capt. Tho[ma]s Tousey	1	74
Mary, [d. Abraham & Abigail], b. Mar. 3, 1733	1	79
Mary, [m.] Collins **CHAPMAN**, [ ]	1	173
Mary, [m.] Isaac **BOTSWICK**, [ ]	2	173
Phebe, m. William **BURWELL**, Dec. 1, 1765, by Rev. John Beach	1	17
Sabrah, d. [Gideon & Mary], b. July 8, 1736	1	80
Sarah, d. [Abraham & Abigail], b. Aug. last, 1729	1	79
Sarah, [m.] Ebenezer **FAIRCHILD**, [ ]	2	173
KINDERGEN, Maria E., d. Apr. 3, 1854, ae 22	4	16
KING, Lucius, d. Feb. 13, 1832, ae 26	2	137
Nathaniel F., d. Apr. 17, 1810	2	163
KIRTLAND, John B., of Monroe, m. Caroline A. **DIMAN**, of Newtown, Nov. 7, 1847, by Rev. William Denison	3	142
KNAPP, Andrew, m. Lamyra **BARNUM**, b. of Newtown, Apr. 30, 1834, by Jacob Beers, J. P.	3	68
Andrew, his d.[ ], d. Oct. 5, 1838, ae 1	2	126
Andrew, his w.[ ], d. Sept. 17, 1851, ae 38	4	13
George, his s.[ ], d. Nov. 5, 1851, ae 15	4	13
George, d. Aug. 30, 1862, ae 14	4	30
George P., m. Sally B. **PAYNE**, b. of Newtown, Feb. 7, 1836, by Rev. S. C. Stratton	3	76
Jane A., d. Mar. 20, 1870, ae 27	4	43
Lucy, d. Jan. 13, 1859, ae 19	4	23
Mary E., d. Mar 10, 1856, ae 17 y. 9 m.	4	19
Rebecca J., m. William **PLATT**, Jr., Dec. 31, 1851, by William M. Carmichael, D. D.	3B	41
Squire, d. July 11, 1845, ae [ ]	4	2
Susan, d. Sept. 29, 1838, ae 69	2	126
-----, wid., d. Oct. 30, 1814	2	159
KREAMER, Peter, d. May 22, 1863, ae 42	4	31
LACEY, Betsey, m. Philo **BALDWIN**, Nov. 25, 1792	1	48
Ellen, of Newtown, m. Atwell W. **WAKELEE**, of New York, July 17, 1837, by Jacob Beers, J. P.	3	85

	Vol.	Page

LACEY (cont.),
Jedidah, m. Ezra **BIRCH**, Nov. 29, 1772	1	87
Richard, his d. [ ], d. May 7, 1797	2	173
Richard, his d. [ ], d. May 7, 1797	LR19	Index

LAKE, Abby J., d. Apr. 22, 1869, ae 37 — 4 — 42
Abiah, wid., d. June 30, 1859, ae 90	4	24
Abigail, 3rd d. [John & Abigail], b. Feb. 12, 1729/30	LR2	353
Ann, Mrs., d. Apr. 6, 1825, ae 61	2	147
Ann, of Newtown, m. Benjamin F. **BARNUM**, of Danbury, Sept. 29, 1833, by David H. Belden, J. P.	3	63
Anna, d. May 26, 1813	2	160
Belden B., of Weston, m. Mary Ann **WHEELER**, of Monroe, Nov. 19, 1840, by Rev. John H. Waterbury	3	101
Bennet, d. May 14, 1801	2	171
Betsey, wid., d. Nov. 28, 1843, ae 77	2	119
Catharine, m. Amos **HARD**, b. of Newtown, Mar. 6, 1848, by Rev. S. S. Stocking	3	144
Charity, 2nd d. [John & Abigail], b. Feb 8, 1721/2	LR2	353
Damariss, 5th d. [John & Abigail], b. Mar. 3, 1741; d. Jan. 9, 1741/2	LR2	353
David, his w. [ ], d. Dec. 29, 1820	2	153
David, d. Mar. 7, 1822	2	151
Deborah, Mrs., d. Dec. 1, 1864, ae 66	4	34
Dime*, d. [John, Jr. & Rodah], b. Oct. 16, 1755 *(Phedima?)	1	27
Elizabeth, d. July 30, 1801	2	171
Emma, d. July 15, 1868, ae 1 y. 10 m.	4	40
Ephraim, 2nd s. [John & Abigail], b. Apr. 18, 1723	LR2	353
Ephraim, m. Mary **BRISTOLL**, May 19, 1748	1	20
Ephraim & Mary, had child s. [ ], b. July 12, 1752	1	20
Esther, w. James, d. June 19, 1862, ae 40	4	30
Eugene, d. Aug. 18, 1863, ae 12	4	32
Eunice, d. [John, Jr. & Rodah], b. Nov. 7, 1753	1	27
Ezra, d. May 24, 1816	2	157
George, d. Dec. 9, 1825, ae 1	2	148
Gilead, s. [John, Jr. & Rodah], b. May 27, 1757	1	27
Hannah, 4th d. [John & Abigail], b. Mar. 2, 1736/7	LR2	353
Hannah, m. Lamson **BIRCH**, Aug. 30, 1823 by Rev. Daniel Burhans	3	7
Hannah A., of Newtown, m. John S. **HUBBARD**, of Mereden, June 25, 1849, by Rev. Horace Hills, Jr.	3B	28
Huldah, d. [John, Jr. & Rodah], b. Oct. 24, 1760	1	27
Huldah, of Newtown, m. Bartram **BRADLEY**, of Fairfield, Mar. 10, 1824, by Zachariah Clark, Jr.	3	11
Huldah, m. Marcus **BOTSFORD**, b. of Newtown, Apr. 3, 1833, by Rev. S. C. Stratton	3	61
Isaac, d. June 14, 1857, ae 54	4	21
Isaac, his s. [ ], d. Mar. 14, 1859, ae 4 m.	4	23
Jestinah, d. [Ephraim & Mary], b. Oct. 25, 1750	1	20
Joel, d. Aug. 20, 1823	2	150

LAKE (cont.),

	Vol.	Page
John, m. Abigail **KIMBERLY**, b. of Newtown, Jan. 4, 1715/16, by Rev. Thomas Tousey	LR2	353
John, 3rd s. [John & Abigail], b. Dec. 19, 1724	LR2	353
John, Jr., m. Rodah **WARNER**, Jan. 10, 1753	1	27
John, Jr., his s. [ ], d. [Apr. , 1833], ae 4	2	135
John, his w. [ ], d. Mar. 30, 1837, ae 70	2	127
John, d. Mar. 23, 1843, ae 83	2	119
John, d. Nov. 16, 1860, ae 60	4	27
Julia A., of Newtown, m Henry W. **OLIVER**, of New Haven, Aug. 25, 1850, by Rev. D. D. Noble, of Brookfield	3B	33
Julia Ann, m. Solomon W. **STEVENS**, Dec. 7, 1824, by Rev. Daniel Burhans	3	15
Lamson B., his w. [ ], d. May 27, 1870, ae [ ]	4	44
Legrand S., d. Mar. 4, 1845, ae 53	4	2
Lobman, d. Oct. 12, 1844, ae 76	2	118
Lucy, d. [John, Jr, & Rodah), b. Aug. 26, 1762	1	27
Lyman, his w. [ ], d. Apr. 28, 1830, ae 32	2	141
Lyman, d. Dec 17, 1866, ae 69	4	37
Maria, w. John, d. Nov 24, 1861, ae 61	4	28
Mary, wid., d. Aug. 17, 1815	2	158
Mary A., m. Robert S. **PECK**, b. of Newtown, May 18, 1842, by Rev. S. S. Stocking	3	112
Nathan, eldest s. [John & Abigail], b. Oct. 16, 1719, in Stratford	LR2	353
Nelson B., m. Mary Ann **GLOVER**, Dec. 25, 1850, by Rev. William M. Carmichael	3B	35
Newel, his d. [ ], d. Oct. 27, 1822	2	151
Nuwel, d. Apr. 21, 1825, ae 62	2	147
Peter, m. Betsey **PECK**, b. of Newtown, Jan. 9, 1834, by Lamson Birch, J. P.	3	65
Peter, d. Mar. 12, 1835, ae 76	2	131
Phedimea, m. John **SHARP**, Nov. 23, 1773	1	86
Phedimea, see also Dime		
Philo, m. Polly Ann **BIRCH**, Nov. 2, 1822, by Rev. Daniel Burhans	3	4
Philo, his w. [ ], d. Jan. 8, 1839, ae 38	2	123
Philo, d. May 24, 1841, ae 47	2	122
Polly Ann, wid., d. Mar. 3, 1846	2	115
Polly Ann, wid., d. Mar. 3, 1846, ae 42	4	3
Rhodah, d. [John, Jr. & Rodah], b. Oct. 26, 1767	1	27
Sarah, eldest d. [John & Abigail], b. Mar. 16, 1718	LR2	353
Sarah, d. Aug. 19, [1800]	LR20	0
Sarah H., d. Nov. 26, 1869, ae 25	4	43
Sebra, d. Mar. 4, 1846, ae 56	2	117
Temperance, Mrs., d. Aug 27, 1833, ae 69	2	136
Thomas, 4th s. [John & Abigail], b. July 31, 1726	LR2	353
Thomas, d. Sept. 7, 1809	2	164
Walter, m. Polly Ann **FERRIS**, Jan. 22, 1832, by Rev. Samuel C. Stratton	3	52

	Vol.	Page
LAKE (cont.),		
Warner, s. [John, Jr. & Rodah], b. May 7, 1765	1	27
Willie G., d. Feb. 16, 1869, ae 6	4	41
Zalmon, his d. [ ], d. Sept. 11, 1811	2	162
Zalmon, his d. [ ], d. Mar. 10, 1819	2	154
Zalmon, d. Oct. 12, 1844, ae 76	4	1
LAMBORD, Lewis, m. Anna **SANFORD**, Feb. 12, 1832, by Edward Taylor, J. P.	3	53
Rachel, m. Henry **PECK**, May 15, 1751	1	35
LAMPHERE, LANPHIER, Edward, d. Apr. 29, 1842, ae [ ]	2	120
John, d. Mar. 26, 1852, ae 80	4	13
Maria, m. Roswell **WHEELER**, June 12, [1821], by Zachariah Clark, Jr., J. P.	2	40
LATTIN, Aurilla, of Newtown, m. William **YELVERTON**, of Southbury, Oct. 19, 1823, by John Sherman	3	9
Bethel, his w. [ ], d. Mar. 17, 1827, ae [ ]	2	144
David, m. Betsey **SHEPARD**, b. of Newtown, June 21, 1829, by Jacob Beers, J. P.	3	37
Elisha, his w. [ ], d. Oct. 27, 1849, ae 79	4	9
Elisha, d. May 6, 1858, ae 82	4	22
Jane E., d. May 26, 1864, ae 48	4	33
Job, his w. [ ], d. Mar. 1, 1815	2	158
Nathan, d. Apr. 7, 1845, ae 71	4	2
Polly, Mrs., m. Daniel **MORRIS**, b. of Newtown, Mar. 26, 1850, by Jacob Beers, J. P.	3B	32
Polly Ann, of Newtown, m. Robert T. **MIDDLEBROOK**, of Trumbull, Nov. 12, 1837, by Rev. Rodney Rossiter, of Monroe	3	89
Sarah Jane, of Newtown, m. Glover N. **SHERMAN**, of Trumbull, Jan. 10, 1844, by Rev. David G. Tomlinson, late of Trumbull	3	120
-----, d. Aug. 25, 1865, ae 21	4	35
LAWRENCE, Betsey A., m. Dennis W. **NASH**, b. of Newtown, June 19, 1844, by John L. Ambler	3	123
Emma, d. May 7, 1862, ae 5	4	29
Jane A., of Newtown, m. Marcus C. **PARMELEE**, of Redding, Dec. 24, 1845, by Rev. S. S. Stocking	3	129
Phebe, of Newtown, m. Nathan J. **CABLES**, of Monroe, Sept. 11, 1848, by Rev. Lorenzo D. Nickerson	3B	25
Romaine, of Chenango Cty., N. Y., m. Sarah **TURNER**, of Newtown, July 2, 1848, by Rev. S. S. Stocking	3B	22
Romaine, his w. [ ], d. May 27, 1850, ae 22	4	11
Romaine, his d. [ ], d. Aug. 2, 1862, ae 3 d.	4	30
Sarah Cornelia, d. May 9, 1862, ae 1 y. 4 m.	4	29
William, of Amhurst, N. H., m. Julia **BOTSFORD**, of Newtown, Aug. 12, 1823, by Rev. Daniel Burhans	3	7
LEADBETTER, Alexander, Rev. his d. [ ], d. July 8, 1841, ae 2	2	122
LEAVENWORTH, LEVENWORTH, Abby Jane, m. Peter B. **PARMELEE**, Dec. 24, 1851, by Rev. J. Atwater	3B	42
Abigail, b. Aug. 30, 1718, m. Jeremiah **TURNER**, Aug. 17, 1738	LR2	Ind.

	Vol.	Page
LEAVENWORTH, LEVENWORTH (cont.),		
Abigal, m. Jeremiah **TURNER**, Aug. 17, 1738	LR2	353
Abigail, d. May 20, 1854, ae 28	4	17
Alis, m. Lemuel **CAMP**, Mar. 19, 1730	1	70
Calvin, s. [Thomas & Mary], b. May 3, 1736; d. Sept. 8, 1755, in the 20th y. of his age, at the battle between the French & English, at Lake George	1	74
Daniel, of Huntington, m. Florilla **FAIRCHILD**, Apr. 3, 1823, by Daniel Burhans	3	6
Florilla, m. Reuben **BLACKMAN**, of Newtown, June 7, 1846, by Rev. S. S. Stocking	3	132
Grace, d. [Thomas & Mary], b. Jan. 11, 1733/4; d. Oct. 30, 1736	1	74
Grace, d. Oct. 30, 1736	1	76
Grace, 2nd. d. [Thomas & Mary], b. Feb. 16, 1737/8 (sic)	1	74
Hannah, m. Henry **PECK**, Aug. 6, 1765	1	15
Jane, m. Erastus **QUACKENBUSH**, Feb. 2, 1831, by Rev. W[illia]m Mitchell	3	46
John, d. Feb. 2, 1762, in the 79th y. of his age	1	88
Mark E., his w. [ ], d. Apr. 15, 1865, ae 68	4	35
Phebe, w. John, d. July 21, 1766, in the 84th y. of her age	1	88
Russell, d. Apr. 15, 1865, ae 82	4	35
Tho[ma]s, m. Mary **KIMBERLEY**, b. of Newtown, Jan. 10, 1731/2, by Capt. Tho[ma]s Tousey	1	74
LEAVY, LAVY, Eliza, Mrs., d. Sept. 11, 1860, ae 47	4	26
James, s. Morris, d. July 22, 1859, ae 4	4	24
James, d. Aug. 10, 1868, ae 74	4	40
Peter, d. Sept. 19, 1860, ae 49	4	26
Rosana, Mrs., d. Mar. 3, 1862, ae 37	4	29
LEE, John D., of Brookfield, m. Ann **DANIELS**, of Newtown, Sept. 15, 1850, by Nathaniel C. Lewis	3B	32
Sarah Jane, d. Nov. 4, 1860, ae 9	4	27
Stephen, his d. [ ], d. Sept. 9, 1799	LR19	Ind. A
LETLIS(?), Lawrence, his s. [ ], d. Sept. 19, 1865, ae 3	4	35
LEWIS, David, d. Dec. 26, 1866, ae 84	4	37
Georgiana, d. Dec. 13, 1861 ae 8	4	29
Henrietta, m. David **HINMAN**, Sept. 7, 1846, at the house of Daniel Botsford, by Charles C. Warner, J. P.	3	133
Henry M., of Southeast, N. Y., m. Sally Maria **BEADSLEY**, of Newtown, Oct. 21, 1849, by Rev. Horace Hills, Jr.	3B	28
Laura, Mrs., d. Mar. 6, 1863, ae 58	4	31
Mary G., m. Philo **NORTHROP**, b. of Newtown, Mar. 6, 1842, by Rev. Alexander Leadbetter. Int. Pub.	3	111
Peter, his w. [ ], d. Sept. 30, 1835, ae 47	2	132
Peter, m. Lucy Ann **TOMLINSON**, b. of Newtown, Apr. 15, 1840, by Rev. James Mallory	3	99
Peter, his w. [ ], d. May 30, 1862, ae 73	4	29
Peter, d. Jan. 24, 1869, ae 79	4	41
William, of Trumbull, m. Huldah C. **SHEPARD**, of Newtown, Dec. 1, 1839, by Rev. Nathaniel Mead	3	98

	Vol.	Page
LEWIS (cont.),		
William, d. July 31, 1846, ae 17	2	115
William, d. July 31, 1846, ae 17	4	3
LILLIS, Ja[me]s, d. Nov. 10, 1863, ae 27	4	32
John, his child d. Apr. 16, 1866, ae 3	4	37
Martin, d. Nov. 2, 1859, ae 80	4	24
LINCH, Daniel, his s. [ ], d. Feb. 5, 1867, ae 3 m.	4	38
LINES, LYNES, Harry, of Reading, m. Zerua **PRINDLE**, of Newtown, July 11, 1824, by David H. Belden, J. P.	3	12
John, his w. [ ], d. Apr. 30, 1843, ae 34	2	119
John, d. Oct. 17, 1843, ae 37	2	119
Patrick, his s. [ ], d. Apr. 3, 1867, ae 2	4	38
LINNEN, John, s. Barney, d. June 9, 1859, ae 4	4	24
Mary Ann, d. Mar. 23, 1860, ae 2	4	26
[L]LOYD, Nancy E., d. Oct. 9, 1866, ae 32	4	37
LOBDELL, LOBDEL, Cloe, m. Elijah **BALDWIN**, July 10, 1782	1	54
Hannah, m. Joseph M. **BARNUM**, of Bethel, Danbury, Oct. 18, 1848, by Rev. J. Atwater	3B	25
LOCKWOOD, Belden, colored, his child d. June 9, 1810	2	163
Clarke, d. Mar. 30, 1867, ae 7 m.	4	38
Lyman, his w. [ ], d. Sept. 11, 1821	2	152
LONG, Martin, his s. [ ], d. Nov. 5, 1870, ae 8 w.	4	44
LOPER, Daniel D., of Sharon, m. Mary **GRAY**, of Newtown, Oct. 12, 1845, by Rev. Aaron S. Hill	3	127
Mary, Mrs., d. Oct. 31, 1855, ae 29	4	19
William, d. Dec. 2, 1855, ae 18 y. 9 m.	4	19
LORD, Julia A., of Newtown, m. William L. **PAGE**, of New Haven, July 7, 1839, by Rev. Nathaniel Mead	3	97
LOTT, Ann Crabb, [d. John & Ruth], b. July 23, 1796	2	10
Henry R., m. Amanda **HOLLISTER**, Oct. 28, 1821, by Rev. W[illia]m Andrews	2	72
Henry R., his child d. May 19, 1827, ae [ ]	2	144
Henry R., d. Jan. 7, 1837, ae 39	2	127
Henry Rutgers, [s. John & Ruth], b. Dec. 28, 1797	2	10
James VanHorne, [s. John & Ruth], b. Dec. 25, 1794	2	10
John, m. Ruth **FAIRMAN**, Jan. 1, 1794	2	10
John, d. Aug. 2, 1819	2	154
John, d. [ ]	2	10
Robert, d. Dec. 13, 1828, ae 20	2	143
Ruth, wid., d. Oct. 17, 1819	2	154
Ruth, m. Isaac **CROFUT**, June 8, 1825, by Rev. W[illia]m Mitchell	3	19
William Lawrence, [s. John & Ruth], b. Sept. 5, 1804	2	10
LOVELAND, Cornelia, d. Oct. 3, 1841, ae 5	2	122
Giles, d. Nov. 21, 1866, ae 66	4	37
Henry, d. Oct. 4, 1841, ae 3	2	122
LUM, George, of Oxford, m. Mary **SHERMAN**, of Newtown, Jan. 2, 1838, by Rev. N. M. Urmston	3	90
LUMBORD, [see under **LAMBORD**]		
LYNCH, John, d. Aug. 8, 1863, ae 20	4	32

	Vol.	Page
LYNCH (cont.),		
John, his child d. May 7, 1867, ae 1 w.	4	38
Michael, his s. [ ], d. Aug. 23, 1865, ae 1	4	35
LYNDE, Richard, his child d. Jan. 10, 1870, ae 1 d.	4	43
LYON, LION, Alanson, of Redding, m. Maryette **SKIDMORE**, of Newtown, June 9, 1850, by Rev. J. S. Gelder	3B	33
David, of Monroe, m. Sarah **JOHNSON**, of Newtown, Mar. 18, 1849, by Jacob Beers, J. P.	3B	27
Eli, 2nd, of Redding, m. Mary **HAMLIN**, of Newtown, Feb. 14, 1836, by Rev. S. C. Stratton	3	76
Eli, of Redding, m. Mrs. Ruth **STAPLES**, of Newtown, Mar. 28, 1847, by Jacob Beers, J. P.	3	136
Elijah, s. William & Elizabeth, b. Oct. 1, 1730	1	70
Elizabeth, d. Jan. 5, 1803	2	170
Fanny, Mrs. her d. [ ], d. Oct. 22, 1861, ae 9 m.	4	28
Hezekiah, s. Moses & Rachel, b. May 6, 1723/4	1	74
Hezeriah, [s. Moses], b. Feb. 6, 1725/6	1	70
Katherine, m. Hezekiah **KEELER**, Mar. 31, 1755	1	39
Mary F., of Newtown, m. John M. **EASTERBY**, of New York City, Dec. 1, 1850, by N. C. Lewis	3B	34
Michael, s. Moses, b. Dec. 30, 1732	1	70
Mychel, s. Moses & Rachel, b. Dec. 30, 1732	1	74
Morehouse, of Danbury, m. Abigail **SHEPARD**, of Newtown, Dec. 15, 1834, by Jacob Beers, J. P.	3	70
Moses, s. Moses & Rachel, b. Jan. 24, 1720	1	74
Moses, s. Moses, b. Jan. 24, 1720/1	1	70
Moses, d. Apr. 20, 1745	1	70
Nathaniel, [s. Moses], b. Mar. 20, [ ]	1	70
Nathaniel, s. Moses & Rachel, b. Mar. 23, 1728/9	1	74
Nathaniel, of Danbury, m. Harriet **ADAMS**, of Milford, N. Y., June 9, 1842, by Lanson N.Beers, J. P.	3	112
Patrick, his w. [ ], d. Feb. 6, 1865, ae 27	4	35
Phebe, d. Elizabeth **HOW**, b. Dec. 9, 17[ ]	1	17
Phebe, d. William & Elizabeth, b. July 27, 1734	1	70
Phebe, d. Nov. 20, 1799	LR19	Ind. A
Rachel, d. Moses, b. Mar. 28, [ ]	1	70
Rachel, d. Moses & Rachel, b. Mar. 20, 1726	1	74
Robert, s. [Moses & Rachel], b. Oct. 30, 1722; d. Mar. 7, 1722/3	1	74
Robert, [s. Moses], b. Oct. 30, 1723; d. Mar. 7, 1723	1	70
Sarah, d. Moses & Rachel, b. Sept. 15, 1730	1	74
Sarah, [d. Moses], b. Sept. 15, 1739	1	70
William, s. Nathaniell & Elizabeth, b. Sept. 29, 17[ ]	1	70
William B., m. Maria D. **PROVOOST**, of New Jersey, Mar. 28, 1852, by Rev. J. Atwater	3B	43
Wilson, m. Marietta **BLACKMAN**, Dec. 10, 1837, by Ambrose Shepard, J. P.	3	89
Zalmon, of Redding, m. Jerusha A. **SANFORD**, of Newtown, Nov. 25, 1838, by Rev. Eli Brunson	3	94
Zalmon, his s. [ ], d. Mar. 16, 1841	2	122

	Vol.	Page
McALLISTER, Margarette, Mrs., d. May 7, 1866, ae 36	4	37
McCARTY, [see also **CARTY**], Ja[me]s, his child d. May 6, 1870, ae 2 h.	4	44
John, of Trumbull, m. Adaline **SUMMERS**, of Newtown, Oct. 18, 1840, by Rev. W[illia]m Denison	3	101
John, his s. [ ], d. Dec. 5, 1864, ae 1 y. 2 m.	4	34
John, d. Mar. 15, 1870, ae 45	4	43
Martin, his d. [ ], d. Jan. 16, 1867, ae 2	4	38
Michael, his child d. Mar. 21, 1866, ae 1 y. 6 m.	4	36
Michael, d. May 16, 1868, ae 1 h.	4	40
Patrick, d. July 21, 1861, ae 25	4	28
Patrick, d. Sept. 21, 1868, ae 2	4	40
Tho[ma]s, d. Mar. 20, 1862, ae 24	4	29
McCAULEY, Ann, Mrs., d. Apr. 17, 1851, ae 76	4	12
McDERMOT, Catharine, d. Feb. 21, 1862, ae 50	4	29
McEWEN, John, of New Milford, m. Eliza F. **SHARP**, of Newtown, Dec. 3, 1849, by Rev. N. C. Lewis	3B	30
W[illia]m, his w. [ ], d. June 29, 1855, ae 22	4	18
McGAULEY, Andrew, his w. [ ], d. Mar. 27, 1855, ae 26	4	18
McGRAW, John, his child d. Oct. 1, 1868, ae [ ]	4	41
McLANE, Elizabeth, d. Mar. 25, 1843, ae [ ]	2	119
Fairchild, d. Jan. 24, 1870, ae 83	4	43
Harriet, her s. [ ], d. Nov. 7, 1849, ae [ ]	4	10
Harriet, d. May 15, 1855, ae 25	4	18
John, d. July 12, 1866, ae 53	4	37
Lydia, wid., d. Nov. 15, 1870, ae 73	4	44
-----, his d. [ ], d. Apr. 28, 1860, ae 4 m.	4	26
McMAHON, McMAHAN, Anthony, his s. [ ], d. July 12, 1868, ae 1 y. 9 m.	4	40
John, d. Feb. 23, 1862, ae 6	4	29
John, his child d. Mar. 13, 1865, ae [ ] m.	4	35
John, his w. [ ], d. Nov. 18, 1867, ae 27	4	39
Margaret, d. Mar. 20, 1860, ae 5	4	26
Mary, d. Jan. 3, 1866, ae 9	4	36
Timothy, his child d. Aug. 13, 1867, ae 1 y. 6 m.	4	39
-----, Mrs., d. Nov. 25, 1866, ae 28	4	37
McMANN, James, his s. [ ], d. Dec. 9, 1868, s. b.	4	41
McNAMARA, Martin, his d. [ ], d. Jan. 7, 1860, ae 3	4	25
-----, his child d. Apr. 1, 1865, ae 4 m.	4	35
McRAY, [see also **McROE**], Oliver P., m. Sally **FERRIS**, b. of Newtown, Apr. 1, 1830, by Rev. William Mitchell	3	41
McROE, [see also **McRAY**], Bridget*, Mrs., d. Nov. 22, 1866, ae 32 *(Probably "Bridget McRAE?")	4	37
MADIGAN, Patrick, his d. [ ], d. Sept. 11, 1849, ae 2	4	9
MAGINET(?), MOIGNOT, Aaron, [s. John & Hannah], b. Jan. 4, 1799	1	87
Betsey, d. [John & Hannah], b. May 6, 1787	1	87
Brandyson*, [s. John & Hannah], b. Jan. 12, 1793 *("Grandison"?)	1	87

	Vol.	Page
MAGINET(?), MOIGNOT (cont.),		
Dennis, s. [John & Hannah], b. Mar. 4, 1786	1	87
Grandison, d. [ ], 1801	2	171
Lowis, s. [John & Hannah], b. Dec. 3, 1788	1	87
Phebe, [d. John & Hannah], b. Oct. 8, 1796	1	87
Polly, [d. John & Hannah], b. Nov. 3, 1791	1	87
Sally, [d. John & Hannah], b. Dec. 11, 1795	1	87
MALLETT, MALLET, Eunice, m. William **MINOR**, b. of New Milford, Feb. 11, 1844, by Thomas Blackman, J. P.	3	121
Jennett, m. Charles **BENEDICT**, b. of Newtown, Sept. 25, 1848, by Rev. Lorenzo D. Nickerson	3B	25
-----, wid., d. Aug. 7, 1811	2	162
MALLORY, MALLERY, Clarina, d. [Ebenezer & Eunice], b. Aug. 3, 1785	1	55
Ebenezer, m. Eunice **JUDSON**, Feb. 28, 1782	1	55
Ebenezer, s. [Ebenezer & Eunice], b. Apr. 26, 1787	1	55
Harry, of Danbury, m. Susan **NICHOLS**, (colored), Jan. 31, 1825, by Rev. Daniel Burhans	3	16
Harry, d. Dec. 10, 1826, ae 24	2	146
James, of Lagrange, N. Y., m. Mrs. Phebe **BEARDSLEY**, of Newtown, Apr. 29, 1852, by Rev. Levi H. Wakeman	3B	39
John, d. Jan. 7, 1807	2	166
Laurin, s. [Ebenezer & Eunice], b. Mar. 7, 1789	1	55
Lucretia, m. David J. **HAWLEY**, b. of Newtown, Nov. 25, 1827, by David H. Belden, J. P.	3	30
Marcy, wid., d. Sept. 8, 1830, ae 98	2	141
Nathaniel, d. Aug. 14, 1825, ae 31	2	147
Reuben, d. Aug. 8, 1821	2	152
Sarah, d. [Ebenezer & Eunice], b. May 27, 1784	1	55
William, of Wilton, m. Mary **JUDSON**, of Newtown, Jan. 30, 1823, by Hawley Sanford, Elder	3	5
MALONEY, Michael, d. Apr. 3, 1855, ae 1 y. 6 m.	4	18
MANLEY, Ira, of Redding, m. Louisa **JUDD**, of Newtown, Nov. 3, 1844, by Rev. S. S. Stocking	3	123
Louisa, Mrs., d. July 2, 1864, ae 38	4	34
MANSEE, Charity, m. Abraham **HEARD**, Nov. 7, 1751	1	74
MARCHANT, Amos, m. Eunis **SHERMAN**, Dec. 7, 1750	1	23
Amos, s. [Amos & Eunis], b. Mar. 4, 1753	1	23
Ashbell, s. [Amos & Eunis], b. Jan. 10, 1762	1	23
Elijah, s. [Amos], b. Mar. 24, 1766	1	38
Eunice, d. [Amos], b. Apr. 20, 1768	1	38
Joseph, s. [Amos & Eunis], b. June 15, 1751; d. July 23, 1754	1	23
Joseph, s. [Amos & Eunis], b. Jan. 14, 1760	1	23
Keziah, d. [Amos & Eunis], b. Feb. 10, 1755	1	23
Sarah, d. [Amos & Eunis], b. Sept. 16, 1757	1	23
Wheeler, s. [Amos], b. Nov. 11, 1763	1	38
MARSH, Philo Judson, of New Milford, m. Maryette **HAWLEY**, of Newtown, Feb. 3, 1846, by Rev. S. S. Stocking	3	129
MARSHALL, Isaac, d. Apr. 16, 1850, ae 55	4	10

	Vol.	Page
MASTERS, John, d. July 31, 1804	2	169
MATTHEWS, MATHEWS, Joanna, Mrs., d. Feb. 7, [1847]	2	113-4
Joanna, Mrs., d. Feb. 7, 1847, ae 55	4	6
Mary, wid., d. Mar. 22, 1850, ae 97	4	10
MAY, Amelia, of Woodbury, d. Aug. 2, 1829	2	142
Elijah, his w. [ ], d. Oct. 7, 1840, ae 32	2	121
Elijah, his d. [ ], d. Sept. 28, 1846, ae 1	2	116
Elijah, his d. [ ], d. Sept. 28, 1846, ae 1	4	5
Henry, his w. [ ], d. June 24, 1833, ae 25	2	135
Nancy, Mrs., d. May 14, 1837, ae 76	2	127
MAYBERRY, John, d. Oct. 22, 1804	2	169
MAYHEW, Jacob, his child d. Nov. 7, 1818	2	155
Jacob, of Philadelphia, m. Clarissa **PECK**, of Newtown, Jan. 26, 1829, by Rev. Daniel Burhans	3	36
MAYNARD, William, of New York, m. Sarah **FAIRCHILD**, of Newtown, Jan. 12, 1845, by Rev. S. S. Stocking	3	125
MEAD, Clarinda, wid., d. May 14, 1828, ae 68	2	143
MEEKER, David, Capt. d. Nov. 3, 1819	2	154
Hannah, m. Elijah **NICHOLS**, Dec. 27, 1767	1	61
Hester (**NICHOLS**), [d. Peter **NICHOLS** & Rebecca], d. Jan. 7, 1832, ae [ ]	2	86
Hester, wid., d. Jan. 7, 1832, ae 74	2	137
Sarah, m. Theophilus **NICHOLS**, Dec. 1, 1771	1	37
Walter S., m. Abigail S. **STOCKER**, Sept. 20, 1835, by Matthew Batchelor	3	74
MERRICK, Caroline, of Derby, m. Austin **HILL**, of Newtown, Jan. 29, 1843, by Rev. Alexander Leadbetter. Int. Pub.	3	115
MERRIMAN, Betsey, of Bethleham, m. John **SKIDMORE**, of Newtown, Oct. 22, 1833, by David H. Belden, J. P.	3	64
MERRITT, MERRETT, MERIT, Abijah, his w. [ ], d. Dec. 3, 1839, ae 68	2	124
Abijah, m. Lucinda **BOOTH**, June 22, 1840, by Theophilus Nichols, J. P.	3	100
Abijah, d. Jan. 12, 1854, ae 79	4	16
Betsey, of Derby, m. Thomas Jefferson **BRISCOE** (colored), Sept. 2, 1827, by Rev. Daniel Burhans	3	29
Deborah, d. Jan. 20, 1849, ae 86	4	8
John, d. Feb. 28, 1827, ae 81	2	144
John, of Trumbull, m. Mrs. Polly S. **JORDAN**, of Newtown, Apr. 27, 1828, by Nathan D. Benedict	3	33
Julia, m. Charles **JOHNSON**, May 18, 1825, by Rev. Daniel Burhans	3	18
Julia, m. Charles **JOHNSON**, May 18, 1825, by Rev. Daniel Burhans	3	19
MERWIN, MIWIN, Ann M., of Newtown, m. Abram N. **ROBERTS**, of New Milford, Apr. 26, 1837, at the house of Stephen Merwin, by Rev. S. C. Stratton	3	83
Betsey A., Mrs., d. July 14, 1838, ae 53	2	125
Birdsey G., d. Aug. 31, 1838, ae 19	2	125

	Vol.	Page
MERWIN, MIWIN (cont.),		
Charlotte, m. Abel **BOTSFORD**, b. of Newtown, July 29, 1838, by Rev. Samuel C. Stratton	3	91
Esther, d. July 9, 1838, ae 20	2	125
Stephen, d. July 19, 1838, ae 58	2	125
MIDDLEBROOK, Elijah, Jr., of Trumbull, m. Ann E. **JUDSON**, of Newtown, June 1, 1845, by Rev. John L. Ambler	3	131
Jerome, m. Charity **BRISCO**, b. of Newtown, June 12, 1831, by Rev. John Lovejoy	3	48
Jerome, his d. [ ], d. Sept. 5, 1838, ae 5	2	126
Jerome, d. July 9, 1839, ae 30	2	123
Lucius, of Newtown, m. Mary **WAKELEE**, of Weston, Nov. 29, 1843, by Jacob Beers, J. P.	3	119
Lucius, his infant d. [ ], d. Feb. 22, 1846, ae [ ]	2	115
Lucius, his infant d. [ ], d. Feb. 22, 1846, ae 8 w.	4	3
Lucius, d. Apr. 29, 1861, ae 60	4	28
Mary, wid., d. Nov. 1, 1842, ae 63	2	120
Mary, wid., d. May 11, 1869, ae 50	4	42
Mary J., d. Jan. 1, 1862, ae 14	4	29
Robert, d. Dec. 7, 1821	2	152
Robert T., of Trumbull, m. Polly Ann **LATTIN**, of Newtown, Nov. 12, 1837, by Rev. Rodney Rossiter, of Monroe	3	89
Roswell, d. June 9, 1867, ae 69	4	39
Sidney, his d. [ ], d. Mar. 9, 1841, ae 8	2	122
MILES, Joseph, of Newtown, m. Jane **BOORDEN**, of Danbury, Nov. 19, 1718, by James Beebe, J. P.	LR2	350
MILLER, Edward, m. Margaret [ ] (colored), Oct. 12, 1828, by Rev. Solomon Glover	3	34
Esther, d. Dec. [ ], 1828, ae 57	2	143
James, his child d. May 29, 1809	2	164
Margaret, Mrs., d. July 26, 1852, ae 42	4	14
MILLIN, MILLON, Daniel, his d. [ ], d. Aug. 25, 1819	2	154
Elizabeth, of Richmond, Va., m. Joseph **FOOTE**, Nov. 5, 1848, by Rev. J. Atwater	3B	26
William, d. May 2, 1820	2	153
MILLOWS, Frank, d. Sept. 30, 1866, ae 21	4	37
MILLS, Andrew, m. Deborah **FAIRCHILD**, Apr. 22, 1787	1	86
Elisha, m. Nancy **PERRY**, [ ]	2	3
Lauria, Mrs., of Newtown, m. Dwight F. **HALL**, of New York City, Aug. 20, 1848, by Rev. J. Atwater	3B	24
Sally, m. Timothy **JORDAN**, Dec. 2, 1787	2	33
MINOR, MINER, Garry, of Woodbury, m. Polly Ann **FOOT**, of Newtown, Dec. 14, 1823, by Smith Booth, J. P.	3	11
George, his w. [ ], d. Sept. 26, 1834, ae 26	2	134
George A., d. May 7, 1858, ae 58	4	22
Polly Ann, of Newtown, m. Isaac J. **PERKINS**, of Brookfield, Feb. 10, 1839, by Theophilus Nichols, J. P.	3	95
William, m. Eunice **MALLETT**, b. of New Milford, Feb. 11, 1844, by Thomas Blackman, J. P.	3	121

	Vol.	Page
MITCHELL, MITCHEL, Eli, of Huntington, m. Hannah W. **ALLEN**, of Newtown, Apr. 1, 1838, by Ezra Morgan, J. P.	3	90
Elizabeth, d. [Stephen Mix & Hannah], b. Sept. 11, 1770	1	33
James, d. Sept. 1, 1817	2	156
Stephen Mix, of Wethersfield, m. Hannah **GRANT**, of New Town, Aug. 2, 1769	1	33
MOGER, Abijah, s. [John & Rachel], b. June 21, 1746	1	77
Deborah, [d. Samuel & Sary], b. Apr. 17, 1739	1	72
Deodatus, [s. Jehiel & Jemimah], b. Apr. 18, 1767	1	86
Enos, [s. Samuel & Sary], b. Apr. 9, 1724	1	72
Huge, [s. Samuel & Sary], b. July 12, 1741	1	72
Increase, [s. Samuel & Sary], b. May 16, 1725	1	72
James, s. [Samuel & Sary], b. May 29, 1721	1	72
Jehiel, [s. Samuel & Sary], b. Mar. 12, 1731	1	72
Jehiel, s. [Jehiel & Jemimah], b. Sept. 21, 1759	1	86
Jemima, d. [Jehiel & Jemimah], b. Mar. 19, 1756	1	86
Jesse, s. [John & Rachel], b. Jan. 2, 1750	1	77
Joel, [s. Samuel & Sary], b. Apr. 2, 1734	1	72
John, [s. Samuel & Sary], b. Jan. 8, 1723	1	72
John, s. [John & Rachel], b. Nov. 28, 1754	1	77
John, m. Rachel [ ], [ ]	1	77
Mabel, d. [John & Rachel], b. Mar. 1, 1744	1	77
Mary, [d. Samuel & Sary], b. July 9, 1737	1	72
Ruben, [s. Samuel & Sary], b. Mar. 3, 1746	1	72
Samuel, [s. Samuel & Sary], b. Mar. 27, 1729	1	72
Samuel Darlin, s. [Jehiel & Jemimah], b. Apr. 12, 1754	1	86
Sarah, [d. Samuel & Sary], b. Apr. 27, 1727	1	72
Sylvanus, s. [John & Rachel], b. June 15, 1752	1	77
Thomas Burrell, [s. Jehiel & Jemimah], b. [ ] 18, 1763	1	86
MOIGNOT(?), [see under **MAGINET**]		
MOORE, MORE, Clarina Bowers, d. [John & Dorcas], b. Apr. 14, 1773	1	84
Jane, Mrs. d. Jan. 7, 1867, ae 31	4	38
Mary, w. Rev. William H., d. July 26, 1861, ae 35	4	28
MOREHOUSE, Aaron, his w. [ ], d. May 3, 1830, ae 62	2	141
Aaron, Capt., d. Dec. 8, 1833, ae 74	2	136
Anna, d. Mar. 26, 1847, ae 58	2	113-4
Anna, wid., d. Mar. 26, 1847, ae 58	4	6
Charles, his w. [ ], d. Aug. 17, 1833, ae 33	2	136
Daniel, his w. [ ], d. Jan. 6, 1824	2	149
Daniel, d. May 22, 1840, ae 59	2	121
Eliza J., m. Charles **FAIRMAN**, b. of Newtown, June 18, 1832, by Henry Dutton, J. P.	3	55
Frances, d. Nov. 30, 1826, ae [ ]	2	146
Frank T., m. Catharine D. **BOYER**, b. of Newtown, Nov. 10, 1851, by William M. Carmichael, D. D.	3B	38
Lucy, Mrs., d. Aug. 31, 1832, ae 45	2	138
Sarah, of Newtown, m. James C. **BRIGGS**, of New Milford, Sept. 22, 1844, by John L. Ambler	3	124
William, d. May 2, 1861, ae 61	4	28

	Vol.	Page
MORGAN, Amanda, m. Horace **GILBERT**, b. of Newtown, Sept. 19, 1832, by Rev. Samuel C. Stratton	3	57
Anna S., d. July 2, 1863, ae 12	4	32
Charles, m. Jane Ann **TURNEY**, b. of Newtown, Dec. 20, 1840, by Rev. Alexander Leadbetter. Int. Pub.	3	102
Charles, his w. [ ], d. Jan. 18, 1851, ae 26	4	12
Charles, of Newtown, m. Polly **PECK**, of Easton, Mar. 9, 1851, by William M. Carmichael, D. D.	3B	36
Frederick, d. June 17, 1862, ae 8	4	29
Hezekiah, d. Mar. 24, 1857, ae 83	4	21
Sally Ann, wid., d. Jan. 14, 1869, ae 74	4	41
Zedekiah, his w. [ ], d. Apr. 25, 1797	2	173
Zera, his s. [ ], d. Jan. 17, 1828, ae 1	2	143
Zera, d. Sept. 26, 1829, ae 35	2	142
-----, Capt. his w. [ ], d. Apr. 25, 1797	LR19	Index
MORRIS, Abigail, m. Joseph **SHERMAN**, Jr., b. of Newtown, June 1, 1831, by Rev. Nathan D. Benedict	3	49
Daniel, d. Mar. 15, 1828, ae 77	2	143
Daniel, wid., d. Apr. 29, 1838, ae 80	2	125
Daniel, his grand child, d. Sept. 24, 1839, ae 2	2	124
Daniel, his w. [ ], d. Nov. 28, 1849, ae 65	4	10
Daniel, m. Mrs. Polly **LATTIN**, b. of Newtown, Mar. 26, 1850, by Jacob Beers, J. P.	3B	32
Daniel, d. Apr. 11, 1860, ae 79	4	26
Edward A., his s. [ ], d. Oct. 7, 1867, ae 1	4	39
Eli F., d. Oct. 27, 1866, ae 33	4	37
Eli G., m. Lydia **BENNET**, b. of New Town, Mar. 21, 1821, by John Sherman	2	71
Eli G., d. Jan. 3, 1856, ae 72	4	19
Israel B., d. July 25, 1837, ae 59	2	128
James, his w. [ ], d. Feb. 28, 1848, ae 83	4	7
James, m. Jane E. **CHAMBERS**, Sept. 2, 1850, by Daniel Berhans	3B	32
James, d. Jan. 5, 1855, ae 78	4	17
Polly, wid., d. July 7, 1863, ae 75	4	32
Robert, said to be a native of Ireland, d. Dec. 15, 1798	LR19	Index
MORRISY, Mary Ann, d. Apr. 21, 1859, ae 17 m.	4	24
MORSE, Ziba, m. Ruth **BEARDSLEY**, June 3, 1827, by Rev. George Benedict, of Danbury	3	27
MORTON, Peter, of Hartford, m. Ann E. **TOMLINSON**, of Newtown, [Mar.] 16, 1823, by Rev. Charles Smith	3	5
MOSGROVE, James, d. July 2, 1860, ae 1 y. 2 m.	4	26
Robert, his w. [ ], d. Apr. 5, 1870, ae 52	4	44
Sarah, d. July 11, 1860, ae 11	4	26
MOWHEE, Minerva, m. Moses **GAUL**, of Danbury (colored), Oct. 23, 1823, by Rev. Daniel Burhans	3	9
MOZINZO, Robert, negro, d. Oct. 10, [1800]	LR20	0
MULLENS, Hattie Jane, d. Sept. 13, 1868, ae 1	4	40
MULLIGAN, Catharine, Mrs., d. Jan. 26, 1870, ae 34	4	43
MUNSON, MONSON, Caroline, m. George W. **BRADLEY**, b. of New-		

	Vol.	Page
MUNSON, MONSON (cont.),		
town, June 24, 1849, by Rev. Nathaniel C. Lewis	3B	30
Frederick A., his child d. Aug. 28, 1846, ae 2	2	116
Frederick A., his s. [ ], d. Aug. 28, 1846, ae 2	4	3
Frederick A., his s. [ ], d. Mar. 15, 1848, ae 1 y. 7 m.	4	7
Hawkins, his child d. Sept. 12, 1846, ae 2	2	116
Hawkins W., his d. [ ], d. Sept. 12, 1846, ae 2	4	3
William, his d. [ ], d. July 14, 1827, ae 5	2	144
William, his s. [ ], d. July 18, 1827, ae 3	2	144
William, d. Nov. 10, 1838, ae [ ]	2	126
William S., of Huntington, m. Betsey **DAVIS**, of Southbury, Nov. 1, 1821, by John Sherman	2	26
MURRAY, MURREY, MURRY, Ann, d. [Patten & Martha], b. Aug. 22, 1780	1	84
Dennis, his d. [ ], d. Feb. 18, 1862, ae 1 y. 5 m.	4	29
Elisha, s. [Joseph & Hannah], b. Mar. 19, 1734, in New Milford	LR2	347
Elizabeth, d. [John & Hannah], b. Jan. 24, 1724/5	1	69
Elizabeth, d. [Joseph & Hannah], b. June 24, 1725	LR2	347
Elizabeth, d. Sept. 15, 1863, ae 14 m.	4	32
Hersey, Mrs., d. May 30, 1818	2	155
James, s. [John & Hannah], b. May 19, 1727	1	69
James, s. [Joseph & Hannah], b. May 19, 1727	LR2	347
John, m. Hannah **PATTERSON**, Apr. 16, 1724, by Rev. Hezekiah Gold	1	69
John, s. [Joseph & Hannah], b. July 2, 1729	LR2	347
John, s. [John & Hannah], b. July 2, 1729	1	69
Joseph, m. Hannah **PATTERSON**, of Stratford, Apr. 16, 1724, by Rev. Hezekiah Goold	LR2	347
Mary, d. [Joseph & Hannah], b. Oct. 2, 1731	LR2	347
Rube, m. Ezra **DUNINGS**, Feb. 16, 1758	1	25
MYGATT, Henry, his s. [ ], d. Feb. 10, 1855, ae 4 d.	4	17
NADINE, Mary, d. Aug. 11, 1822	2	151
NASH, Charles, s. [Dennis & Sabra], b. Feb. 17, 1804	2	4
David, m. Lucy Ann **FAIRCHILD**, Oct. 10, 1824, by B. Glover	3	13
David, d. Nov. 7, 1826, ae 27	2	146
Dennis, m. Sabra **PECK**, Sept. 5, 1796	2	4
Dennis W., m. Betsey A. **LAWRENCE**, b. of Newtown, June 19, 1844, by John L. Ambler	3	123
Dennis W., his w. [ ], d. Nov. 11, 1853, ae 32	4	16
Elizabeth L., d. May 14, 1826, ae 20	2	145
Freelove, m. Charles **PECK**, Dec. 26, 1825, by Rev. Daniel Burhans	3	20
Freelove, m. Charles **PECK**, [ ], 1825	1	15
Joannah, d. Aug. 24, 1863, ae 1 y. 6 m.	4	32
John, his w. [ ], d. June 11, 1831, ae 28	2	139
Julia, d. [Dennis & Sabra], b. Apr. 8, 1802	2	4
Julia, of Newtown, m. Ammon **SMITH**, of North Salem, N. Y., May 4, 1831, by Rev. Nathan D. Benedict	3	47
Julia R., d. Sept. 13, 1864, ae 5	4	34

	Vol.	Page
NASH (cont.),		
Lucy Ann, of Newtown, m. John **HAWLEY**, of Brookfield, Mar. 11, 1832, by Rev. Samuel C. Stratton	3	54
Margarette, d. June 21, 1863, ae 3	4	31
Mary P., d. Aug. 4, 1829, ae 22	2	142
Micajcah, d. Mar. 2, 1819	2	154
Peter M., m. Avis J. **BRISCO**, b. of Newtown, Aug. 24, 1834, by Rev. S. C. Stratton	3	69
Phebe, wid., d. Dec. 12, 1851, ae 76	4	13
Sally, d. [Dennis & Sabra], b. Sept. 10, 1797	2	4
Sarah T., d. July 13, 1837, ae 26	2	128
Zadia, Mrs., d. June 28, 1801	2	171
NETTLETON, NETTELTON, Abner A., his child d. Aug. 2, 1813	2	160
Abner A., his child d. Apr. 22, 1815	2	158
Abner A., d. Feb. 9, 1836, ae 56	2	129
Joseph, s. [Theophilus & Abiah], b. Nov. 19, 1753	1	26
Joseph, m. Phebe **CURTIS**, Feb. 10, 1830, by Rev. Daniel Burhans	3	40
Joseph, his d. [ ], d. Apr. 13, 1836, ae 3	2	129
Joseph, d. Dec. 23, 1843, ae 37	2	119
Levicy, wid., d. Aug. 6, 1862, ae 85	4	30
Lucy A., wid., d. Feb. 15, 1864, ae 80 y. 9 m.	4	33
Mary, d. [Theophilus & Abiah], b. Nov. 27, 1749	1	26
Mary, m. John **HURD**, Sept. 6, 1769	1	87
Mary N., m. John **SANFORD**, b. of Newtown, Mar. 29, 1840, by Rev. Nathaniel Mead	3	99
Phebe, d. Apr. 10, 1826, ae 21	2	145
Theophilus, m. Abiah **WHEELER**, June 22, 1748	1	26
Theophilus, d. June 7, 1857, ae 81	4	21
NEWBERGER, Austin, d. Sept. 26, 1870, ae 11	4	44
NEWMAN, Thomas, his s. [ ], d. Sept. 1, 1856, ae 2; infant d. Sept 2, 1856, ae 1 h.	4	20
Thomas, his d. [ ], d. Sept. 5, 1856, ae 5	4	20
Thomas, his w. [ ], d. Sept. 26, 1856, ae 35	4	20
Thomas, his d. [ ], d. Dec. 12, 1860, ae 5 m.	4	27
Thomas, his w. [ ], d. Nov. 8, 1862, ae 38	4	30
Thomas, d. Aug. 14, 1864, ae 47	4	34
NICHOLS, NICOLS, NICOLL, NICHOLLS, Abel, s. [Theophilus & Sarah, b. July 30, 1773	1	37
Abel, his w. [ ], d. Mar. 12, 1823	2	150
Abel, m. Ruth **ROWLAND**, b. of Newtown, Oct. 31, 1824, by Samuel C. Blackman, J. P.	3	14
Abel, d. Sept. 28, 1830, ae 59	2	141
Abigail, wid., d. Apr. 16, 1818	2	155
Allice, wid., d. Sept. 13, 1838, ae 76	2	126
Ann, d. [Nathaniel & Ann], b. Sept. 1, 1745	1	70
Ann, d. [Nathaniel & Ann], b. Sept. 1, 1745	2	87
Ann, d. [Richard & Abigail], b. Oct. 12, 1763	1	82
Ann, w. [Nathaniel], d. Jan. 5, 1780, ae 70	2	87
Ann M., d. June 23, 1849, ae 20	4	9

	Vol.	Page
NICHOLS, NICOLS, NICOLL, NICHOLLS (cont.),		
Anna, d. [Lemuel & Allis], b. May 28, 1800	1	81
Anna Smith, [d. Daniel & Mary Ann], b. June 16, 1800	2	60
Arthur, s. Isaac, d. Oct. 5, 1853, ae 4	4	16
Oustin*, s. Nathaniel & Ann, b. July 2, 1741 *(Austin)	1	70
Austin, s. [Nathaniel & Ann], b. July 2, 1741	2	87
Austin, s. [Nathaniel], d. May 27, 1765	2	87
Austin, s. [Richard & Abigail], b. July 24, 1766	1	82
Beers, of Monroe, m. Minerva **STILSON**, of Newtown, Sept. 20, 1829, by Stephen Middlebrook, J. P.	3	38
Beers, d. Jan. 31, 1850, ae 47	4	10
Beers, his wid. [ ], d. Apr. 17, 1854, ae 52	4	16
Benjamin, m. Phebe **HARD**, Aug. 1, 1762, by Caleb Baldwin	1	5
Catharine, m. Thomas Darwin **SHEPARD**, May 15, 1827, by Rev. Daniel Burhans	3	27
Charles, s. [Elijah & Hannah], b. Mar. 1, 1791 [sic]	1	61
Charles, of Huntington, m. Julia Ann **SHERWOOD**, Apr. 29, 1822, by Rev. D. Berchans	2	6
Charles B., m. Mary E. **BOTSFORD**, d. Baldwin, July 2, 1848, by Rev. J. Atwater	3B	23
Clarre, d. [Elijah & Hannah], b. Dec. 10, 1768	1	61
Daniel, s. [Richard & Abigail], b. June 21, 1773	1	82
Daniel, m. Mary Ann **BOOTH**, b. of Newtown, Aug. 21, 1797	2	60
David, s. [Elijah & Hannah], b. Oct. 16, 1770	1	61
David, his s. [ ], d. Mar. 19, 1811	2	162
David, d. Nov. 30, 1816	2	157
Demon, colored, d. June 22, 1866, ae 71	4	37
Elijah, s. Nathaniel & Ann, b. Aug. 12, 1743	1	70
Elijah, s. [Nathaniel & Ann], b. Aug. 12, 1743	2	87
Elijah, m. Hannah **MEEKER**, Dec. 27, 1767	1	61
Elijah, had negro Juba, b. Feb. 15, 1796	1	61
Elijah, had negro child d. Dec. 14, 1798	LR19	Index
Elijah, his negro child d. Dec. 14, 1798	2	173
Elijah, s. [Nathaniel], d. Dec. 25, 1813	2	87
Elijah, d. Dec. 25, 1813	2	160
Elijah, d. Aug. 1, 1862, ae 27	4	30
Elijah B., d. Sept. 26, 1825, ae 11	2	148
Esther, d. [Nathaniel & Ann], b. Sept. 25, 1731	1	70
Ester, d. [Nathaniel & Ann], b. Sept. 25, 1731	2	87
Frederick, d. Aug. 4, 1860, ae 21	4	26
Grace, d. Aug. 15, 1864, ae 1 y. 2 m.	4	34
Hannah, d. [Richard & Abigail], b. Dec. 23, 1775	1	82
Hannah, [w. Elijah], d. Dec. 27, 1813	2	160
Harriet, of Newtown, m. John Smith **BOTSFORD**, of Troy N. Y., Jan. 29, 1845, by Rev. S. S. Stocking	3	125
Hawley B., of Monroe, m. Ann **BEARDSLEE**, of Newtown, Jan. 1, 1835, by Rev. S. C. Stratton	3	71
Hawley B., d. Mar. 3, 1869, ae 55	4	41
Henry, of Weston, m. Polly Ann **DIKEMAN**, of Newtown, Nov. 4,		

	Vol.	Page
NICHOLS, NICOLS, NICOLL, NICHOLLS (cont.),		
1833, by Rev. N. M. Urmston	3	64
Henry, d. Sept. 23, 1864, ae 53	4	34
Herman, his d. [ ], d. Aug. 29, 1838, ae 4	2	125
Hermos, of Huntington, m. Sally **BRISCO**, of Newtown, Dec. 31, [1820], by Israel A. Beardslee, J. P.	2	36
Hermos, his child d. Feb. 27, 1822	2	151
Hester, d. [Peter & Rebeckah], b. Apr. 29, 1758	1	26
Hester, d. [Peter & Rebecca], b. Apr. 29, 1758	2	86
Hester, d. [Lemuel & Allis], b. Oct. 12, 1784	1	81
Hester, d. Peter & Rebeckah, [ ]; m. [ ] **MEEKER**; d. Jan. 7, 1832	2	86
Hulday, d. [Richard & Abigail], b. Sept. 22, 1769	1	82
Humes, d. June 19, 1851, ae 56	4	12
Isaac, his s. [ ], d. Aug. 9, 1845, ae 12	4	2
Isaac, d. Sept. 17, 1853, ae 52	4	15
James, s. [Theophilus & Sarah], b. Sept. 9, 1775	1	37
James, Jr., m. Nancy A. **HUBBELL**, Aug. 21, 1825, by Rev. Daniel Burchans	3	19
James, Jr., his d. [ ], d. Mar. 30, 1836, ae 3	2	129
James, his s. [ ], d. Apr. 9, 1836, ae 6	2	129
James, Capt., d. Nov. 4, 1852, ae 78	4	14
James, Capt., his wid., d. Mar. 31, 1856, ae 76	4	19
Jennie, d. Sept. 14, 1864, ae 3	4	34
John, his d. [ ], d. Nov. 13, 1856, ae 5	4	20
John Blackman, s. [Lemuel & Allis], b. July 10, 1806	1	81
Joseph, s. Nathaniel & Ann, b. July 22, 1750; d. [ ], 1772, in Wilton; bd. in Wilton, ae 22; member of Yale college	1	73
Joseph, s. [Nathaniel & Ann], b. July 22, 1750	2	87
Joseph, s. [Elijah & Hannah], b. Mar. 25, 1773	1	61
Juba, colored, d. May 15, 1823	2	150
Julia Maria, m. Jason W. **FREEMAN** (colored), Mar. 20, 1849, by Rev. Horace Hills, Jr.	3B	27
Lauenah, d. [Peter & Rebeckah], b. June 10, 1761	1	26
Lavinah, [d. Peter & Rebecca], b. June 10, 1761	2	86
Lemuel, s. [Peter & Rebeckah], b. Mar. 6, 1754	1	26
Lemuel, s. [Peter & Rebecca], b. Mar. 6, 1754	2	86
Lemuel, m. Allis **BLACKMAN**, Feb. 23, 1784, by Rev. Richard Clark	1	81
Lemuel, [s. Peter & Rebeckah], d. Mar. 15, 1814	2	86
Lemuel, d. Mar. 15, 1814	2	159
Malvina, d. Feb. 15, 1869, ae 6 m.	4	41
Margeree, d. [Lemuel & Allis], b. May 30, 1786	1	81
Maria, m. Abiel Booth **GLOVER**, May 2, 1822, by Rev. D. Burhans	2	77
Marthar, d. [Lemuel & Allis], b. Apr. 22, 1788	1	81
Mary, m. Samuel **CURTISS**, b. of Newtown, Jan. 5, 1848, by Rev. J. Atwater	3	141

	Vol.	Page
NICHOLS, NICOLS, NICOLL, NICHOLLS (cont.),		
Mary B., d. Aug. 12, 1853, ae 18	4	15
Mehetable, m. Abraham **BRISTOL**, Jan. 5, 1750	1	76
Nathaniel, m. Ann **BOOTH**, Dec. 3, 1730, by Rev. Jno Beach	1	70
Nathaniel, m. Ann **BOOTH**, Dec. 3, 1730, by Rev. John Beach	2	87
Nathaniel, s. [Peter & Rebeckah], b. July 11, 1769	1	26
Nathaniel, s. [Peter & Rebecca], b. July 11, 1769	2	86
Nathaniel, d. May 10, 1785, ae 78	2	87
Nathaniel, [s. Peter & Rebecca], d. [ ], in Natches	2	86
Peter, s. [Nathaniel & Ann], b. Mar. 1, 1732	2	87
Peter, s. Nathaniel & Ann, b. Mar. 1, 1732/3, in New Canaan	1	70
Peter, m. Rebeckah **CAMP**, Apr. 29, 1753	1	26
Peter, m. Rebecca **CAMP**, Apr. 29, 1753	2	86
Peter, Capt., d. Jun 15, 1779	2	86
Peter, s. [Lemuel & Allis], b. Jan. 8, 1790	1	81
Peter, s. Nath[anie]l & Ann, d. Jan. 15, 1799	2	87
Peter, Capt., d. June 15, 1799	LR19	Ind. A
Peter, d. Aug. 29, 1830, ae 40	2	141
Phedima, d. [Nathaniel & Ann], b. Feb. 9, 1736	2	87
Phedyma, d. Nathaniell & Ann, b. Feb. 9, 1736/7	1	70
Phedimah, d. [Peter & Rebeckah], b. Dec. 1, 1755	1	26
Phedema, d. [Peter & Rebecca], b. Dec. 1, 1755	2	86
Phedimah, m. Benjamin **CURTISS**, Jr., Nov. 23, 1758	1	25
Phedime, m. Simeon **BEERS**, Feb. 7, 1776	2	32
Phedima, [d. Peter & Rebeckah], d. Jan. 6, 1822; m. [ ] **BEERS**	2	86
Philo, [s. Nathaniel & Ann], b. Feb. 27, 1734	2	87
Philo, s. Nathaniel & Ann, b. Feb. 27, 1734/5	1	70
Philo, s. [Nathaniel], d. Sept. 19, 1756, ae 22	2	87
Philo, s. [Peter & Rebeckah], b. Sept. 28, 1766; d. [ ] 23, [ ]	1	26
Philo, s. [Peter & Rebecca], b. Sept. 28, 1766	2	86
Philo, s. Peter & Rebecca, d. Feb. 23, 1794	2	86
Philo, [s. Peter & Rebecca], d. Feb. 23, 1794, ae 27	2	86
Philo, his s. [ ], d. Mar. 17, 1857, ae 2	4	21
Polly, d. [Peter & Rebecca], b. July 29, 1775	1	26
Polly, d. [Peter & Rebecca], b. July 29, 1775	2	86
Polly, m. Lamson **BURCH**, June 15, 1797	2	25
Polly, wid., d. June 28, 1864, ae 72	4	34
Polly, [d. Peter & Rebecca], m. Lamson **BIRCH**, [ ], [d.]	2	86
Rebeckah, [w. Peter], d. Oct. 12, 1793, in the 61st y. of her age	1	26
Rebeckah, w. Capt. Peter, d. Oct. 12, 1793, in the 61st y. of her age	2	86
Rebecca, w. Peter, d. Oct. 12, 1793	2	87
Rebeckah, d. [Lemuel & Allis], b. Dec. 18, 1793	1	81
Reuben Booth, [s. Daniel & Mary Ann], b. Aug. 24, 1802	2	60
Richard, s. Nathaniel & Ann, b. May 15, 1739	1	70
Richard, s. [Nathaniel & Ann], b. May 15, 1739	2	87
Richard, m. Abigail **GOLD**, Dec. 2, 1760	1	82

	Vol.	Page
NICHOLS, NICOLS, NICOLL, NICHOLLS (cont.),		
Richard & w. Abigail, had negro Robbin, b. Jan. 13, 1788	1	82
Sally, of Newtown, m. William **PEABODY**, of Bridgeport, Nov. 1, 1829, by Rev. Daniel Burhans	3	39
Sally A., of Newtown, m. Ward **WHEELER**, of Redding, June 29, 1845, by Jacob Beers, J. P.	3	126
Sally B., wid., d. Oct. 11, 1835, ae 61	2	132
Sarah, d. [Benjamin & Phebe], b. June 14, 1763	1	5
Sarah, d. [Peter & Rebeckah], b. Aug. 11, 1763; d. Dec. 7, 1764	1	26
Sarah, d. [Peter & Rebecca], b. Aug. 11, 1763	2	86
Sarah, 5th d. [Peter & Rebecca], d. Dec. 7, 1764	2	86
Sarah, d. [Peter & Rebeckah], b. Dec. 21, 1771	1	26
Sarah, d. [Peter & Rebecca], b. Dec. 21, 1771	2	86
Sarah, m. Reuben H. **BOOTH**, Jan. 2, 1794	1	48
Sarah, d. [Lemuel & Allis], b. Nov. 21, 1802	1	81
Sarah, wid., d. Feb. 3, 1826, ae 73	2	145
Sarah, [d. Peter & Rebecca], m. Reuben **BOOTH**, [ ], d. [	2	86
Sarah Ann, d. [Theophilus & Sarah], b. Jan. 25, 1779	1	37
Simeon, s. [Lemuel & Allis], b. Oct. 25, 1797	1	81
Simeon, m. Ann **CURTIS**, b. of Newtown, Dec. 23, 1829, by Rev. Daniel Burhans	3	40
Simeon, his w. [ ], d. Sept. 9, 1852, ae 50	4	14
Stephen J., his child d. Mar. 1, 1809	2	164
Susan, m. Harry **MALLORY**, of Danbury (colored), Jan. 31, 1825, by Rev. Daniel Burhans	3	16
Theophilus, s. Nathaniel & Ann, b. May 13, 1748	1	73
Theophilus, s. [Nathaniel & Ann], b. May 13, 1748	2	87
Theophilus, m. Sarah **MEEKER**, Dec. 1, 1771	1	37
Theophilus, [s. Nathaniel], d. Oct. 23, 1785	2	87
Theophilus, s. [Lemuel & Allis], b. Sept. 21, 1791; d. Aug. 28, 1793	1	81
Theophilus, s. [Lemuel & Allis], b. Jan. 19, 1796	1	81
Theophilus, d. Nov. 18, 1870, ae 75	4	44
William, d. Dec. 22, 1825, ae 22	2	148
William, s. Isaac, d. Aug. 9, 1846, ae 12	2	117
William, d. June 10, 1865, ae 6	4	35
William, d. Jan. 7, 1866, ae 18	4	36
NOBLE, NOBEL, Andrew B., of Brookfield, m. Sarah D. **BLACKMAN**, of Newtown, Oct. 16, 1842, by Rev. Alexander Leadbetter. Int. Pub.	3	113
Chauncey B., d. Oct. 24, 1857, ae 62	4	21
Chloe, m. Zadock **HARD**, Dec. 5, 1762, by Thomas Danise	1	9
NORTHROP, NORTHRUP, Abel, d. Jan. 9, 1822	2	151
Abigail, m. Daniel **BALDWIN**, Sept. 20, 1759	1	83
Abigail, m. Marcus **FAIRCHILD**, Mar. 2, 1823, by Rev. Daniel Burhans	3	5
Abigal, wid., d. Dec. 24, 1859, ae 86	4	25
Abigal, wid., d. May 5, 1862, ae 68	4	29

	Vol.	Page
NORTHROP, NORTHRUP (cont.),		
Abraham, s. Tho[ma]s & Abigail, b. Aug. 13, 1738	1	73
Adoniram, his w. [ ], d. Mar. 16, 1853, ae 32	4	14
Alanson, d. Apr. 18, 1812	2	161
Alonzo, m. Mary Ann **SKIDMORE**, b. of Newtown, Jan. 17, 1841, by Jacob Beers, J. P.	3	103
Alonzo, his w. [ ], d. Aug. 24, 1854, ae 54	4	17
Amos, s. [Lieut. Jonathan & Ruth], b. Sept. 7, N. S. 1759	1	71
Amy, [d. John, Jr. & Lois], b. Feb. 9, 1760	1	11
Andrew, s. [Benjamin, Jr. & Sary], b. Sept. 14, 1757	1	27
Andrew, m. Betsey **PECK**, b. of Newtown, Aug. 4, 1834, by Rev. S. C. Stratton	3	68
Anna, of Newtown, m. Joseph **SMITH**, 2nd, of Brookfield, Oct. 21, 1827, by Rev. W[illia]m Mitchell	3	29
Armenell, d. Job & Mabel, b. Sept. 15, 1743	1	20
Benjamin, m. Sarah **PLAT[T]**, b. of Newtown, Mar. 4, 1724/5, by Thomas Bennett, J. P.	LR2	355
Benjamin, 1st s. [Benjamin & Sarah], b. Feb. 7, 1725/6; d. Nov. 7, 1727	LR2	355
Benjamin, 2nd s. [Benjamin & Sarah], b. Feb. 24, 1729/30	LR2	355
Benjamin, Jr., m. Sary **PRINDLE**, Mar. 24, 1755	1	27
Benjamin, d. Apr. 14, 1808	2	165
Benjamin, d. May 19, 1829, ae 42	2	142
Caroline, m. William **BALDWIN**, Oct. 19, 1825, by Rev. W[illia]m Mitchell	3	19
Charles, d. Nov. 16, 1828, ae 24	2	143
Clarissa, of Newtown, m. Jesse **BANKS**, Jr., of Redding, Apr. 13, 1822, by Dea. Hawley Sanford	2	6
Clement, s. [Lieut. Jonathan & Ruth], b. Apr. 15, 1749 O. S.	1	71
Cyrenius, m. Phebe Ann **PARMELEE**, Nov. 22, 1820, by Rev. Daniel Berchans	2	8
Cyrenius, d. May 28, 1869, ae 73	4	42
Damaris, d. [Joshua & Mary], b. Apr. 2, 1758	1	4
Daniel, d. Mar. 11, 1836, ae 49	2	129
David, m. Emily **JOHNSON**, Dec. 26, 1836, by Rev. J. Hitchcock	3	82
David, his adopted s. [ ], d. Apr. 1, 1845, ae 1	4	2
Edgar, d. Oct. 23, 1868, ae 31 y. 9 m.	4	41
Elezier, his w. [ ], d. Mar. 8, 1839, ae 29	2	123
Elizabeth, d. [Lieut. Jonathan & Ruth], b. Sept. 29, O. S. 1744	1	71
Elizabeth, d. Sept. 15, 1846, ae 25	2	116
Elizabeth, d. Sept. 15, 1846, ae 25	4	3
Elizur, m. Charlotte **JOHNSON**, Mar. 23, 1828, by Rev. Bennet Glover	3	32
Elizur, d. Apr. 19, 1836, ae 3	2	129
Elizur, his s. [ ], d. May 15, 1839, ae 4	4	123
Elizur, d. Jan. 19, 1868, ae 60	4	39
Elizur B., m. Delia **SHERWOOD**, b. of Newtown, June 13, 1839, by Rev. F. Hitchcock	3	97
Emily, m. Jerome H. **BOTSFORD**, Feb. 1, 1852, by William M.		

	Vol.	Page
NORTHROP, NORTHRUP (cont.),		
Carmichael, D. D.	3B	40
Ezra J., d. Oct. 30, 1823	2	150
George, s. [Lieut. Jonathan & Ruth], b. Nov. 21, N. S. 1754	1	71
George, d. Aug. 11, 1821	2	152
Gideon, s. [Lieut. Jonathan & Ruth], b. May 20, O. S. 1742	1	71
Gideon, d. Apr. 21, 1818	2	155
Grace, d. [Nathaniel & Esther], b. July 24, 1771	1	34
Hannah, d. [Joshua & Mary], b. Nov. 30, 1755	1	4
Hannah, d. [Joshua & Mary], d. Feb. 14, 1763	1	4
Heman, m. Fanny **DEMMAN**, b. of Newtown, Apr. 18, 1838, by Rev. F. Hitchcock	3	90-1
Henry, d. Sept. 29, 1846, ae 10	2	116
Henry, d. Sept. 29, 1846, ae 10	4	5
Hezekiah, his child d. Dec. 19, 1818	2	155
Hezekiah, his s. [ ], d. Oct. 20, 1819	2	154
Hezekiah, d. Jan. 5, 1825, ae 45	2	147
Hosea B., m. Juliet **FAIRCHILD**, Mar. 17, 1852, by Rev. J. Atwater	3B	42
Huldah, d. Aug. 3, 1831, ae 47	2	140
Isaac, s. Tho[ma]s & Abigail, b. Aug. 6, 1734	1	73
Isack, s. [Job & Mabel], b. Apr. 3, 1746	1	20
Isaac, d. May 8, 1823	2	150
Isaiah, m. Mary **HUBBELL**, Dec. 17, 1867	1	17
James, d. Jan. 15, 1869, ae 87	4	41
Jean, d. [Joshua & Mary], b. June 13, [ ]	1	4
Jerusha, m. George **BENEDICT**, Mar. 28, 1827, by Rev. W[illia]m Mitchell	3	26
Job, s. Tho[ma]s & Abigail, b. Apr. 25, 1731	1	73
Joel, s. Tho[ma]s & Abigail, b. Mar. 3, 1742	1	73
John, m. Mary **PORTER**, Jan. 7, 1713/14, in Old Milford	1	71
John, s. [John & Mary], b. July 9, 1732	1	71
John, Jr., m. Lois **NORTHRUP**, July 27, 1752	1	11
John, his w. [ ], d. Dec. 3, 1800	2	172
John, d. Mar. 11, 1805, ae 73 y.	2	168
John, d. Jan. 23, 1836, ae 63	2	129
John, [ ]	1	72
John B., d. May 2, 1835, ae 35	2	131
Jonathan, s. [John & Mary], b. Mar. 3, 1715, in Old Milford	1	71
Jonathan, Lieut., m. Ruth **BOOTH**, b. of Newtown, June 2, 1740	1	71
Jonathan, [ ]	1	72
Joseph, d. Feb. 12, 1833, ae 66	2	135
Joshua, m. Mary **BENNIT**, Oct. 22, 1747, by Rev. Mr. Judson	1	4
Joshua, s. [Joshua & Mary], b. Apr. 11, 1761	1	4
Lemuel, s. [Lieut. Jonathan & Ruth], b. May 31, N. S. 1757	1	71
Lois, m. John **NORTHRUP**, Jr., July 27, 1752	1	11
Lois, d. [John, Jr. & Lois], b. Jan. 25, 1762	1	11
Lucy, wid., d. Feb. 14, 1828, ae 64	2	143
Lydia, Mrs., m. Moses K. **BOTSFORD**, Dec. 20, 1820, by Rev. Stephen W. Burrett	2	51

	Vol.	Page
NORTHROP, NORTHRUP (cont.),		
Mary, d. [John & Mary], b. Oct. 17, 1725	1	71
Mary, d. [Lieut. Jonathan & Ruth], b. June 28, O. S. 1746	1	71
Mary, d. [Joshua & Mary], b. Oct. 19, 1748	1	4
Mary, d. [Lieut. Jonathan & Ruth], d. Feb. 22, N. S. 1753	1	71
Mary, d. [Joshua & Mary], d. Oct. 23, 1753	1	4
Mary, d. [Joshua & Mary], b. May 6, 1754	1	4
Mary, d. [John, Jr. & Lois], b. Jan. 28, 1756	1	11
Mary, m. Solomon **GLOVER**, Feb. 2, 1773	1	85
Mary, m. Mathew **BALDWIN**, Feb. 12, 1778	1	82
Mary E., d. Dec. 8, 1861, ae 5	4	28
Nance, d. [Nathaniel & Esther], b. Feb. 1, 1769	1	34
Nane, d. [John, Jr. & Lois], b. May 14, 1758	1	11
Naomi, wid., d. Sept. 28, 1829, ae 89	2	142
Nathaniel, m. Esther **GOULD**, Nov. 10, 1767	1	34
Nathaniel, d. May 2, 1812	2	161
Nelson, m. Abigail **WALKER**, b. of Newtown, Oct. 23, 1836, by David H. Belden, J. P.	3	80
Nelson, d. Feb. 6, 1839, ae 33	2	123
Oliver, his w. [ ], d. Nov. 25, 1835, ae 39	2	132
Oliver, m. Jerusha **SKIDMORE**, b. of Newtown, Apr. 30, 1843, by Israel A. Beardslee, J. P.	3	117
Peter, s. [John, Jr. & Lois], b. June 3, 1754	1	11
Peter, his child d. May 12, [1800]	LR20	0
Peter, d. Nov. 27, 1810	2	163
Phebe, [twin with Sarah, d. Benjamin & Sarah], b. Feb. 25, 1727/8	LR2	355
Philo, d. Aug. 17, 1821	2	152
Philo, m. Mary G. **LEWIS**, b. of Newtown, Mar. 6, 1842, by Rev. Alexander Leadbetter. Int. Pub.	3	111
Philo, his w. [ ], d. Aug. 12, 1846, ae 25	4	3
Philo, his w. [ ], d. Aug. 13, 1846	2	116
Philo, his s. [ ], d. May 15, 1847, ae 1	2	113-4
Philo, his s. [ ], d. May 15, 1847, ae 1	4	6
Polly, d. Feb. 16, 1805	2	168
Polly, wid., d. Mar. 12, 1850, ae 78	4	10
Prudence, d. [Benjamin, Jr. & Sary], b. Mar. 27, 1756	1	27
Rebeckah, d. Zopher, decd. & Hannah, of Milford, m. John **SANFORD**, s. Samuel, decd. & Easther, of Newtown, Jan. 11, 1732/3	1	79
Rebecca, of Newtown, m. Burr **WHEELER**, of Monroe, Jan. 15, 1843, by Rev. Stephen J. Stebbins	3	114-5
Rebecca, d. Oct. 26, 1865, ae 21	4	36
Reuben, d. June 27, 1847, ae 52	2	113-4
Reuben, d. June 27, 1847, ae 52	4	6
Rufus, of Woodbury, m. Betsey **SHEPARD**, of Newtown, Apr. 4, 1841, by Rev. Alexander Leadbetter. Int. Pub.	3	104-5
Ruth, d. [John & Mary], b. Jan. 15, 1717/18	1	71
Ruth, m. Peter **FERRIS**, Nov. last day, 1737	1	80
Ruth, wid., d. July 25, 1799	LR19	Ind. A

	Vol.	Page
NORTHROP, NORTHRUP (cont.),		
Samuel, d. Oct. 27, 1821	2	152
Sarah, [twin with Phebe, d. Benjamin & Sarah], b. Feb. 25, 1727/8	LR2	355
Sary, d. [Job & Mabel], b. Mar. 16, 1748	1	20
Sarah, d. [Isaiah & Mary], b. Sept. 8, 1763	1	17
Solomon, s. [Lieut. Jonathan & Ruth], b. Mar. 8, 1741	1	71
Thomas, s. Tho[ma]s & Abigail, b. Dec. 2, 1732	1	73
Walter, his w. [ ], d. Nov. 12, 1821	2	152
Walter, m. Sally **PLATT**, Feb. 11, 1822, by Rev. D. Burhans	2	53
Walter, his child d. Apr. 20, 1822	2	151
Walter, Jr., m. Emily **BOTSFORD**, Mar. 24, 1844, by Rev. J. H. Ingalls	3	122
Walter, Jr., his infant d. [ ], d. Feb. 8, 1846	2	115
Walter, his d. [ ], d. Feb. 8, 1846, ae 6 w.	4	3
Walter, Jr., his infant d. [ ], d. Feb. 12, 1846	2	115
Walter, his infant d. [ ], d. Feb. 12, 1846, ae 8 w.	4	3
Walter, his w. [ ], d. July 26, 1846, ae 46	2	115
Walter, his w. [ ], d. July 26, 1846, ae 46	4	3
Walter, m. Mrs. Volucia B. **BOTSFORD**, Mar. 16, 1851, by Rev. J. Atwater	3B	35
William, d. May 17, [1800]	LR20	0
William, his w. [ ], d. May 27, 1853, ae 20	4	15
Zopher, his mother, d. [ ] 13, [ ]	1	79
Zopher, d. Nov. [ ], 1759	1	79
-----rd, d. [ ], 1801	2	171
NORTON, Charles Alonzo, s. [Philo & Ann], b. Nov. 8, 1784	1	45
Daniel Sheldon, s. [Philo & Ann], b. Apr. 10, 1788	1	45
Elizabeth, d. Jan. 2, 1864, ae 15	4	33
Francis, of Newtown, m. Moses H. **WILSON**, of Bridgeport, Oct. 9, 1836, by Rev. N. M. Urmston	3	80
Julia Ann, d. [Philo & Ann], b. Nov. 24, 1790	1	45
Lester Leroy, s. [Philo & Ann], b. July 23, 1797	1	45
Meriah, d. [Philo & Ann], b. Sept. 31*, 1786 *(Sept. 30)	1	45
Nancy Ann, d. [Philo & Ann], b. Feb. 19, 1795	1	45
Philo, b. May 24, 1763	1	45
Philo, m. Ann **BALDWIN**, Dec. 2, 1782	1	45
Sally, d. [Philo & Ann], b. Sept. 23, 1792	1	.45
NOTTINGHAM, John, of Virginia, d. Apr. 21, [1840], ae 23	2	121
OAKLEY, Sarah W., of Newtown, m. Augustus **VANTINE**, of Poughkeepsie, June 9, 1844, by John L. Ambler	3	123
OAKS, Nancy, m. Wolcott **DOWNS**, this day [Sept. 24, 1820], by Adoniram Fairchild	2	6
O'BRYAN, O'BRIAN, Christopher, d. Feb. 1, 1863, ae 45	4	31
Dennis, d. June 3, 1868, ae 45	4	40
James, d. May 28, 1862, ae 2	4	29
O'CARR, Sheldon*, m. Sarah A. **SOMERS**, Jan. 13, 1850, by Rev. J. Atwater *(Written "Sheldon **OCARR**")	3B	31
OGDEN, Issac, d. June 24, 1849, ae 17	4	9

	Vol.	Page

OGDEN (cont.),
    Samuel P., his d. [   ], d. Oct. 17, 1841, ae 5   2   122
    Sarah, of Newtown, m. Henry **HUPPER**, of New York, May 17,
        1846, by Rev. S. S. Stocking   3   132
    Sarah, of Newtown, m. Charles **WAKELEE**, of Monroe, Feb. 16,
        1851, by Jacob Beers, J. P.   3B   35
    Zeah, of Newtown, m. Daniel **SMITH**, of Danbury, Nov. 27,
        1844, by John L. Ambler   3   125
O'GORMAN, Ja[me]s, his w. [   ], d. Aug. 23, 1865, ae 40   4   35
O'GURLEY, [see under **GURLEY**]
O'HARRA, John, d. Oct. 30, 1855, ae 40   4   19
OLIVER, Henry W., of New Haven, m. Julia A. Lake, of Newtown,
    Aug. 25, 1850, by Rev. D. D. Noble, of Brookfield   3B   33
OLMSTED, Grace, wid., m. James **SHEPARD**, Mar. 9, 1797, by Rev.
    Mr. Ely, of Bethel   1   52
OSBORN, ORSBORN, John, s. Ephraim & Mary, b. Aug. last day,
        1718, in New Haven   LR2   139
    Mary, d. Ephraim & Mary, b. Dec. 14, 1715   LR2   139
    Mary, of Stratford, m. Gideon **KIMBERLEY**, of Newtown, Oct.
        9, 1735, by Jon Thompson, J. P.   1   80
    Nathan, s. Ephraim & Mary, b. May 14, 1723   LR2   139
    Sarah, Mrs., d. Nov. 18, 1859, ae 55   4   24
    Stephen, s. Ephraim & Mary, b. July 23, 1713, in New Haven   LR2   139
    Timothy, s. Ephraim & Mary, b. Aug. 28, 1720   LR2   139
OVITT, Esther, m. John L. **HUBBELL**, Sept. 16, 1821, by Rev. D.
    Burchans   2   23
PAGE, William L., of New Haven, m. Julia A. **LORD**, of Newtown,
    July 7, 1839, by Rev. Nathaniel Mead   3   97
PAINE, PAYNE, Abraham, m. Mrs. Anna **SHERWOOD**, b. of New-
    town, Apr. 23, 1837, by Ezra Morgan, J. P.   3   83
    Benajah, d. Apr. 1, 1850, ae 26   4   10
    David S., m. Mary Caroline **WELLS**, b. of Newtown, Apr. 24,
        1836, by Levi Edwards, J. P.   3   78
    David S., his w. [   ], d. Feb. 6, 1851, ae 33; s.
        [   ], d. Feb. 7, 1851, ae 3   4   12
    Elizabeth, d. Benj[amin], m. William **EDMONDS**, s. Robert, Feb.
        14, 1796, by Rev. Nathan Strong, of Hartford   2   26
    George, d. June 21, 1853, ae 13 d.   4   15
    George W., of Monroe, m. Martha **CROFUT**, of Newtown, Oct. 8,
        1837, by Levi Edwards, J. P.   3   88
    Horace, his s. [   ], d. Sept. 25, 1838, ae 3   2   126
    Mary, d. Oct. 15, 1866, ae 67   4   37
    Philo, d. Feb. 3, 1868, ae 26   4   39
    Sally, of Monroe, m. Gilead L. **FARNUM**, of Newtown, Apr.
        16, 1837, by Jacob Beers, J. P.   3   83
    Sally B., m. George P. **KNAPP**, b. of Newtown, Feb. 7, 1836, by
        Rev. S. C. Stratton   3   76
    Sally Betsey, of Monroe, m. William **CARR**, of New Haven, Oct.
        29, 1837, by Jacob Beers, J. P.   3   88

144 BARBOUR COLLECTION

	Vol.	Page
PAINE, PAYNE (cont.),		
Shelton, d. Jan. 28, 1851, ae 1 y. 6 m.	4	12
William, m. Polly **BLACKMAN**, Dec. 25, 1841, by Rev. Stephen J. Stebbins	3	109
PALMER, Benjamin, m. Laura **PORTER**, b. of Ridgefield, May 27, 1832, by Lamson Birch, J. P.	3	55
Reuben, of Bethel, m. Amenia **DEMAN**, of Newtown, July 4, 1831, by Rev. John Lovejoy	3	49
PANHEIG(?), Agnes, d. Oct. 1, 1826, ae 13	2	146
PANN, PAN, [see also **PARR**], Clark*, his d. [ ], d. Oct. 16, 1846, ae 1 *("Clark **PARR**?"}	4	5
Sary Rachel, had s. Joseph David, b. Sept. 5, 1762; d. Nov. 28, 1783; d. Mariann, b. Nov. 2, [ ]; d. same month; s. Nathaniel Cary, b. [ ]	1	85
PARICH, Hannah, m. John **SHERWOOD**, Apr. 6, 1727	1	7
PARKER, Sophia, m. Sturgis **BRADLEY**, Mar. 28, 1830, by David H. Belden, J. P.	3	41
PARKES, PARKS, Ammorilles, [d. Michael & Ammorilles], b. Oct. 6, 1799	2	7
Amos, [s. Michael & Ammorilles], b. Feb. 9, 1792	2	7
Anna, [d. Michael & Ammorilles], b. Mar. 25, 1781	2	7
Charles, [s. Michael & Ammorilles], b. Nov. 23, 1785	2	7
Hanna, [d. Michael & Ammorilles], b. Apr. 16, 1783	2	7
Hannah, [d. Michael & Ammorilles], d. Sept. 28, 1785	2	7
Josias, [child of Michael & Ammorilles], b. June 21, 1789	2	7
Josias, [s. Michael & Ammorilles], d. July 27, 1794	2	7
Josias, [child of Michael & Ammorilles], b. Aug. 23, 1795	2	7
Michael, m. Ammorilles **FAIRCHILD**, May 10, 1780	2	7
Michael, emigrated to Auburn, N. Y. [ ]	2	7
PARMELEE, PEARMELE, PARMELIE, PARMELE, PARMLEE,		
Aaron J., of Newtown, m. Maria **JOHNSON**, of Cooperstown, N. Y., Oct. 18, 1840, by Rev. Nathaniel Mead	3	101
Abraham, s. [Noah & Mary], b. Dec. 27, 1735	1	79
Albert, d. Mar. 29, 1858, ae 26	4	22
Amos, d. Mar. 21, 1858, ae 87	4	22
Amos, his wid. [ ], d. June 16, 1860, ae 80	4	26
Anner, d. [Stephen & Betsey], b. July 26, 1746	1	21
Arminal, d. [Stephen & Hannah], b. Jan. 28, 1765	1	18
Barshebah, d. [Noah & Mary], b. Feb. 29, 1743	1	79
Betty, d. [Stephen & Betsey], b. Oct. 10, 1753	1	21
Clary, m. George **BOTSFORD**, Mar. 31, 1825, by Rev. Daniel Burhans	3	17
Elizabeth, d. Stephen & Elizabeth, b. Sept. 9, 1710	LR2	354
Elizur, his s. [ ], d. Feb. 29, 1856, ae 9 m.	4	19
Elizur, his s. [ ], d. Oct. 26, 1857, ae 6	4	21
Elizur, his s. [ ], d. Dec. 20, 1857, ae 1	4	21
Eloisa, m. Bradley B. **HULL**, b. of Newtown, Feb. 13, 1828, by Rev. W[illia]m Mitchell	3	31
Eunice, wid., d. Dec. 29, 1812	2	161

	Vol.	Page
PARMELEE, PEARMELE, PARMELIE, PARMELE, PARMLEE (cont.),		
Fanny E., d. Levi, m. George **FRENCH**, Dec. 21, 1851, by Rev. J. Atwater	3B	42
George, d. Apr. 25, 1858, ae 30	4	22
Hannah, d. [Stephen & Hanah], b. Feb. [ ], 1759	1	21
Hannah, d. May 24, 1834, ae 75	2	133
Herman, his w. [ ], d. Mar. 5, 1831, ae 20	2	139
Herman, m. Polly **PECK** b. of Newtown, Apr 25, 1832, by Rev. John Lovejoy	3	54
Herman, his d. [ ], d. Feb. 26, 1834, ae 5	2	133
Hiram, his d. [ ], d. Nov. 30, 1833, ae 2	2	136
Jane Ann, m. Lorrin **PECK**, b. of Newtown, May 10, 1849, by Rev. Horace Hills, Jr.	3B	28
Jehiel, s. [Stephen & Betsey], b. Sept. last, 1742	1	21
Julia Ann, of Newtown, m. Charles **SHORT**, of Woodbridge, Dec. 28, 1836, by Rev. N. M. Urmston	3	81
Levi, d. Apr. 17, 1867, ae 70	4	38
Lois, wid., m. Amos **SHEPARD**, Apr. 16, 1825, by Rev. Solomon Glover	3	18
Louisa, m. George **BOTSFORD**, b. of Newtown, Oct. 17, 1830, by Rev. William Mitchell	3	44
Lucinda, d. Aug. 25, 1857, ae 22	4	21
Lideah, d. [Stephen & Betsey], b. Feb. 20, 1748	1	21
Marcus, d. Apr. 24, 1847, ae 24	2	113-4
Marcus, d. Apr. 24, 1847, ae 24	4	6
Marcus B., his s [ ], d. July 6, 1819	2	154
Marcus C., of Redding, m. Jane A. **LAWRENCE**, of Newtown, Dec. 24, 1845, by Rev. S. S. Stocking	3	129
Margaret, Mrs., d. Aug. 31, 1853, ae 25	4	15
Nathaniel, s. [Stephen & Hanah], b. Mar. 24, 1761	1	21
Nathaniel, d. May 7, 1834, ae 73	2	133
Nathaniel, his wid., d. Nov. 29, 1837, ae 76	2	128
Noah, m. Mary **SHARP**, Feb. 14, 1734/5, by Rev. Elisha Kent	1	79
Noah, s. [Noah & Mary], b. Oct. 10, 1740	1	79
Noah, d. Oct. 6, 1803	2	170
Noah, [ ]	1	72
Peter B., m. Abby Jane **LEAVENWORTH**, Dec. 24, 1851, by Rev. J. Atwater	3B	42
Phebe Ann, m. Cyrenius **NORTHRUP**, Nov. 22, 1820, by Rev. Daniel Berchans	2	8
Philo, s. [Stephen & Hanah], b. Sept. 4, 1757	1	21
Philo, d. Sept. 6, 1821	2	152
Polly Ann, of Newtown, m. David **CORNING**, of Monroe, Mar. 27, 1842, by Rev. Stephen J. Stebbins	3	112
Rufus L., of Newtown, m. Diamy **BUNDY**, of Masonville, N. Y., Mar. 2, 1845, by Rev. S. S. Stocking	3	126
Sarah, d. Apr. 24, 1825, ae 76	2	147
Sarah E., Mrs., d. May 20, 1854, ae 26	4	17

	Vol.	Page
PARMELEE, PEARMELE, PARMELIE, PARMELE, PARMLEE (cont.),		
Silas, s. [Noah & Mary], b. Aug. 13, 1737	1	79
Stephen, s. Stephen & Elizabeth, b. July 25, 1714	LR2	354
Sebele*, d. [Stephen & Betsey], b. July 26, 1750 *(Sybil)	1	21
Theodore, d. Oct. 9, 1869, ae 39	4	43
Walter, m. Harriet **DIKEMAN**, b. of Newtown, Feb. 9, 1831, by Joseph S. Covel	3	49
Ziba, d. May 15, 1866, ae 71	4	37
PARR, [see also **PANN**], Clark*, his child d. Oct. 16, 1846, ae [ ], colored *("Clark **PANN**?)	2	116
Jane, m. Ransler **FREEMAN**, May 24, 1825, by Adoniram Fairchild, J. P.	3	18
PARSONS, PERSON, PERSONS, Bety, d. [Enoch & Abigal], b. Mar. 17, 1762	1	3
Edward A., m. Caroline M. **BOTSFORD**, b. of Newtown, Oct. 15, 1849, by Rev. Horace Hills, Jr.	3B	28
Enoch, m. Abagel **CLUGSTON**, Feb. 11, 1761, by Rev. Mr. Joudson	1	3
Mary E., m. Julius **SANFORD**, b. of Newtown, Oct. 4, 1847, by Rev. S. S. Stocking	3	139
Moses, his w. [ ], d. May 19, 1822	2	151
Moses, his w. [ ], d. Sept. 16, 1839, ae 35	2	124
Sarah, m. Nathaniel **BUNNILL**, Sept. 18, 1768	1	86
PATCH, Elijah, of Bridgeport, m. Laura **STILSON**, of Newtown, Apr. 5, 1829, by Rev. Daniel Burhans	3	37
Ezra, his s. [ ], d. Mar. 30, 1832, ae 6 w.	2	137
PATCHIN, Isaac, m. Abigail **BRISCO**, b. of Newtown, Nov. 19, 1840, by Rev. Nathaniel Mead	3	102
PATRICK, Bennet, of Norwalk, m. Harriet M. **CROFUT**, of Newtown, July 2, 1839, by Walter Clark, J. P.	3	101
PATTERSON, Hannah, m. John **MURRY**, Apr. 16, 1724, by Rev. Hezekiah Gold	1	69
Hannah, of Stratford, m. Joseph **MURRY**, Apr. 16, 1724, by Rev. Hezekiah Goold	LR2	347
William A., his w. [ ], d. Jan. 24, 1848, ae 37	4	7
PEABODY, William, of Bridgeport, m. Sally **NICHOLS**, of Newtown, Nov. 1, 1829, by Rev. Daniel Burhans	3	39
PEARCE, Caroline M., m. Lewis H. **FAIRCHILD**, May 2, 1852, by William M. Carmichael, D. D.	3B	40
Elisha, [s. Thomas & Margit], b. Mar. 1, O. S. 1733/4	1	71
Erastus, m. Eloisa **PLATT**, Feb. 13, 1833, by Rev. Luther Mead	3	61
Frances, twin with Israel, [s. Thomas & Margit], b. Mar. 25, O. S. 1737	1	71
Israel, twin with Frances, [s. Thomas & Margit], b. Mar. 25, O. S. 1737	1	71
Israel, d. Apr. 10, 1810	2	163
PEASE, Aggrippa, colored, his child, d. Dec. 3, 1820	2	153

	Vol.	Page
PEASE (cont.),		
John, m. Mary **SIMONS**, b. of Newtown, Dec. 15, 1845, by Rev. S. S. Stocking	3	128
John, his s. [ ], d. Jan. 15, 1849, ae 1	4	8
W[illia]m A., m. Arriet* **HALL**, b. of Newtown, Nov. 23, 1843, by Rev. S. S. Stocking *(Probably "Harriet")	3	119
PECK, Aaron, s. [Joseph & Rebeckah], b. Jan. 21, 1732/3	1	75
Abel, s. [Moses & Elizabeth], b. Jan. 25, 1750/1	1	21
Abel, s. [Asher & Sarah], b. June 26, 1776	1	63
Abiah, d. [Gideon & Abiah], b. Mar. 31, 1762	1	69
Abiah, wid. Henry & formerly [of] Gideon, d. July 15, 1819	2	154
Abigal, d. [Joseph & Abigal], b. June 22, 1709, in Milford	LR2	348
Abigal, d. Joseph & Abigal, d. Dec. 3, 1720	LR2	348
Abigail, 2nd, d. Joseph & Abigail, b. June last week, 1724	LR2	348
Abigail, d. [John & Bethiah], b. Mar. 23, 174[ ]	1	75
Abigal, m. Vincent **STILSON**, Nov. 8, 1745, by Rev. Mr. Judson	1	4
Abigail, d. [Daniel & Hannah], b. Mar. 11, 1776	1	10
Abner, d. Sept. 16, 1844, ae 72	2	118
Abner, d. Sept. 16, 1844, ae 69	4	1
Abraham, d. Apr. 18, 1826, ae 39	2	145
Aderiaram, s. [Aron & Deborah], b. Aug. [ ]	1	71
Albert W., his d. [ ], d. Feb. 3, 1869, ae 6 h.	4	41
Amarillas, d. Oct. 18, 1820	2	153
Ame, d. [Jabez & Abi], b. Jan. 30, 1766	1	62
Ammiel, [d. Heth & Hannah], b. July 24, 1740	1	29
Ammon, d. Mar. 6, 1832, ae 66	2	137
Amos, [s. Heth & Hannah], b. Jan. 12, 1746/7	1	29
Amos, s. [Henry & Rachel], b. Apr. 5, 1769	1	35
Amos, his child d. Apr. 20, 1801	2	171
Amos, d. Sept. 2, 1833, ae 58	2	136
Amos, his w. [ ], d. Apr. 22, 1837	2	127
Amos S., his child d. June 16, 1817	2	156
Andrew, s. [Aaron], b. Oct. 27, 1769	1	65
Andrew, s. [Henry & Hannah], b. May 21, 1773	1	15
Andrew, Jr., his child d. June 4, 1809	2	164
Andrew, his w. [ ], d. Feb. 12, 1842, ae 71	2	120
Andrew, d. Mar. 12, 1852, ae 85	4	13
Ann, d. [Ephraim & Sarah], b. Sept. 3, 1731	LR2	351
Ann, d. [Moses & Elizabeth], b. Feb. 6, 1754	1	21
Ann, m. Russell **CROFUT**, b. of Newtown, May 3, 1829, by Jacob Beers, J. P.	3	37
Ann Eliza, d. Jan. 4, 1856, ae 5	4	19
Ann Smith, d. [Gideon & Abiah], b. Mar. 16, 1760	1	69
Annah, d. [Ephraim & Sarah], b. Apr. 20, 1756	1	11
Anner, d. [Jabez & Abi], b. May 19, 1773	1	62
Anna, d. [Shadrack & Ruth], b. Apr. 20, 1784	1	47
Anna, [d. Nathan & Huldah], b. Jan. 15, 1794	2	67
Anna, d. Dec. 8, 1795	2	67
Anna, wid., d. Jan. 25, 1811	2	162

	Vol.	Page
PECK (cont.),		
Annis, her child d. Apr. 3, 1801	2	171
Annis, m. James **DUNNING**, of Huntingtn, May 15, 1821, by D. Berchans	2	6
Asher, s. [John & Bethiah], b. July 6, 1744	1	75
Asher, m. Sarah **JUDSON**, Nov. 17, 1768	1	63
Asher, his w. [ ], d. Nov. 2, 1812	2	161
Asher, d. July 7, 1822	2	151
A[u]gustus, d. Sept. 3, 1826, ae 2	2	145
Betsey, m. James B. **FAIRMAN**, Nov. 16, 1806; b. Nov. 10, 1779	2	66
Betsey, m. Peter **LAKE**, b. of Newtown, Jan. 9, 1834, by Lamson Birch, J. P.	3	65
Betsey, m. Andrew **NORTHROP**, b. of Newtown, Aug. 4, 1834, by Rev. S. C. Stratton	3	68
Betsey Ann, m. Joseph **PECK**, Dec. 21, 1828, by Rev. Daniel Burhans	3	35
Betty, d. [Moses & Elizabeth], b. Jan. 11, 1762	1	23
Bill, colored, his d. [ ], d. Mar. 19, 1833, ae 2	2	135
Bill, colored, his w. [ ], d. Jan. 7, 1836, ae 36	2	129
Bill, colored, d. Mar. 8, 1866, ae 67	4	36
Caleb, [s. Moses & Elizabeth], b. Aug. 9, 1760	1	23
Caroline, d. May 25, 1858, ae 47	4	22
Cassanda, d. Feb. 6, 1809	2	164
Charles, s. Dan & Hannah, b. [ ], 1801	1	15
Charles, m. Freelove **NASH**, [ ], 1825	1	15
Charles, m. Freelove **NASH**, Dec. 26, 1825, by Rev. Daniel Burhans	3	20
Charles, his w. [ ], d. Dec. 9, 1835, ae 32	2	132
Charles, d. Feb. 11, 1837, ae 35	2	127
Charles, d. Oct. 1, 1852, ae 75	4	14
Charles, colored, his w. [ ], d. Jan. 6, 1854, ae 24; infant d. Jan. 6, 1854	4	16
Charles, d. Feb. 27, 1855, ae 56	4	17
Charles, colored, d. Mar. 9, 1858, ae 22	4	22
Charles, d. Dec. 27, 1866, ae 44	4	37
Charles H., s. Charles & Freelove, b. Apr. 19, 1827	1	15
Charles H., m. Hannah D. **FAIRCHILD**, Jan. 17, 1848, by Rev. J. Atwater	3	142
Charley, [s. Nathan & Huldah], b. Oct. 26, 1780	2	67
Charlotte, d. May 22, 1856, ae 27	4	19
Chauncey B., m. Anna G. **WILCOXON**, May 1, 1825, by Rev. Daniel Burhans	3	18
Chauncey B., his s. [ ], d. Mar. 3, 1833, ae 1	2	135
Chauncy B., his s. [ ], d. Feb. 27, 1846, ae 18	2	115
Cloe, d. Feb. 7, [1800]	LR20	0
Chloe, m. Abel **DIBBLE**, b. of Newtown, June 1, 1831, by Rev. John Lovejoy	3	48
Clarissa, of Newtown, m. Jacob **MAYHEW**, of Philadelphia, Jan. 26, 1829, by Rev. Daniel Burhans	3	36

	Vol.	Page
PECK (cont.),		
Clary, [d. John & Emily], b. Dec. 19, 1782	2	20
Comfort, [child of John & Emily], b. Mar. 11, 1772	2	20
Comfort, m. Oliver **TOUCEY**, Jr., May 17, 1780	1	56
Coziah, d. [Moses & Elizabeth], b. Aug. 19, 1756	1	21
Currence, m. Lewis **PLUMB**, Feb. 5, 1837, by Rev. Rodney Rosseter, of Monroe	3	84
Cyrenius, his w. [ ], d. Sept. 16, 1815	2	158
Cyrenus, d. Jan. 3, 1836, ae 66	2	129
Damaris, b. Sept. 15, 1736; m. Jonathan **PRINDLE**, July 12, 1759	1	40
Dan, s. Moses, b. June 10, 1763; m. Hannah **PECK**, [ ]	1	15
Dan, s. [Moses & Elizabeth], b. June 10, 1763	1	23
Dan, his w. [ ], d. May 9, 1830, ae 60	2	141
Dan, m. Mrs. Betsey **BENNIT**, b. of Newtown, May 26, 1832, by Lamson Birch, J. P.	3	55
Dan, d. Mar. 25, 1833, ae 69	2	135
Daniel, s. [Joseph & Rebeckah], b. Dec. 27, 1736	1	75
Daniel, m. Hannah **JOHNSON**, Dec. 1, 1761, by Rev. Mr. Judson	1	10
Daniel, d. Apr. 3, 1776, in the 40th y. of his ae	1	10
Daniel, his child d. Mar. 7, [1800]	LR20	0
Daniel, his w. [ ], d. Feb. 14, 1845, ae 68	4	2
Daniel, d. Feb. 13, 1846, ae 70	2	115
Daniel, d. Feb. 13, 1846, ae 70	4	3
Daniel, d. Feb. 14, 1846, ae 67	2	117
David, s. Joseph & Rebeckah, b. Sept. 15, 1747	1	75
David, [s. Heth & Hannah], b. Nov. 17, 1748	1	29
David, s. [Henry & Rachel], b. Mar. 21, 1755	1	35
David, m. Damaras [ ], Oct. 14, 1772, by Rev. Thomas Brooks, of Newbury	1	86
David, Jr., d. June 18, 1801	2	171
David, d. Feb. 12, 1822	2	151
David, his s. [ ], d. Oct. 4, 1859, ae 2	4	24
David C., his w. [ ], d. Dec. 30, 1829, ae 43	2	142
David C., m. Harriet **BOOTH**, b. of Newtown, Apr. 10, 1842, by Rev. S. S. Stocking	3	111
David C., d. Apr. 1, 1862, ae 79	4	29
Deborah, d. July 11, 1805	2	168
Delazon, his child d. Dec. 21, 1826, ae 2	2	146
Delazon, his s. [ ], d. Feb. 25, 1833, ae 12	2	135
Ebenezer, s. [Ephraim & Sarah], b. July [ ], 1727	LR2	351
Ebenezer, m. Sarah **BOOTH**, Mar. 13, 1757, by Rev. Mr. Judson	1	9
Ebenezer, f. of Am[m]on, Eber & James, d. July 26, 1805	2	168
Ebenezer, d. July 9, 1835, ae 67	2	132
Edgar E., d. Sept. 24, 1859, ae 2	4	24
Edmon Booth, s. [Asher & Sarah], b. Apr. 2, 1784	1	63
Edward, d. Feb. 1, 1859, ae 19	4	23
Eli, s. [Ephraim & Sarah], b. June 2, 1751	1	11
Elias, s. [Aron & Deborah], b. Feb. 23, 17[ ]	1	71
Elihu, d. June 11, 1772	1	37

	Vol.	Page
PECK (cont.),		
Elijah, s. [Nathaniel, Jr. & Mary], b. Sept. 3, 1761	1	32
Eliza, m. Anson **HUBBELL**, June 4, 1823, by Samuel C. Blackman, J. P.	3	7
Elizabeth, d. [Joseph & Abigal], b. Mar. 29, 1717	LR2	348
Elizabeth, w. Moses, d. Dec. 25, 1798	LR19	Index
Elizabeth, d. Dec. 25, 1798	1	23
Elizabeth, d. Sept. 8, 1825, ae 28	2	148
Elliot M., his s. [ ], d. Aug. 23, 1853, ae 2	4	15
Elnathan, s. [John & Bethiah], b. Sept. 30, O. S., 175[ ]	1	75
Elnathan, s. [Jabez & Abi], b. Oct. 19, 1767	1	62
Elnathan, s. John, d. Dec. [ ], 1767	1	88
Elinathan, his w. [ ], d. Sept. 21, 1831, ae 64	2	140
Elinathan, d. Jan. 22, 1837, ae 74	2	127
Emily, d. Jan. 23, 1825, ae 15	2	147
Enoch, s. [Ephraim & Sarah], b. July 19, 1743	1	11
Enoch, d. Aug. 7, 1814	2	159
Enos, s. [Moses & Elizabeth], b. July 27, 1752	1	21
Enos, d. Apr. 25, 1826, ae 74	2	145
Enos, his wid. [ ], d. Oct. 17, 1855, ae 98	4	19
Ephraim, m. Sarah **FORDE**, b. of Milford, Nov. 7, 1716, by Joseph Treat, J. P.	LR2	351
Ephraim, s. [Ephraim & Sarah], b. May 21, 1721	LR2	351
Ephraim, d. July 21, 1801	1	11
Ephraim, d. July 21, 1801	2	171
Ephraim, m. Sarah **PORTER**, [ ]. by Justice Sherman	1	11
Esther, [d. Moses & Elizabeth], b. Oct. 26, 1766	1	23
Esther, m. Rufus **SUMMERS**, Dec. 22, 1822, by Noah Smith	3	4
Eunes, d. [Ebenezer & Sarah], b. Dec. 1, 1761	1	9
Ezekiel, s. [Zalmon & Zilpha], b. Mar. 8, 1786	1	53
Ezekiel, his w. [ ], d. Nov. 10, 1815	2	158
Ezekiel, d. May 30, 1869, ae 84	4	42
Ezra, s. [Nathaniel, Jr. & Mary], b. Apr. 20, 1770	1	32
Ezra, d. Nov. 16, 1804	2	169
Fairman, of Newtown, m. Julia Ann **TOMLINSON**, of Woodbury, June 28, 1835, by Jacob Beers, J. P.	3	73
Fanny, of Newtown, m. Noah B. **SMITH**, of Plymouth, Mar. 13, 1833, by Rev. Daniel Burhans	3	61
George, s. [Gideon & Abiah], b. Dec. 2, 1752	1	69
George C., m. Ann R. **TOMLINSON**, of Newtown, Mar. 4, 1838, by Rev. N. M. Urmston	3	90
Gideon, s. [Ephraim & Sarah], b. July 2, 1725	LR2	351
Gideon, m. Abiah **SMITH**, Jan. 28, 1752	1	69
Gideon, d. Mar. 1, 1825, ae 53	2	147
Grace, d. [Joseph & Rebeckah], b. Nov. 28, 1738	1	75
Grace, [d. John & Emily], b. Feb. 8, 1770	2	20
Grace, d. June [ ], 1771	2	20
Grace, [d. John & Emily], b. Apr. 14, 1775	2	20

	Vol.	Page

PECK (cont.),

	Vol.	Page
Hannah, d. [Heth & Hannah], b. July 5, 1733, at Milford	1	29
Hannah, d. [Henry & Hannah], b. Apr. 6, 1770	1	15
Hannah, m. Dan **PECK**, s. Moses [ ]	1	15
Hannah E., of Newtown, m. Eli B. **HAMLIN**, of New Milford, Aug. 25, 1844, by Samuel B. Peck, J. P.	3	123
Harriet, m. Charles C. **BEERS**, Oct. 2, 1831, by Rev. S. C. Stratton, in Trinity Church	3	50
Henry, s. [Ephraim & Sarah], b. Apr. 14, 1719	LR2	351
Henry, m. Rachel **LAMBORD**, May 15, 1751	1	35
Henry, m. Ann **SMITH**, Dec. 23, 1755	1	80
Henry, m. Hannah **LEVENWORTH**, Aug. 6, 1765	1	15
Henry, s. [Henry & Rachel], b. Mar. 3, 1766	1	35
Henry, m. Polly Ann **PRINDLE**, b. of New Town, May 19, 1822, by Lamson Birch, J. P.	3	1
Henry, his child d. Dec. 20, 1822	2	151
Henry, d. July 18, 1843, ae 48	2	119
Hepzibah, d. [Heth & Hannah], b. July 23, 1742	1	29
Hepzebah, d. Aug. 11, 1797	LR19	Index
Hepzibah, d. Aug. 11, 1797	2	173
Herman, his s. [ ], d. Oct. 10, 1838, ae 4	2	126
Heth, m. Hannah **CAMP**, Feb. 19, 1729/30, at Old Milford	1	29
Heth, s. [Heth & Hannah], b. May 29, 1731, at Milford	1	29
Heth, d. May 4, 1797	LR19	Index
Heth, d. May 4, 1797	2	173
Heth, f. of Samuel, d. Oct. 6, 1810	2	163
Heth, d. Jan. 4, 1816	2	157
Hezekiah, s. [Moses & Elizabeth], b. Aug. 14, 1758	1	21
Huldah, d. Nov. 4, 1801	2	171
Huldah, d. Oct. 19, 1812, ae 57	2	67
Huldah, Mrs., d. Oct. 19, 1812	2	161
Huldah, wid., d. Nov. 27, 1833, ae 73	2	136
Isaac, s. [Ephraim & Sarah], b. Aug. 2, 1758	1	11
Isaac, Jr., of Woodbury, m. Anna **TOMLINSON**, of Newtown, Oct. 12, 1823, by Rev. Daniel Burhans	3	8
Isaac, Jr., d. Oct. 1, 1835, ae 59	2	132
Isaac, wid., d. Apr. 17, 1838, ae 55	2	125
Isaac, d. Feb. 21, 1856, ae 97 y. 6 m.	4	19
Israel, s. [John & Bethiah], b. June 14, 174[ ]	1	75
Israel, d. Feb. 18, 1821	2	152
Jabez, s. [John & Bethiah], b. Sept. 4, 1740	1	75
Jabez, m. Abi **SANFORD**, July 17, 1764	1	62
Jabez, d. Nov. 5, 1801	2	171
Jabez B., his s. [ ], d. Apr. 8, 1833, ae 1	2	135
Jabez B., his s. [ ], d. Apr. 24, 1835, ae 1	2	131
Jabez B., his d. [ ], d. Dec. 4, 1840	2	121
James, his d. [ ], d. July 5, 1830, ae 4	2	141
James, d. Oct. 21, 1832, ae 61	2	138
Jane, wid., d. July 25, 1822	2	151

	Vol.	Page
PECK (cont.),		
Jane, wid., d. Aug. 22, 1858, ae 80	4	22
Jane Ann, of Newtown, m. Daniel B. **BOOTH**, of Roxbury, Oct. 3, 1847, by Rev. S. S. Stocking	3	138
Jared, [s. Nathan & Huldah], b. Feb. 15, 1788	2	67
Jerusha, d. [Asher & Sarah], b. May 9, 1773	1	63
Jesse Lambord, s. [Henry & Rachel], b. May 31, 1757	1	35
Joanna, d. Feb. 22, 1824	2	149
Joel, s. [Nathaniel, Jr. & Mary], b. Mar. 4, 1764	1	32
Joel, s. [Aaron], b. Sept. 1, 1765	1	65
Joel, d. Sept. 6, 1842, ae 46	2	120
John, s. [Joseph & Abigal], b. Mar. 28, 1713, in Milford	LR2	348
John, m. Bethiah **BOOTH**, Nov. 8, 1739	1	75
John, s. Joseph & Rebeckah, b. Jan. 29, 1744	1	75
John, s. [Henry & Rachel], b. Dec. 3, 1759	1	35
John, m. Emily **BURRITT**, Sept. 3, 1767	2	20
John, d. Apr. 22, 1768	1	88
John, s. [Jabez & Abi], b. Aug. 1, 1769	1	62
John, s. [Asher & Sarah], b. Jan. 3, 1775	1	63
John, his w. [ ], d. Mar. 26, 1820	2	153
John, d. July 14, 1820	2	153
John B., d. Nov. 7, 1808, at North Carolina	2	67
John Beers, [s. Nathan & Huldah], b. Sept. 15, 1776	2	67
John Sharp, s. [Shadrack & Ruth], b. Mar. 5, 1787	1	47
Jonathan, s. Elihu & Jane, b. May 15, 1768	1	37
Jonathan, d. Dec. 8, 1819	2	154
Joseph, of Newtown, b. Feb. 25, 1680, in Milford; m. Abigal [ ], Jan. 14, 1706/7, in Milford, by "Mayger" Eells	LR2	348
Joseph, eldest s. [Joseph & Abigal], b. Oct. 2, 1707, in Milford	LR2	348
Joseph, m. Rebeckah **SHEPARD**, June 20, 1732, by Capt. Thomas Bennitt, J. P.	1	75
Joseph, s. [John & Bethiah, b. May 20, 1742	1	75
Joseph, m. Betsey Ann **PECK**, Dec. 21, 1828, by Rev. Daniel Burhans	3	35
Joseph, d. Aug. 15, 1833, ae 25	2	136
Joseph, his s. [ ], d. Sept. 24, 1845, ae 15	4	3
Joseph, his s. [ ], d. Sept. 24, 1846, ae 15	2	117
Joseph H., d. June 10, 1860, ae 23	4	26
Joshua, s. Aron & Deborah, b. Sept. 9, 1756	1	71
Judson, s. [Asher & Sarah], b. Jan. 10, 1778	1	63
Keziah, see under Coziah		
Lacey, d. Aug. 13, 1834, ae 73	2	134
Legrand, m. Laury **DIMON**, b. of Newtown, Oct. 25, 1831, by Charles Sherman	3	44
Lemira, d. [Asher & Sarah], b. Aug. 5, 1769	1	63
Lemuel, s. [Henry & Hannah], b. Apr. 3, 1766	1	15
Lemuel, his w. [ ], d. Sept. 11, 1810	2	163
Lemuel, d. Sept. 22, 1839, ae 74	2	124
Levi, s. [Gideon & Abiah], b. Apr. 1, 1758	1	69

	Vol.	Page
PECK (cont.),		
Levi, m. Maria **BEERS**, Feb. 11, 1825, by Rev. Daniel Burhans	3	16
Levi, his d. [ ], d. July 19, 1833, ae 4	2	135
Levi, his w. [ ], d. July 13, 1850, ae 46	4	11
Levina, [d. John & Emily], b. Mar. 29, 1780	2	20
Lewis, [s. Nathan & Huldah], b. July 26, 1778	2	67
Lewis, d. Apr. 26, 1782	2	67
Lewis, [s. Nathan & Huldah], b. Aug. 21, 1785	2	67
Linerus*, s. [Ephraim & Sarah], b. Aug. 12, 1753 *(Liveras)	1	11
Liveras, m. Anna **WHEELER**, June 24, 1778	2	9
Liverius, f. Thomas W., d. June 14, 1810	2	163
Lois, [d. Moses & Elizabeth], b. Jan. 26, 1765	1	23
Lois, m. Edmund **FAIRCHILD**, b. of Newtown, Dec. 25, 1849, by John Morgan	3B	31
Lorrin, m. Jane Ann **PARMELEE**, b. of Newtown, May 10, 1849, by Rev. Horace Hills, Jr.	3B	28
Lorrin, d. Jan. 4, 1863, ae 54	4	30
Louisa, d. Dec. 15, 1803	2	170
Louisa, d. Jan. 31, 1807	2	166
Lucinda, d. [Asher & Sarah], b. Dec. 9, 1770	1	63
Lucinda, m. Dr. Gideon **SHEPARD**, Nov. 6, 1794	1	51
Lucius, his child, d. Oct. 17, 1825, ae [ ]	2	148
Luse, d. [Daniel & Hannah], b. Oct. 17, 1762; d. June 2, 1764	1	10
Luse, d. [Daniel & Hannah], b. July 23, 1764	1	10
Lucy Ann, m. Rufus **SHEPARD**, June 19, 1822, by Daniel Burhans	3	2
Mabel, d. [Ephraim & Sarah], b. Feb. 17, 1761	1	11
Martha, [d. Nathan & Huldah], b. Apr. 23, 1791	2	67
Mary, d. [Joseph & Abigal], b. Oct. 2, 1715; bp. Oct. 30, 1715; d. Nov. 19, 1715	LR2	348
Mary, d. [Joseph & Abigail], b. May 18, 1726	LR2	348
Mary, d. [Heth & Hannah], b. Dec. 31, 1735, at Milford	1	29
Mary, d. [Henry & Rachel], b. Dec. 25, 1752	1	35
Mary, m. Jabez **BALDWIN**, Mar. 24, 1755	1	6
Mary, d. [Moses & Elizabeth], b. June 28, 1755	1	21
Mary, wid., d. Sept. 22, 1818	2	155
Mary, wid., d. Apr. 25, 1839, ae 87	2	123
Mary, Mrs., d. Oct. 28, 1843, ae 61	2	119
Mary Ann, d. Apr. 22, 1818	2	155
Mary Ann, m. John N. **BUTTS**, Feb. 10, 1821, by Rev. Daniel Burchans	2	19
Mathew, s. [Joseph & Rebeckah], b. Jan. 4, 1753	1	75
Mercy, [d. Henry & Hannah], b. Aug. 10, 1767	1	15
Meriam, m. Daniel S. **BULKLEY**, b. of Newtown, Apr. 13, 1834, by Rev. Samuel C. Stratton	3	67
Minot, s. Daniel, d. Jan. 31, 1808	2	165
Moses, s. Joseph & Abigail, b. Dec. 28, 1719	LR2	348
Moses, m. Elizabeth **BALDWIN**, Dec. 1, 1748	1	21
Moses, d. Apr. 2, 1808	2	165

	Vol.	Page
PECK (cont.),		
Nancy, d. Dec. 26, 1803	2	170
Nathan, s. [Ephraim & Sarah], b. Jan. 10, 1749	1	11
Nathan, [s. Moses & Elizabeth], b. Sept. 15, 1769; d. Dec. 6, 1769	1	23
Nathan, [s. Moses & Elizabeth], b. Oct. 11, 1771	1	23
Nathan, m. Huldah **FEBREGUE**, Oct. 1, 1775	2	67
Nathan & w. Huldah, had s. [　　　　], b. Aug. 23, 1797; d. Aug. 23, 1797	2	67
Nathan, his s. [　　　　], d. Aug. 24., 1797	LR19	Index
Nathan, his child d. Aug. 26, 1797	2	173
Nathan, d. May 1, 1816	2	157
Nathaniel, Jr., m. Mary **FOOT**, Oct. 16, 1760	1	32
Nelson J., d. June 6, 1863, ae 20	4	31
Olive, d. [Daniel & Hannah], b. Mar. 18, 1771	1	10
Oliver, s. [Gideon & Abiah], b. July 9, 1754	1	69
Oliver, his d. [　　　　], d. Apr. 26, 1799	LR19	Ind. A
Oliver, s. Gideon, d. Apr. 21, 1810	2	163
Oliver, his w. [　　　　], d. Jan. 28, 1819	2	154
Oliver, m. Polly **SANFORD**, May 14, 1821, by D. Burhans	2	52
Oliver, his w. [　　　　], d. Jan. 11, 1854, ae 72	4	16
Oliver, d. May 26, 1857, ae 73	4	21
Olle, d. [Nathaniel, Jr. & Mary], b. Mar. 25, 1765	1	32
Phebe, d. Apr. 28, 1806	2	167
Phidemie, d. [Jabez & Abi], b. Sept. 19, 1771	1	62
Polly, b. May 8, 1779; m. James Beach **FAIRMAN**, Mar. 2, 1800	2	66
Polly, [d. Liveras & Anna], b. Nov. 18, 1781	2	9
Polly, m. Herman **PARMELEE**, b. of Newtown, Apr. 25, 1832, by Rev. John Lovejoy	3	54
Polly, of Easton, m. Charles **MORGAN**, of Newtown, Mar. 9, 1851, by William M. Carmichael, D. D.	3B	36
Polly D., d. Mar. 3, 1824	2	149
Prudence, wid., d. Oct. 6, 1835, ae 61	2	132
Rachel, d. [Henry & Rachel], b. Feb. 7, 1762	1	35
Rebeckah, d. [Joseph & Rebeckah], b. June 6, 1741	1	75
Rebeckah, d. [Joseph & Rebeckah], d. Jan. 11, 1742	1	75
Rebeckah, d. [Aron & Deborah], b. Feb. 18, 1753	1	71
Rebeckah, w. Joseph, d. Oct. 31, 1773	1	88
Rebecca, w. David C., d. Dec. 30, 1829, ae 43	2	32
Rebeckah, d. Apr. 12, 1844, ae 27	2	118
Rebecca, d. Apr. 12, 1844, ae 27	4	1
Richard, [s. Liveras & Anna], b. July 28, 1786	2	9
Robert S., m. Abigail **BOOTH**, b. of Newtown, Nov. 1, 1838, by Rev. S. C. Stratton	3	92
Robert S., his w. [　　　　], d. May 27, 1839, ae 21	2	123
Robert S., m. Mary A. **LAKE**, b. of Newtown, May 18, 1842, by Rev. S. S. Stocking	3	112
Robert S., his d. [　　　　], d. Mar. 28, 1845, ae 1	4	2
Robert S., his d. [　　　　], d. Mar. 29, 1846, ae 1	2	117
Robert S., his w. [　　　　], d. Jan. 31, 1850, ae 29	4	10

	Vol.	Page
PECK (cont.),		
Robert S., m. Elizabeth **CURTIS**, Mar. 16, 1851, by William M. Carmichael, D. D.	3B	36
Robert S., d. Mar. 24, 1858, ae 44	4	22
Ruenny, d. [Daniel & Hannah], b. July 11, 1766	1	10
Rufus, [s. John & Emily], b. Mar. 6, 1768	2	20
Rufus, his d. [ ], b. Nov. 24, 1820	2	153
Ruth, d. [Ephraim & Sarah], b. Jan. 29, 1723/4	LR2	351
Ruth, d. Nov. 4, 1736	1	76
Ruth, d. [Moses & Elizabeth], b. Oct. 30, 1749	1	21
Sabra, m. Dennis **NASH**, Sept. 5, 1796	2	4
Sabra, of Newtown, m. Manoah B. **PORTER**, of Brookfield, Oct. 1, 1826, by Rev. Daniel Burhans	3	24
Sally, m. Harry **BENEDICT**, June 23, 1830, by Rev. Daniel Burhans	3	41
Samuel, s. [Heth & Hannah], b. Aug. 20, 1744	1	29
Samuel, s. [Henry & Hannah], b. July 2, 1775	1	15
Samuel, Jr., d. Dec. 26, 1817	2	156
Samuel, his w. [ ], d. Sept. 18, 1819	2	154
Samuel, d. May 12, 1832, ae 88	2	138
Samuel B., his s. [ ], d. Dec. 6, 1845, ae 4	4	3
Samuel B., his child d. [ ], 1845	2	118
Samuel B., d. July 15, 1856, ae 56	4	20
Samuel Johnson, s. [Daniel & Hannah], b. Aug. 12, 1768	1	10
Sarah, d. [Ephraim & Sarah], b. July 14, 1719	LR2	351
Sarah, d. [Heth & Hannah], b. Apr. 14, 1738, at Milford	1	29
Sarah, d. [Ephraim & Sarah], b. July 24, 1746	1	11
Sarah, m. Ezra **BRYAN**, May 21, 1761, by Rev. David Judson	1	6
Sarah, [d. Moses & Elizabeth], b. Apr. 26, 1768	1	23
Sarah, [d. Nathan & Huldah], b. Mar. 18, 1783	2	67
Sarah, wid., d. Apr. 2, 1809	2	164
Sarah, wid., d. Nov. 11, 1834, ae 62	2	134
Sarah Ann, d. Aug. 16, 1842, ae 20	2	120
Sarah Ann, of Newtown, m. James L. **DUFFLE**, of Philadelphia, Feb. 16, 1843, by Rev. Stephen J. Stebbins	3	115
Sarah E., m. George **BEERS**, b. of Newtown, May 2, 1849, by Rev. Horace Hills, Jr.	3B	27
Shadrack, s. [Ephraim & Sarah], b. Mar. 18, 1741	1	11
Shadrack, m. Ruth **SHARP**, Jan. 1, 1777	1	47
Simeon, m. Caroline **CURTIS**, Mar. 16, 1831, by Rev. Daniel Burhans	3	47
Simeon B., his s. [ ], d. Apr. 17, 1844, ae 3	4	1
Simeon B., his s. [ ], d. [ ], 1844, ae 2	2	118
Susannah, d. [Aaron], b. July 25, 1770	1	65
Sybel, Mrs., d. July 30, 1810	2	163
Sylvia, d. Jan. 3, 1829, ae 18	2	142
Sylvia Maria, m. Edward T. **CLARK**, b. of Newtown, Nov. 5, 1848, by Rev. H. V. Gardiner	3B	25
Thomas, s. [Shadrack & Ruth], b. May 25, 1778	1	47

	Vol.	Page
PECK (cont.),		
Thomas, his s. [ ], d. Mar. 19, 1833, ae 4	2	135
Thomas W., his w. [ ], d. June 21, 1821	2	152
Thomas W., his w. [ ], d. Feb. 18, 1846, ae 58	2	115
Thomas W., his w. [ ], d. Feb. 18, 1846, ae 58	4	3
Tho[ma]s W., d. Sept. 1, 1870, ae 91	4	44
Thomas Wheeler, [s. Liveras & Anna], b. Sept. 9, 1779	2	9
Thomas Wheeler, m. Theodosia **COE**, Feb. 17, 1822, by Rev. D. Burchans	2	5
Truman, s. [Ebenezer & Sarah], b. Jan. 13, 1758; d. June 28, 1759	1	9
Truman, 2nd, s. [Ebenezer & Sarah], b. Oct. 22, 1759	1	9
Turney, d. Mar. 27, 1856, ae 79	4	19
Vilet, d. [Joseph & Rebeckah], b. May 8, 1735	1	75
Violet, d. [Aron & Deborah], b. Feb. 1, 1757	1	71
William, m. Betsey **ALEXANDER** (colored), Mar. 2, 1829, by Rev. Daniel Burhans	3	37
William, colored, d. Apr. 12, 1847, ae 48	4	6
W[illia]m, his w. [ ], d. Apr. 12, 1847, ae 48 (colored)	2	113-4
William, m. Mrs. Rachel **SIMONS**, of Bridgeport, Dec. 24, 1847, by Rev. J. Atwater	3	141
William, his d. [ ], d. Feb. 22, 1849, ae 16 (colored)	4	8
Winthrop, his s. [ ], d. July 27, 1827, ae 3	2	144
Winthrop, his s. [ ], d. July 17, 1830, ae 3	2	141
Winthrop, d. May 10, 1847, ae 50	2	113-4
Winthrop, d. May 10, 1847, ae 50	4	6
Worster, d. Apr. 1, 1861, ae 76	4	27
Zadah, d. [Daniel & Hannah], b. July 13, 1773	1	10
Zalmon, s. [Henry & Ann], b. Mar. 10, 1758	1	80
Zalmon, s. [David & Damaras], b. Dec. 19, 1773	1	86
Zalmon, m. Zilpha **HORD**, Sept. 12, 1781	1	53
Zalmon, his w. [ ], bd. Jan. 1, 1797	LR19	Ind
Zalmon, Capt., d. Apr. 21, 1812	2	161
Zalmon S., his d. [ ], d. July 17, 1836, ae 2	2	130
Zilpha, [w. Zalmon], d. Dec. 31, 1796	1	53
Zelpha Ann, m. Alvy B. **BEECHER**, May 17, 1835, by Rev. S. C. Stratton	3	73
Zerah Smith Ann, s. [Zalmon & Zilpha], b. Dec. 18, 1782	1	53
PEET, Caroline, Mrs., d. June 23, 1869, ae 67	4	42
Rhoda, m. James **WHITNEY**, Mar. 22, 1823, by Daniel Burhans	3	6
PELLIT, PELOTS, Thomas, his s. [ ], d. Oct. 2, 1853, ae 3 m.	4	16
-----, Capt. his child d. Apr. 23, [1800]	LR20	0
PENA, Joseph, Indian, d. Feb. 3, 1820	2	153
PERKINS, [see also **FIRKINS**], Edward L., d. Apr. 4, 1850, ae 39	4	10
Edwin, of New Haven, m. Fanny **SHEPARD**, of Newtown, Feb. 28, 1847, by Glover Hawley, J. P.	3	136
Fanny, wid., d. July 26, 1863, ae 60	4	32
Isaac J., of Brookfield, m. Polly Ann **MINER**, of Newtown, Feb.		

	Vol.	Page
PERKINS, [see also **FIRKINS**] (cont.),		
10, 1839, by Theophilus Nichols, J. P.	3	95
Mary H., of Bethlem, m. Abel F. **GILLET**, of Newtown, Apr. 2,		
1843, by Rev. Stephen J. Stebbins	3	116
Sarah O., m. Abram B. **BEERS**, b. of Newtown, Dec. 13, 1846, at		
Edwin Beardsley, by Hervy Little	3	134
Susan A., m. Edwin **BEARDSLEY**, b. of Newtown, Jan. 12, 1845,		
by Rev. John L. Ambler	3	126
William C., d. Sept. 13, 1866, ae 64	4	37
William C., his wid. [ ], d. Feb. 20, 1867, ae 62	4	38
PERRY, Agur, his d. [ ], d. Dec. 28, 1830	2	141
Agur, his infant, d. [Jan. , 1831]	2	139
Agur, d. Oct. 26, 1837, ae 37	2	128
Bennitt, Dr., b. Dec. 29, 1755; m. Sally **BEERS**, b. of Woodbury,		
Oct. 9, 1777	2	3
Bennett, Dr., d. Nov. 6, 1821	2	152
Bennitt, d. Nov. 26, 1821, ae 66	2	3
Betsey, [d. Dr. Bennitt & Sally], b. May 19, 1783	2	3
Betsey, m. Marcus **BOTSFORD**, [ ]	2	3
Daniel, d. June 1, 1823	2	150
Emily, Mrs., d. Jan. 7, 1861, ae 29	4	27
Hannah, wid., d. Oct. 5, 1839, ae 68	2	124
Herman, [s. Dr. Bennitt & Sally], b. Jan. 16, 1782	2	3
Herman, s. Dr. Bennett, d. Oct. 30, 1811	2	162
James, his w. [ ], d. May 4, 1849, ae 19	4	9
Joseph, [s. Dr. Bennitt & Sally], b. Aug. 13, 1778	2	3
Joseph, m. Nabby Ann **TAYLOR**, Jan. 7, 1827, by Rev. William		
Mitchell	3	25
Josiah, d. May 20, 1811	2	162
Nancy, [d. Dr. Bennitt & Sally], b. Apr. 28, 1792	2	3
Nancy, m. Elisha **MILLS**, [ ]	2	3
Nathaniel Preston, [s. Dr. Bennitt & Sally], b. May 25, 1788	2	3
Peter, his child d. July 5, 1813	2	160
Peter, d. Mar. 6, 1830, ae 58	2	141
Philo, Rev., d. Oct. 26, 1798	LR19	Index
Philo, d. Oct. 26, 1798	2	173
Polly, [d. Dr. Bennitt & Sally], b. Apr. 12, 1780	2	3
Polly, m. Asa **CHAPMAN**, [ ]	2	3
Sally, [d. Dr. Bennitt & Sally], b. Sept. 3, 1790	2	3
Sally, m. Curtis **HUNMAN**, [ ]	2	3
Samuel A., m. Polly A. **TURNEY**, b. of Newtown, Sept. 25, 1848,		
by Rev. Lorenzo D. Nickerson	3B	25
Sarah, wid., d. Dec. 21, 1860, ae 90	4	27
Sarah E., m. Silliman H. **SHERMAN**, b. of Newtown, Dec. 24,		
1846, by Rev. J. Atwater	3	135
Seeley, of Newtown, m. Rebecca **BRISCO**, of Monroe, May 8,		
1844, by Rev. John L. Ambler	3	122
Seeley, his w. [ ], d. Oct. 27, 1858, ae 35	4	23
Sylvia, [d. Dr. Bennitt & Sally], b. Nov. 20, 1794	2	3

	Vol.	Page

PERRY (cont.),
    Sylvia, m. Benj[ami]n F. **SHELTON**, [   ]   2   3
    Ziba, his w. [   ], d. Dec. 11, 1851, ae 61   4   13
    Ziba, d. Mar. 17, 1861, ae 70   4   27
PERSON, [see under **PARSONS**]
PETERS, Lemuel, colored, d. Jan. 3, 1830, ae 66   2   141
PETTIS, Jane Eliza, m. Lewis Sherman **BRISCO**, Nov. 6, 1824, by
    Rev. Daniel Burhans   3   15
PHELPS, Chloe, d. July 17, 1818   2   155
    -----, Mr. his child d. Jan. 14, [1800]   LR20   0
PICKET, Daniel, of Danbury, m. Maria **PRINDLE**, of Newtown, Feb.
    9, 1840, by Rev. S. S. Stocking   3   99
[**PIERCE**], [see under **PEARCE**]
PILLON, James, d. [Oct.   , 1843], ae 2   2   119
PITTS, Peter, colored, his child, d. Mar. 13, 1816   2   157
PLATT, PLAT, Amos, s. [Josiah & Sary], b. Jan. 12, 1768   1   4
    Amos, his w. [   ], d. May 4, 1806   2   167
    Amos, d. [Aug.   , 1826], ae 66   2   145
    Angnes, wid., d. Mar. 26, 1851, ae 76   4   12
    Bennet, m. Augusta **SHEPARD**, b. of Newtown, Feb. 23, 1835,
        by Rev. N. M. Urmston   3   72
    Bennett, his s. [   ], d. Mar. 16, 1855, ae 2   4   18
    Bennett, his d. [   ], d. Apr. 4, 1855, ae 7   4   18
    Cato, d. Jan. 9, 1828, ae 86 (colored)   2   143
    Cornelius, m. Jane Ann **PLATT**, b. of Newtown, Oct. 11, 1846, by
        Rev. David P. Sanford, of Woodbury   3   133
    Dan[ie]ll, his child d. Mar. 15, 1805   2   168
    David, d. Apr. 19, 1814   2   159
    David, d. Oct. 18, 1828, ae 20   2   143
    Eli, d. Jan. 17, 1827, ae 43   2   144
    Eli, d. [Oct.   , 1837], ae 14   2   128
    Elijah, m. Maria **BEERS**, b. of Newtown, Aug. 14, 1831, by Rev.
        Nathan D. Benedict   3   50
    Elijah, his s. [   ], d. Aug. 31, 1853, ae 7   4   15
    Elijah, his s. [   ], d. Sept. 1, 1853, ae 13   4   15
    Elijah, his w. [   ], d. Sept. 19, 1853, ae 46   4   15
    Elijah, d. Jan. 8, 1859, ae 49   4   23
    Eloisa, m. Erastus **PEARCE**, Feb. 13, 1833, by Rev. Luther Mead   3   61
    Ephraim, d. May 11, 1834, ae 63   2   133
    Ephraim, his wid., d. Apr. 12, 1852, ae 79   4   13
    Hannah, d. [Josiah & Sary], b. Oct. 1, 1759   1   24
    Hannah, d. [Josiah & Sary], b. Oct. 3, 1759   1   4
    Hannah, Mrs., d. Jan. 14, 1807   2   166
    Harry, his d. [   ], d. Apr. 1, 1831, ae 1   2   139
    Harry, his s. [   ], d. Jan. 13, 1846, ae 19   2   115
    Harry, his s. [   ], d. Jan. 13, 1846, ae 19   4   3
    Harry, his w. [   ], d. Aug. 14, 1846   2   116
    Henry, his w. [   ], d. Aug 13, 1846, ae 43   4   3
    Hezekiah, m. Mabel **HAYES**, b. of Newtown, Jan. 8, 1823, by

	Vol.	Page

PLATT, PLAT (cont.),

	Vol.	Page
Lamson Birch, J. P.	3	4
Isaac, s. [Josiah & Sary], b. Dec. 24, 1762	1	4
Isaac, his w. [　　　　　], d. Apr. 29, 1805	2	168
Isaac, his s. [　　　　　], d. Dec. 18, 1810	2	163
Isaac, d. Nov. 6, 1846, ae 56	2	116
Isaac, d. Nov. 6, 1846, ae [ ]	4	5
Jane Ann, m. Cornelius **PLATT**, b. of Newtown, Oct. 11, 1846, by Rev. David P. Sanford, of Woodbury	3	133
Jerome, his w. [　　　　　], d. May 10, 1866, ae 28	4	37
Jesse, d. July 5, 1797	LR19	Index
Jesse, d. July 5, 1797	2	173
Jonas, s. [Josiah & Sary], b. Jan. 11, 1770	1	4
Josiah, m. Sary **SANFORD**, Nov. 13, 1758	1	4
Josiah, m. Sary **SANFORD**, Nov. 13, 1758, by Rev. Mr. Judson	1	24
Josiah, d. Jan. 5, 1804	2	169
Josiah, of Weston, m. Anne **SHERMAN**, of Newtown, Jan. 3, 1831, by Rev. Nathan D. Benedict	3	46
Judson, his w. [　　　　　], d. Sept. 18, 1856, ae 60	4	20
Judson, d. Oct. 8, 1860, ae 69	4	27
Julia, of Newtown, m. Hawley **BEERS**, of Redding, Feb. 12, 1832, by Rev. Hawley Sanford	3	53
Justus, d. Jan. 18, 1811	2	162
Levi, colored, d. Dec. 29, 1831, ae 41	2	140
Lorin L., his s. [　　　　　], d. Aug. 7, 1846, ae 11 m.	4	3
Lorren L., his child d. Jan. 25, 1848, ae 3 w.	4	7
Lorrin L., his s. [　　　　　], d. Feb. 19, 1853, ae 4	4	14
Louisa, m. Donald **BLACKMAN**, b. of Newtown, Feb. 10, 1833, by Rev. Samuel C. Stratton	3	60
Loue*, d. [Josiah & Sary], b. May 28, 1765　　*(Love?)	1	4
Lucretia, m. Simon **UNDERHILL**, Jan. 30, [1822], by Rev. Daniel Burhans	2	74
Lucy, m. Abel Ferris **GILLET**, b. of Newtown, Sept. 16, 1830, by Rev. Horace Bartlett	3	43
Mary, wid., d. Jan. 28, 1835, ae 66	2	131
Mercy, d. [Moses & Annah], b. May 14, 174[ ]	1	71
Moses, s. [Moses & Annah], b. May 17, 174[ ]	1	71
Moses, m. Annah **WHE[E]LER**, May 27, 1742	1	71
Nathan, s. [Josiah & Sary], b. Mar. 3, 1761	1	4
Nathan, s. [Josiah & Sary], b. Mar. 3, 1761	1	24
Nathan, his w. [　　　　　], d. May 9, [1800]	LR20	0
Nathan, his child d. May 9, [1800]	LR20	0
Ozias, d. Feb. 19, 1864, ae 63 (colored)	4	33
Patty, wid., d. Oct. 9, 1859, ae 69	4	24
Phebe, m. Jonathan **SANFORD**, July 8, 1725, b. of Newtown, by Thomas Bennitt, J. P.	LR2	350
Philo, d. Nov. 12, 1859, ae 19	4	24
Reuben, d. May 1, 1812	2	161
Robert S., of Washington, m. Betty **CROFUT**, of Newtown, Feb.		

	Vol.	Page
PLATT, PLAT (cont.),		
18, 1827, by Zachariah Clark, Jr., J. P.	3	25
Russell, d. Sept. 16, 1830, ae 33	2	141
Ruth, d. Oct. 23, 1799	LR19	Ind. A
Ruth Ann, m. Samuel H. **CURTIS**, July 5, 1822, by Adoniram Fairchild, J. P.	3	2
Sally, m. Walter **NORTHROP**, Feb. 11, 1822, by Rev. D. Burhans	2	53
Sarah, m. Benjamin **NORTHRUP**, b. of Newtown, Mar. 4, 1724/5, by Thomas Bennett, J. P.	LR2	355
Sylvanus, d. Aug. 14, 1852, ae 56	4	14
Timothy, d. July 3, 1820	2	153
William, his w. [ ], d. June 25, 1849, ae 53	4	9
William, Jr., m. Rebecca J. **KNAPP**, Dec. 31, 1851, by William M. Carmichael, D. D.	3B	41
William, d. Nov. 16, 1852, ae 59	4	14
William, his d. [ ], d. June 10, 1853, ae 2	4	15
Willie H., d. Mar. 10, 1864, ae 8	4	33
PLUMB, PLARMB, Czar, m. Julia **BRADLEY**, b. of Newtown, Apr. 6, 1835, by Matthew Batchelor	3	72
Czar, d. Jan. 21, 1862, ae 48	4	29
Czar, see also Zar		
Henry, d. Apr. 1, 1859, ae 19	4	24
John, his w. [ ], d. Aug. 6, 1851, ae 39	4	12
Lewis, his w. [ ], d. Oct. 21, 1836, ae 45	2	130
Lewis, m. Currence **PECK**, Feb. 5, 1837, by Rev. Rodney Rosseter, of Monroe	3	84
Wait, of Monroe, m. Rebecca **TAYLOR**, of Newtown, Apr. 27, 1829, by Rev. W[illia]m Mitchell	3	37
Walker, of Huntington, m. Minerva **TOUCEY**, of Newtown, June 13, 1821, by Rev. D. Berchans	2	6
Zar, m. Angeline **PRINDLE**, Aug. 8, 1852, by J. Atwater	3B	41
Zar, see also Czar		
POIVEL (?), David, of Easton, m. Jane **TAYLOR**, of Newtown, July 4, 1847, by Jacob Beers, J. P.	3	137
POLLY, Joseph, of Danbury, m. Julia Ann **FOOT**, of Newtown, May 14, 1834, by Rev. N. M. Urmston	3	67
POPE, Thomas, d. Jan. 24, 1863, ae 48	4	31
PORTER, Bryan, of Farmington, m. Marcia **HURD**, of Newtown, Mar. 4, 1830, by Nathan D. Benedict	3	41
David, m. Anna **SHERWOOD**, Feb. 26, 1821, by Ambrose S. Todd	2	6
Eliza Ann, of Ridgefield, m. Michael **WAYLAND**, foreigner, Sept. 9, 1832, by Lamson Birch, J. P.	3	57
Laura, m. Benjamin **PALMER**, b. of Ridgefield, May 27, 1832, by Lamson Birch, J. P.	3	55
Manoah B., of Brookfield, m. Sabra **PECK**, of Newtown, Oct. 1, 1826, by Rev. Daniel Burhans	3	24
Mary, m. John **NORTHRUP**, Jan. 7, 1713/14, in Old Milford	1	71
Mary J., Mrs. (colored), d. Jan. 23, 1853, ae 30	4	14
Philips P., d. Nov. 22, 1836, ae 41	2	130

	Vol.	Page
PORTER (cont.),		
Sarah, m. Ephraim **PECK**, [ ], by Justice Sherman	1	11
Stiles M., of Weston, m. Cornelia **STAPLES**, of Newtown, June 11, 1839, by Rev. William Denison	3	99
Zachariah, d. May 18, 1848, ae 50	4	7
POWEL, Catharine J., m. Amaziah **DOWNS**, b. of Newtown, Nov. 21, 1841, by Rev. W[illia]m Denison	3	109
PRATT, John, d. May 19, 1828, ae 78	2	143
John, m. Mrs. Caroline **WOOD**, b. of Danbury, Aug. 29, 1847, by Walter Clark, J. P.	3	138
William, m. Abigail **AUXLEY**, b. of Danbury, May 1, 1848, by Alexander Hall, J. P.	3B	21
PRAY, Avis, m. Joseph **BOOTH**, b. of Newtown, Feb. 13, 1848, by Rev. S. S. Stocking	3	143
PRIMUS, -----, negro, his child d. Sept. 4, [1800]	LR20	0
PRINDLE, Abel, s. [Joseph & Sarah], b. Feb. 13, 1733/4	1	69
Abel, s. [Ephraim & Elizabeth], b. Nov. 3, 174[ ]	1	72
Abel, s. [Jonathan & Damaris], b. Feb. 24, 1760	1	40
Abel, m. Armirillus **TOUSEY**, June 3, 1761, by Rev. David Judson	1	9
Abel, d. Apr. 18, 1819	2	154
Abel B., m. Betsey A. **GLOVER**, Dec. 31, 1843, by Rev. J. H. Ingalls	3	120
Abigal, w. Ephraim, Jr., b. Oct. 4, 1729	1	75
Abigal, d. [Ephraim, Jr. & Abigal], b. Sept. 14, 1751	1	75
Abigail, m. Daniel **CHATMAN**, Oct. 9, 1799	1	84
Abijah, s. [Ephraim & Elizabeth], b. Feb. 13, 1740	1	72
Abijah, m. Jemimah **HUBBELL**, Dec. 4, 1765	1	36
Abijah, his d. [ ], d. May 27, 1801	2	171
Abijah, d. Feb. 10, 1824	2	149
Alexander, s. [Ephraim, Jr. & Abigal], b. Feb. 20, 1749/50	1	75
Al[l]en, [s. Jehoshaphat & Hannah], b. Jan. 12, 1755	1	3
Ammon, s. [Eliadah & Sarah], b. Sept. 23, 1766	1	14
Ammon, d. Feb. 1, 1845, ae 79	4	2
Ammon, d. Feb. 1, 1846, ae 79	2	117
Ame*, [d. Jehoshaphat & Hannah], b. Oct. 14, 1762 *(Amy)	1	3
Andrew, s. [Eliadah & Sarah], b. July 14, 1776	1	14
Angeline, m. Zar **PLUMB**, Aug. 8, 1852, by J. Atwater	3B	41
Ann, d. Joseph & Mary, b. May 11, 1723	1	69
Ann Peck, d. [Jonathan & Damaris], b. Aug 20, 1776	1	40
Ann Peck, [d. Jonathan & Damaris], d. July 3, 1808, ae 31 y. 10 m.	1	40
Anna, [d. Jehoshaphat & Hannah], b. Feb. 13, 1752	1	3
Anner, m. Edward **FOOT**, Oct. 23, 1769	1	39
Anna, [twin with Sally, d. Riverus & Betsey], b. Mar. 27, 1795	2	43
Anna, d. Jan. 27, 1796	2	43
Anna, m. Dan **CHATMAN**, Aug. 28, 1796	1	84
Anna, [d. Riverus & Betsey], b. Oct. 20, 1797	2	43
Anna, d. July 3, 1808	2	165
Anthony, s. [Eliadah & Sarah], b. Oct. 8, 1774	1	14

	Vol.	Page
PRINDLE (cont.),		
Armeniel*, d. [Abel & Armirillus], b. Jan. 15, 1762 *(Armenal)	1	9
Asenath, m. Daniel **BOTSFORD**, June 10, 1787	2	28
Austin, s. [Jehoshephat & Hannah], b. Apr. 15, 1742	1	79
Azubah, [d. Abijah & Jemimah], b. Apr. 8, 1798	1	36
Bennitt, [s. Riverus & Betsey], b. July 15, 1791	2	43
Betty, her child d. Jan. 4, 1804	2	169
Betty, d. Jan. 3, 1810	2	163
Bulah, d. [Abijah & Jemimah], b. June 7, 1769	1	36
Charles, s. [Cyrus & Polly], b. Sept. 17, 1799	1	84
Charles G., d. May 11, 1851, ae 36	4	12
Charlotte, m. Leverett **FAIRCHILD**, Nov. 30, 1837, by Rev. S. C. Stratton	3	88
Currence, d. [Nathan & Ann], b. Oct. 7, 1773	1	68
Cirus, s. [Joseph, Jr. & Hulda], b. May 17, 1760	1	80
Cyrus, b. May 27, 1760; m. Polly [ ], Apr. 3, 1782	1	84
Damaris, s. [Abijah & Jemimah], b. Dec. 20, 1796	1	36
Damares, Mrs., d. Feb. 4, 1797	LR19	Index
Damaris, [w. Jonathan], d. Feb. 4, 1797, ae 60 1/2 y.	1	40
Damares, Mrs., d. Feb. 4, 1797	2	173
Daniel, s. [Jehoshaphat & Hannah], b. Mar. 30, 1748	1	3
Daniel, s. [Abijah & Jemimah], b. July 2, 1786	1	36
Daniel, d. Apr. 19, 1820	2	153
Daniel, d. Nov. 5, 1836, ae 57	2	130
David, s. [Nathan & Ann], b. Mar. 23, 1778	1	68
Ebenezer, s. [Abijah & Jemimah], b. Aug. 20, 1777	1	36
Eldad, s. [Jehoshaphat & Hannah], b. June 26, 1746	1	3
Eliadah, m. Sarah **BEARS**, Mar. 9, 1766	1	14
Elias, s. [Eliadah & Sarah], b. Aug. 24, 1770	1	14
Elias, [s. Eliadah & Sarah], d. Apr. 1, 1777, in the 31st y. of his age	1	14
Elizabeth, d. [Ephraim, Jr. & Abigal], b. Mar. 12, 1754	1	75
Elizabeth, d. [Abijah & Jemimah], b. May 10, 1774	1	36
Enos, s. [Nathan & Ann], b. Nov. 10, 1770; d. May 2, 1773	1	68
Enos Sherman, s. [Nathan & Ann], b. May 10, 1775	1	68
Ephraim, s. [Ephraim & Elizabeth], b. Aug. 14, 1730	1	72
Ephraim, Jr., b. Aug. 14, 1730	1	75
Fanny, [d. Riverus & Betsey], b. June 22, 1799; m. Eleazer **DIBBLE**, [ ]	2	43
Hannah, d. [Jehoshephat & Hannah], b. Apr. 10, 1736	1	79
Hannah, w. Jehoshephat, d. May 8, 1744	1	79
Hannah, of Newtown, m. Jackson **JOHNSON**, of Poundridge, N. Y., Apr. 30, 1842, by Rev. Stephen J. Stebbins	3	112
Heziah*, [s. Abijah & Jemimah], b. Dec. 25, 1788 *(Keziah?)	1	36
Heziah, see also Keziah		
Horace, d. [Oct. , 1826], ae 1	2	146
Isaac, s. [Ephraim & Elizabeth], b. July 27, 1733	1	72
Jabez, [s. Jehoshaphat & Hannah], b. Aug. 23, 1759	1	3
James, s. [Ephraim & Elizabeth], b. Aug. 5, 1736	1	72

	Vol.	Page
PRINDLE (cont.),		
James, d. Dec. 9, 1800	2	172
Jehoshephat, m. Hannah **SMITH**, July 29, 1735, in parish of West Haven, by Sa[ ] Johnson	1	79
Jehoshaphat, m. Hannah **BOSTEN**, 2nd w., Feb. 19, O. S. 1745, by John Beach	1	3
Jehoshephat, m. 2nd w. Hannah **BOSTEN**, [ ]	1	79
Jemima, wid., d. Mar. 20, 1848, ae 78	4	7
Jerusha, d. [Jonathan & Damaris], b. Nov. 10, 1765	1	40
Jerusha, m. Abel **STILSON**, Dec. 25, 1786	2	68
Joel, s. [Joseph & Sarah], b. Nov. 19, 1734	1	69
John, s. [Jehoshephat & Hannah], b. Oct. 28, 1737	1	79
John, s. [Abijah & Jemimah], b. June 2, 1771; d. Aug. 14, 1771	1	36
John, d. Mar. 29, 1834, ae 39	2	133
John L., d. Nov. 17, 1836, ae 39	2	130
Jonathan, b. Aug. 12, 1736; m. Damaris **PECK**, July 12, 1759	1	40
Jonathan, his w. [ ], d. Feb. [ ], 1797	LR19	Index
Jonathan, d. Feb. 15, 1814	2	159
Joseph, s. [Joseph & Sarah], b. Apr. 6, 1730	1	69
Julia, [d. Riverus & Betsey], b. June 30, 1801; m. Norman **TUTTLE**, [ ]	2	43
Julia, m. Norman **TUTTLE**, Sept. 2, 1820, by Rev. Daniel Burchans	2	3
Keziah, d. [Jonathan & Damaris], b. Nov. 14, 1761	1	40
Keziah, see also Heziah		
Lazarus, s. [Joseph, Jr. & Huldah], b. Mar. 30, 1763	1	16
Lemuel, s. [Jonathan & Damaris], b. Dec. 15, 1769; d. Mar. 28, 1771	1	40
Lemuel, s. [Jonathan & Damaris], b. Aug. 16, 1774	1	40
Lemuel, d. Aug. 27, 1833, ae 59	2	136
Lewis B., his wid. [ ], d. Sept. 21, 1856, ae 70	4	20
Lewis Beers, s. [Cyrus & Polly], b. Feb. 2, 1783	1	84
Louis B., d. Dec. 19, 1850, ae 68	4	11
Lucy, d. [Joseph & Sarah], b. Sept. 9, 1729	1	69
Luce, d. [Jehoshephat & Hannah], b. July 4, 1739	1	79
Lucy, d. [Jonathan & Damaris], b. June 23, 1778	1	40
Lucy, [d. Abijah & Jemimah], b. June 25, 1794	1	36
Lucy, d. Sept. 2, 1803	2	170
Lucy, [d. Jonathan & Damaris], d. Sept. 4, 1803, ae 24 y. 3 m.	1	40
Maria, d. [Cyrus & Polly], b. Jan. 12, 1787	1	84
Maria, d. [Cyrus & Polly], d. Aug. 31, 1802	1	84
Maria, m. Joseph **FERRIS**, Dec. 24, 1822, by Rev. Daniel Burchans	3	4
Maria, of Newtown, m. Daniel **PICKET**, of Danbury, Feb. 9, 1840, by Rev. S. S. Stocking	3	99
Mary, d. Joseph & Sarah, b. Oct. 14, 1737(?)* *(1727?)	1	69
Mary, [d. Jehoshaphat & Hannah], b. Dec. 20, 1753	1	3
Mary, d. [Eliadah & Sarah], b. Sept. 17, 1772; d. Oct. 6, 1782	1	14
Mary, d. Dec. 21, 1803	2	170

	Vol.	Page
PRINDLE (cont.),		
Mary, m. Samuel W. **TROWBRIDGE**, b. of Newtown, Nov. 27, 1844, by Rev. S. S. Stocking	3	124
Mary, wid., d. Oct. 6, 1854, ae 92	4	17
Mary Ann, d. May 17, 1813	2	160
Nance, d. [Abijah & Jemimah], b. Oct. 10, 1766	1	36
Nathan, m. Ann **BRISTOLL**, Aug. 10, 1768	1	68
Olive, [d. Jehoshaphat & Hannah], b. Mar. 4, 1750	1	3
Peter, [s. Jehoshaphat & Hannah], b. Jan. 17, 1757	1	3
Phebe, d. [Abel & Armirillus], b. Feb. 4, 1763	1	9
Phedima, d. [Joseph, Jr. & Hulda], b. Mar. 8, 1757	1	80
Phedine, m. Clark **BALDWIN**, Apr. 20, 1775	1	57
Phedima, d. Oct. 5, 1815	2	158
Philemon, s. [Joseph, Jr. & Hulda], b. Dec. 1, 1766	1	16
Philo, s. [Nathan & Ann], b. Aug. 23, 1781	1	68
Polly, d. [Nathan & Ann], b. May 24, 1769	1	68
Polly, d. [Nathan & Ann], d. Nov. 28, 1775	1	68
Polly, [d. Riverus & Betsey], b. Feb. 9, 1793	2	43
Polly, m. Samuel **FERRIS**, b. of Newtown, Nov. 2, 1823, by Smith Booth, J. P.	3	11
Polly Ann, d. [Cyrus & Polly], b. Mar. 16, 1790	1	84
Polly Ann, m. Henry **PECK**, b. of New Town, May 19, 1822, by Lamson Birch, J. P.	3	1
Polly Ann, d. Mar. 7, 1870, ae 80	4	43
Riverias, s. [Eliadah & Sarah], b. May 21, 1768	1	14
Riverus, m. Betsey **JUDSON**, July 8, 1790	2	43
Riverius, d. July 5, 1811	2	162
Ruth, wid., d. Apr. 7, 1864, ae 89	4	33
Sally, [d. Abijah & Jemimah], b. Sept. 6, 1790	1	36
Sally, [twin with Anna, d. Riverus & Betsey], b. Mar. 27, 1795	2	43
Sally, d. Aug. 16, 1864, ae 74	4	34
Sarah, m. John **FOOTT**, July 19, 1715, by Joseph Curtis	LR2	351
Sary, m. Benjamin **NORTHROP**, Jr., Mar. 24, 1755	1	27
Sarah, d. [Jonathan & Damaris], b. May 4, 1772	1	40
Sarah, of Newtown, m. Roswell **REYNOLDS**, of Orange, Conn., Dec. 23, 1838, by David H. Belden, J. P.	3	100
Stephen, d. Apr. 4, 1736	1	76
Wil[l]iam, [s. Jehoshephat & Hannah], b. May 2, 1744	1	79
Zachariah, his d. [ ], d. Aug. 11, 1833, ae 1	2	136
Zady, d. [Joseph, Jr. & Hulda], b. Oct. 7, 1755	1	80
Zady, m. David **HINMAN**, Aug. 17, 1775	1	54
Zeruiah, [child of Abijah & Jemimah], b. Sept. 25, 1792	1	36
Zerua*, of Newtown, m. Harry **LINES**, of Reading, July 11, 1824, by David H. Belden, J. P. *(Zeruiah?)	3	12
PRITCHARD, Hannah M., her s. [ ], d. Sept. 17, 1838, ae [ ]	2	126
PROVOOST, Maria D., of New Jersey, m. William B. **LYON**, Mar. 28, 1852, by Rev. J. Atwater	3B	43
PULFORD, Amos, his child d. Mar. 4, 1816	2	157

	Vol.	Page
PULFORD (cont.),		
Amos, his w. [ ], d. Mar. 4, 1816	2	157
Amos, d. Sept. 4, 1816	2	157
Beers, d. July 10, 1836, ae 16	2	130
Charles, m. Anah **SHEPARD**, Dec. 23, 1832, by Rev. Luther Mead	3	60
David, his s. [ ], d. June 3, [1800]	LR20	0
John, his w. [ ], d. Oct. 14, 1846, ae 19	4	5
John A., see under John A. **FIELFORD**		
Mary, Mrs., d. Aug. 7, 1811	2	162
Mary, of Newtown, m. Jeremiah **JOHNSON**, of New Haven, Dec. 7, 1832, by Lamson Birch, J. P.	3	59
Mary Jane, m. Daniel B. **WEED**, Dec. 24, 1851, by Rev. J. Atwater	3B	42
Oliver, d. June 18, 1812	2	161
PURDY, James, of Newtown, m. Caroline **GREEN**, of Bridgeport (colored), Dec. 21, 1835, by Rev. N. M. Urmston	3	75
John, of Cold Spring, N. Y., m. Polly **BEERS**, of Newtown, June 22, 1848, by Rev. S. S. Stocking	3B	21
QUACKENBUSH, Erastus, m. Jane **LEAVENWORTH**, Feb. 2, 1831, by Rev. W[illia]m Mitchell	3	46
QUALLY, QUALEY, John, d. Sept. 10, 1869, ae 20	4	42
Michael, his s. [ ], d. Feb. 3, 1869, ae 9 m.	4	41
QUINN, QUIN, Bridget, Mrs., d. Apr. 3, 1866, ae 35	4	36
John, his s. [ ], d. Aug. 11, 1860, ae 3 m.	4	26
Margarette, d. Apr. 6, 1868, ae 2	4	40
Rosanna, d. Dec. 4, 1868, ae 1 y. 2 m.	4	41
RANDALL, Henry H., of New Milford, m. Anne J. **TOMLINSON**, of Newtown, Apr. 28, 1844, by Rev. S. S. Stocking	3	121
Sally, of Danbury, m. Amos **HILL** (colored), Mar. 9, 1825, by Rev. Daniel Burhans	3	17
RANEY, Michael, d. July 18, 1856, ae 18	4	20
RANKEAG(?), Rosanna, her d. [ ], d. Jan. 31, 1837, ae [ ]	2	127
RAYMOND, Hannah, d. Oct. 5, 1837, ae 45	2	128
Jacob, his child d. Jan. 4, 1800	LR20	0
Jacob, his child d. Jan. 21, [1800]	LR20	0
John, d. Oct. 28, 1826, ae 83	2	146
Justus, d. Mar. 9, 1837, ae [ ]	2	127
Mabel, Mrs., d. June 15, 1826, ae 83	2	145
Molly, m. William N. **TAYLOR**, Apr. 3, 1783	2	49
Sally D., Mrs., m. Nathaniel **BRISCO**, Jr., this day [Sept. 17, 1820], by Nath[anie]ll Freeman	2	4
READ, REED, Martin, of Newtown, m. Mary **SQUIRES**, of Redding, June 5, 1836, by Rev. S. C. Stratton	3	78
Martin, his w. [ ], d. July 21, 1850, ae 37	4	11
Martin, his s. [ ], d. July 14, 1852, ae 5	4	14
Mary, m. Elias **SKIDMORE**, Mar. 21, 1788	2	64
Sarah, d. Martin, d. July 28, 1853, ae 17	4	15

		Vol.	Page
REDSTONE, REDSTON, G. F., his w. [ ], d. Oct. 10, 1850, ae 30		4	11
George F., of New Milford, m. Lucretia **FAIRCHILD**, of Newtown, Feb. 11, 1839, by Rev. S. C. Stratton		3	95
George F., his d. [	], d. Dec. 6, 1843, ae [ ]	2	119
George F., his d. [	], d. Mar. 21, 1847, ae 3 d.	4	6
George F., his d. [	], d. Mar. 21, 1847, ae 3 d.	2	113-4
George F., his w. [	], d. July 11, 1856, ae 22	4	20
REED, [see under **READ**]			
REPKA, William J., d. Apr. 22, 1867, ae 3		4	38
REYNOLDS, Roswell, of Orange, Conn., m. Sarah **PRINDLE**, of Newtown, Dec. 23, 1838, by David H. Belden, J. P.		3	100
Roswell, his w. [	], d. Apr. 11, 1842, ae 58	2	120
RIGGS, Mark, of Oxford, m. Jerusha **WELLS**, of Newtown, Nov. 15, 1829, by Nathan D. Benedict		3	39
Mark, d. Apr. 26, 1836, ae 1		2	129
RILEY, RYLEY, Catharine, d. Mar. 18, 1861, ae 14		4	27
Harriet, Mrs., m. Curtiss **JOHNSON**, b. of Oxford, Oct. 23, 1831, by Rev. Nathan D. Benedict		3	51
Richard, his w. [	], d. Mar. 19, 1856, ae 27	4	19
Thomas, d. Aug. 3, 1855, ae 21		4	18
RITCHEY, Alexander, d. Jan. [ ], 1801		2	171
ROBERTS, Abram N., of New Milford, m. Ann M. **MERWIN**, of Newtown, Apr. 26, 1837, by Rev. S. C. Stratton, at the house of Stephen Merwin		3	83
Allice, d. Feb. 21, 1866, ae 3		4	36
Charles, his w. [	], d. Jan. 13, 1860, ae 31	4	25
Charles H., d. July 12, 1863, at Gettysburg, ae 24		4	32
Daniel B., his child d. Dec. 22, 1814		2	159
Daniel B., d. Aug. 10, 1833, ae 48		2	136
Henry, d. Sept. 21, 1825, ae 14		2	148
Julius, of Monroe, m. Polly Ann **FARNUM**, of Newtown, Mar. 11, 1832, by Rev. Nathan D. Benedict		3	54
Mariah, d. Aug. 5, 1868, ae 75		4	40
Pamela, of Monroe, m. James **FOOT**, Jr., of Newtown, July 16, 1826, by Rev. W[illia]m Mitchell		3	21
Sarah J., of Newtown, m. Alonzo **SHERMAN**, of Redding, Nov. 4, 1838, by Rev. S. C. Stratton		3	92
Sarah J., d. Nov. 19, 1858, ae 22		4	23
ROBINSON, Henry, of Bridgeport, m. Susan **WICKXON**, of Newtown, Sept. 7, 1845, by Rev. S. S. Stocking		3	127
ROCK, Ja[me]s, his s. [	], d. Mar. 29, 1870, ae 2 d.	4	43
ROGERS, Fanny, d. John, b. Aug. 27, 1803		2	62
Richard John Sears, b. Dec. 10, 1811		2	62
ROWELL, ROWEL, Charity, d. Feb. 11, 1824		2	149
Constantine, wid., d. Mar. 11, 1829, ae 45		2	142
Harvey, of Trumbull, m. Sarah A. **SHERMAN**, of Newtown, Dec. 22, 1842, by Rev. W[illia]m Denison		3	114
Henry, d. Apr. 15, 1850, ae 35		4	10

	Vol.	Page
ROWELL, ROWEL (cont.),		
Jacob, d. Nov. 7, 1810	2	163
-----, wid., d. Jan. 17, 1837, ae 81	2	127
ROWLAND, Abby, m. Zolman **GRAY**, b. of Newtown, June 13, 1830, by Rev. W[illia]m Mitchell	3	42
Ann, of Newtown, m. Charles **SANFORD**, of Redding, July 14, 1824, by Rev. Lemuel B. Hull	3	13
Eliza, d. Sept. 16, 1830, ae 16	2	141
Hannah, m. Agur **BLACKMAN**, Aug. 8, 1822, by Rev. Daniel Burhans	3	2
Jabez, his d. [ ], d. Mar. 13, 1809	2	164
Jabez, his w. [ ], d. Jan. 12, 1816	2	157
Jabez, d. July 21, 1830, ae 84	2	141
Joseph, d. July [ ], 1822	2	151
Levi, d. Dec. 26, 1814	2	159
Ruth, m. Abel **NICHOLS**, b. of Newtown, Oct. 31, 1824, by Samuel C. Blackman, J. P.	3	14
Sarah, wid., d. July 29, 1850, ae 89	4	11
ROYCE, Jotham, d. Nov. 4, 1857, ae 86	4	21
RUGG, Ame, d. [Oliver & Rachel], b. Aug. 10, 1766	1	66
David, s. [Oliver & Rachel], b. Mar. 20, 1761	1	66
Eunice, d. [Oliver & Rachel], b. Mar. 31, 1770	1	66
Hannah, d. [Oliver & Rachel], b. Sept. 25, 1762	1	66
Huldah, d. [Oliver & Rachel], b. Sept. 16, 1756	1	66
Luce, d. [Oliver & Rachel], b. Nov. 16, 1759	1	66
Samuel, s. [Oliver & Rachel], b. May 31, 1768	1	66
RUGGLES, Elihu, d. [Dec. , 1846], ae [ ]	2	116
Elihu, d. Dec. 7, 1846, ae [ ]	4	5
Woodbridge, d. July 31, 1855, ae 85	4	18
RYAN, Ellen, Mrs., d. Mar. 17, 1867, ae 35	4	38
Thomas, d. Feb. 10, 1866, ae 79	4	36
Thomas, his child d. Mar. 28, 1870, ae 7 y.	4	43
William H., d. May 30, 1860, ae 5	4	26
ST. JOHN, Caroline, [d. Goold & Lucretia], b. Sept. 12, 1802	2	38
Glover, his d. [ ], d. Oct. 5, 1805	2	168
Goold, m. Lucretia **COMSTOCK**, Nov. 1, 1801	2	38
Goold, his child d. Jan. 14, 1806	2	167
Juliett, [d. Goold & Lucretia], b. Feb. 8, 1804	2	38
SAMPLE, George, d. Jan. 21, 1799	LR19	Ind. A
SANFORD, A. C., m. Mrs. Emeline **BALDWIN**, Jan. 27, 1850, by Rev. J. Atwater	3B	31
Abel, d. Jan. 12, 1797	2	173
Abel, d. Jan. 18, 1797	LR19	Index
Abi, d. [John & Rebeckah], b. Sept. 19, 1736	1	79
Abi, m. Jabez **PECK**, July 17, 1764	1	62
Abiah, d. [Ebenezer & Ann], b. June 29 O. S., 17[ ]	1	75
Abiah, wid., d. July 21, 1814	2	159
Abiah Ann, [d. Samuel & Charity], b. Feb. 10, 1790	2	90
Abigail, [d. Samuel & Abiah], b. [ ], 1785; d.		

SANFORD (cont.),

	Vol.	Page
[ ], 1792	2	90
Amos, s. [Samuel & Hannah], b. Oct. 18, 1733	1	69
Amos, m. Mary **CLUGSTON**, Jan. 13, 1751	1	69
Amos, m. Mary **CLUGSTON**, Jan. 13, 1757	1	2
Amos, his w. [ ], d. Oct. 28, 1846, ae 71	4	5
Amos, d. Nov. 12, 1846, ae 72	4	5
Amos, d. Feb. 10, 1852, ae 79	4	13
Amos C., his w. [ ], d. Apr. [ ], 1849, ae 49	4	8
Amos N., of Newtown, m. Jerusha **FOOT**, of Hobart, N. Y., May 8, 1836, by Rev. S. C. Stratton	3	77
Amos N., his w. [ ], d. Oct. 28, 1846, ae 71	2	116
Amos N., d. Nov. 12, 1846, ae 72	2	116
Amey*, wid., d. Oct. 16, 1849, ae 91 *(Amy)	4	9
Anis, [child of Samuel & Abiah], b. Mar. 12, 1766	2	90
Ann, [d. Ebenezer & Ann], b. Apr. 14, 1741	1	75
Ann, m. Henry **GLOVER**, Nov. 14, 1762, by John Beach	1	1
Ann, Mrs., d. June 11, 1825, ae 51	2	147
Anna, m. Lewis **LAMBORD**, Feb. 12, 1832, by Edward Taylor, J. P.	3	53
Artemisia, d. [Samuel & Abiah], b. [ ], 1783	2	90
Augusta, [child of Josiah & Polly], b. Sept. 22, 1838	2	91
Azubah, [d. Samuel & Abiah], b. June 3, 1781; m. Jno **WINTON**, [ ]	2	90
Baley, d. [Amos & Mary], b. Mar. 23, 1759	1	69
Betsey, [d. Samuel & Abiah], b. Sept. 26, 1771; m. Mr. [ ] **DOWNES**, [ ]	2	90
Betsey, twin with Sally, d. [Nathan & Nance], b. Oct. 3, 1785	1	81
Bety, d. [Amos & Mary], b. Mar. 23, 1759	1	2
Caleb, s. [Amos & Mary], b. Aug. 22, 1761	1	2
Caleb, s. [Amos & Mary], b. Aug. 22, 1761	1	69
Charity, [w. Samuel], d. Nov. [ ], 1825	2	90
Charity, wid., d. Nov. 13, 1826, ae 73	2	146
Charles, of Redding, m. Ann **ROWLAND**, of Newtown, July 14, 1824, by Rev. Lemuel B. Hull	3	13
Charlotte, [d. Josiah & Polly], b. Jan. 6, 1828	2	91
Cyrus, his infant, d. Nov. 1, 1831	2	140
Daniel, s. [Samuell & Ester], b. Nov. 1, 1711	LR2	351
Daniel, s. [Samuel & Esther], b. Nov. 1, 1711, in Milford	2	89
David, s. [Amos & Mary], b. Nov. 9, 1757	1	2
David, s. [Amos & Mary], b. Nov. 9, 1757	1	69
David, his d. [ ], d. Apr. 17, 1844, ae 2	2	118
David, his d. [ ], d. Apr. 17, 1844, ae 2	4	1
David, his d. [ ], d. Aug. 3, 1846, ae 2	2	116
David, his d. [ ], d. Aug. 3, 1846, ae 2	4	3
David, d. May 3, 1866, ae 59	4	37
Delilah, d. [John & Rebekah], b. Jan. 20, 1734/5	1	79
Ebenezer, s. [Samuell & Ester], b. Feb. 22, 1705	LR2	351
Ebenezer, m. Ann **BOTSFORD**, June 10, 1731, by Rev. John		

	Vol.	Page
SANFORD (cont.),		
Beach	1	75
Ebenezer, [s. Ebenezer & Ann], b. Nov. 17, 1738; d. [ ]	1	75
Edwin, s. [Josiah & Polly], b. Apr. 18, 1817; d. Sept. 27, 1839	2	91
Edwin, d. Sept. 28, 1839, ae 22	2	124
Elias, his w. [ ], d. Dec. 6, 1819	2	154
Elijah, d. Oct. 26, 1849, ae 62	4	9
Elijah, his wid. [ ], d. Feb. 5, 1855, ae 65	4	17
Ester, d. [Samuell & Ester], b. Feb. 10, 1707	LR2	351
Ester, d. [Samuel & Esther], b. Feb. 10, 1707, in Milford	2	89
Esther, d. [Ebenezer & Ann], b. Sept. 2, 1733	1	75
Eunice, d. Apr. 18, 1815	2	158
Eunis, d. [Ebenezer & Ann], b. Aug. 11, 17[ ]	1	75
Frances L., m. Levi B. **FAIRCHILD**, b. of Newtown, May 6, 1849, by Rev. Horace Hills, Jr.	3B	28
Frederick, [s. Josiah & Polly], b. Sept. 18, 1825	2	91
Grace, d. Jan. 5, 1867, ae 27	4	38
Hannah, [d. Samuel & Esther], b. Jan. 6, 1717	2	89
Hannah, d. [Jonathan & Phebe], b. June 17, 1727	LR2	350
Hannah, d. Samuel & Esther, m. Ebenezer **BOOTH**, Dec. 6, 1739	2	89
Hannah, d. [John & Rebekah], b. Dec. 22, 1745	1	79
Hannah, d. [Sam[ue]ll], d. Mar. 4, 1758	1	69
Hannah, Mrs., m. Seth **SQUIRES**, b. of Redding, June 24, 1848, by Samuel B. Peck, J. P.	3B	21
Hannah, wid., d. July 18, 1861, ae 77	4	28
Hannah, d. [Samuell & Ester], b. [ ]	LR2	351
Harriet, her d. [ ], d. Oct. 19, 1844, ae 4	4	1
Harris, his d. [ ], d. Oct. 9, 1843, ae 5	2	119
Harris, his d. [ ], d. Oct. 19, 1844, ae 4	2	118
Harris, d. Mar. 14, 1848, ae 41	4	7
Henry, [s. Josiah & Polly], b. June 2, 1822	2	91
Henry, m. Mary E. **BOOTH**, b. of Newtown, Nov. 9, 1845, by Rev. S. S. Stocking	3	127d
Huldah, d. Feb. 26, 1820	2	153
Isaac, [s. Samuel & Abiah], b. Feb. 2, 1768	2	90
Isaac, his w. [ ], d. May 10, 1845, ae 62	4	2
Isaac, his w. [ ], d. May 10, 1846, ae [ ]	2	117
Isaac, d. Nov. 15, 1848, ae 80	4	8
James, s. [Ebenezer & Ann], b. Oct. 8, 1736	1	75
James, d. Oct. 14, 1803	2	170
Jerusha, d. Isaac, d. Mar. 16, 1798	LR19	Index
Jerusha, d. Mar. 16, 1798	2	173
Jerusha A., of Newtown, m. Zalmon **LYON**, of Redding, Nov. 25, 1838, by Rev. Eli Brunson	3	94
Job, s. [Samuel & Esther], b. Jan. 10, 1715	2	89
Job, s. [Samuell & Ester], b. June 10, 1715	LR2	351
Joel, [s. Samuel & Abiah], b. Mar. 23, 1775	2	90
John, s. [Samuell & Ester], b. Oct. 17, 1709	LR2	351
John, s. [Samuel & Esther], b. Oct. 17, 1709, in Milford; d. Nov.		

	Vol.	Page
SANFORD (cont.),		
17, 1792, ae 84	2	89
John, s. Samuel, decd. & Easther, of Newtown, m. Rebeckah **NORTHRUP**, d. Zopher & Hannah, of Milford, Jan. 11, 1732/3	1	79
John, m. wid. Abiah **DUNING**, Feb. 27, 1760, by Rev. Mr. Beach	1	5
John, s. [John & Abigail]*, b. Mar. 28, 1762 *(Abiah?)	1	5
John, d. Jan. 20, 1839, ae 76	2	123
John, m. Mary N. **NETTLETON**, b. of Newtown, Mar. 29, 1840, by Rev. Nathaniel Mead	3	99
Jonathan, m. Phebe **PLATT**, July 8, 1725, b. of Newtown, by Thomas Bennitt, J. P.	LR2	350
Jonathan & w. Phebe, had s. [ ], b. Aug. 1, 1726; d. same day	LR2	350
Jonathan, his w. [ ], d. Mar. 25, 1797	2	173
Jonathan, d. May 1, 1807	2	166
Josiah, [s. Samuel & Abiah], b. Sept. 6, 1769; d. [ ], 1780	2	90
Josiah, [s. Samuel & Charity], b. June 9, 1793	2	90
Josiah, m. Polly **JOHNSON**, Aug. 7, 1816	2	91
Josiah, d. [Apr. , 1828], ae 42	2	143
Josiah, [s. Josiah & Polly], b. Jan. 26, 1836	2	91
Josiah, d. July 26, 1851, ae 58	4	12
Josiah, his w. [ ], d. Apr. 13, 1854, ae 61	4	16
Juliet, of Newtown, m. George **TOWNSEND**, of New Haven, June 16, 1830, by Rev. W[illia]m Mitchell	3	42
Julius, [s. Josiah & Polly], b. Aug. 27, 1819	2	91
Julius, m. Mary E. **PARSONS**, b. of Newtown, Oct. 4, 1847, by Rev. S. S. Stocking	3	139
Julius, his d. [ ], d. Sept. 1, 1860, ae 2 m.	4	26
Laura, of Newtown, m. Willis L. **CLINTON**, of Derby, Feb. 15, 1846, by Rev. S. S. Stocking	3	130
Lemuel N., his w. [ ], d. Oct. 26, 1855, ae 65	4	19
Louis, m. Joshua **CHAFAN**, July 20, 1802	2	53
Lydia, wid., d. July 17, 1817	2	156
Margaret, [d. Josiah & Polly], b. June 6, 1830	2	91
Maria, d. Feb. 22, 1848, ae 29	4	7
Mary, Mrs., d. Mar. 15, 1869, ae 52	4	41
Mehitable, wid., d. June 16, 1831, ae 81	2	139
Naomi, Mrs., d. Sept. 30, 1847, ae 96	2	113-4
Naoma, Mrs., d. Sept. 30, 1847, ae 96	4	6
Nathan, s. [Nathaniel & Elizabeth], b. Sept. 8, 1729	LR2	346
Nathan, s. [Nathaniel & Elizabeth], b. Sept. 8, 1729	LR2	347
Nathaniel, s. Samuell & Ester, b. Dec. 3, 1702, at Milford	LR2	351
Nathaniel, s. [Samuel & Esther], b. Dec. 3, 1702, in Milford	2	89
Nathaniel, of Newtown, m. Elizabeth **SEELEY**, of Stratford, Oct. 16, 1728, by Rev. Samuel Cooke	LR2	346
Nathaniel, of Newtown, m. Elizabeth **SEELEY**, of Stratford, Oct. 16, 1728, by Samuel Cook	LR2	347
Norman, his child d. Mar. 12, 1820	2	153

	Vol.	Page
SANFORD (cont.),		
Phebe, d. June 28, 1835, ae 61	2	132
Phebe M., of Newtown, m. Charles **WHEELER**, of Huntington, Dec. 2, 1827, by Rev. Daniel Burhans	3	31
Philo, [s. Samuel & Charity], b. July 11, 1796	2	90
Polly, m. Oliver **PECK**, May 14, 1821, by D. Burhans	2	52
Rachel, d. [Samuell & Ester], b. June 13, 1720	LR2	351
Rachel, d. [Samuel & Esther], b. June 13, 1720	2	89
Rachel, m. Ebenezer **BOOTH**, Dec. 6, 1739	1	22
Rebeckah, d. [John & Rebeckah], b. Dec. 6, 1739	1	79
Rebeckah, d. [John & Rebeckah], b. June 25, 1748	1	79
Reuah, [child of Samuel & Abiah], b. [ ], 1777; d. [ ], 1779	2	90
Reuah, d. [Samuel & Abiah], b. June 1, 1779; m. Andrew **WINTON**, [ ]	2	90
Sally, twin with Betsey, d. [Nathan & Nance], b. Oct. 3, 1785	1	81
Samuel, s. [Samuell & Ester], b. Apr. 1, 1703	LR2	351
Samuel, s. [Samuel & Esther], b. Apr. 1, 1703, in Milford; d. May 7, 1758, ae 55	2	89
Sam[ue]ll, m. Hannah **GOULD**, June 10, 1731, by Rev. John Bours	1	69
Sam[ue]ll, d. Mar. 7, 1758	1	69
Samuel, of Milford, m. Abiah **DUNING**, Aug. 19, 1765	2	90
Samuel, d. Nov. 26, 1817, ae 74	2	90
Samuel, d. Nov. 26, 1817	2	156
Samuel, of Milford, m. Esther **BALDWIN**, d. Nathaniel, of Milford, [ ]	2	89
[Samuel], m. Charity **(FOOT) BRISTOL**, wid. of Elias, [ ]	2	90
Samuel, [ ]	1	72
Samuel N., d. Apr. 29, 1858, ae 65	4	22
Sary, m. Josiah **PLAT[T]**, Nov. 13, 1758	1	4
Sary, m. Josiah **PLATT**, Nov. 13, 1758, by Rev. Mr. Judson	1	24
Sarah, [d. Samuel & Abiah], b. July 26, 1773; m. Thomas **SEGUR**, [ ]	2	90
Solomon, d. Jan. 12, 1812	2	161
Susan C., m. Merritt **FAIRCHILD**, b. of Newtown, Sept. 26, 1849, by Rev. Horace Hills, Jr.	3B	28
Thomas, s. Samuel & Hannah, b. Mar. 23, 1731/2	1	69
Thomas, Jr., his child d. Sept. 16, 1807	2	166
Thomas, d. Mar. 24, 1814	2	159
William, s. David, d. May 24, 1851, ae 13	4	12
Zalmon, his child d. Sept. 27, 1818	2	155
Zalmon, d. Aug. 30, 1844, ae 69	2	118
Zalmon, d. Aug. 30, 1844, ae 69	4	1
SAULS, Abel, of Huntington, m. Sylvia A. **JACKSON**, of New Milford, this day, [Nov. 25, 1823], by Lamson Birch, J.P.	3	9
Prince, colored, d. May 15, 1832, ae 40	2	138
SCOFIELD, Charles, his d. [ ], d. Oct. 20, 1867, ae 1 h.	4	39

172 BARBOUR COLLECTION

	Vol.	Page
SCOLES, Archibald, d. Nov. 26, 1869, ae 10 m. 8 d.	4	43
Jenny, d. Dec. 20, 1869, ae 18	4	43
Thomas, his d. [ ], d. Feb. 25, 1860, ae 1 y. 6 m.	4	25
Thomas, his s. [ ], d. Mar. 4, 1870, ae 4 m.	4	43
SCOTT, George, his d. [ ], d. Sept. 21, 1844, ae 2	4	1
George, his d. [ ], d. Sept. 21, 1844, ae [ ]	2	118
SCUDDER, Isaac, d. May 19, 1845, ae 67	4	2
Isaac, Capt., d. May 20, 1846, ae [ ]	2	117
Isaac, his wid., d. Sept. 16, 1851, ae 74	4	13
Isaac B., of Newtown, m. Lucinda **HICKOK**, of Danbury, May 12, 1830, by Nathan D. Benedict	3	42
Isaac B., his w. [ ], d. June 21, 1831, ae 19	2	139
Isaac B., d. Sept. 7, 1842, ae 33	2	120
Samuel, his s. [ ], d. Dec. 31, 1868, ae 12 h.	4	41
SEELEY, SEELEYE, SEELYE, Abel, s. Nehemiah & Meriam, b. Feb. 11, 1733/4	1	73
Alson, d. Sept. 25, 1851, ae 65	4	13
Ame, d. [Robert & Mary], b. Apr. 23, 1753	1	30
Annah, d. Nehemiah & Meriam, b. Jan. 30, 1719/20	1	73
Caroline, m. Elijah B. **TERRIL**, Oct. 26, [probably 1837], by Rev. Samuel T. Carpenter	3	87
Charles, of Newtown, m. Caroline **JOHNSON**, of Litchfield, Mar. 20, 1836, by Rev. S. C. Stratton	3	77
Edward, s. [Robert & Mary], b. Jan. 15, 1741	1	30
Eli D., d. Mar. 12, 1864, ae 29	4	33
Elizabeth, of Stratford, m. Nathaniel **SANFORD**, of Newtown, Oct. 16, 1728, by Rev. Samuel Cooke	LR2	346
Elizabeth, of Stratford, m. Nathaniel **SANFORD**, of Newtown, Oct. 16, 1728, by Samuel Cook	LR2	347
Joanna, m. Daniel **HAWLEY**, Jan. 14, 1796	2	47
Julia Ann, of Trumbull, m. Dennis **DAILEY**, of Bridgeport, Nov. 7, 1830, by Aaron Sanford, Jr., J. P.	3	45
Lewis M., m. Mary J. **BEACH**, June 30, 1844, by J. H. Ingalls	3	123
Mary Jane, of Newtown, m. Charles **SHERMAN**, of Weston, Nov. 28, 1832, by Rev. Samuel C. Stratton	3	58
Nathaniel, s. [Robert & Mary], b. Mar. 25, 1749	1	30
Nehemiah, s. [Nehemiah & Meriam], b. Feb. 27, 1735/6	1	73
Nehemiah, [ ]	1	72
Othniel, s. [Robert & Mary], b. May 7, 1745	1	30
Philander, his s. [ ], d. Apr. 1, 1863, ae 10	4	31
Robert, m. Mary **FAIRCHILD**, [ ], 1734	1	30
Sally, of Newtown, m. Jay **SHERMAN**, of Weston, July 29, 1832, by Rev. Samuel C. Stratton	3	56
Sarah, m. Job **SHERMAN**, May 28, 1713	LR2	135
Sary, d. Robart & Mary, b. Feb. 13, 1737	1	80
Sarah, d. [Robert & Mary], b. Feb. 15, 1737	1	30
Sarah, m. Amos **BARRITT**, Jan. 21, 1768	1	41
Sarah, d. July 30, 1798	LR19	Index
Sarah, d. July 30, 1798	2	173

	Vol.	Page
SEELEY, SEELEYE, SEELYE (cont.),		
Thomas, of Weston, d. Feb. 7, 1823	2	150
Thomas, his w. [ ], d. Jan. 2, 1827, ae 32	2	144
Thomas, his w. [ ], d. Oct. 20, 1839, ae 44	2	124
William N., of Monroe, m. Julia **TAYLOR**, of Newtown, Mar. 17, 1833, by David H. Belden, J. P.	3	61
Zadock, s. Robart & Mary, b. Nov. 23, 1735	1	80
Zadoc, s. [Robert & Mary], b. Nov. 23, 1736	1	30
SEGUR, SEEGUR, SEGAR, SEGER, David C., d. [May , 1824]	2	149
Minerva, wid., d. Apr. 15, 1866, ae 63	4	37
Stephen, m. Minerva **TOURGEE**, b. of Newtown, Mar. 4, 1821, by Benj[ami]n Hord, J. P.	2	20
Stephen, d. Oct. 12, 1827, ae 37	2	144
Thomas, m. Sarah **SANFORD**, d. Samuel & Abiah, [ ]	2	90
William, scotchman, d. Apr. 26, [1800]	LR20	0
-----, wid., her child d. Nov. 7, 1824	2	149
SELLECK, Abigail, b. Apr. 12, 1782; m. David **EDWARDS**, July 19, 1800	2	6
SHARP, Alfred N., m. Catharine Ann **BEARD**, b. of Newtown, Mar. 20, 1838, by Rev. John Greenwood, of Bethel	3	90
Andrew, s. [Eliakim & Esther], b. Aug. 17, 1775	1	49
Andrew, [s. Eliakim & Esther], d. Nov. 26, 1790	1	49
Annis, twin with John Wetmore, [child of Eliakim & Esther], b. Aug. 10, 1791	1	49
Betsey, d. [Eliakim & Esther], b. Nov. 6, 1776	1	49
Eliakim, [s. Thomas & Sary], b. Dec. 5, 1752	1	7
Eliakim, b. Dec. 5, 1752; m. Esther **WETMORE**, Nov. 25, 1773	1	49
Eliza F., of Newtown, m. John **McEWEN**, of New Milford, Dec. 3, 1849, by Rev. N. C. Lewis	3B	30
Elizabeth, d. Thomas & Elizabeth, b. Apr. 18, 1712	LR2	354
George, his s. [ ], d. Mar. 17, 1847, ae 11 m.	2	113-4
George, his s. [ ], d. Mar. 17, 1847, ae 11 m.	4	6
George T., d. July 21, 1867, ae 56	4	39
Henry, d. Oct. 27, 1823	2	150
Jesse, [s. Thomas & Sary], b. Jan. 30, 1754	1	7
Jesse, d. Sept. 7, 1830, ae 76	2	141
John, s. Thomas & Elidiah, b. Feb. 1, 1718/19, in Stratfield	LR2	354
John, [s. Thomas & Sary], b. Nov. 12, 1750	1	7
John, m. Phedimea **LAKE**, Nov. 23, 1773	1	86
John Wetmore, twin with Annis, [s. Eliakim & Esther], b. Aug. 10, 1791	1	49
Ledy, [child of Thomas & Sary], b. Dec. 16, 1748	1	7
Lucy, d. [John & Phedimea], b. Oct. 11, 1774	1	86
Lydia An[n], d. [Eliakim & Esther], b. Mar. 22, 1788	1	49
Mabel, d. [Eliakim & Esther], b. Oct. 11, 1779	1	49
Mary, d. Thomas & Elidiah, b. Oct. 10, 1703, in Stratfield	LR2	354
Mary, m. Noah **PEARMELE**, Feb. 14, 1734/5, by Rev. Elisha Kent	1	79
Mary, d. [Eliakim & Esther], b. Oct. 16, 1789	1	49

	Vol.	Page
SHARP (cont.),		
Philander, d. Apr. 30, 1859, ae 72	4	24
Polly, m. Philo **GILBERT**, b. of Newtown, July 9, 1837, by Sam[ue]ll B. Peck, J. P.	3	85
Rena*, d. [John & Phedimea], b. Aug. 4, 1776 *(Reua?)	1	86
Ruth, m. Shadrack **PECK**, Jan. 1, 1777	1	47
Ruth Ann, d. [Eliakim & Esther], b. May 1, 1781; d. Sept. 17, 1782	1	49
Ruth Ann, 2nd, d. [Eliakim & Esther], b. June 10, 1784	1	49
Sary, [d. Thomas & Sary], d. Jan. 14, 1752	1	7
Sarah, [d. Thomas & Sary], b. Mar. 25, 1755	1	7
Thomas, s. Thomas & Elediah, b. Mar. 18, 1702, in Stratfield	LR2	354
Thomas, m. Sary [ ], Feb. 17, 1745	1	7
Thomas, [s. Thomas & Sary], b. May 28, 1746	1	7
Thomas, d. Apr. 17, 1760, in the 64th y. of his age	1	7
William, s. Thomas & Elediah, b. Aug. 19, 1705, in Stratfield	LR2	354
SHAY, W[illia]m, his child d. Oct. 30, 1869, ae [ ]	4	43
SHED, William, his child d. Oct. 10, 1866, ae 1	4	37
SHELDEN, [see also **SHELTON**], Elisha, of Sangersfield, N. Y., m. Joanna **BOTSFORD**, of Newtown, Dec. 17, 1826, by John Sherman	3	25
Joanna, Mrs., m. Lamson **BIRCH**, June 6, 1835, by Jacob Beers, J. P.	3	73
SHELTON, [see also **SHELDEN**], Andrew, of Monroe, m. Sally **TERRELL**, of Newtown, Jan. 4, 1831, by Rev. Nathan D. Benedict	3	46
Anner, m. Josiah **TOMLINSON**, Jan. 7, 1773	2	13
Benj[ami]n F., m. Sylvia **PERRY**, [ ]	2	3
Benjamin F., d. Nov. 22, 1826, ae 37	2	146
Esther, m. Philo **TOUSEY**, Jan. 18, 1781	1	82
Mary Jane, of Huntington, m. Horace Montgomery **SHEPARD**, of Newtown, Mar. 26, 1826, by Rev. W[illia]m Mitchell	3	22
SHEPARD, SHEPERD, SHEPHERD, Abiah, d. Apr. 21, 1817	2	156
Abigail, of Newtown, m. Morehouse **LYON**, of Danbury, Dec. 15, 1834, by Jacob Beers, J. P.	3	70
Abijah, s. [Dr. Gideon & Sarah], b. Nov. 28, 1778	1	51
Abraham, d. June 13, 1832, ae 87	2	138
Adeline, Mrs., d. Mar. 26, 1859, ae 30	4	24
Ambrose, m. Nancy **GRAY**, Sept. 17, 1825, by Daniel Burchans	3	20
Amon, s. [James & Anna], b. June 24, 1774	1	52
Ammon, his s. [ ], d. Sept. 26, 1816	2	157
Ammon, d. Dec. 20, 1869, ae 60	4	43
Amos, his w. [ ], d. June [ ], 1824	2	149
Amos, m. wid. Lois **PARMELEE**, Apr. 16, 1825, by Rev. Solomon Glover	3	18
Amos, d. Oct. 20, 1841, ae 82	2	122
Andrew, s. [James & Anna], b. Aug. 21, 1771	1	52
Andrew, d. Apr. 17, 1845, ae 74	4	2
Andrew, d. Apr. 19, 1846, ae 74	2	117

	Vol.	Page
SHEPARD, SHEPERD, SHEPHERD (cont.),		
Andrew, his wid., d. Apr. 26, 1851, ae 77	4	12
Ann, m. Levi **FAIRCHILD**, Jan. 14, 1821, by Rev. Benjamin Benham, of New Milford	2	70
Ann, Mrs., d. Nov. 17, 1826, ae 77	2	146
Anna, w. [James], d. May 5, 1794, in her 46th y.	1	52
Anna, m. Abner **JUDSON**, b. of Newtown, Jan. 9, 1832, by Samuel C. Blackman, J. P.	3	52
Anah, m. Charles **PULFORD**, Dec. 23, 1832, by Rev. Luther Mead	3	60
Anna, wid., d. Oct. 4, 1840, ae 80	2	121
Augusta, m. Bennet **PLATT**, b. of Newtown, Feb. 23, 1835, by Rev. N. M. Urmston	3	72
Betsey, m. David **LATTIN**, b. of Newtown, June 21, 1829, by Jacob Beers, J. P.	3	37
Betsey, of Newtown, m. Rufus **NORTHROP**, of Woodbury, Apr. 4, 1841, by Rev. Alexander Leadbetter. Int. Pub.	3	104-5
Bettey, d. [Dr. Gideon & Sarah], b. Feb. 11, 1782	1	51
Bradley, d. Oct. 23, 1822	2	151
Carlos, d. Aug. 18, 1865, ae 13	4	35
Caroline, of Newtown, m. Mason Squires **ABBOTT**, of Bridgeport, Sept. 7, 1845, by Rev. S. S. Stocking	3	127
Catherine, m. Erastus **ERWIN**, b. of Newtown, Nov. 12, 1838, by Rev. Samuel C. Stratton	3	94
Charles, s. Gideon, d. Aug. 25, 1815	2	158
Charles Sydenham, twin with Harriet, [s. Dr. Gideon & Lucinda], b. Mar. 2, 1806; d. Aug. 25, 1815	1	51
Cloe, of Newtown, m. George R. **BASSETT**, of Bethel, Mar. 23, 1845, by Rev. John L. Ambler	3	126
Daniel, d. Oct. 28, 1828, ae 65	2	143
David G., d. Oct. 29, 1862, ae 31	4	30
Delia, of Newtown, m. Joseph* or Benjamin **WHITE**, of Bridgeport, Nov. 25, 1832, by Rev. Aaron Pearse *(In pencil "Benjamin" not "Joseph")	3	60
Delia, of Newtown, m. Elijah **TAYLOR**, of Danbury, Nov. 5, 1834, by Rev. A. Case, of Danbury	3	70
Edson Ferris, of Brookfield, m. Jane Sophia **TERRILL**, of Newtown, Dec. 15, 1841, by Rev. S. S. Stocking	3	109
Elam, d. Jan. 1, 1826, ae 25	2	145
Eliza, m. Lemuel **BEERS**, Apr. 14, 1824, by Rev. Daniel Burhans	3	12
Eliza, of Newtown, m. George **FERRIS**, of Monroe, Jan. 3, 1836, by Rodney Rossiter	3	76
Elizabeth Jane, m. Demmon **BLACKMAN**, b. of Newtown, Jan. 6, 1831, by Rev. Charles Sherman	3	46
Emily, m. Harson **TWITCHEL**, May 1, 1825, by Rev. Daniel Burhans	3	18
Emily, m. Frederick **TOUSEY**, b. of Newtown, Dec. 18, 1845, by Rev. S. S. Stocking	3	128
Eunice, d. [Dr. Gideon & Sarah], b. Jan. 12, 1790	1	51

	Vol.	Page
SHEPARD, SHEPERD, SHEPHERD (cont.),		
Eunice, d. [Dr. Gideon & Sarah], d. Oct. 16, 1793	1	51
Eunice L., m. Dr. Amos J. **HORD**, b. of Newtown, Mar. 1, 1821, by Benj[ami]n Hord, J. P.	2	13
Eunice Laura, d. [Dr. Gideon & Sarah], b. Oct. 15, 1795	1	51
Fanny, d. [Dr. Gideon & Lucinda], b. Feb. 19, 1797	1	51
Fanny, of Newtown, m. Edwin **PERKINS**, of New Haven, Feb. 28, 1847, by Glover Hawley, J. P.	3	136
Fanny, wid., d. May 5, 1863, ae 80	4	31
Ferris, his wid. [ ], d. Feb. 28, 1870, ae 77 y. 8 m.	4	43
Frederick M., d. June 23, 1864, ae 32	4	34
George, his w. [ ], d. Oct. 2, 1843, ae 84	2	119
George, s. Hiram, d. Dec. 30, 1844, ae 20	2	118
George, d. Feb. 11, 1846, ae 88	2	115
George, d. Feb. 11, 1846, ae 88	4	3
George, d. Sept. 8, 1853, ae 55	4	15
Gideon, Dr., m. Sarah **WATKINS**, Mar. 28, 1776	1	51
Gideon, Dr., m. Lucinda **PECK**, Nov. 6, 1794	1	51
Gideon, Dr., his child d. May 12, 1806	2	167
Grant, d. [Oct. , 1826], ae 1	2	146
Harriet, twin with Charles Sydenham, [d. Dr. Gideon & Lucinda], b. Mar. 2, 1806; d. May 12, 1806	1	51
Harriet, [d. Dr. Gideon & Lucinda], b. Oct. 20, 1809	1	51
Hart, his w. [ ], d. Dec. 12, 1855, ae 52	4	19
Henry, d. Mar. 11, 1854, ae 70	4	16
Hepsia, m. Bennet **BLACKMAN**, Oct. 16, 1839, by Rev. F. Hitchcock	3	98
Herman, d. Mar. 9, 1815	2	158
Hiram, his w. [ ], d. Aug. 8, 1817	2	156
Hiram, his s. [ ], d. Dec. 31, 1844, ae 20	4	1
Hiram, of Danbury, m. Eliza **BEARDSLEY**, of Newtown, Dec. 19, 1847, by Rev. Samuel H. Smith. Int. Pub.	3	145
Hiram, his w. [ ], d. Nov. 1, 1852, ae 50	4	14
Horace Montgomery, [s. Timothy], b. Apr. 21, 1803	2	80
Horace Montgomery, of Newtown, m. Mary Jane **SHELTON**, of Huntington, Mar. 26, 1826, by Rev. W[illia]m Mitchell	3	22
Huldah C., of Newtown, m. William **LEWIS**, of Trumbull, Dec. 1, 1839, by Rev. Nathaniel Mead	3	98
Hull, d. Apr. 23, 1803	2	170
Ira, s. [James & Anna], b. Nov. 20, 1791	1	52
Ira, his w. [ ], d. Oct. 23, 1824	2	149
Ira, m. Fanny **TURNER**, b. of Newtown, Nov. 1, 1826, by Daniel Blackman, J. P.	3	24
Ira, d. May 16, 1846, ae 56	2	115
Ira, d. May 6, 1846, ae 54	4	3
Isaac, s. [James & Anna], b. Aug. 24, 1780	1	52
James, m. wid. Grace **OLMSTED**, Mar. 9, 1797, by Rev. Mr. Ely, of Bethel	1	52
James, his w. [ ], d. Jan. 24, 1813	2	160

	Vol.	Page
SHEPARD, SHEPERD, SHEPHERD (cont.),		
James, d. Dec. 28, 1816	2	157
Jane Ann, of Newtown, m. Alfred O. **BANKS**, of Danbury, Nov. 10, 1844, by Rev. George L. Fuller	3	125
Jerusha, d. Simeon, d. Aug. 29, 1797	LR19	Index
Jerusha, d. Aug. 29, 1797	2	173
Jerusha, of Newtown, m. Wilcox **BLACKMAN**, of Monroe, Dec. 2, 1827, by Rev. W[illia]m Mitchell	3	31
John, his w. [ ], d. Aug. 16, 1809	2	164
John, d. Dec. 27, 1821	2	152
Joseph, his w. [ ], d. Jan. 20, 1842, ae 70	2	120
Joseph, d. Nov. 3, 1843, ae 80	2	119
Julia, d. Aug. 19, 1868, ae 74	4	40
Juliett, d. July 15, 1834, ae 16	2	134
Keziah, d. [James & Anna], b. Feb. 4, 1788	1	52
Lazarus, m. Rustia Ann **FAIRCHILD**, b. of Newtown, Mar. 19, 1826, by Rev. Bennet Glover	3	22
Lazarus, his d. [ ], d. May 27, 1830, ae 3	2	141
Lazarus, d. Jan. 31, 1838, ae 63	2	125
Lemuel, his child d. Mar. 9, 1810	2	163
Lemuel, his child d. May 22, 1811	2	162
Lemuel, his w. [ ], d. May 21, 1822	2	151
Lemuel, d. Sept. 14, 1843, ae 83	2	119
Lemuel, his wid., d. Feb. [ ], 1844, ae 72	2	118
Lemuel, his wid., [ ], d. Feb. 1, 1844, ae 72	4	1
Lewis, s. Gideon, d. Dec. 18, 1815	2	158
Lewis Parson, [s. Dr. Gideon & Lucinda], b. Dec. 14, 1807; d. Dec. 10, 1815	1	51
Lois, d. [James & Anna], b. Apr. 21, 1785	1	52
Lucinda, Mrs., d. Dec. 3, 1825, ae 55	2	148
Lucy, d. [Dr. Gideon & Sarah], b. Oct. 23, 1780	1	51
Lydia, d. Timo[thy], b. May 11, 1800	2	80
Lyman, his child d. May 28, 1817	2	156
Lyman, d. July 7, 1847, ae 62	2	113-4
Lyman, d. July 7, 1847, ae 62	4	6
Maria, d. [Dr. Gideon & Sarah], b. Mar. 10, 1794	1	51
Maria, d. [Dr. Gideon & Lucinda], b. Aug. 23, 1798	1	51
Mariah, d. Jan. 11, 1859, ae 75	4	23
Martin Heberden, [s. Dr. Gideon & Lucinda], b. Jan. 17, 1814	1	51
Mary, d. [Dr. Gideon & Sarah], b. Feb. 25, 1777	1	51
Mary, of Newtown, m. Lyman **SMITH**, of North Salem, N. Y., Nov. 25, 1830, by Lamson Birch, J. P.	3	45
Mary Ann, Mrs., d. Oct. 1, 1825, ae 37	2	148
Mary J., Mrs., d. May 8, 1861, ae 32	4	28
Merret, s. [James & An[n]a], b. June 7, 1769	1	52
Molly*, d. [James & Anna], b. July 22, 1776 *(an adopted child, being a niece of Anna & d. of Abraham **HIGGINS**, of Weston)	1	52
Moses, Capt., f. of Timothy, d. Apr. 25, 1810	2	163

	Vol.	Page

SHEPARD, SHEPERD, SHEPHERD (cont.),

	Vol.	Page
Nancy, of Newtown, m. Joshua H. **TAYLOR**, of Danbury, Nov. 1, 1824, by Zachariah Clarke, Jr., J. P.	3	14
Nathan, d. Mar. 30, 1858, ae 81	4	22
Orphia C., of Newtown, m. Henry H. **BEARD**, of Danbury, Nov. 18, 1851, by William M. Carmichael, D. D.	3B	39
Orrin, d. Mar. 27, 1868, ae 18	4	39
Peter, d. Oct. 2, 1827, ae 46	2	144
Philo, his child d. Oct. 2, 1819	2	154
Polly, w. Timothy, d. May 23, 1823, in the 46th y. of her age	2	80
Polly, w. Timothy, d. May 24, 1823	2	150
Polly, d. Dec. 28, 1869, ae 78	4	43
Polly Ann, of Newtown, m. Roswell **TAYLOR**, of Danbury, May 4, 1828, by Adoniram Fairchild, J. P.	3	32
Rebeckah, m. Joseph **PECK**, June 20, 1732, by Capt. Thomas Bennitt, J. P.	1	75
Reuben, m. Phebe **FAIRCHILD**, Mar. 13, 1831, by Rev. H. R. Judah, of Bridgeport	3	46
Reuben, d. Mar. 27, 1865, ae 83	4	35
Rhoda, d. Oct. 5, 1828, ae 76	2	143
Richard, his w. [　　　　　　　], d. Feb. 15, 1821	2	152
Richard, his s. [　　　　　　　], d. Apr. 17, 1860, ae 1 y.	4	26
Richard D., m. Anna **HARD**, Aug. 4, 1821, by Rev. D. Burhans	2	33
Richard D., d. Oct. 15, 1829, ae 50	2	142
Rufus, m. Lucy Ann **PECK**, June 19, 1822, by Daniel Burhans	3	2
Sally, [d. Dr. Gideon & Lucinda], b. Apr. 6, 1802	1	51
Sarah, w. [Dr. Gideon], d. Mar. 10, 1794	1	51
Sarah, wid., d. Apr. 6, 1821	2	152
Sarah Ann, d. [Dr. Gideon & Sarah], b. Sept. 3, 1786	1	51
Sarah Ann, m. Clark **BLACKMAN**, b. of Newtown, Mar. 14, 1848, by Rev. J. Atwater	3B	20
Silas, s. [Dr. Gideon & Sarah], b. Oct. 27, 1783	1	51
Simeon, Jr., d. Jan. 29, [1800]	LR20	0
Simeon, d. [Feb.　　], 1820	2	153
Simeon, his wid. [　　　　　　　], d. Jan. 15, 1821	2	152
Starr, m. Jane **GRAY**, b. of Newtown, Nov. 6, 1825, by David H. Belden, J. P.	3	20
Starr, his d. [　　　　　　　], d. Mar. 19, 1836, ae 5	2	129
Stephen, d. July 24, 1830, ae 77	2	141
Sueton, his d. [　　　　　　　], d. Nov. 16, 1817	2	156
Suiton, his w. [　　　　　　　], d. Apr. 14, 1850, ae 62	4	10
Sueton, d. Apr. 12, 1863, ae 81	4	31
Susan, [d. Timothy], b. Oct. 26, 1808	2	80
Susan, m. Lyman **CHIPMAN**, b. of Newtown, Apr. 13, 1842, by Rev. S. S. Stocking	3	111
Susanna, d. [James & Anna], b. Apr. 24, 1782	1	52
Susannah, wid., d. Nov. 27, 1799, [ae] 35	LR19	Ind. A
Sylvia Ann, m. Harry **JUDSON**, Mar. 6, 1825, by Rev. Daniel Burhans	3	17

	Vol.	Page
SHEPARD, SHEPERD, SHEPHERD (cont.),		
Thomas D., d. Sept. 22, 1834, ae 30	2	134
Thomas Darwin, [s. Dr. Gideon & Lucinda], b. Apr. 30, 1804	1	51
Thomas Darwin, m. Catharine **NICHOLS**, May 15, 1827, by Rev. Daniel Burhans	3	27
Timothy, b. Mar. 18, 1778	2	80
Timothy, d. May 27, 1823, in the 46th y. of his age	2	80
Timothy, Col., d. May 27, 1823	2	150
Truman, d. June 23, 1799	LR19	Ind. A
William, b. Mar. 30, 1780	2	59
William, m. Lucy **STILSON**, Nov. 10, 1833, by Rev. Nathan Wildman, of Weston	3	65
William M., his w. [ ], d. Sept. 4, 1833, ae 25	2	136
William McArthur, of Redding, m. Anna **GRIFFIN**, of Newtown, Dec. 1, 1824, by Rev. Lemuel B. Hull, of Redding	3	15
William Mc., his s. [ ], d. Nov. 29, 1831	2	140
William Peck, [s. Dr. Gideon & Lucinda], b. Feb. 16, 1800	1	51
William T., d. Mar. 26, 1826, ae 27	2	145
Zerah, d. July 21, 1844, ae 57	2	118
Zerah, d. July 21, 1844, ae 60	4	1
SHERMAN, Abigail, d. Matthew & Hannah, b. Nov. 13, 1711	LR2	1
Abigail, d. [Matthew & Hannah], b. Nov. 13, 1711	LR2	352
Adah, [d. Samuel & Mary], b. Feb. 6, 1742/3	1	22
Adah, m. Job **BRISTOLL**, May last day, 1763	1	62
Alonzo, of Redding, m. Sarah J. **ROBERTS**, of Newtown, Nov. 4, 1838, by Rev. S. C. Stratton	3	92
Alonzo, his s. [ ], d. Sept. 3, 1842, ae 3	2	120
Alonzo, his s. [ ], d. Sept. 5, 1845, ae 1	4	3
Alonzo, his child d. Sept. 5, 1846	2	117
Amariah, d. Jan. 10, 1826, ae 4	2	145
Amos, Indian, d. Nov. 27, 1822	2	151
Andrew, d. Apr. 21, 1809	2	164
Andrew, of Danbury, m. Mary **FAIRCHILD**, of Newtown, Oct. 26, 1842, by Rev. Alexander Leadbetter. Int. Pub.	3	113
Ann, d. July about 30, 1736	1	76
Ann, m. Jared **BOTSFORD**, Dec. 15, 1768	1	14
Ann, d. [Lewis & Sarah], b. Mar. 28, 1783	1	51
Ann Eliza, m. Thomas C. **ELY**, July 9, 1848, by Rev. J. Atwater	3B	23
Anna, Mrs., d. Dec. 7, 1825, ae 33	2	148
Anne, d. Job & Sarah, b. July 21, 1714	LR2	135
Anne, of Newtown, m. Josiah **PLATT**, of Weston, Jan. 3, 1831, by Rev. Nathan D. Benedict	3	46
Arnon, s. [Lewis & Sarah], b. Dec. 10, 1792	1	51
Artemetia, his d. [ ], d. June 20, 1824	2	149
Artemisia, wid., d. Dec. 31, 1845, ae 68	4	3
Artemesia, wid., d. Jan. 1, 1846, ae 68	2	115
Asenah, [d. Samuel & Mary], b. July 3, 1739; d. July 8, [1739]	1	22
Bethiah, d. Matthew & Hannah, b. July 9, 1715	LR2	1
Bethiah, [d. Matthew & Hannah], b. July 9, 1715	LR2	352

	Vol.	Page
SHERMAN (cont.),		
Betsey, wid., d. Feb. 10, 1860, ae 60	4	25
Betty, wid., d. Apr. 15, 1841, ae 77	2	122
Burritt, d. June 3, 1868, ae 28	4	40
Catharine, d. Mar. 3, 1848, ae 33	4	7
Charles, his d. [ ], d. Feb. 25, 1831, ae 3	2	139
Charles, his d. [ ], d. Oct. 10, 1831, ae [ ]	2	140
Charles, his w. [ ], d. Jan. 27, 1832, ae 35	2	137
Charles, of Weston, m. Mary Jane **SEELEY**, of Newtown, Nov. 28, 1832, by Rev. Samuel C. Stratton	3	58
Charles, of Brookfield, m. Maria **TERRELL**, of Newtown, Aug. 29, 1838, by Rev. Samuel C. Stratton	3	91
Charles, Jr., his d. [ ], d. Mar. 20, 1859, ae 6 w.	4	23
Charles, Major, d. Apr. 4, 1860, ae 66	4	26
Charles C., d. Feb. 14, 1859, ae 33	4	23
Charles H., of Newtown, m. Esther **BRADLEY**, of Weston, Mar. 27, 1839, by Rev. F. Hitchcock	3	96
Charles L., of Danbury, m. Eliza **BLACKMAN**, of Newtown, Jan. 21, 1844, by Rev. S. S. Stocking	3	119
Clara, of Danbury, m. William H. **HAY**, of Newtown, Aug. 22, 1852, by S. B. Britain	3B	40
Clark, d. Mar. 11, 1828, ae 44	2	143
Cintha, w. Jotham, d. Mar. 16, 1804, ae 68 y.	2	85
Cynthia, w. Jotham, d. Mar. 16, 1804	2	169
Cynthia, of Newtown, m. Alonzo **GERMAN**, of Amenia, N.Y., Dec. 2, 1827, by Rev. Nathan D. Benedict	3	31
Cynthia, Mrs., d. Mar. 8, 1859, ae 62	4	23
Cyrus, d. Oct. 28, 1825, ae 47	2	148
Cyrus Beers, m. Caroline **BEERS**, b. of Newtown, Feb. 10, 1847, by Rev. S. S. Stocking	3	135
Cyrus L., d. Apr. 28, 1862, ae 20	4	29
Daniel, d. Feb. 15, 1740/1	1	22
Daniel, s. [John & Hannah], b. Mar. 3, 1754	1	81
David, s. Matthew & Hannah, b. Aug. 19, 1724	LR2	1
David, [s. Matthew & Hannah], b. Aug. 19, 1724	LR2	352
David, his w. [ ], d. May 2, [1800]	LR20	0
David, d. Mar. 7, 1805	2	168
David, d. May 13, 1854, ae 64	4	17
David B., m. Fanny M. **JUDSON**, b. of Newtown, June 9, 1844, by Rev. S. S. Stocking	3	122
David B., his w. Emily, d. July 8, 1865, ae 38	4	35
Dellany, m. Martial **JORDAN**, b. of Newtown, Mar. 14, 1824, by John Sherman	3	11
Ebenezer, s. [Jotham & Grace], b. Feb. 17, 1770	LR8	517
Ebenezer, [s. Jotham & Grace], d. Feb. 18, 1770	LR8	517
Edward, d. Jan. 5, 1863, ae 20	4	30
Elijah, s. [John & Hannah], b. May 16, 1762	1	81
Elijah, his w. [ ], d. Dec. 25, 1814	2	159

	Vol.	Page
SHERMAN (cont.),		
Elijah, his d. [ ], d. July 20, 1822	2	151
Elijah, Dea., d. Apr. 6, 1844, ae 82	2	118
Elijah, Dea., d. Apr. 6, 1844, ae 82	4	1
Elizabeth, [w. Samuel], d. Dec. 10, 1736	1	22
Elizabeth, d. Dec. 10, 1736	1	76
Elizabeth, w. Samuel, d. Dec. 10, 1736	1	76
Emeline, of Newtown, m. Rev. Albert G. **HUBBELL**, of Berlin, May 6, 1847, by Rev. Samuel H. Smith. Int. Pub.	3	136
Emily, w. David B., d. July 8, 1865, ae 38	4	35
Ephraim, s. Job & Sarah, b. Oct. 13, 1726	LR2	135
Esther, d. [John & Hannah], b. Jan. 16, 1748	1	81
Esther, d. [Lewis & Sarah], b. Oct. 17, 1780	1	51
Esther, w. Philo, d. Feb. 11, 1858, ae 29	4	22
Eue*, d. [Samuel & Mary], b. Apr. 24, 1738 *(Eve?)	1	22
Eunice, d. Job [& Sarah], b. Jan. 10, 1728/9	LR2	135
Eunis, m. Amos **MARCHANT**, Dec. 7, 1750	1	23
Ezra, s. [John & Hannah], b. June 2, 1759	1	81
Fanny, Mrs., d. Sept. 15, 1864, ae 48	4	34
Flora, d. Dec. 1, 1822	2	151
Frances Cornwall, m. Electa **TROWBRIDGE**, of Danbury, Jan. 30, 1825, by Rev. Daniel Burchans	3	16
Glover N., of Trumbull, m. Sarah Jane **LATTIN**, of Newtown, Jan. 10, 1844, by Rev. David G. Tomlinson, late of Trumbull	3	120
Grace, [w. Jotham], d. Feb. 19, 1770	LR8	517
H., his child d. Mar. 8, 1826, ae [ ]	2	145
Hannah, d. [John & Hannah], b. Apr. 28, 1764	1	81
Hannah, of Newtown, m. Abel **BEARDSLEE**, of Monroe, Nov. 1, 1836, by Rev. Jacob Sloper	3	86
Henry, his d. [ ], d. Dec. 28, 1826, ae 1	2	146
Henry, of Brookfield, m. Selina **HAWLEY**, of Newtown, May 16, 1830, by Joseph S. Covell	3	49
Hepzabah, m. Joseph **FOOT**, Aug. 31, 1771	1	47
Hepzibah, wid., d. May 9, 1834, ae 61	2	133
Hipzibah, d. Apr. 19, 1843, ae 82	2	119
Herman, his wid. [ ], d. Oct. 14, 1805	2	168
Hetty M., of Newtown, m. Moses **CROFUT**, of Reading, Nov. 6, 1828, by Nathan D. Benedict	3	34
Huldah, d. [Jan. , 1827], ae 73	2	144
Huldah M., wid., d. Dec. 27, 1840, ae 57	2	121
Jabez, s. [John & Hannah], b. Sept. 25, 1766	1	81
Jay, of Weston, m. Sally **SEELEY**, of Newtown, July 29, 1832, by Rev. Samuel C. Stratton	3	56
Job, m. Sarah **SEELEY**, May 28, 1713	LR2	135
Job, d. June 9, 1756	LR2	135
Joel, s. Job & Sarah, b. Mar. 15, 1720	LR2	135
Joel, his s. [ ], d. Jan. 31, 1836, ae 2	2	129
John, s. Job & Sarah, b. June 18, 1716	LR2	135
John, m. Hannah **CLARK**, Jan. 6, 1747	1	81

	Vol.	Page
SHERMAN (cont.),		
John, s. [John & Hannah], b. Oct. 5, 1756	1	81
John, Elder, d. May 10, 1827, ae 70	2	144
John, d. Dec. 13, 1867, ae 35	4	39
John H., d. Mar. 5, 1852, ae 22	4	13
Joseph, Jr., m. Abigail **MORRIS**, b. of Newtown, June 1, 1831, by Rev. Nathan D. Benedict	3	49
Joseph, his w. [ ], d. Apr. 22, 1837, ae 66	2	127
Joseph, d. Oct. 18, 1837, ae 69	2	128
Jotham, [s. Samuel & Elizabeth], b. Feb. 27, 1733/4	1	22
Jotham, s. [Samuell & Elizabeth], b. Feb. 27, 1733/4	1	76
Jotham, d. Mar. 12, 1817, ae 83	2	156
Jotham, his d. [ ], d. Dec. 15, 1848, ae 3 w.	4	8
Jotham B., Capt., d. July 5, 1818	2	155
Justin, s. [Samuel & Elizabeth], b. Feb. 28, 1729/30	1	22
Justine, s. Sam[ue]ll, b. Feb. 28, 1729/30	1	76
Justin, s. [Lewis & Sarah], b. July 20, 1785	1	51
Laurison, m. Maria **BRADLEY**, Oct. 26, 1834, by Rev. Rodney Rossiter, of Monroe	3	70
Laurison, d. Nov. 6, 1870, ae 66	4	44
Lemuel, [s. Matthew & Hannah], b. Feb. 18, 1726	LR2	352
Lemuel, s. Matthew & Hannah, b. Oct. 18, 1726/7	LR2	1
Lewis, s. [Jotham & Grace], b. May 5, 1758	LR8	517
Lewis, m. Sarah **GLOVER**, Mar. 21, 1780	1	51
Lewis, d. Apr. 6, 1794, in the 36th y. of his age	1	51
Lewis, d. Aug. 19, 1822	2	151
Lois, d. [John & Hannah], b. Oct. 23, 1751	1	81
Lucy, wid., d. Aug. 6, 1840, ae 50	2	121
Lucy Ann, d. Dec. 28, 1800	2	172
Lue L., m. Julia **BENNET**, b. of Newtown, Mar. 18, 1826, by Rev. David Bennett	3	22
Lue L., d. June 5, 1850, ae 62	4	11
Lyman, d. May 12, 1822	2	151
McPherson, d. Jan. 7, 1830, ae 30	2	141
Mershea*, d. [Lewis & Sarah], b. Jan. 21, 1789 *(Marcia)	1	51
Marcia, d. Apr. 20, 1848, ae 20	4	7
Marcus, d. Oct. 25, 1825, ae 11	2	148
Marcus B., m. Marinda T. **JUDD**, b. of Newtown, Mar. 25, 1832, by Rev. Samuel C. Stratton	3	54
Marcus B., his w. [ ], d. Feb. 22, 1848, ae 36	4	7
Marcus B., his s. [ ], d. June 15, 1849, ae 9 w.	4	9
Marcus B., d. Sept. 26, 1858, ae 47	4	23
Martha, d. Job & Sarah, b. Apr. 29, 1718	LR2	135
Martha, d. [John & Hannah], b. Jan. 8, 1750	1	81
Martha E., of Newtown, m. Charles C. **TWITCHEL**, of Oxford, Feb. 12, 1845, by Rev. John L. Ambler	3	126
Mary, d. Job & Sarah, b. June 24, [ ]	LR2	135
Mary, d. Job & Sarah, b. June 24, 1724	LR2	135
Mary, wid., d. June 27, 1808	2	165

	Vol.	Page
SHERMAN (cont.),		
Mary, of Newtown, m. George **LUM**, of Oxford, Jan. 2, 1838, by Rev. N. M. Urmston	3	90
Mary, Mrs., d. Mar. 11, 1859, ae 24	4	23
Mary J., m. Ruggles N. **WHITNEY**, b. of Newtown, June 11, 1848, by Rev. George A. Hubbell	3B	21
Mathew, his w. [ ], d. May 29, 1809	2	164
Mahitable, wid., d. Sept. 24, 1849, ae 87	4	9
Minot, his s. [ ], d. Feb. 20, 1850	4	10
Nathan, s. Job & Sarah, b. Nov. 9, 1721	LR2	135
Nathan, d. Feb. 17, 1820	2	153
Nathan, d. Dec. 3, 1846, ae 56	4	5
Nathan B., m. Clarissa **HULL**, b. of Newtown, Mar. 15, 1829, by Nathan D. Benedict	3	36
Nathan B., his s. [ ], d. Aug. 5, 1831, ae 1	2	140
Nathan B., d. Dec. 3, 1846, ae 56	2	116
Phebe, m. Jonathan **BOOTH**, Nov. [ ], 1738	1	2
Phebe, m. Jonathan **BOOTH**, about Thanksgiving, 1739	1	73
Phebe, of Newtown, m. Starling **WOOSTER**, of Oxford, Jan. 5, 1826, by John Sherman	3	21
Phebe, of Newtown, m. James **BEARDSLEE**, of Monroe, May 14, 1844, by Rev. W[illia]m Denison	3	124
Phebe, of Danbury, m. Winters D. **SOMERS**, Oct. 14, 1849, by Rev. J. Atwater	3B	30
Phebe C., m. Herman **BEERS**, Feb. 14, 1838, by Rev. S. C. Stratton	3	89
Philo, s. [Lewis & Sarah], b. June 16, 1787	1	51
Philo, d. July 29, 1819	2	154
Philo, his w. Esther, d. Feb. 11, 1858, ae 29	4	22
Polly, m. James **CLARK**, Oct. 24, 1793	2	1
Polly, m. Hervey **WILLCOX**, of New Hartford, Jan. 2, 1822, by Rev. Daniel Berchans	2	6
Polly, d. Feb. 9, 1831, ae 72	2	139
Polly, wid., d. Nov. 12, 1833, ae 67	2	136
Polly A., m. Henry L. **WINTON**, b. of Newtown, Nov. 22, 1842, by Rev. John H. Waterbury	3	114
Rebeckah, d. Matthew & Hannah, b. May 6, 1713	LR2	1
Rebeckah, [d. Matthew & Hannah], b. May 6, 1713	LR2	352
Rebeckah, w. Daniel, d. Sept. 2, 1751	1	22
Rhoda, wid., d. Dec. 6, 1826, ae 88	2	146
Rufuss, s. [Jotham & Grace], b. Sept. 9, 1764	LR8	517
Sabra, [d. Samuel & Elizabeth], b. Apr. 4, 1736	1	22
Sabra, [d. Samuell & Elizabeth], b. Apr. 4, 1736	1	76
Sabrah, d. [Jotham & Grace], b. May 5, 1768	LR8	517
Sabra, d. [Lewis & Sarah], b. Nov. 26, 1781	1	51
Sally, of Newtown, m. Horace **BARNUM**, of Danbury, Dec. 18, 1831, by Rev. Samuel C. Stratton	3	51
Samuel, s. Daniel, d. Jan. 20, 1747/8	1	22
Samuel, s. [Jotham & Grace], b. Aug. 29, 1760	LR8	517
Sarah, d. Matthew & Hannah, b. Mar. 26, 1721	LR2	1

	Vol.	Page
SHERMAN (cont.),		
Sarah, [d. Matthew & Hannah], b. Mar. 26, 1721	LR2	352
Sarah, d. Dec. 27, 1736	1	76
Sary, m. Agur **FAIRCHILD**, Sept. 1, 1740	1	23
Sarah, m. Abraham **FERRISS**, July 14, 1761, by Robert Rooss	1	42
Sarah, m. Nathan **TURNER**, Aug. 3, 1788	2	48
Sarah, m. Stephen **CROFUT**, Jr., Sept. 17, 1795	2	23
Sarah, wid., d. Sept. 11, 1817	2	156
Sarah, d. Dec. 31, 1824	2	149
Sarah, wid., d. Dec. 13, 1839, ae 82	2	124
Sarah A., of Newtown, m. Harvey **ROWELL**, of Trumbull, Dec. 22, 1842, by Rev. W[illia]m Denison	3	114
Seth, s. Matthew & Hannah, b. July 20, 1717	LR2	1
Seth, [s. Matthew & Hannah], b. July 20, 1717	LR2	352
Seth, his w.[ ], d. Oct. 22, 1825, ae 68	2	148
Silliman H., m. Sarah E. **PERRY**, b. of Newtown, Dec. 24, 1846, by Rev. J. Atwater	3	135
Sylvester, s. [Lewis & Sarah], b. Apr. 27, 1791	1	51
Truman, d. Aug. 10, 1817	2	156
Truman, d. June 16, 1823	2	150
Vashti, d. Sam[ue]ll, b. May 10, 1732	1	76
Vashti, d. [Samuel & Elizabeth], b. May 30, 1732	1	22
Warner, d. Feb. 27, 1854, ae 60	4	16
Warren, his s. [ ], d. Aug. 5, 1836, ae 2	2	130
William, his s. [ ], d. July 5, 1863, ae 5 d.	4	32
Willmett, Mrs. of Stratford, m. Jeremiah **TURNER**, of Newtown, Sept. 15, 1714, by Joseph Carlile	LR2	352
Zadock R., d. Mar. 13, 1843, ae 42	2	119
Zera, m. Betsey **TOMLINSON**, b. of Newtown, Nov. 1, 1821, by John Sherman	2	73
Zerah, d. Feb. 7, 1842, ae 54	2	120
Zilpha, [child Samuel & Mary], b. Nov. 1, 1740	1	22
Zilpha, m. Nathan **DICKERSON**, May 19, 1760	1	38
SHERWOOD, Abigal, d. [John & Hannah], b. Mar. 17, 1745 O. S.	1	7
Anna, m. David **PORTER**, Feb. 26, 1821, by Ambrose S. Todd	2	6
Anna, Mrs., m. Abraham **PAINE**, b. of Newtown, Apr. 23, 1837, by Ezra Morgan, J. P.	3	83
Anna, wid., d. Aug. 16, 1863, ae 76	4	32
Daniel, s. [John & Hannah], b. Mar. 13, 1749	1	7
Daniel, m. Eunice **HARD**, June 4, 1772	2	46
Daniel, his w.[ ], d. July 28, 1797	LR19	Index
Dan[ie]l, his w.[ ], d. July 28, 1797	2	173
Daniel, m. Lucy **STILSON**, Dec. 13, 1798	2	46
Daniel, m. Mrs. Sarah **TOUSEY**, Jan. 16, 1821, by Rev. Daniel Burchans	2	13
Daniel, m. Mrs. Sarah **TOUSEY**, Jan. 16, 1821, by Rev. Daniel Burhans	2	46
Daniel, d. June 11, 1826, ae 77	2	145
Delia, m. Elizur B. **NORTHROP**, b. of Newtown, June 13, 1839,		

	Vol.	Page
SHERWOOD (cont.),		
by Rev. F. Hitchcock	3	97
Ebenezer, s. [John & Hannah], b. Sept. 15, 1734 O. S.	1	7
Ebenezer, [s. Jotham & Grace], b. Feb. 17, 1770	1	13
Ebenezer, [s. Jotham & Grace], d. Feb. 18, 1770	1	13
Ebenezer, his w. [ ], d. Apr. 5, 1817	2	156
Ebenezer, d. Feb. 10, 1820	2	153
Eunice, d. July 28, 1797	2	46
George, his infant d. Mar. 23, 1851, ae 1 y. 8 m.	4	12
Grace, w. [Jotham], d. Feb. 19, 1770	1	13
Hannah, d. [John & Hannah], b. Sept. 5, 1736 O. S.	1	7
Hannah, Mrs., d. Jan. 5, 1855, ae 76	4	17
Jemimah, d. [John & Hannah], b. Mar. 4, 1743/4 O. S.	1	7
Jemimah, d. [John & Hannah], d. Dec. 5, 1754, in the 10th y. of her age	1	7
Jemimah, d. [John & Hannah], b. June 23, 1756 N. S.	1	7
Jerusha, d. [John & Hannah], b. Mar. 1, 1751	1	7
Jesse, of Ridgefield, m. Eliza **STILSON**, of Newtown, Sept. 30, 1832, by Rev. Samuel C. Stratton	3	57
John, m. Hannah **PARICH**, Apr. 6, 1727	1	7
John Parich, s. [John & Hannah], b. Jan. 9, 1730 O. S.	1	7
Julia Ann, m. Charles **NICHOLS**, of Huntington, Apr. 29, 1822, by Rev. D. Berchans	2	6
Justuss, s. [John & Hannah], b. Mar. 7, 1747	1	7
Lewis, [s. Jotham & Grace], b. May 5, 1758	1	13
Lewis, d. Feb. 5, 1858, ae 84	4	22
Mary, of Weston, m. John **SMITH**, of Woodbury, Feb. 13, 1848, by Samuel B. Peck, J. P.	3	143
Norman Clinton, [s. Daniel & Lucy], b. Dec. 14, 1799	2	46
Pettual, s. [John & Hannah], b. Nov. 18, 1738	1	7
Philo B., of Weston, m. Phebe Ann **STILSON**, of Weston, Apr. 19, 1843, by Rev. W[illia]m Denison	3	117
Rachel, d. [John & Hannah], b. May 15, 1732 O. S.	1	7
Roswell L., his w. [ ], d. Feb. 12, 1809	2	164
Roswell Leavenworth, [s. Daniel & Eunice], b. June 22, 1783	2	46
Rufus, [s. Jotham & Grace], b. Sept. 9, 1764	1	13
Sabrah, [d. Jotham & Grace], b. May 5, 1768	1	13
Sally Ann, [d. Daniel & Eunice], b. July 1, 1779	2	46
Samuel, s. [John & Hannah], b. Mar. 3, 1741/2 O. S.; d. Dec. 1, 1753, in the 11th y. of his ae	1	7
Samuel, s. [John & Hannah], b. Feb. 22, 1754 N. S.	1	7
Samuel, [s. Jotham & Grace], b. Aug. 29, 1760	1	13
Sarah, d. [John & Hannah], b. Feb. 29, 1727/8 O. S.	1	7
Sarah, wid., d. Oct. 19, 1829, ae 79	2	142
Silliman, of Weston, m. Eliza **SMITH**, of Newtown, Nov. 21, 1841, by Rev. Rodney Rossiter, of Monroe	3	110
Thamer Clarissa, [d. Daniel & Eunice], b. Dec. 16, 1773	2	46
SHORT, Charles, of Woodbridge, m. Julia Ann **PARMELEE**, of Newtown, Dec. 28, 1836, by Rev. N. M. Urmston	3	81

	Vol.	Page
SHOVE, Monzo, of Danbury, m. Melory **GLOVER**, May 14, 1826, by Rev. Daniel Burhans	3	23
SILLIMAN, Caroline, m. Peter **FAIRCHILD**, Nov. 6, 1837, by Rev. Samuel T. Carpenter	3	87
SIMMONDS, [see also **SIMONS**], William d. May 11, 1813	2	160
SIMONS, [see also **SIMMONDS**], Charlotte, of Newtown, m. George **SIMONS**, of Southbury, Apr. 9, 1849, by David H. Belden, J. P.	3B	27
Comey, colored, his 2nd infant children, d. June 6, 1826	2	145
Commy, of Southbury, m. Patience **BOOTH**, of Newtown, May 4, 1827, by Solomon Glover	3	26
Commy, colored, d. May 9, 1833, ae 105	2	135
Cummy, colored, d. Oct. 4, 1847, ae 62	4	6
Cunney, d. Oct. 4, 1847, ae 62	2	113-4
Cyrus, colored, d. Apr. 27, 1829, ae 20	2	142
Ellis, d. Dec. 12, 1859, ae 73	4	25
Eunice, Mrs., d. June 23, 1863, ae 34	4	32
George, of Southbury, m. Charlotte **SIMONS**, of Newtown, Apr. 9, 1849, by David H. Belden, J. P.	3B	27
Mary, m. John **PEASE**, b. of Newtown, Dec. 15, 1845, by Rev. S. S. Stocking	3	128
Patience, colored, d. Oct. 6, 1833, ae 90	2	136
Patience, m. Charles **COUCH**, Oct. 20, 1850, by Rev. J. Atwater	3B	34
Rachel, Mrs., of Bridgeport, m. William **PECK**, Dec. 24, 1847, by Rev. J. Atwater	3	141
William, colored, d. Aug. 12, 1823	2	150
William, colored, d. Jan. 9, 1866, ae 40	4	36
SIMPSON, Walter H., of New Haven, m. Henrietta **WETMORE**, May 27, 1852, by Rev. J. Atwater	3B	43
SKIDMAN, [see under **SKIDMORE**]		
SKIDMORE, SKIDMERE, SKIDMAN, Abel, d. Sept. 30, 1846, ae 92	2	116
Abel, d. Sept. 30, 1846, ae 92	4	5
Abel, d. Nov. 12, 1849, ae 44	4	10
Abel B., his d. [ ], d. Dec. 3, 1832, ae 2	2	138
Abel B., m. Lucy C. **SKIDMORE**, b. of Newtown, May 12, 1847, by David H. Belden, J. P.	3	137
Albert, his wid., d. July 25, 1853, ae 90	4	15
Ammy, [d. Elias & Mary], b. July 7, 1798	2	64
Amos, his child d. Nov. 30, 1800	2	172
Amos, his w. [ ], d. Feb. 26, 1835, ae 73	2	131
Amos, d. Apr. 15, 1835, ae 74	2	131
Andrew Reed, [s. Elias & Mary], b. Jan. 22, 1804	2	64
Anna, [d. Elias & Mary], b. Dec. 14, 1795	2	64
Caroline, m. Ammon B. **BLACKMAN**, Feb. 10, 1846, by Rev. S. S. Stocking	3	130
Charity, Mrs., d. Feb. 14, [1800]	LR20	0
Charles, m. Mary **FAIRCHILD**, b. of Newtown, Oct. 16, 1833, by Henry Dutton, J. P.	3	64
Clarissa, [d. Elias & Mary], b. Feb. 22, 1801	2	64

	Vol.	Page
SKIDMORE, SKIDMERE, SKIDMAN (cont.),		
Daniel, his w. [ ], d. May 19, 1853, ae 74	4	15
Daniel, d. Nov. 2, 1858, ae 78	4	23
David, his w. [ ], d. July 29, 1857, ae 80	4	21
David, d. May 17, 1860, ae 85	4	26
Elias, m. Mary **REED**, Mar. 21, 1788	2	64
Elias, d. May 20, 1804	2	64
Elias, d. May 20, 1804	2	169
Elnathan, d. Oct. [ ], 1801	2	171
Eunice, wid., d. May 5, 1819	2	154
Glover, his w. [ ], d. June 27, 1853, ae 70	4	15
Glover, his w. [ ], d. Feb. 6, 1860, ae 68	4	25
Glover, d. Jan. 19, 1861, ae 78	4	27
Granville, d. Dec. 14, 1808	2	165
Huldah, d. [Elias & Mary], b. Feb. 23, 1792	2	64
Huldah, d. [Elias & Mary], d. Feb. 28, 1792	2	64
Jedidah, d. [Thomas & Martha], b. Dec. 16, 1721	LR2	353
Jedidah, m. Richard **HUBBELL**, Nov. 30, 1749	1	19
Jerusha, m. Oliver **NORTHROP**, b. of Newtown, Apr. 30, 1843, by Israel A. Beardslee, J. P.	3	117
John, s. Thomas & Martha, b. Jan. 16, 1725/6	LR2	353
John, his w. [ ], d. May 20, 1826, ae 31	2	145
John, his w. [ ], d. Dec. 20, 1832, ae 26	2	138
John, of Newtown, m. Betsey **MERRIMAN**, of Bethleham, Oct. 22, 1833, by David H. Belden, J. P.	3	64
John R., his s. [ ], d. Jan. 13, 1833, ae 3	2	135
John R., d. Apr. 26, 1844, ae 38	2	118
John R., d. Apr. 26, 1844, ae 38	4	1
John Wooster, twin with Vaderius Gratus, s. [Elias & Mary], b. July 28, 1793	2	64
Laurin, d. Sept. 1, 1845, ae 24	4	3
Laurin, d. Sept. 7, 1846, ae 24	2	117
Lordis, his w. [ ], d. Mar. 6, 1811	2	162
Lucy C., m. Abel B. **SKIDMORE**, b. of Newtown, May 12, 1847, by David H. Belden, J. P.	3	137
Maria, of Newtown, m. Lewis **HINMAN**, of Southbury, Jan. 4, 1826, by Daniel Rev. Burhans	3	21
Mary, [d. Elias & Mary], b. Oct. 10, 1789	2	64
Mary, d. [Elias & Mary], d. Feb. 19, 1805	2	64
Mary, wid., d. Apr. 24, 1807	2	166
Mary Ann, m. Alonzo **NORTHROP**, b. of Newtown, Jan. 17, 1841, by Jacob Beers, J. P.	3	103
Maryette, of Newtown, m. Alanson **LYON**, of Redding, June 9, 1850, by Rev. J. S. Gelder	3B	33
Nemiah, s. Thomas & Martha, b. Feb. last day, 1718	LR2	353
Polly, d. Feb. 22, 1805	2	168
Reuben, d. Mar. 10, 1825, ae 19	2	147
Rufus, m. Jerusha **FERRIS**, May 6, 1821, by D. Burchans	2	15
Rufus, Dr., d. Dec. 10, 1828, ae 35	2	143

	Vol.	Page
SKIDMORE, SKIDMERE, SKIDMAN (cont.),		
Ruffus, of Brookfield, m. Maria **HAWLEY**, of Newtown, Apr. 16, 1829, by Abner Brundage	3	36
Russel, m. Julia **BOTSFORD**, Jan. 25, 1829, by Rev. Daniel Burhans	3	36
Sarah Ann, wid., d. June 14, 1863, ae 49	4	31
Starr, of Brookfield, m. Harriet **FERRIS**, of Newtown, Nov. 29, 1837, at the house of Baldwin Ferris, by Rev. S. C. Stratton	3	88
Vaderius Gratus, twin with John Wooster, s. [Elias & Mary], b. July 28, 1793; d. Aug. 20, 1795	2	64
Wheeler, his w. [ ], d. [Dec.] [ ], 1809	2	164
Zardis, his w. [ ], d. Sept. 7, 1801	2	171
Zardis, his d. [ ], d. June 15, 1810	2	163
SMITH, Abiah, m. Gideon **PECK**, Jan. 28, 1752	1	69
Alexander, his d. [ ], d. Oct. 25, 1840	2	121
Ammon, of North Salem, N. Y., m. Julia **NASH**, of Newtown, May 4, 1831, by Rev. Nathan D. Benedict	3	47
Ann, m. Henry **PECK**, Dec. 23, 1755	1	80
Anna, w. George, d. Oct. 26, 1749	1	71
Anna, [twin with Ralph, d. George & Lucy], b. Jan. 11, 1759	1	71
Anner, m. Jabez B. **BOTSFORD**, Nov. 18, 1812	2	81
Anna, wid., d. Aug. 13, 1847, ae 78	2	113-4
Anna, wid., d. Aug. 13, 1847, ae 78	4	6
Anson, of Brookfield, m. Susan M. **CURTISS**, of Newtown, Oct. 7, 1840, by Rev. L. H. Gorson	3	103
Beers, of Newtown, m. Catharine **THOMAS**, of Bridgeport, (colored), May 5, 1850, by Samuel B. Peck, J. P.	3B	32
Brace, d. Apr. 20, 1844, ae [ ]	2	118
Brace, d. Apr. 20, 1844, ae 76	4	1
Brace, his wid. [ ], d. Oct. 12, 1855, ae 78	4	19
Bryant, of Brookfield, m. Caroline **BLACKMAN**, 2nd, of Newtown, Dec. 22, 1839, by Rev. F. Hitchcock	3	98
Charles, d. Feb. 28, 1828, ae 10	2	143
Charles, d. May 21, 1870, ae 68	4	44
Chester E., d. June 15, 1864, ae 5	4	33
Clark, m. Mary **JOHNSON**, b. of Newtown, Sept. 13, 1843, by Rev. S. S. Stocking	3	118
Cyrinthia Sacrecia, d. [Rev. Zephaniah H. & Hannah H.], b. May 18, 1788	1	56
Cyrus, of Southbury, m. Rebecca **CANDEE**, of Newtown, Aug. 26, 1832, by Rev. Luther Mead	3	56
Daniel, of Danbury, m. Zeah **OGDEN**, of Newtown, Nov. 27, 1844, by John L. Ambler	3	125
David, of Derby, m. Sarah **WHITLOCK**, of Southbury, Feb. 19, 1844, by Rev. S. S. Stocking	3	121
Edward, his d. [ ], d. Dec. 19, 1849, ae 3	4	10
Edward, his s. [ ], d. May 6, 1852, ae [ ]	4	13
Edward, his w. [ ], d. Sept. 25, 1852, ae 43	4	14
Edward, his w. [ ], d. Nov. 13, 1856, ae 47	4	20

	Vol.	Page
SMITH (cont.),		
Eli, m. Mary Anne **TREADLE**, Dec. 29, 1841, by Rev. S. S. Stocking	3	110
Eliza, of Newtown, m. Abel **CROFUT**, of Danbury, Nov. 7, 1824, by Rev. Lemuel B. Hull	3	14
Eliza, of Newtown, m. Silliman **SHERWOOD**, of Weston, Nov. 21, 1841, by Rev. Rodney Rossiter, of Monroe	3	110
Eliza, of Newtown, m. George **ATHERTON**, of New York City, Nov. 19, 1843, by Samuel B. Peck, J. P.	3	118
Eliza, Mrs., d. Aug. 15, 1861, ae 28	4	28
Fanny, of Newtown, m. Seth **HILL**, of Oxford, June 23, 1833, by Rev. N. M. Urmston	3	62
George, m. Anna **BOOTH**, Nov. 24, 1748	1	71
George, m. Lucy **BOTSFORD**, Oct. 13, 1755	1	71
George Clark, s. [George & Lucy], b. Nov. 14, 1756	1	71
Hannah, m. Jehoshephat **PRINDLE**, July 29, 1735, in parish of West Haven, by Sa[ ] Johnson	1	79
Hannah, wid., d. Mar. 20, 1825, ae 59	2	147
Hannah, see Hannah **PRINDLE**	1	79
Hansa Zephina, d. [Rev. Zephaniah H. & Hannah H.], b. Mar. 16, 1787	1	56
Hattie, d. Feb. 26, 1863, ae 3	4	31
Henry, m. Ann J. **CROFUT**, Oct. 13, 1851, by Charles Bartlett	3B	39
Isaac, colored, d. Jan. 13, 1837, ae 50	2	127
James, d. Sept. 5, 1847, ae 17	2	113-4
James, d. Sept. 5, 1847, ae 17	4	6
John, s. [George & Anna], b. Oct. 26, 1749	1	71
John, d. Nov. 16, 1799	LR19	Ind. A
John, his w. [ ], d. Sept. 18, 1833, ae 35	2	136
John, m. Maria **CAMP**, b. of Newtown, Apr. 1, 1834, by Rev. S. C. Stratton	3	66
John, of Woodbury, m. Mary **SHERWOOD**, of Weston, Feb. 13, 1848, by Samuel B. Peck, J. P.	3	143
John, his s. [ ], d. Aug. 6, 1851, ae 2	4	12
John, d. July 9, 1858, ae 65	4	22
John, his w. [ ], d. July 24, 1867, ae 63	4	39
John Bissell, m. Lucia **CAMP**, Jan. 7, 1852, by William M. Carmichael, D. D.	3B	41
John S., his w. [ ], d. May 22, 1853, ae 28	4	15
Joseph, 2nd, of Brookfield, m. Anna **NORTHROP**, of Newtown, Oct. 21, 1827, by Rev. W[illia]m Mitchell	3	29
Laura, of Newtown, m. Ichabod E. **ALLING**, of Humphreysville, Aug. 6, 1848, by Rev. J. Atwater	3B	24
Levi, of New Milford, m. Elizabeth **HAY**, of Newtown, July 9, 1826, by Rev. William Mitchell	3	22
Lyman, of North Salem, N. Y., m. Mary **SHEPARD**, of Newtown, Nov. 25, 1830, by Lamson Birch, J. P.	3	45
Mary, m. Reuben **BOOTH**, Nov. 20, 1763	1	82
Noah B., of Plymouth, m. Fanny **PECK**, of Newtown, Mar. 13,		

	Vol.	Page
SMITH (cont.),		
1833, by Rev. Daniel Burhans	3	61
Ralph, [twin with Anna, s. George & Lucy], b. Jan. 11, 1759	1	71
Silas, of Weston, m. Silva Jane **HOTCHKISS**, of Newtown, July 4, 1837, at the house of Charles Hotchkiss, by Rev. S. C. Stratton	3	85
Stiles, of Brookfield, m. Juliette **JUDD**, of Newtown, Mar. 8, 1848, by Rev. S. S. Stocking	3	144
Sybel, d. Jan. 15, 1867, ae 77	4	38
Wakeman, d. Aug. 24, 1828, ae 26	2	143
W[illia]m G., of Ridgefield, m. Lucy **BOOTH**, of Newtown, June 28, 1827, by Rev. W[illia]m Mitchell	3	28
William G., his infant d. [Dec. , 1828]	2	143
William G., his w. [ ], d. Jan. 12, 1829, ae 20	2	142
William T., d. Jan. 10, 1866, ae 84	4	36
Zephaniah H., Rev., m. Mrs. Hannah H. **HISCOCK**, May 31, 1786	1	56
SNYDER, Clarinda, of Monroe, m. Hanford **CROFUT**, of Newtown, Aug. 23, 1835, by Jacob Beers, J. P.	3	73
SOERRIN(?), Dennis, his child d. Jan. 10, 1870, ae 2 d.	4	43
SOMERS, SOMMERS, [see under **SUMMERS**]		
SPOONER, Elhanan, his w. [ ], d. Sept. 13, 1854, ae 36	4	17
SPRING, Antoinette, m. Harvey **BRIANT**, Nov. 28, 1830, at the house of Reuben Spring, by George Bradley, J. P.	3	45
SQUIRES, SQUIER, SQUIRE, Ann, of Reading, m. Anthony **CONKLING**, of New York, Dec. 4, 1831, by Rev. Nathan D. Benedict	3	52
Dudley, d. May 10, 1858, ae 53	4	22
Elizabeth, m. John S. **BENEDICT**, Oct. 8, 1835, by Rev. N. M. Urmston	3	74
John J., of Roxbury, m. Rebecca E. **CROFUT**, of Newtown, Oct. 6, 1851, by William M. Carmichael, D. D.	3B	38
Mary, of Redding, m. Martin **READ**, of Newtown, June 5, 1836, by Rev. S. C. Stratton	3	78
Sarah, of Reading, m. Benjamin **CURTIS**, Jr., of Newtown, June 29, 1839, by David Sanford, J. P.	3	96
Seth, m. Mrs. Hannah **SANFORD**, b. of Redding, June 24, 1848, by Samuel B. Peck, J. P.	3B	21
STAPLES, Anna, Mrs., d. Sept. 30, 1825, ae 41	2	148
Cornelia, of Newtown, m. Stiles M. **PORTER**, of Weston, June 11, 1839, by Rev. William Denison	3	99
James, d. Feb. 16, 1833, ae 44	2	135
Joel, m. Clary **STILSON**, b. of Newtown, June 29, 1828, by Jacob Beers, J. P.	3	33
Lydia, wid., d. Apr. 11, 1835, ae 87	2	131
Oliver, d. Aug. [ ], 1844	2	118
Oliver, d. Aug. 18, 1844, ae 60	4	1
Ruth, Mrs., of Newtown, m. Eli **LYON**, of Redding, Mar. 28, 1847, by Jacob Beers, J. P.	3	136
Samuel, his w. [ ], d. Nov. 6, 1814	2	159

	Vol.	Page
STAPLES (cont.),		
Samuel, d. Jan. 5, 1822	2	151
Samuel, d. Mar. 1, 1840, ae 55	2	121
Thaddeus, his s. [ ], d. May 12, 1813	2	160
Thaddeus, his child d. Feb. [ ], 1819	2	154
Thaddeus, his child d. Apr. 7, 1825, ae 9	2	147
Thaddeus, his s. [ ], d. [Apr. , 1826], ae 6	2	145
Thaddeus, his w.[ ], d. Nov. 27, 1828, ae 44	2	143
-----,wid., d. Jan. 17, 1851, ae 41	4	12
STARLING, [see under **STERLING**]		
STARR, Amelia, colored, d. Apr. 1, 1839, ae 23	2	123
Edward, Jr., of Reading, m. Mary B. **TURNER**, of Newtown, Apr. 17, 1833, by Rev. Samuel C. Stratton	3	62
Eleazer, Jr., d. Mar. 13, 1813	2	160
Eleazer, his d. [ ], d. Aug. 15, 1816	2	157
Mary, d. Mar. 6, 1813	2	160
Mary, Mrs., d. Jan. 3, 1870, ae 63	4	43
STEBBINS, STIBBENS, Sally, wid. her infant, d. Feb. 5, 1832	2	137
Sally, wid., d. Feb. 12, 1832, ae 22	2	137
William, m. Sally M. **BLAKESLEE**, b. of Newtown, June 11, 1829, by Rev. William Mitchell	3	38
William, his s. [ ], d. Aug. 31, 1831, ae 2	2	140
William, d. Jan. 23, 1832, ae 25	2	137
STEDMAN, Thomas, d. June 1, 1797	LR19	Index
Thomas, d. June 1, 1797	2	173
STEEL, Galeteza, his wid. [ ], d. June 5, 1854	4	17
STEPHENS, [see under **STEVENS**]		
STERLING, STARLING, Charles M., of Baltimore, m. Sarah **WALLACE**, of Newtown, July 25, 1841, by Rev. Alexander Leadbetter. Int. Pub.	3	106
David, d. Mar. 14, 1815	2	158
Sarah, m. John **BEERS**, Jr., Nov. 8, 1769, by Rev. David Judson	1	33
Sarah, m. John **BEERS**, Nov. 8, 1769, by Rev. David Judson	2	85
-----, wid., d. Dec. 12, 1797	2	173
-----, wid., d. Dec. 12, 1797	LR19	Index
STEVENS, STEPHENS, Barlow M., of Brookfield, m. Laura **FAIRCHILD**, of Newtown, Oct. 29, 1834, by Rev. N. M. Urmston	3	69
Elisha S., his s. [ ], d. June 12, 1836, ae 3	2	129
Henry S., m. Ann Eliza **BLACKMAN**, Dec. 1, 1847, by Rev. S. S. Stocking	3	140
Julia, d. July 26, 1825, ae 27	2	147
Naomy, m. Reuben **ADAMS**, Dec. 4, 1771	1	87
Solomon W., m. Julia Ann **LAKE**, Dec. 7, 1824, by Rev. Daniel Burhans	3	15
STEWART, [see under **STUART**]		
STILES, Mary, m. Taylor **JUDD**, b. of Newtown, Dec. 7, 1846, by Rev. S. S. Stocking	3	134
STILLMAN, Thomas U., of Bridgeport, m. Nancy **JOHNSON**, of Newtown, Oct. 4, 1842, by Rev. S. S. Stocking	3	113

	Vol.	Page
STILSON, A[a]ron, [s. Abel & Jerusha], b. July 11, 1799	2	68
A[a]ron, his w. [ ], d. Apr. 18, [1800]	LR20	0
Aaron, his child d. Apr. 24, [1800]	LR20	0
A[a]ron, [s. Abel & Jerusha], d. Mar. 5, 1812, in the 13th y. of his age	2	68
Aaron, d. Dec. 12, 1816	2	157
Abby, of Newtown, m. Perkins **FRENCH**, of Weston, Dec. 13, 1843, by Rev. W[illia]m Denison	3	120
Abel, s. [Vincent & Abigal], b. Aug. 11, 176[ ]	1	4
Abel, m. Jerusha **PRINDLE**, Dec. 25, 1786	2	68
Abel, Jr., [s. Abel & Jerusha], b. Sept. 25, 1791	2	68
Abel, d. Sept. 13, 1828, ae 69 y.	2	68
Abel, d. Sept. 13, 1828, ae 69	2	143
Abel, d. Dec. 1, 1846	2	116
Abel, [s. Abel & Jerusha], d. [ ]	2	68
Abigail, d. Aug. 10, 1736	1	76
Adah, m. James **FOOT**, Apr. 25, 1774	2	45
Agness, m. John **SUMMERS**, Dec. 20, 1763	1	8
Am[m]on, d. Mar. 5, 1812	2	161
Amos, s. [Joseph & Mary], b. Apr. 13, 1743	1	30
Amos, d. Dec. 1, 1846, ae [ ]	4	5
Andrew, s. James & Joanna, b. Apr. 1, 1744	1	35
Andrew, m. Betty **FOOT**, Apr. 28, 1768	1	35
Andrew, d. Feb. 8, 1831, ae 88	2	139
Ann, m. Josiah **BEARDSLEE**, June 5, 1745	1	79
Ann, m. Abel **BENNETT**, Aug. 9, 1770	2	39
Ann, m. Josiah **BEARDSLEY**, [ ]	1	30
Annah, [d. Moses], d. Dec. 7, 1736	1	76
Anna, d. [Andrew & Betty], b. Mar. 12, 1769	1	35
Antoinette, m. James **HENDERSON**, Oct. 24, 1841, by Rev. S. S. Stocking	3	107
Asa, [s. Abel & Jerusha], b. July 8, 1809	2	68
Azur, s. [Elijah & Hannah], b. Apr. 18, 1766	1	16
Baley, s. [David & Rebeckah], b. Apr. 26, 1741	1	75
Benjamin, d. Jan. 4, 1824	2	149
Betty, wid., d. Mar. 29, 1850, ae 71	4	10
Caroline, d. Aug. 20, 1855, ae 14	4	18
Charity, d. July 3, 1736	1	76
Charles G., d. July 20, 1834, ae 17	2	134
Clary, m. Joel **STAPLES**, b. of Newtown, June 29, 1828, by Jacob Beers, J. P.	3	33
Daniel, d. Nov. 18, 1852, ae 63	4	14
David & w. Rebeckah, had d. [ ], b. Dec. 14, 1742	1	75
David, [s. Abel & Jerusha], b. Sept. 4, 1789	2	68
David, of Woodbury, m. Mariah **CURTIS**, Mar. 7, 1827, by Rev. Daniel Burhans	3	26
David, his w. [ ], d. May 3, 1812	2	161
David, [s. Abel & Jerusha], d. [ ]	2	68
Dorcas, d. [Joseph & Mary], b. July 19, 1740	1	30

	Vol.	Page
STILSON (cont.),		
Dothy, [d. Abel & Jerusha], b. Feb. 10, 1788	2	68
Dothy, [d. Abel & Jerusha], d. June 29, 1812, in the 25th y. of her age	2	68
Dotha, d. June 29, 1812	2	161
Edmund, of Danbury, m. Mary **GILBERT**, of Newtown, Jan. 10, 1841, by Rev. Nathaniel Mead	3	103
Elezur Lacy, s. James, d. Apr. 15, [1800]	LR20	0
Elijah, s. [Joseph & Mary], b. Oct. 25, 1734	1	30
Elijah, m. Hannah **FAIRCHILD**, Jan. 10, 1765, by John Beach, Miss.	1	16
Eliza, of Newtown, m. Jesse **SHERWOOD**, of Ridgefield, Sept. 30, 1832, by Rev. Samuel C. Stratton	3	57
Elizabeth, wid., d. Apr. 5, 1839, ae 78	2	123
Elnathan, s. [Vincent & Abigal], b. Aug. 10, 1761	1	4
Elnathan, [s. Abel & Jerusha], b. Jan. 15, 1794	2	68
Elinathan, d. Dec. 26, 1831, ae 38	2	140
Elnathan, his d. [ ], d. May 25, 1832, ae 3 w.	2	138
Elnathan, [s. Abel & Jerusha], d. Dec. 26, 1837, ae 38	2	68
Flora, of Newtown, m. Anson **BENNET**, of Trumbull, Nov. 17, 1824, by Rev. Beardslee Northrop, of Trumbull	3	15
George, s. [Thomas], b. Apr. 9, 1767	1	10
Gideon, s. [Thomas], b. Sept. 20, 1765	1	10
Hannah, d. [Thomas], b. Sept. 27, 1764	1	10
Harriet, of Newtown, m. Joel **THORP**, of Stratford, Aug. 18, 1830, by Adoniram Fairchild, J. P.	3	43
Hawley, his d. [ ], d. Oct. 11, 1806	2	167
Hawley, his w. [ ], d. Feb. 10, 1818	2	155
Hawley, his w. [ ], d. Oct. 25, 1830, ae 39	2	141
Herman, s. [Peter & Authey], b. June 4, 1785	1	88
Hugh, d. Mar. 4, 1727/8	LR2	349
Hulday, d. [David & Rebeckah], b. May 9, 1744	1	75
Huldda, d. [Thomas & Mariam], b. Apr. 22, 1760	1	10
Isaac, [s. Abel & Jerusha], b. Feb. 24, 1805; d. [ ]	2	68
Isaac, d. Apr. 20, 1849, ae 43	4	9
Isaac, s. Jotham, d. Jan. 2, 1854, ae 21	4	16
Israel, his w. [ ], d. Sept. 9, 1821	2	152
Israel, d. Sept. 16, 1827, ae 85	2	144
Jacob, m. Lucy **BRISCO**, Nov. 17, 1768	1	64
Jacob, d. June 20, 1815	2	158
Jacob, his w. [ ], d. Jan. 2, 1824	2	149
Jacob, d. Dec. 7, 1829, ae 37	2	142
James, s. [Andrew & Betty], b. Aug. 7, 1771	1	35
James B., d. Apr. 1, 1823	2	150
James Brisco, s. [Jacob & Lucy], b. Oct. 2, 1770	1	64
Jane, d. [Vincent & Abigal], b. Nov. 4, 1746	1	4
Jane, of Newtown, m. Stiles W. **WHEELER**, of Stratford, Nov. 29, 1849, by Rev. N. C. Lewis	3B	30
Jerusha, Mrs., d. July 10, 1826, ae 60	2	145

	Vol.	Page
STILSON (cont.),		
John, s. [Vincent & Abigal], b. Aug. 2, 176[ ]	1	4
John, d. Aug. 23, 1825, ae 68	2	147
Joseph, s. Joseph & Mary, b. June 19, 1727	LR2	348
Joseph & w. Mary [**DUNING**], had child, b. June 19, 1727	1	30
Joseph & w. Mary [**BRISCO**], had d. Mary, b. Nov. 9, 1731	1	30
Joseph E., his s. [ ], d. Aug. 2, 1846	2	115
Joseph E., his s. [ ], d. Aug. 2, 1846, ae 17 m.	4	3
Joseph E., d. May 24, 1847, ae 30	2	113-4
Joseph E., d. May 24, 1847, ae 30	4	6
Jotham, [s. Abel & Jerusha], b. July 14, 1802; d. [ ]	2	68
Jotham, m. Sally E. **WELLS**, b. of Newtown, Jan. 22, 1829, by Rev. W[illia]m Mitchell	3	36
Laura, of Newtown, m. Elijah **PATCH**, of Bridgeport, Apr. 5, 1829, by Rev. Danial Burhans	3	37
Lazarus, s. [Jacob & Lucy], b. Jan. 24, 1774	1	64
Lazarus, his child d. July 12, 1817	2	156
Lazarus, d. Aug. 6, 1839, ae 65	2	123
Lemuel, s. [Elijah & Hannah], b. Apr. 13, 1769	1	16
Lois, wid., d. Jan. 15, 1842, ae 80	2	120
Lucy, m. Daniel **SHERWOOD**, Dec. 13, 1798	2	46
Lucy, m. William **SHEPARD**, Nov. 10, 1833, by Rev. Nathan Wildman, of Weston	3	65
Lucy, wid., d, Mar. 28, 1843, ae 99	2	119
Liman, d. July 14, 1798	LR19	Index
Lyman, d. July 14, 1798	2	173
Matha, d. [Joseph & Mary], b. May 30, 1733	1	30
Mary, d. Joseph & Mary (**BRISCO**), b. Nov. 9, 1731	1	30
Mary, 2nd w. [Joseph], d. Aug. 2, 1754, in the 54th y. of her age	1	30
Mary, wid., d. Jan. 23, 1846	2	115
Mary, wid., d. Jan. 23, 1846, ae [ ]	4	3
Mehitable, d. [Joseph & Mary], b. Aug. 19, 1738	1	30
Mehetable, wid., d. June 13, 1799	LR19	Ind. A
Merian, w. Thomas, d. Sept. 1, 1812	2	161
Minerva, of Newtown, m. Beers **NICHOLS**, of Monroe, Sept. 20, 1829, by Stephen Middlebrook, J. P.	3	38
Molly, d. Oct. 22, 1826, ae 62	2	146
Moses, s. Moses, d, Dec. 4, 1736	1	76
Nathaniel, d. Sept. 8, 1822	2	151
Orrin, his s. [ ], d. Sept. 7, 1839, ae 1	2	123
Phathenee*, d. [Vincent & Abigal], b. Apr. 20, 1749 *(Parthenia)	1	4
Parthena, d. Oct. 18, 1809	2	164
Petter, s. [Thomas & Mariam], b. Mar. 23, 1761	1	10
Peter, m. Authey [ ], Oct. 24, 1782	1	88
Phebe, Mrs., m. Josiah **CANFIELD**, b. of Weston, Feb. 8, 1832, by Jacob Beers, J. P.	3	53
Phebe Ann, m. Philo B. **SHERWOOD**, b. of Weston, Apr. 19, 1843, by Rev. W[illia]m Denison	3	117

	Vol.	Page
STILSON (cont.),		
Phebe Ann, d. Sept. 14, 1856, ae 32	4	20
Polly, d. [Thomas], b. Dec. 29, 1774	1	10
Polly, d. Oct. 16, 1806	2	167
Polly, m. Samuel **BLAKESLEE**, June 17, 1827, by Rev. Daniel Burhans	3	28
Ruth, d. Sept. 15, 1865, ae 23	4	35
Ruth B., d. May 13, 1869, ae 3	4	42
Sarey, d. [Vincent & Abigal], b. Dec. 18, 176[ ]	1	4
Sarah, s. Vincent, d. same day [Jan 3, 1797]	LR19	Ind
Sarah, d. Jan. 3, 1797	2	173
Sarah Ann, [d. Abel & Jerusha], b. Dec. 18, 1796	2	68
Sarah Ann, [d. Abel & Jerusha], d. Jan. 24, 1819, ae 23	2	68
Sarah Ann, d. Jan. 24, 1819	2	154
Sarah Ann, d. June 6, 1847, ae 28	2	113-4
Sarah Ann, d. June 6, 1847, ae 28	4	6
Stephen, s. [Joseph & Mary], b. Jan. 27, 1736/7	1	30
Thomas, m. wid. Mariam **JOHNSON**, Apr. 12, 1759, by Rev. Thomas Toucey	1	10
Thomas, d. Mar. 16, 1815	2	158
Vincent, s. Hugh & Jane, b. June 11, 1724; d. Jan. 3, 1797, ae 73 y.	LR2	349
Vinsent, s. Hugh, b. June 11, 1724	LR2	350
Vincent, m. Abigal **PECK**, Nov. 8, 1745, by Rev. Mr. Judson	1	4
Vincent, d. Jan. 3, 1797	2	173
Vincent, d. Jan. 3, 1797	LR19	Ind
Vincent, his wid., d. Nov. 14, 1815	2	158
William, s. Jos. E., d. Apr. 12, 1856, ae 14	4	19
Zenus, his child d. Feb. 12, 1803	2	170
STOCKER, Abigail S., m. Walter S. **MEEKER**, Sept. 20, 1835, by Matthew Batchelor	3	74
SLODDER*, Prudence, m. Henry **GLOVER**, Apr. 10, 1735, by Anthony Slodder ***(STODDARD)**	1	80
STONE, B. W., Rev. his s. [ ], d. Aug. 29, 1853, ae 1 y. 2 m.	4	15
Caroline, d. Benjamin W., d. Sept. 8, 1853, ae 10	4	15
STRATTON, Allen, his s. [ ], d. Apr. 17, 1851, ae 1 d.	4	12
Sally, of Weston, m. Joel B. **HAY**, of Newtown, Jan. 18, 1825, by Rev. Eli Denison	3	16
Samuel C., Rev. his infant d. [ ], d. Dec. 31, 1831, ae [ ]	2	140
Samuel C., Rev. his w. [ ], d. Jan. 10, 1832, ae 34	2	137
Sam[ue]l C., Rev., his s. [ ], d. Mar. 27, 1832, ae 3 m.	2	137
STUART, STEWART, Albert, of Weston, d. Sept. [ ], 1825	2	148
Henry O., d. Nov. 10, 1870, ae 5	4	44
William, m. Clara **BATTERSON**, Aug. 10, 1851, by Rev. Orsamus H. Smith, of Redding Ridge	3B	37
STURDEVANT, Elias, of Brookfield, m. Caroline **CLARK**, of Newtown, Nov. 26, 1826, by Rev. William Mitchell	3	24

	Vol.	Page
STURDEVANT (cont.),		
Elizabeth, d. July 7, 1841, ae 14	2	122
Philander, his w. [ ], d. Apr. 9, 1836, ae 22	2	129
-----, wid., d. Apr. 21, 1822	2	151
SULLIFF, W[illia]m, d. Sept. 23, 1825 (of Sharon)	2	148
SUMMERS, SOMERS, SUMERS, Abram W., d. May 31, 1860, ae 63	4	26
Adaline, of Newtown, m. John **McCARTY**, of Trumbull, Oct. 18, 1840, by Rev. W[illia]m Denison	3	101
Agnes, wid., d. May 22, 1819	2	154
Andrew, his child d. June 19, 1819	2	154
Benjamin, s. Sam[ue]ll & Rebecca, b. Jan 8, 1733/4	LR2	349
Benjamin, [s. Ens. Samuel & Rebeckah], b. Jan. 8, 1734	1	75
Bera P., his child d. Feb. 17, 1818	2	155
Bera P., his child d. Feb. 17, 1819	2	154
Berah P., d. Nov. 16, 1826, ae 35	2	146
Calvin, d. Aug. 4, 1799	LR19	Ind. A
Chloe, d. Feb. 20, 1808	2	165
Cornelia, of Newtown, m. Charles **BANKS**, of Norwalk, July 23, 1848, by Rev. James Mallory, of Stepney	3B	23
Daniel, d. June 1, 1799	LR19	Ind. A
Daniel, his w. [ ], d. Mar. 20, 1841, ae 45	2	122
Daniel, m. Mrs. Hannah **BLACKMAN**, b. of Newtown, July 4, 1841, by Jacob Beers, J. P.	3	105
Daniel, d. May 4, 1854, ae 64	4	16
David, s. [John & Agness], b. Sept. 15, 1765	1	8
David, d. July 7, 1831, ae 65	2	139
David, his wid. [ ], d. Oct. 5, 1831, ae 63	2	140
David, m. Jane **AVERY**, b. of Newtown, June 7, 1846, by Rev. S. S. Stocking	3	132
David, his wid.[ ], d. Jan. 6, 1861, ae 68	4	27
Ebenezer, s. Sam[ue]ll & Rebecca, b. Aug. 21, 1727	LR2	349
Ebenezer, [s. Ens. Samuel & Rebeckah], b. Aug. 21, 1727	1	75
Elenor, d. Sam[ue]ll & Rebecca, b. July 22, 1726	LR2	349
Ellinner, [d. Ens. Samuel & Rebeckah], b. July 22, 1726	1	75
Emily, w. Oliver, d. Sept. 6, 1826, ae 20	2	146
Forgive, d. Sept. 9, 1828, ae 66	2	143
George, d. July 28, 1826, ae 16	2	45
Gersham, s. Sam[ue]ll & Rebecca, b. Oct. 8, 1730	LR2	349
Gersham, [s. Ens. Samuel & Rebeckah], b. Oct. 8, 1730	1	75
Gershom, d. Oct. 18, 1826, ae 28	2	146
Henry, s. Sam[ue]ll & Rebecca, b. July 5, 1729	LR2	349
Henry, [s. Ens. Samuel & Rebeckah], b. July 5, 1729	1	75
Jehiel, d. Mar. 25, 1851, ae 75	4	12
Jerome, m. Julia **JOHNSON**, Oct. 12, 1851, by Rev. J. Atwater	3B	42
Jerome, s. Oliver, d. Aug. 11, 1852, ae 22	4	14
Jerusha, [d. Ens. Samuel & Rebeckah], b. Aug. 11, 1738; d. Oct. 11, 1739	1	75
Jerusha, 2nd, [s. Ens. Samuel & Rebeckah], b. Feb. 27, 1740	1	75
John, [s. Ens. Samuel & Rebeckah], b. Sept. 10, 1743	1	75

	Vol.	Page
SUMMERS, SOMERS, SUMERS (cont.),		
John, m. Agness **STILSON**, Dec. 20, 1763	1	8
John, his d. [　　　　　　　], d. June 20, 1798	LR19	Index
John, his d. [　　　　　　　], d. June 20, 1798	2	173
John, d. June 20, 1816	2	157
Julia, m. Edwin **BOTSFORD**, b. of Newtown, Nov. 13, 1822, by Rev. Solomon Glover	3	3
Julia, m. John **GRIFFIN**, b. of Newtown, [Dec.] 30, [1838], by Rev. F. Hitchcock	3	95
Lucy, Mrs., d. [Aug.　, 1832], ae 22	2	138
Luke, s. Sam[ue]ll & Rebeckah, b. Feb. 1, 1736/7	LR2	349
Luke, [s. Ens. Samuel & Rebeckah], b. Feb. 1, 1737	1	75
Marck, [s. Ens. Samuel & Rebeckah], b. Sept. 6, 1741	1	75
Marcus B., d. Oct. 31, 1845, ae 49	4	3
Marcus D., d. Oct. 30, 1846, ae [　]	2	117
Mary Ann, of Newtown, m. Charles G. **BRISCO**, of Bridgeport, Jan. 11, 1824, by Daniel Blackman, J. P.	3	10
Oliver, his s. [　　　　　　　], d. Feb. 18, 1827, ae [　]	2	144
Oliver, m. Lucy Ann **BOTSFORD**, b. of Newtown, [Sept.] 16, 1827, by Jacob Beers, J. P.	3	28
Phebe, wid., d. Mar. 12, 1822	2	151
Phebe, d. Aug. 27, 1842, ae 16	2	120
Rebecka, d. Sam[ue]ll & Rebecca, b. Nov. 4, 1735	LR2	349
Rebeckah, [d. Ens. Samuel & Rebeckah], b. Nov. 4, 1735	1	75
Robert, s. Sam[ue]ll & Rebecka, b. Mar. 10, 1724/5, at Stratford	LR2	349
Robbard, [s. Ens. Samuel & Rebeckah], b. Mar. 10, 1725	1	75
Robert, d. Jan. 28, 1801	2	171
Rufus, m. Esther **PECK**, Dec. 22, 1822, by Noah Smith	3	4
Rufus, his d. [　　　　　　　], d. Feb. 16, 1832, ae 3	2	137
Rufus, his s. [　　　　　　　], d. Dec. 1, 1833, ae 2	2	136
Rufus, his s. [　　　　　　　], d. Feb. 21, 1843, age [　]	2	119
Rufus, Dea., d. July 6, 1857, ae 57	4	21
Sam[ue]ll, s. Sam[ue]ll & Rebecca, b. Feb. 8, 1723/4, at Litchfield	LR2	349
Samuel, [Ens. Samuel & Rebeckah], b. Feb. 8, 1724	1	75
Samuel, s. Samuel, d. Oct. 11, 1739	1	76
Sarah, m. Harry **GRIFFIN**, Oct. 21, 1841, by Rev. S. S. Stocking	3	107
Sarah A., Mrs., m. Aaron **COLEY**, b. of Newtown, Aug. 15, 1847, by Henry Little	3	137
Sarah A., m. Sheldon **CCARR***, Jan. 13, 1850, by Rev. J. Atwater ***(OCARR?)**	3B	31
William, m. Esther A. **BEERS**, b. of Newtown, Sept. 8, 1833, by Rev. Samuel C. Stratton	3	63
William, his s. [　　　　　　　], d. July 29, 1837, ae 1	2	128
William, his s. [　　　　　　　], d. Mar. 10, 1839, ae 1	2	123
Winters D., m. Phebe **SHERMAN**, of Danbury, Oct. 14, 1849, by Rev. J. Atwater	3B	30
SWINE, James, his w. [　　　　　　　], d. Sept. 4, 1854, ae 53	4	17
SYLVESTER, Harriet, d. June 13, 1817	2	156
Jane Ann, of Kinderhook, m. Ira, **DIBBLE**, of Danbury, Apr. 3,		

	Vol.	Page
SYLVESTER (cont.),		
1825, by Rev. Daniel Burhans	3	17
Katherin, m. Peter **HUBBELL**, b. of Stratfield, Jan. 19, 1709, by Rev. Mr. Chandler, Stratfield	1	76
TARKINGTON, [see under **TURKINGTON**]		
TAYLOR, TAYLER, Abel, [s. William N. & Molly], b. Feb. 27, 1795	2	49
Abel, d. Dec. 4, 1853, ae 60	4	16
Alonzo, [s. William N. & Molly], b. Sept. 2, 1801	2	49
Alonzo, s. [Stephen & Betty], b. Aug. 28, 1803	1	53
Alonzo, d. Nov. 27, 1805	2	168
Alonzo, his d. [ ], d. Mar. 20, 1862, ae 1 y. 6 m.	4	29
Andrew, d. Apr. 19, 1841, ae 22	2	122
Aurilly, d. [Stephen & Betty], b. June 16, 1792	1	53
Austin, m. Chloe **BOOTH**, Sept. 13, 1833, by Rev. Nathaniel M. Urmston	3	63
Betsey, d. Jan. 19, 1807	2	166
Caroline, m. Harvey **BRISCO**, b. of Newtown, Mar. 16, 1834, by Jacob Beers, J. P.	3	66
Caroline, of Newtown, m. George **BUEL**, of New Haven, Oct. 13, 1844, by Rev. William Denison	3	124
Daniel, [s. William N. & Molly], b. Aug. 5, 1790	2	49
David, s. [Stephen & Betty], b. Mar. 25, 1787	1	53
David, his w. [ ], d. June 20, 1833, ae 43	2	135
David, d. Apr. 26, 1867, ae 80	4	38
David F., his s. [ ], d. Dec. 31, 1832, ae 3	2	138
Edmond, [s. William N. & Molly], b. Apr. 6, 1803	2	49
Elijah, of Danbury, m. Delia **SHEPARD**, of Newtown, Nov. 5, 1834, by Rev. A. Case, of Danbury	3	70
Elijah S., d. Feb. 15, 1848, ae 60	4	7
Elijah Sherman, s. [Stephen & Betty], b. June 29, 1788	1	53
Emma A., d. June 10, 1869, ae 3	4	42
Esther M., m. William **BEARDSLEE**, b. of Newtown, Feb. 15, 1826, by Zachariah Clark, Jr., J. P.	3	21
Hannah, d. [Stephen & Betty], b. Jan. 2, 1791	1	53
Hoyt, his d. [ ], d. Apr. 26, 1858, ae 4 m.	4	22
Hoyt, d. Jan. 8, 1870, ae 37	4	43
Irana, d. Apr. 19, 1826, ae 56	2	145
Isaac, [s. William N. & Molly], b. Jan. 26, 1789	2	49
Isaac, [s. William N. &Molly], d. Aug. 16, 1790	2	49
Isaac S., [s. William N. & Molly], b. Mar. 12, 1797	2	49
Isaac S., [s. William N. & Molly], d. Mar. 30, 1800	2	49
Jabes, s. [Stephen & Betty], b. Mar. 13, 1796	1	53
James, colored, his child d. Sept. [ ], 1807	2	166
James, colored, his child d. Oct. 4, 1808	2	165
James, colored, his child d. Nov. 20, 1809	2	164
James, colored, d. Sept. 13, 1810	2	163
Jane, of Newtown, m. David **POIVEL**, of Easton, July 4, 1847, by Jacob Beers, J. P.	3	137
John R., [s. William N. & Molly], b. Apr. 14, 1787	2	49

	Vol.	Page

TAYLOR, TAYLER (cont.),
Joshua H., of Danbury, m. Nancy **SHEPARD**, of Newtown, Nov. 1, 1824, by Zachariah Clarke, Jr., J. P.	3	14
Josiah H., d. Dec. 29, 1851, ae 50	4	13
Julia, of Newtown, m. William N. **SEELEY**, of Monroe, Mar. 17, 1833, by David H. Belden, J. P.	3	61
Leroy, his w. [ ], d. June 1, 1861, ae 24	4	28
Levi, his child d. Sept. 9, 1817	2	156
Levi, his w. [ ], d. July 8, 1824	2	149
Levi, m. Sally **TAYLOR**, Apr. 10, 1825, by Rev. Daniel Burhans	3	17
Levi, d. Dec. 25, 1833, ae 43	2	136
Mary A., Mrs., d. July 17, 1869, ae 61	4	42
Nabby Ann, m. Joseph **PERRY**, Jan. 7, 1827, by Rev. William Mitchell	3	25
Nancy, wid., d. Aug. 10, 1859, ae 53	4	24
Oliver, s. Irana, d. Feb. 6, 1814	2	159
Philo, s. [Stephen & Betty], b. Feb. 5, 1794	1	53
Philo, d. Oct. 20, 1814	2	159
Phineas, his w. [ ], d. May 6, 1817	2	156
Phineas, d. Mar. 7, 1819	2	154
Polly, d. [Stephen & Betty], b. Aug. 11, 1799	1	53
Polly, m. Samuel H. **WESTON**, of Warren, Oct. 24, 1821, by Daniel Berchans	2	6
Polly, Mrs., d. Oct. 4, 1826, ae 58	2	146
Rebeckah, d. [Stephen & Betty], b. Feb. 21, 1802	1	53
Rebecca, of Newtown, m. Wait **PLUMB**, of Monroe, Apr. 27, 1829, by Rev. W[illia]m Mitchell	3	37
Roswell, of Danbury, m. Polly Ann **SHEPARD**, of Newtown, May 4, 1828, by Adoniram Fairchild, J. P.	3	32
Sally, d. [Stephen & Betty], b. Nov. 30, 1797	1	53
Sally, m. Levi **TAYLOR**, Apr. 10, 1825, by Rev. Daniel Burhans	3	17
Sarah, Mrs., d. [Apr. , 1826], ae 58	2	145
Sophia, d. Dec. 2, 1847, ae 19	2	113-4
Sophia, d. Dec. 2, 1847, ae 19	4	7
Stephen, m. Betty **HALL**, Aug. 20, 1786	1	53
Stephen, his w. [ ], d. Apr. 22, 1824	2	149
Stephen, m. Lois **CHAPIN**, Mar. 15, 1825, by Rev. Daniel Burhans	3	17
Stephen, d. Aug. 25, 1833, ae 70	2	136
Thomas B., s. [Stephen & Betty], b. Apr. 29, 1805	1	53
Thomas B., his d. [ ], d. Oct. 24, 1832, ae 3	2	138
Warren, [s. William N. & Molly], b. Feb. 22, 1799	2	49
William, [s. William N. & Molly], b. Aug. 10, 1785	2	49
William, d. Jan. 20, 1862, ae 45	4	29
William B., his s. [ ], d. Aug. 4, 1841, ae 2	2	122
William N., m. Molly **RAYMOND**, Apr. 3, 1783	2	49
William N., d. Apr. 4, 1840, ae 79	2	121
W[illia]m Nickerson, his s. [ ], d. Mar. 30, [1800]	LR20	0
Wooster, m. Ursula **BLACKMAN**, Jan. 4, 1826, by Rev. W[illia]m		

	Vol.	Page
TAYLOR, TAYLER (cont.),		
Mitchell	3	21
Zerah, [d. William N. & Molly], b. July 19, 1792	2	49
Zerah, [child of William N. & Molly], d. June 13, 1793	2	49
TERMANES (?), Hannah, d. June 5, 1815	2	158
TERRELL, TERRILL, TERRIL, [see also **TYRRELL**], Abby, m. Burton E. **CLARK**, Dec. 24, 1826, by Rev. William Mitchell	3	25
Abel B., his w. [ ], d. Nov. 1, 1834, ae 35	2	134
Abi, m. Amos **FOOT**, of Salina, N. Y., Oct. 2, 1825, by Rev. Daniel Burhans	3	20
Abigail, d. Dec. 20, 1812	2	161
Amos, Jr., his child s. [ ] d. Mar. 21, [1800]	LR20	0
Amos, d. Oct. 30, [1800]	LR20	0
Amos, his d. [ ], d. Mar. 20, 1804	2	169
Amos, his child d. Sept. 11, 1806	2	167
Amos, d. Dec. 19, 1816	2	157
Amos, d. [Aug.], 1846	2	116
Amos, d. Aug. 28, 1846, ae 80	4	3
Andrew, d. Feb. 20, 1841, ae 79	2	122
Ann, d. Nov. 18, 1827, ae 19	2	144
Anna, m. Asa **DIKEMAN**, Jan. 26, 1804	2	35
Annis, d. Jan. 18, 1838, ae 66	2	125
Botsford, his w. [ ], d. Mar. 23, 1822	2	151
Botsford, his d. [ ], d. Jan. 16, 1827, age [ ]	2	144
Botsford, d. Jan. 2, 1864, ae 68	4	33
Caroline S., m. Daniel M. **BEERS**, July 24, 1848, by Rev. S. S. Stocking	3B	22
Delia, Mrs., d. July 1, 1866, ae 41	4	37
Eben, d. Feb. 21, 1825, ae 42	2	147
Edwin, m. Anna E. **FAIRCHILD**, b. of Newtown, Dec. 31, 1845, by Rev. J. Atwater	3	130
Elijah B., m. Caroline **SEELEY**, Oct. 26, [probably 1837], by Rev. Samuel T. Carpenter	3	87
Emily, m. Horace **BEERS**, b. of Newtown, Nov. 19, 1845, by Rev. S. S. Stocking	3	128
George, Capt. (Revolutionary Patriot), d. Apr. 7, 1806	2	167
George, d. Feb. 24, 1864, ae 4	4	33
George, d. Feb. 27, 1867, ae 16	4	38
Henry B., m. Delia **FAIRCHILD**, b. of Newtown, Dec. 8, 1847, by Rev. S. S. Stocking	3	140
Isaac H., d. Dec. 27, 1849, ae 38	4	10
James, d. Jan. 18, 1827, ae 63	2	144
Ja[me]s, d. July 3, 1866, ae 33	4	37
Jane Sophia, of Newtown, m. Edson Ferris **SHEPARD**, of Brookfield, Dec. 15, 1841, by Rev. S. S. Stocking	3	109
Jared, d. [, 1736]	1	76
Job S., his d. [ ], d. Oct. 12, 1806	2	167
Joel F., of Monroe, m. Emily R. **HURD**, of Newtown, Feb. 21, 1837, by Rev. S. C. Stratton	3	82

	Vol.	Page
TERRELL, TERRILL, TERRIL, [see also **TYRRELL**] (cont.),		
Joel F., d. Sept. 8, 1840, ae 25	2	121
John*, d. Nov. 6, 1864, ae 15 *(Written "John **TINNEL**")	4	34
Julia, Mrs., d. Apr. 25, 1866, ae 62	4	37
Lawrence, his s. [ ], d. Feb. [ ], 1847, ae 55	2	113-4
Lucy Ann, d. Sept. 11, 1833, ae 38	2	136
Maria, of Newtown, m. Charles **SHERMAN**, of Brookfield, Aug. 29, 1838, by Rev. Samuel C. Stratton	3	91
Mattha*, d. Ezra & Margaret, b. Apr. 10, 1727 *(Martha)	LR2	349
Mary Sophia, m. W[illia]m **BOTSFORD**, b. of Newtown, Nov. 21, 1841, by Rev. S. S. Stocking	3	108
Olive, m. Jotham **HAWLEY**, Nov. 4, 1784	1	83
Patience, wid., d. July 29, 1825, ae 70	2	147
Reuben, d. Feb. 16, 1825, ae 69	2	147
Roger, had a d. by name of Bradley who d. Sept. 18, 1797	LR19	Index
Roger, d. Feb. 8, 1807	2	166
Royal, his d. [ ], d. Sept. 18, 1797	2	173
Sally, of Newtown, m. Andrew **SHELTON**, of Monroe, Jan. 4, 1831, by Rev. Nathan D. Benedict	3	46
Silance (?), Mrs., d. June 12, 1820	2	153
TERRY, Milo, d. Feb. 18, 1865, ae 61	4	35
THOMAS, Anna, d. [Dr. Lemuel & Mary], b. Jan. 15, 1767	1	28
Catharine, of Bridgeport, m. Beers **SMITH**, of Newtwon, (colored), May 5, 1850, by Samuel B. Peck, J. P.	3B	32
James, s. [Dr. Lemuel & Mary], b. Jan. 29, 1759	1	28
Lemuel, Dr., m. Mary **FOOT**, Sept. 15, 1756, by Rev. David Judson	1	28
Lemuel, s. [Dr. Lemuel & Mary], b. Dec. 2, 1760	1	28
Luse, d. [Dr. Lemuel & Mary], b. July 17, 1757	1	28
Lucy, b. July 17, 1757; m. Amon **HORD**, Feb. 24, 1773	2	44
THOMPSON, THOMSON, TOMPSON, Abigail, m. Matthew **CURTISS**, Dec. 5, 1759	1	12
Horace, his w. [ ], d. July 25, 1836, ae 26	2	130
Isaac, d. Apr. 28, 1841, ae 26, (colored)	2	122
John, colored, d. Aug. 7, 1851, ae 70	4	12
Justus, of Weston, m. Mary **HAWLEY**, of Newtown, Oct. 7, 1824, by Rev. Lemuel B. Hull, of Redding	3	14
Justus, d. Feb. 18, 1847, ae 45	2	113-4
Justus, d. Feb. 18, 1847, ae 45	4	6
Laura Ann, m. Eliada **BALDWIN**, of Bridgeport, May 19, 1822, by Daniel Burhans	3	1
Marriette, of Bridgeport, m. George **HURD**, Sept. 24, 1848, by Rev. J. Atwater	3B	24
THORP, Eli, his s. [ ], d. Sept. 16, 1856, age 1 w.	'4	20
Joel, of Stratford, m. Harriet **STILSON**, of Newtown, Aug. 18, 1830, by Adoniram Fairchild, J. P.	3	43
TIERNEY, James M., his w. [ ], d. Jan. 21, 1865, ae 24 y. 8 m.	4	35
TILSON, Charles, d. Feb. 10, 1864, ae 4	4	33
Philena, Mrs., d. Jan. 5, 1864, ae 24	4	33

	Vol.	Page

TILSON (cont.),

	Vol.	Page
Sarah, d. Feb. 13, 1864, ae 6	4	33
TINNEL(?)*, John, d. Nov. 6, 1864, ae 15 *(**TERREL**?)	4	34
TODD, Betsey, wid., d. July 30, 1869, ae 78	4	42
TOMLINSON, Abigail Elizabeth, [d. Josiah & Anner], b. Oct. 29, 1789	2	13
Ann, Mrs., d. May 1, 1836, ae 87	2	129
Ann E., of Newtown, m. Peter **MORTON**, of Hartford, [Mar.] 16, 1823, by Rev. Charles Smith	3	5
Ann R., m. George C. **PECK**, Mar. 4, 1838, by Rev. N. M. Urmston	3	90
Anna, of Newtown, m. Isaac **PECK**, Jr., of Woodbury, Oct. 12, 1823, by Rev. Daniel Burhans	3	8
Anne J., of Newtown, m. Henry H. **RANDALL**, of New Milford, Apr. 28, 1844, by Rev. S. S. Stocking	3	121
Anny Betsey, [d. Isaac & Polly Ann], b. Oct. 18, 1803	2	14
Beach, [s. Josiah & Anner], b. May 4, 1777	2	13
Beach, m. Anna **HARD**, Jan. 9, 1799	2	5
Beach, d. May 10, 1855, ae 75	4	18
Betsy, m. Zera **SHERMAN**, b. of Newtown, Nov. 1, 1821, by John Sherman	2	73
David, his w. [ ], d. Mar. 27, 1811	2	162
David, his w. [ ], d. Mar. 11, 1813	2	160
David, d. Aug. 4, 1833, ae 71	2	135
Eliza, d. Nov. 11, 1867, ae 24	4	39
Ezra H., his d. [ ], d. Dec. 5, 1808	2	165
Gideon, d. Mar. 19, 1799	LR19	Ind. A
Henry, d. June 15, 1843, ae 88	2	119
Herchal, d. Oct. 2, 1826, ae 20	2	146
Horace, m. Mary **BRISCO**, Dec. 23, 1832, by Rev. Luther Mead	3	59
Horace, of Reading, m. Nancy **HULL**, of Newtown, Oct. 22, 1836, by Rev. Jacob Sloper	3	86
Horace, his s. [ ], d. June 19, 1838, age [ ]	2	125
Isaac, [s. Josiah & Anner], b. Dec. 31, 1781	2	13
Isaac, m. Polly Ann **CURTISS**, Oct. 28, 1799	2	14
John, d. Jan. 7, 1829, ae 16	2	142
Josiah, m. Anner **SHELTON**, Jan. 7, 1773	2	13
Josiah, d. Oct. 1, 1840, ae 88	2	13
Josiah, d. Oct. 1, 1840, ae 78	2	121
Josiah Curtis, [s. Isaac & Polly Ann], b. Jan. 8, 1806	2	14
Josiah Shelton, s. [Beach & Anna], b. Feb. 24, 1804	2	5
Julia Ann, of Woodbury, m. Fairman **PECK**, of Newtown, June 28, 1835, by Jacob Beers, J. P.	3	73
Lucy Ann, m. Peter **LEWIS**, b. of Newtown, Apr. 15, 1840, by Rev. James Mallory	3	99
Mabel, m. Benjamin **HARD**, Dec. 17, 1801	2	29
Sally, [d. Isaac & Polly Ann], b. Mar. 6, 1801	2	14
Sarah, m. Charles **CHAPMAN**, Jan. 3, 1821, by Rev. Daniel Burchans	2	9

	Vol.	Page
TOMLINSON (cont.),		
Seeley, of Oxford, m. Sarah **JOHNSON**, of Newtown, Nov. 28, 1822, by Beardsley Northrop	3	3
Seeley, his d. [ ], d. Apr. 8, 1826, ae 2	2	145
Seeley, his s. [ ], d. July 6, 1836, ae 3	2	130
Seeley, his w. [ ], d. Aug. 11, 1867, ae 64	4	39
Susan M., of Newtown, m. Philo S. **BEERS**, of Bridgewater, Jan. 10, 1844, by Rev. S. S. Stocking	3	119
Webb, d. Aug. 19, 1803	2	170
William, his d. [ ], d. Apr. 5, 1833, ae 4	2	135
William, his s. [ ], d. Apr. 7, 1833, ae 6	2	135
William, his d. [ ], d. Apr. 13, 1833, ae 2	2	135
William, his d. [ ], d. Aug. 14, 1836, ae 12	2	130
Zachariah, [s. Josiah & Anner], b. May 5, 1784	2	13
TONGUE, Emery, m. Polly Ann **HILL**, b. of Newtown, Oct. 14, 1827, by Jacob Beers, J. P.	3	30
Emery, his d. [ ], d. Dec. 15, 1829, ae 1	2	142
Emery, his s. [ ], d, Jan. 13, 1831	2	139
Emory, his d. [ ], d. Aug. 28, 1838, ae 2	2	125
Emory, d. Apr. 20, 1867, ae 70	4	38
Hannah, m. Laurin **HULL**, b. of Newtown, Dec. 25, 1834, by Matthew Batchelor	3	72
Joshua, his two children, d. Jan. 17, 1815	2	158
Joshua, his w. [ ], d. Oct. 11, 1827, ae 50	2	144
Joshua, d. Aug. 1, 1840, ae 72	2	121
Minerva, see under Minerva **TOURGEE**		
Norman, m. Mrs. Olive **GILBERT**, Feb. 16, 1851, by Rev. J. Atwater	3B	35
TOOLE, Francis, his s. [ ], d. June 27, 1867, ae 10 d.	4	39
TOUCEY, [see under **TOUSEY**]		
TOURGEE, Minerva, m. Stephen **SEGER**, b. of Newtown, Mar. 4, 1821, by Benj[ami]n Hord, J. P.	2	20
TOUSEY, TOUCEY, Abel, d. June 7, 1825, ae 69	2	147
Abel, d. Oct. 10, 1843, ae 37	2	119
Ann, m. Daniel **BALDWIN**, May 2, 1752	1	83
Arminal, d. Rev. Thomas & Hannah, b. Apr. 14, 1720	LR2	352
Arminal, m. Donald **GRANT**, Dec. 7, 1743, by Thomas Tousey	1	71
Armirillus, m. Abel **PRINDLE**, June 3, 1761, by David Judson	1	9
Azariah, s. [Zalmon], b. Dec. 4, 1770	1	65
Charles, d. Jan. 26, 1804	2	169
Clarinda, m. Lucius **BARNES**, b. of Newtown, July 12, 1837, by Rev. N. M. Urmston	3	87
Clarinda, wid., d. Mar. 10, 1842, ae 75	2	120
Clarissa, d. June 10, 1842, ae 16	2	120
Comfort, wid., d. Feb. 9, 1848, ae 75	4	7
David, d. May 5, 1841, ae 76	2	122
Donald, d. May 20, 1829, ae 63	2	142
Donald Grant, s. [Zalmon], b. Nov. 12, 1768	1	65
Eliza, [d. Zalmon, Jr. & Phebe], b. Sept. 3, 1797	2	52

	Vol.	Page
TOUSEY, TOUCEY (cont.),		
Elizabeth, d. Rev. Thomas & Hannah, b. Nov. 27, 1723	LR2	352
Emily, m. Frederick **CHITTENDEN**, of Kent, June 7, 1826, by Rev. Daniel Burhans	3	23
Esther, d. [Philo & Esther], b. May 16, 1785	1	82
Esther, Mrs., d. [July], 1804	2	169
Esther, wid., d. May 2, 1850, ae 86	4	10
Fanny, m. John B. **DIMON**, b. of Newtown, May 5, 1844, by Rev. S. S. Stocking	3	122
Frederick, m. Emily **SHEPARD**, b. of Newtown, Dec. 18, 1845, by Rev. S. S. Stocking	3	128
Hannah, d. Rev. Thomas & Hannah, b. Sept. 25, 1718	LR2	352
Hannah, m. Zachariah **CLARK**, Jr., Apr. 8, 1794	1	45
Hannah, Mrs., d. Sept. [ ], 1822	2	151
Harriet, d. Oliver, d. Sept. 25, 1823	2	150
Isaac, m. Sarah **BURWELL**, Jan. 27, 1788	1	84
Isaac, [s. Zalmoh, Jr. & Phebe], b. Nov. 15, 1792	2	52
Isaac, d. Nov. 22, 1792	2	52
Jacob B., his infant d. [ ], d. May 20, 1841	2	122
Jerusha, [d. Zalmon], b. Feb. 23, 1774	1	65
Jerusha, w. Zalmon, d. Feb. 11, 1785	1	65
John G., d. Feb. 18, 1820	2	153
Joseph, s. [Zalmon], b. Mar. 5, 1780	1	65
Joseph, m. Hannah **CURTIS**, Aug. 17, 1809	2	63
Joseph, his child d. July 6, 1810	2	163
Joseph, his child d. Feb. 8, 1816	2	157
Laura, d. Dec. 15, 1841, ae 21	2	122
Lazarus, s. [Zalmon], b. July 2, 1767	1	65
Lucretia, d. [Philo & Esther], b. Dec. 11, 1783	1	82
Mehettibel, d. [Rev. Thomas & Hannah], b. Mar. 17, 1727/8	LR2	352
Minerva, of Newtown, m. Walker **PLUMB**, of Huntington, June 13, 1821, by Rev. D. Berchans	2	6
Oliver, s. [Rev. Thomas & Hannah], b. [ ]	LR2	352
Oliver, Jr., m. Comfort **PECK**, May 17, 1780	1	56
Oliver, d. Jan. 27, 1799	LR19	Ind. A
Oliver, his wid. [ ], d. Mar. 13, 1801	2	171
Oliver, d. Nov. 22, 1837, ae 67	2	128
Phebe, d. [Zalmon], b. June 6, 1773	1	65
Phebe, m. Zalmon **TOUSEY**, Jr., s. Oliver, Dec. 10, 1786	1	86
Phebe, m. Ebenezer **TURNER**, Oct. 29, 1796	1	49
Phebe, [d. Zalmon, Jr. & Phebe], b. Sept. 4, 1804	2	52
Phebe, d. Joseph, d. Mar. 25, 1825, ae 4	2	147
Philo, m. Esther **SHELTON**, Jan. 18, 1781	1	82
Philo, d. June 21, 1824	2	149
Philo, d. Dec. 24, 1837, ae 39	2	128
Polly, d. [Zalmon], b. Jan. 18, 1784	1	65
Polly, wid., d. Apr. 8, 1856, ae 87	4	19
Pollyan, d. [Oliver, Jr. & Comfort], b. Nov. 5, 1789	1	56
Primus, colored, d. Apr. 16, 1821	2	152

	Vol.	Page
TOUSEY, TOUCEY (cont.),		
Rebecca, wid., d. Sept. 19, 1803	2	170
Rebecca, m. Matthew **CURTIS**, of Bridgeport, July 16, 1821, by Rev. D. Berchans	2	6
Russell, s. Daniel, d. May, 24, 1818	2	155
Russell, d. May 25, 1836, ae 21	2	129
Samuel, his s. [ ], d. Sept. 18, 1832, ae 2	2	138
Samuel, d. July 21, 1850, ae 61	4	11
Sarah, d. [Zalmon], b. June 28, 1777	1	65
Sarah, wid., d. May 30, 1808	2	165
Sarah, Mrs., m. Daniel **SHERWOOD**, Jan. 16, 1821, by Rev. Daniel Burchans	2	13
Sarah, Mrs., m. Daniel **SHERWOOD**, Jan. 16, 1821, by Rev. Daniel Burhans	2	46
Thomas, Rev., m. Mrs. Hannah **CLARK**, of Milford, Nov. 12, 1717, at Milford, by Samuel Andrew	LR2	352
Thomas, s. [Zalmon], b. May 7, 1765	1	65
Walter, s. [Zalmon, Jr. & Phebe], b. Jan. 27, 1788	1	86
Walter, [s. Zalmon, Jr. & Phebe], b. Jan. 27, 1788	2	52
Walter, d. Mar. 25, 1842, ae 24	2	120
William, [s. Zalmon, Jr. & Phebe], b. Aug. 16, 1800	2	52
Zalmon, Jr., b. Mar. 7, 1759; m. Phebe **BOOTH**, Dec. 10, 1786	2	52
Zalmon, s. [Zalmon], b. Mar. 6, 1772	1	65
Zalmon, Jr., s. Oliver, m. Phebe **TOUSEY**, Dec. 10, 1786	1	86
Zalmon, m. Sarah **BEERS**, Dec. [ ], 1792	1	65
Zalmon, d. June 23, 1816	2	157
Zerah, d. July 30, 1832, ae 41	2	138
TOWN, Eli, d. July 10, 1841, ae 61	2	122
Eli, his wid. [ ], d. Aug. 26, 1851, ae 69	4	12
John, d. June 19, 1835	2	132
TOWNSEND, George, of New Haven, m. Juliet **SANFORD**, of Newtown, June 16, 1830, by Rev. W[illia]m Mitchell	3	42
Phebe W., d. Mar. 21, 1858, ae 54	4	22
TRAINER, Betty, d. Mar. 22, 1854, ae 75	4	16
TREADLE, Mary Anne, m. Eli **SMITH**, Dec. 29, 1841, by Rev. S. S. Stocking	3	110
TREADWELL, Chloe, wid., d. July 26, 1860, ae 78 (colored)	4	26
Comfort, m. Gara **GRANVILLE** (colored), Aug. 26, 1823, by Rev. Daniel Burhans	3	8
Henry, d. Jan. 13, 1861, ae 21	4	27
Jesse, colored, d. Oct. 25, 1842, ae 19	2	120
Nancy, colored, d. Dec. 3, 1806	2	167
Phebe, w. Timothy, d. Jan. 31, 1799	LR19	Ind. A
Polly, of Weston, m. John **BEERS**, of Newtown, Sept. 23, 1827, by Lamson Birch, J. P.	3	29
Primus, of Huntington, m. Dinah **JENNINGS**, of Newtown, Oct. 17, 1822, by Lamson Birch, J. P.	3	2
Primus, colored, his w. [ ], d. Mar. 2, 1835, ae 43	2	131
Primus, colored, d. Sept. 15, 1840, ae 46	2	121

	Vol.	Page
TREADWELL (cont.),		
Timothy, d. May 16, 1799	LR19	Ind. A
TROWBRIDGE, TROBRIDGE, Booth, his w. [ ], d.		
June 23, 1863, ae 31	4	32
Electa, of Danbury, m. Frances Cornwall **SHERMAN**, Jan. 30,		
1825, by Rev. Daniel Burchans	3	16
Horace, of Danbury, m. Amanda **BENEDICT**, of Newtown, July		
17, 1836, by Rev. Hawley Sanford	3	79
Jeremiah, d. Aug. 28, 1849, ae 57	4	9
Jeremiah T., his wid., d. Mar. 23, 1863, ae 72	4	31
Lemuel, d. Feb. 15, 1845, ae 93	4	2
Mary, Mrs., d. Jan. 22, 1841, ae 86	2	122
Samuel, d. Feb. 15, 1846, ae 93	2	117
Samuel W., m. Mary **PRINDLE**, b. of Newtown, Nov. 27, 1844,		
by Rev. S. S. Stocking	3	124
Stephen, d. June 6, 1812	2	161
TROY, Edward, his s. [ ], d. Apr. 28, 1866, ae 9 m.	4	37
Edward, d. Feb. 19, 1870, ae 33	4	43
Ja[me]s, d. Nov. 2, 1864, ae 4	4	34
John, made affidavit that his brother Patrick, was 49 y. of age,		
Oct. [ ], 1857	2	99
Patrick, was on Oct. [ ], 1857, ae 49 y.; declaration made by his		
brother John	2	99
TUCKER, George J., d. June 1, 1865, ae 27	4	35
Harry W., m. Sally **BOTSFORD**, b. of Newtown, Aug. 3, 1834,		
by Rev. S. C. Stratton	3	68
Henry W., d. Aug. 14, 1846	2	116
Henry W., d. Aug. 14, 1846, ae 36	4	3
TUGNOT(?), George, of Philipstown, m. Aurelia **BEERS**, of Monroe,		
Feb. 21, 1843, by Rev. Stephen J. Stebbins	3	115
TUNISON, George, d. Aug. 4, 1869, ae 25	4	42
TURKINGTON, Oliver, of Reading, m. Louisa **GRAY**, of Newtown,		
Aug. 3, 1845, by Rev. Aaron S. Hill	3	127
TURNER, Abigal, d. [Jeremiah & Abigal], b. Aug. 7, O. S. 1751	LR2	Ind
Abigal, d. [Jeremiah & Abigal], b. Aug. 7, 1751	LR2	353
An[n]er, d. [Samuell & Rebeckah], b. Sept. 9, 1740	1	21
Asener, d. [Samuell & Rebeckah], b. Aug. 6, 1742	1	21
Calvin, s. [Jeremiah & Abigal], b. Sept. 19, N. S. 1756	LR2	Ind
Calvin, s. [Jeremiah & Abigal], b. Sept. 19, N. S. 1756	LR2	353
Ebenezer, m. Phebe **TOUSEY**, Oct. 29, 1796	1	49
Ebenezer, his d. [ ], d. Nov. 7, 1801	2	171
Ebenezer, his w. [ ], d. July 21, 1841, ae 68	2	122
Ebenezer, d. Feb. 28, 1851, ae 77	4	12
Emma, d. Ebenezer, d. Nov. 28, 1806	2	167
Fanny, m. Ira **SHEPARD**, b. of Newtown, Nov. 1, 1826, by Daniel		
Blackman, J. P.	3	24
Frances, d. [Jeremiah & Abigal], b. June 20, 1761	LR2	Ind
Frances, d. [Jeremiah & Abigal], b. June 20, 1761	LR2	353
Hannah, d. Jeremiah & Wilmet, b. Mar. 19, 1717	LR2	352

	Vol.	Page
TURNER (cont.),		
Hannah, d. Dec. 19, 1736	1	76
Hannah, d. [Jeremiah] & Abagal, b. Dec. 13, N. S. 1758	LR2	Ind
Hannah, d. [Jeremiah & Abigail], b. Dec. 13, 1758	LR2	353
Hannah, m. James **BLACKMAN**, b. of Newtown, Nov. 15, 1826, by David H. Belden, J. P.	3	25
Hattie, d. Mar. 23, 1867, ae 10	4	38
Hiram, his d. [ ], d. Apr. 9, 1863, ae 10 m.	4	31
Hiram, d. Nov. 17, 1863, ae 41 y. 10 m.	4	32
Jane P., of Newtown, m. Samuel B. **BATES**, of Ithaca, N. Y., June 17, 1840, by Rev. L. H. Corson	3	102
Jeremiah, s. Jeremiah & Mary, b. May 27, 1710	LR2	352
Jeremiah, of Newtown, m. Mrs. Willmett **SHERMAN**, of Stratford, Sept. 15, 1714, by Joseph Carlile	LR2	352
Jeremiah, d. Aug. 23, 1723	LR2	352
Jeremiah, m. Abigail **LEAVENWORTH**, Aug. 17, 1738	LR2	Ind
Jeremiah, m. Abigal **LEAVENWORTH**, Aug. 17, 1738	LR2	353
Jeremiah, s. [Jeremiah] & Abigail, b. Sept. 8, O. S. 1739	LR2	Ind
Jeremiah, s. Jeremiah & Abigal, b. Sept. 8, O. S. 1739	LR2	353
Jeremiah W., m. Lydia **BEARDSLEE**, Mar. 7, 1821, by D. Burchans	2	32
Jeremiah W., his s. [ ], d. Apr. 7, 1832, ae 2	2	137
John, s. [Jeremiah & Abigal], b. Sept. 16, 1746	LR2	Ind
John, s. [Jeremiah & Abigal], b. Sept. 16, O. S. 1746	LR2	353
Joseph, d. July 16, 1867, ae 84	4	39
Joseph, his wid. [ ], d. Oct. 18, 1868, ae 79	4	41
Mary, w. Jeremiah, d. June 13, 1714	LR2	352
Mary, d. Jeremiah & Wilmett, b. Aug. 15, 1715	LR2	352
Mary, d. [Jeremiah & Abigal], b. Mar. 21, N. S. 1754	LR2	Ind
Mary, d. [Jeremiah & Abigal], b. Mar. 21, 1754	LR2	353
Mary B., of Newtown, m. Edward **STARR**, Jr., of Reading, Apr. 17, 1833, by Rev. Samuel C. Stratton	3	62
Miler, s. [Jeremiah] & Abigal, b. Oct. 12, O. S. 1741	LR2	Ind
Miler, 2nd s. [Jeremiah & Abigal], b. Oct. 12, O. S. 1741	LR2	353
Nathan, s. [Jeremiah & Abigal], b. Jan. 7, O. S. 1749/50	LR2	Ind
Nathan, s. [Jeremiah & Abigal], b. Jan. 7, O. S. 1749	LR2	353
Nathan, m. Sarah **SHERMAN**, Aug. 3, 1788	2	48
Nathan, m. Sarah **HAWLEY**, Dec. 21, 1796	2	48
Nathan, [s. Nathan & Sarah], b. Oct. 21, 1801	2	48
Nathan, d. Mar. 19, 1820	2	153
Peninnal, d. Jeremiah & Wilmet, b. Mar. 19, 1721	LR2	352
Phebe, d. [Jeremiah & Abigal], b. Mar. 26, O. S. 1744	LR2	Ind
Phebe, d. [Jeremiah & Abigal], b. Mar. 26, O. S. 1744	LR2	353
Rebeckah, d. Jeremiah & Wilmet, b. June 15, 1719	LR2	352
Richard, s. [Samuell & Abigal], b. May 6, 1747	1	21
Sally, d. Oct. 24, 1817	2	156
Samuel, s. Jeremiah & Mary, b. Mar. 22, 1713	LR2	352
Samuell, s. [Samuell & Abigail], b. May 9, 1745	1	21
Sarah, d. Jeremiah & Welmet, b. June 13, 1723	LR2	352

	Vol.	Page
TURNER (cont.),		
Sarah, d. July 21, 1789	2	48
Sarah, [d. Nathan & Sarah], b. Feb. 15, 1799	2	48
Sarah, of Newtown, m. Romaine **LAWRENCE**, of Chenango Cty. N. Y., July 2, 1848, by Rev. S. S. Stocking	3B	22
TURNEY, Albert, of Fairfield, m. Huldah **BOTSFORD**, of Newtown, Sept. 15, 1841, by F. Hitchcock	3	107
Beers*, his d. [ ], d. June 18, 1834, ae 3 w. *(Burr?)	2	133
Burr*, d. [John & Esther], b. Sept. 28, 1789 *(Beers?)	1	53
Burr, d. July 26, 1834, ae 49	2	134
David, s. [John & Esther], b. Apr. 6, 1799	1	53
Eli, s. [John & Esther], b. July 24, 1791	1	53
Esther, m. Seeley **DIMOND**, b. of Newtown, Nov. 23, 1836, by Rev. Erastus Cole	3	80
Isaac, of Newtown, m. Catharine E. **JOHNSON**, of Newtown, Nov. 24, 1841, by Rev. Stephen J. Stebbins	3	108
Jane Ann, m. Charles **MORGAN**, b. of Newtown, Dec. 20, 1840, by Rev. Alexander Leadbetter. Int. Pub.	3	102
John, m. Esther **DOWNS**, June 9, 1786	1	53
John, d. [Oct. , 1826], ae 60	2	146
John Goold, s. [John & Esther], b. Jan. 26, 1797	1	53
John Goold, d. Dec. 22, 1822	2	151
Polly A., m. Samuel A. **PERRY**, b. of Newtown, Sept. 25, 1848, by Rev. Lorenzo D. Nickerson	3B	25
Samuel M., d. Dec. 10, 1861, ae 55	4	28
Seth Downs, s. [John & Esther], b. Jan. 26, 1795	1	53
TUTTLE, Dennis, of North Haven, m. Jerusha **GILLETT**, of Newtown, Dec. 23, 1823, by John Sherman	3	10
Henry, his w. [ ], d. Mar. 16, 1857, ae 42	4	21
Norman, m. Julia **PRINDLE**, d. [Riverus & Betsey], [ ]	2	43
Norman, m. Julia **PRINDLE**, Sept. 2, 1820, by Rev. Daniel Burchans	2	3
-----, his d. [ ], d. Apr. 25, 1808	2	165
TWITCHELL, TWITCHEL, Charles C., of Oxford, m. Martha E. **SHERMAN**, of Newtown, Feb. 12, 1845, by Rev. John L. Ambler	3	126
Harson, m. Emily **SHEPARD**, May 1, 1825, by Rev. Daniel Burhans	3	18
Horson, his w. [ ], d. Jan. 23, 1868, ae 61	4	39
Jane A., of Newtown, m. John W. **GRANTON**, of New York, July 6, 1846, by Rev. S. S. Stocking	3	133
Jeremy, d. Feb. 26, 1867, ae 84	4	38
TYRRELL, TYRREL, [see also **TERRELL**], Abel Booth, m. Sophia **BOTSFORD**, Apr. 3, 1822, by Rev. D. Burhans	2	76
Caroline, of Trumbull, m. John W. **TYRRELL**, of Redding, Apr. 20, 1843, by Rev. Alex Leadbetter. Int. Pub.	3	116
Emily E., of Newtown, m. Orrin **YEMMANS**, of New Haven, Jan. 25, 1841, by Rev. L. H. Corson	3	104

	Vol.	Page
TYRRELL, TYRREL, [see also **TERRELL**] (cont.),		
Esther, wid., d. May 6, 1856, ae 85	4	19
John W., of Redding, m. Caroline **TYRRELL**, of Trumbull, Apr. 20, 1843, by Rev. Alex Leadbetter. Int. Pub.	3	116
UNDERHILL, Isaac, d. Aug. 22, 1824	2	149
John, d. Sept. 1, 1826, ae 87	2	145
Lucretia, d. May 12, 1841, ae 58	2	122
Sarah, Mrs., d. July 18, 1826, ae 61	2	145
Simon, m. Lucretia **PLATT**, Jan. 30, [1822], by Rev. Daniel Burhans	2	74
Simon, d. Jan. 7, 1863, ae 77	4	30
URMSTON, Nath[anie]l, d. Sept. 4, 1837, ae 2	2	128
VANDEVORT, Mary, Mrs., d. Oct. 21, 1856, ae 73	4	20
VANESTON, James E., of Fishkill, N. Y., m. Jerusha M. **WHEELER**, of Newtown, Jan. 2, 1839, by Rev. S. C. Stratton	3	95
VANTINE, Albert, his s. [ ], d. May 18, 1852, ae 2	4	13
Augustus, of Poughkeepsie, m. Sarah W. **OAKLEY**, of Newtown, June 9, 1844, by John L. Ambler	3	123
VARDEN, Catharine, m. Henry **EDGAR**, of Morristown, N. J., June 3, 1849, by Rev. J. Atwater	3B	28
VOSE, Maria, of Oxford, d. Apr. [ ], 1825	2	148
Sarah, d. Jan. 28, 1831, ae 70	2	139
WADSWORTH, Levina, Mrs. of Ohio, m. Philo **BEARDSLEY**, of Newtown, May 23, 1830, by Nathan D. Benedict	3	42
WAFFENDEN, Anna, d. Oct. 24, 1865, ae 6	4	36
-----, his d. [ ], d. Jan. 15, 1856, ae 1 h.	4	19
WAKELEE, WAKELEY, Atwell W., of New York, m. Ellen **LACEY**, of Newtown, July 17, 1837, by Jacob Beers, J. P.	3	85
Charles, of Monroe, m. Sarah **OGDEN**, of Newtown, Feb. 16, 1851, by Jacob Beers, J. P.	3B	35
Harriet, d. July 18, 1868, ae 26	4	40
Harry, of Weston, m. Sally **FRENCH**, of Newtown, Feb. 16, 1834, by Jacob Beers, J. P.	3	66
Laura, of Newtown, m. Abel **FRENCH**, of Weston, Sept. 6, 1835, by Rev. S. C. Stratton	3	73-4
Mary, of Weston, m. Lucius **MIDDLEBROOK**, of Newtown, Nov. 29, 1843, by Jacob Beers, J. P.	3	119
Samuel D., m. Clarissa **BEARDSLEE**, b. of Danbury, Nov. 8, 1827, by Rev. W[illia]m Mitchell	3	30
WALKER, Abigail, m. Nelson **NORTHROP**, b. of Newtown, Oct. 23, 1836, by David H. Belden, J. P.	3	80
Alfred, his d. [ ], d. Aug. 5, 1842, ae 1	2	120
Ann, m. Abraham **BOOTH**, Dec. 3, 1759, by Rev. Mr. Bebe	1	1
Charles, his d. [ ], d. Jan. 17, 1852, ae 1 w.	4	13
Charles, his w. [ ], d. May 3, 1853, ae 25	4	15
John, his child d. Jan. 13, 1814	2	159
WALLACE, Harry, d. Aug. 23, 1798	2	173
Henry, d. Aug. 23, 1798	LR19	Index
Jacob, d. Jan. 26, 1819	2	154

	Vol.	Page
WALLACE (cont.),		
John, d. May 5, 1837, ae 14	2	127
Lois, Mrs., d. Jan. 30, 1813	2	160
Samuel, his w. [　　　　　], d. Dec. 5, 1810	2	163
Sarah, of Newtown, m. Charles M. **STERLING**, of Baltimore, July 25, 1841, by Rev. Alexander Leadbetter. Int. Pub.	3	106
Warren, his child d. Sept. 21, 1824	2	149
Warren, d. June 18, 1835, ae 50	2	131
WAMMUCKS, Sarah, d. Sept. 23, 1798	2	173
Sarah, d. Sept. 23, 1798	LR19	Index
WANAGER, Constantine, his s. [　　　　　], d. Feb. 15, 1870, ae 1 d.	4	43
WARD, John, d. Oct. 3, 1797	2	173
John, his w. [　　　　　], d. Dec. 19, 1833, ae 64	2	136
John, d. Oct. 1, 1835, ae 65	2	132
Joseph H., of Louisboroe, N. Y., m. Lucy Ann **CROFUT**, of Newtown, Apr. 30, 1848, by Rev. S. S. Stocking	3B	20
Peter, d. Oct. 27, 1846	2	117
Phebe, wid. Cyrenus, d. Sept. 12, 1826, ae 80	2	146
Titus, of New Haven, m. Phebe **WEED**, of Newton, July 29, 1827, by David H. Belden, J. P.	3	28
WARING, Annah, d. [Richard & Eunis], b. Mar. 22, 1742	1	77
Lidiah, d. [Richard & Eunis], b. Sept. 19, 1737	1	77
Mary, d. [Richard & Eunis], b. Jan. 8, 1739	1	77
Sary, d. [Richard & Eunis], b. Oct. 24, 1738	1	77
WARNER, Abigail, [d. Herman & Rebeckah], b. Aug. 2, 1803	2	11
Abigail, m. Norman **COWLES**, Sept. 12, 1824, by B. Glover	3	13
Abigail, Mrs., d. Mar. 3, 1867, ae 65	4	38
Bennet, [s. Herman & Rebeckah], b. Nov. 15, 1793	2	11
Bennitt, [s. Herman & Rebeckah], d. Sept. 21, 1794	2	11
Charles, m. Ann Maria **CLARK**, Nov. 4, 1832, by Rev. Rodney Rossiter, of Monroe	3	58
Curtis, d. Feb. 22, 1821	2	152
Daniel A., d. Dec. 14, 1852, ae 49	4	14
David, s. Herman, d. Oct. 8, 1825, ae 8	2	148
Deborah, wid., d. Nov. 10, 1860, ae 74	4	27
DeForest, of Southbury, m. Lovicy **CURTIS**, of Newtown, Feb. 25, 1838, by Rev. Rodney Rossiter, of Monroe	3	93
George, [s. Herman & Rebeckah], b. June 21, 1801	2	11
Harry, [s. Herman & Rebeckah], b. Oct. 16, 1798	2	11
Herman, b. Apr. 16, 1769; m. Rebeckah **CAMP**, Jan. 20, 1793	2	11
Herman, d. Jan. 30, 1855, ae 85	4	17
Isaac E., his d. [　　　　　], d. Aug. 18, 1858, ae 5 d.	4	22
Jane Eliza, Mrs., d. Oct. 28, 1868, ae 29	4	41
Judson, his s. [　　　　　], d. July 27, 1851, ae 2	4	12
Mary, m. Andrew Shelton **WELLS**, Sept. 6, 1825, by Rev. W[illia]m Mitchell	3	19
Orange, of Roxbury, m. Betsey **FAIRCHILD**, of Newtown, Aug. 29, 1837, at the house of Lazarus Shepard, by Rev. S. C.		

	Vol.	Page
WARNER (cont.),		
Stratton	3	85-6
Polly, d. Sept. 11, 1855, ae 13	4	18
Rebecca, w. Herman, d. May 21, 1815	2	158
Rodah, m. John **LAKE**, Jr., Jan. 10, 1753	1	27
William Bennett, [s. Herman & Rebeckah], b. July 13, 1796	2	11
WASHBON, Zebah, s. Dr. Nathan & Mabel, b. June 17, 1763	1	82
Zenos, s. [Dr. Nathan & Mabel], b. Mar. 4, 1766	1	82
WATERLEY, Hattie, d. Apr. 21, 1869, ae 4 m.	4	42
WATKINS, Elizabeth, Mrs., d. Apr. 6, 1812	2	161
Sarah, m. Dr. Gideon **SHEPARD**, Mar. 28, 1776	1	51
WATSON, Elkannen W., his w. [ ], d. Dec. 26, 1845	2	118
Elkanam W., d. Nov. 26, 1845	4	3
WAYLAND, Julius, d. Mar. 20, 1853, ae 2	4	14
Michael, foreigner, m. Eliza Ann **PORTER**, of Ridgefield, Sept. 9, 1832, by Lamson Birch, J. P.	3	57
WEBB, John, of Norwalk, m. Sally **HAWLEY**, of Newtown, Sept. 9, 1832, by Rev. Samuel C. Stratton	3	56
WEBSTER, Jane A., d. July 8, 1869, ae 21	4	42
WEED, Abigail, of Newtown, m. George **BRADLEY**, of Fairfield, Mar. 9, 1845, by Alexander Hall, J. P.	3	126
Charles, his infant d. [ ], d. July 18, 1832, ae [ ]	2	138
Charles, d. Aug. 3, 1845, ae 56	4	2
Daniel B., m. Mary Jane **PULFORD**, Dec. 24, 1851, by Rev. J. Atwater	3B	42
Ezra, his w. [ ], d. Feb. 23, 1831, ae [ ]	2	139
Harrison, his d. [ ], d. Nov. 16, 1862, ae 3 h.	4	30
Henry, his w. [ ], d. July 19, 1856, ae 23	4	20
Phebe, of Newtown, m. Titus **WARD**, of New Haven, July 29, 1827, by David H. Belden, J. P.	3	28
Phebe, m. Daniel H. **JUDD**, b. of Newtown, Dec. 22, 1847, by Edward Starr, J. P.	3	141
Sarah A., of Newtown, m. Edwin **WHITNEY**, of Plymouth, May 17, 1841, by Rev. Alexander Leadbetter. Int. Pub.	3	105
-----, wid. of Danbury, d. Nov. 26, 1841	2	122
WELCH, Ellen, Mrs., d. Feb. 21, 1862, ae 30	4	29
Fitch, d. Oct. 3, 1805	2	168
John, d. July 13, 1861, ae 2	4	28
Mary, d. Sept. 23, 1805	2	168
Thomas, d. Oct. 7, 1805	2	168
WELDEN, John, d. Feb. 27, 1863, ae 2	4	31
John, d. Nov. 2, 1867, ae 85	4	39
John, his wid. [ ], d. Oct. 5, 1868, ae 74	4	41
WELLS, Alva, d. July 4, 1865, ae 3	4	35
Amos, d. Apr. 13, 1863, ae 75	4	31
Andrew Shelton, m. Mary **WARNER**, Sept. 6, 1825, by Rev. W[illia]m Mitchell	3	19
Benjamin, his d. [ ], d. July 3, 1859, ae 5 d.	4	24
Benjamin, d. May 31, 1867, ae 54	4	38

	Vol.	Page
WELLS (cont.),		
Daniel, his w. [ ], d. June 24, 1854, ae 88	4	17
Daniel, d. May 3, 1855, ae 69	4	18
David, of Stratford, m. Sally **CURTIS**, of Newtown, Nov. 27, 1834, by Rev. N. M. Urmston	3	70
David, his d. [ ], d. Oct. 1, 1841	2	122
Eunice, d. May 26, 1866, ae 73	4	37
Henrietta, d. Jan. 29, 1847, ae 17	2	113-4
Henrietta, d. Jan. 29, 1847, ae 17	4	5
Ira, m. Ann **BLACKMAN**, b. of Newtown, Jan. 25, 1841, by Rev. L. H. Corson	3	104
Isaac, his w. [ ], d. Apr. 8, 1821	2	152
Isaac, d. Jan. 23, 1828, ae 68	2	143
Isaac, his w. [ ], d. Sept. 5, 1846, ae 27	2	116
Isaac, his w. [ ], d. Sept. 7, 1846, ae 27	4	3
Isaac, his d. [ ], d. Sept. 30, 1849, ae 1 y. 8 m.	4	9
J. J., m. Abigail **WHITLOCK**, b. of Newtown, Sept. 6, 1847, by Henry Little	3	138
Jerusha, of Newtown, m. Mark **RIGGS**, of Oxford, Nov. 15, 1829, by Nathan D. Benedict	3	39
Mary, m. George **BASSET**, Oct. 6, 1844, at the house of Daniel Ferris, by Charles Peck, J. P.	3	123
Mary Caroline, m. David S. **PAYNE**, b. of Newtown, Apr. 24, 1836, by Levi Edwards, J. P.	3	78
Polly, wid., d. Feb. 1, 1851, ae 61	4	12
Ruth, Mrs., d. Oct. 23, 1862, ae 70	4	30
Sally, Mrs., d. Nov. 7, 1870, ae 61	4	44
Sally E., m. Jotham **STILSON**, b. of Newtown, Jan. 22, 1829, by Rev. W[illia]m Mitchell	3	36
William, s. Amos, d. Jan. 8, 1822	2	151
William, d. Nov. 20, 1850, ae 75	4	11
WELTON, George, d. Sept. 10, 1857, ae 5	4	21
Jane, Mrs., d. Mar. 5, 1867, ae 41	4	38
Walter B., his s. [ ], d. Aug. 24, 1859, ae 3 m.; his infant, d. Aug. 24, 1859, ae 2 m.	4	24
Walter B., his d. [ ], d. Jan. 23, 1862, ae 1 w.	4	29
Walter Benoni, of Bridgewater, New Milford, m. Jane Elizabeth **FOOTE**, of New Town, Oct. 18, 1848, at the house of Polly Foote, by Rev. George L. Foote	3B	26
WESTON, Samuel H., of Warren, m. Polly **TAYLOR**, Oct. 24, 1821, by Daniel Berchans	2	6
WETMORE, Emeline, m. David W. **FAIRCHILD**, Sept. 22, 1839, by Rev. F. Hitchcock	3	97
Esther, b. Sept. 16, 1756; m. Eliakim **SHARP**, Nov. 25, 1773	1	49
Henrietta, m. Walter H. **SIMPSON**, of New Haven, May 27, 1852, by Rev. J. Atwater	3B	43
James R., d. Nov. 17, 1811	2	162
John, m. Annette **JUDSON**, Aug. 8, 1820, by Rev. Daniel Burchans	2	16

	Vol.	Page
WETMORE (cont.),		
Josiah, his w. [ ], d. July 30, 1814	2	159
Josiah, his child d. Apr. 20, 1816	2	157
Mabel, wid., d. Dec. 13, 1819	2	154
Roxanna M., m. Stephen W. **HENDERSON**, Jan. 16, 1848, by Rev. J. Atwater	3	142
Sarah, d. [Apr. , 1841], ae 18	2	122
WHEELER, WHELER, Abiah, [d. Obadiah & Joanna], b. Nov. 16, 1730	1	79
Abiah, m. Theophilus **NETTELTON**, June 22, 1748	1	26
Abraham, s. Thomas & Sarah (**CAMP**), b. Mar. 18, 1760; m. Marcy **BOTSFORD**, d. Joseph, Feb. 11, 1776	1	46
Abraham, d. May 17, 1837, ae 77	2	127
Abram, his d. [ ], d. Aug. 12, 1822	2	151
Abram, his w. [ ], d. May 5, 1823	2	150
Amos, hs w. [ ], d. Apr. 17, 1849, ae 65	4	9
Andrew, his d. [ ], d. Apr. 6, 1809	2	164
Andrew, d. June 17, 1824	2	149
Andrew, m. Patience **WHEELER**, Jan. 1, 1826, by Rev. W[illia]m Mitchell	3	20
Andrew, d. May 3, 1828, ae 56	1	143
Annah, m. Moses **PLAT**[T], May 27, 1742	1	71
Anna, m. Liveras **PECK**, June 24, 1778	2	9
Anna, wid., d. Jan. 8, 1806	2	167
Anna, wid., d. Dec. 18, 1842, ae 77	2	120
Anne Maria, [d. Joseph B. & Anne], b. Jan. 6, 1799	2	57
Anny, wid., d. Dec. 3, 1843, ae 78	2	119
Bennett, d. Oct. 17, 1824	2	149
Betsey, of Newtown, m. Nathan R. **COUCH**, of Danbury, May 10, 1847, by Rev. George L. Fuller	3	137
Betty, b. Aug. 3, 1755; m. Josiah **FAIRCHILD**, about the y. 1775	2	94-5
Burr, of Monroe, m. Rebecca **NORTHROP**, of Newtown, Jan. 15, 1843, by Rev. Stephen J. Stebbins	3	114-5
Caroline, [d. John B. & Polly], b. Oct. 24, 1821; d. Jan. 28, 1845, ae 23	2	75
Caroline, d. Jan. 28, 1845, ae 23	4	2
Caroline, d. Jan. 28, 1846, ae 23	2	117
Caroline R., of Newtown, m. Samuel L. **CANDEE**, of Southbury, Feb. 4, 1844, by Rev. Alexander Leadbetter. Int. Pub.	3	120
Charles, of Huntington, m. Phebe M. **SANFORD**, of Newtown, Dec. 2, 1827, by Rev. Daniel Burhans	3	31
Charles F., his s. [ ], d. Aug. 5, 1859, ae 1 y. 7 m.	4	24
Clarissa, wid., d. Aug. 26, 1851, ae 26	4	12
David, d. Aug. 20, 1807	2	166
David, his child d. Apr. 13, 1812	2	161
Davis, his d. [ ], d. Apr. 19, 1821	2	152
Elam, m. Harriet **BENEDICT**, Sept. 12, 1821, by Rev. D. Burhans	2	22
Elam, d. June 3, 1846	2	115
Elam, d. June 3, 1846, ae 44	4	3

	Vol.	Page
WHEELER, WHELER (cont.),		
Eli, s. [Joseph & Keziah], b. Aug. 10, 1760	1	3
Eli, d. Nov. 3, 1838, ae 78	2	126
Elizabeth, Mrs., d. May 23, 1868, ae 32	4	40
Esther, d. Mar. 3, 1855, ae 54	4	17
Giles, d. Oct. 9, 1841, ae [ ]	2	122
Hannah, [d. Obadiah & Joanna], b. Nov. 1, 1720, in Milford	1	79
Henry L., his s. [ ], d. Sept. 30, 1855, ae 1	4	18
Homer, d. [Sept. , 1828], ae 2	2	143
Jane A., of Newtown, m. DeWitt C. **HOUGH**, of Schuyler, Township, Herkimer Co., N. Y., Feb. 5, 1850, by Rev. A. C. Lewis	3B	31
Jaras, d. Apr. 4, 1798	2	173
Jerusha, wid., d. Apr. 4, 1798	LR19	Index
Jerusha M., of Newtown, m. James E. **VANESTON**, of Fishkill, N. Y., Jan. 2, 1839, by Rev. S. C. Stratton	3	95
Joanna, d. Obadiah & Joanna, b. May 3, 1719, in Milford	1	79
John, s. [Joseph & Keziah], b. Apr. 17, 1757	1	3
John B., m. Polly **BLACKMAN**, Nov. 2, 1808	2	75
John B., d. Feb. 20, 1862, ae 77	4	29
John Botsford, [s. Joseph B. & Anne], b. Apr. 6, 1785	2	57
John J., d. July 28, 1864, ae 14	4	34
Joseph, s. Obadiah & Joanna, b. Nov. 2, 1734	1	79
Joseph, m. Keziah **BOTSFORD**, Mar. 25, 1755, by Rev. Mr. Judson	1	3
Joseph, Capt., d. Feb. 28, 1818	2	155
Joseph, m. Clarissa **DICK**, b. of Newtown, Apr. 22, 1846, by Rev. S. S. Stocking	3	131
Joseph, d. Aug. 25, 1846, ae 25	2	116
Joseph, d. Aug. 25, 1846, ae 25	4	3
Joseph B., m. Anne **BOTSFORD**, Oct. 23, 1783	2	57
Joseph B., d. Oct. 27, 1837, ae 74	2	128
Joseph Bennitt, s. [Joseph & Keziah], b. June 26, 1763	1	3
Joseph D., his w. [ ], d. Feb. 11, 1819	2	154
Joseph D., m. Delia **BRADLEY**, June 7, 1820, by Joseph B. Wheeler, J. P.	2	67
Josiah, d. Feb. 2, 1855, ae 60	4	17
Katharine, m. Peter **HUBBELL**, b. of Stratford, Jan. 19, 1709, by Rev. Charles Chansey	PR1	2
Keziah, wid., d. Sept. 9, 1822	2	151
Lemuel T., d. July 13, 1845, ae 45	4	2
Lucy, [d. Joseph B. & Anne], b. Jan. 8, 1789	2	57
Marcus, d. Apr. 19, 1869, ae 77	4	42
Marvin, d. July 3, 1862, ae 21	4	30
Mary, [d. Obadiah & Joanna], b. June 29, 1724	1	79
Mary, [d. Joseph B. & Anne], b. Dec. 31, 1793	2	57
Mary Ann, of Monroe, m. Belden B. **LAKE**, of Weston, Nov. 19, 1840, by Rev. John H. Waterbury	3	101
Nichols Hawley, s. [Stephen & Jerusha], b. Sept. 15, 1783	1	87
Norman, d. Apr. 29, 1821	2	152

	Vol.	Page
WHEELER, WHELER (cont.),		
Mitchell	3	20
Patience, m. Joseph **FAIRCHILD**, b. of Newtown, Apr. 17, 1831, by Adoniram Fairchild, J. P.	3	48
Phebe, wid., d. July 31, 1803	2	170
Roswell, m. Maria **LANPHIER**, June 12, [1821], by Zachariah Clark, Jr., J. P.	2	40
Roswell, his s. [　　　　　　　], d. Mar. 15, 1833, ae 3	2	135
Roswell, d. May 22, 1842, ae 1	2	120
Roswell, d. Oct. 15, 1860, ae 60	4	27
Russell, [s. John B. & Polly], b. Nov. 7, 1809	2	75
Russell, m. Lydia Ann **BOTSFORD**, b. of Newtown, Feb. 22, 1837, by Rev. N. M. Urmston	3	82
Russell, his d. [　　　　　　　], d. Aug. 6, 1843, ae 2	2	119
Sally M., m. Elezur W. **KEELER**, b. of Newtown, May 14, 1834, by Rev. N. M. Urmston	3	67
Sally Maria, [d. John B. & Polly], b. Nov. 6, 1811; m. Elizur H. **KEELER**, [　　　　　　　]; d. May 14, 1845, ae 34 y.	2	75
Sarah, wid., d. Sept. 29, 1806	2	167
Stephen, m. Jerusha **HAWLEY**, Dec. 19, 1782	1	87
Stiles W., of Stratford, m. Jane **STILSON**, of Newtown, Nov. 29, 1849, by Rev. N. C. Lewis	3B	30
Thomas, s. Obadiah & Anna*, b. Feb. 6, 1736　　*(Probably "Joanna")	1	79
Troylow(?), s. [Stephen & Jerusha], b. Apr. 11, 1786	1	87
Ward, of Redding, m. Sally a. **NICHOLS**, of Newtown, June 29, 1845, by Jacob Beers, J. P.	3	126
WHITE, Asa, his d. [　　　　　　　], d. May 6, 1850, ae 4	4	10
Asa, d. May 30, 1867, ae 67	4	38
Benjamin, see Joseph **WHITE**	3	60
Caroline, m. John B. **JUDSON**, b. of Newtown, May 7, 1843, by Rev. Alex Leadbetter. Int. Pub.	3	117
Edward, d. Aug. 8, 1865, ae 38	4	35
Ezra, his d. [　　　　　　　], d. Mar. 5, 1849, ae 6	4	8
George Pulford, d. Aug. 20, 1841, ae 16	2	122
Henry, d. Oct. 13, 1842, ae 55	2	120
Jane A., d. June 24, 1865, ae 17 y. 9 m.	4	35
Joseph* or Benjamin, of Bridgeport, m. Delia **SHEPARD**, of Newtown, Nov. 25, 1832, by Rev. Aaron Pearse　　*(In pencil "Benjamin" not "Joseph")	3	60
WHITLOCK, Abigail, m. J. J. **WELLS**, b. of Newtown, Sept. 6, 1847, by Henry Little	3	138
Comfort, of Danbury, m. Cynthia **BENEDICT**, of Newtown, June 1, 1828, by Adoniram Fairchild, J. P.	3	33
Ephraim, d. July 2, 1828, ae [　]	2	143
Ephraim, d. Dec. 19, 1859, ae 55	4	25
Mary, wid., d. Oct. 4, 1854, ae 86	4	17
Resford, his s. [　　　　　　　], d. Sept. 18, 1853, ae 3	4	15
Ruth Ann, d. Dec. 21, 1859, ae 14	4	25

	Vol.	Page
WHITLOCK (cont.),		
Sally, Mrs., d. Mar. 1, 1863, ae 73	4	31
Sarah, of Southbury, m. David **SMITH**, of Derby, Feb. 19, 1844, by Rev. S. S. Stocking	3	121
Thankful, wid., d. Mar 31, 1804	2	169
WHITMARSH, Benjamin, d. Sept. 23, 1829 (from Mass.)	2	142
WHITMORE, Mary Jane, m. Elnathan Wheeler **WILCOX**, Apr. 5, 1842, by Rev. S. S. Stocking	3	111
WHITNEY, Abel, s. [James & Eunice], b. Sept. 23, 1797	1	52
Abel, his d. [ ], d. Apr. 12, 1831, ae 6	2	139
Abraham Johnson, s. [James & Eunice], b. Mar. 28, 1778	1	52
Anney, [d. Samuel], b. Nov. 3, 1785	1	88
Aurilla, m. Benjamin C. **GLOVER**, b. of Newtown, June 11, 1837, by Rev. S. C. Stratton	3	84
Benjamin, d. Apr. 19, 1867, ae 50	4	38
Botsford, d. June 8, 1834, ae 16	2	133
Edwin, of Plymouth, m. Sarah A. **WEED**, of Newtown, May 17, 1841, by Rev. Alexander Leadbetter. Int. Pub.	3	105
Eli, s. [James & Eunice], b. Feb. 25, 1795	1	52
Emily, m. Legrand **FAIRCHILD**, b. of Newtown, Dec. 26, 1841, by Rev. S. S. Stocking	3	109
Eathel, d. [James & Eunice], b. May 6, 1796	1	52
Eunice, Mrs., d. Nov. 17, 1822	2	151
Ezra, s. [James & Eunice], b. Sept. 18, 1793	1	52
Hannah Judson, d. [James & Eunice], b. Apr. 30, 1782	1	52
Harriet, m. Edmond **FAIRCHILD**, b. of Newtown, Dec. 9, 1835, by Rev. S. C. Stratton	3	75
Harriet A., d. July 8, 1868, ae 9	4	40
Henry, [s. Samuel], b. Feb. 14, 1793	1	88
James, m. Eunice **JOHNSON**, Aug. 13, 1777	1	52
James, m. Rhoda **PEET**, Mar. 22, 1823, by Daniel Burhans	3	6
James, d. May 21, 1841, ae 88	2	122
James, his w. [ ], d. Nov. 10, 1851, ae 86	4	13
James Lewis, s. [James & Eunice], b. May 23, 1789	1	52
Jerusha, d. [James & Eunice], b. Apr. 14, 1787	1	52
Jerusha, d. Sept. 21, 1829, ae 34	2	142
John, [s. Samuel], b. July 29, 1784	1	88
Josiah, his d. [ ], d. June 18, 1832, ae 1	2	138
Lewis, s. Abel, d. Aug. 5, 1846	2	116
Lewis, d. Aug. 6, 1846, ae 18	4	3
Oliver, [s. Samuel], b. Apr. 22, 1789	1	88
Oliver, d. Dec. 6, 1828, ae 39	2	143
Philo, s. [James & Eunice], b. Apr. 27, 1792	1	52
Philo, d. Apr. 6, 1830, ae 38	2	141
Ruggles N., m. Mary J. **SHERMAN**, b. of Newtown, June 11, 1848, by Rev. George A. Hubbell	3B	21
Ruth Ann, d. [James & Eunice], b. Nov. 7, 1785	1	52
Ruth Ann, of Newtown, m. Truman **HUBBELL**, of Monroe, Oct. 28, 1847, by Rev. S. S. Stocking	3	139

	Vol.	Page
WHITNEY (cont.),		
Ruth Ann, of Newtown, m. Truman **HUBBELL**, of Monroe, Oct. 28, 1847, by Rev. S. S. Stocking	3	139
Sam]ue]ll, d. Jan. 3, 1808	2	165
Sarah, d. [James & Eunice], b. Aug. 23, 1790	1	52
Thomas Judson, [s. Samuel], b. Oct. 4, 1787	1	88
Zerah, s. [James & Eunice], b. June 16, 1784	1	52
WICKSON, Alfred, of Paterson, N. Y., m. Susan **BRISCO**, of Newtown, Oct. 24, 1828, by Rev. Daniel Burhans	3	34
Susan, of Newtown, m. Henry **ROBINSON**, of Bridgeport, Sept. 7, 1845, by Rev. S. S. Stocking	3	127
WILCOX, WILLCOX, Elnathan Wheeler, m. Mary Jane **WHITMORE**, Apr. 5, 1842, by Rev. S. S. Stocking	3	111
Hervey, of New Hartford, m. Polly **SHERMAN**, Jan. 2, 1822, by Rev. Daniel Berchans	2	6
WILCOXON, WILCOXEN, Anna G., m. Chauncey B. **PECK**, May 1, 1825, by Rev. Daniel Burhans	3	18
Betty, wid., d. Nov. 24, 1825, ae 38	2	148
David, d. July 12, 1822	2	151
Polly, d. Feb. 20, 1839, ae 68	2	123
WILDMAN, An[n]a, m. Charles G. **HAWLEY**, b. of Newtown, Aug. 20, 1837, by Rev. N. M. Urmston	3	85
WILLIAMS, Amelia, Mrs., d. Oct. 10, 1856, ae 87, in Poor House	4	20
Ammon, his w. [ ], d. Feb. 14, 1834, ae 29	2	133
Amos, his s. [ ], d. June 18, 1807	2	166
Henry, colored, d. May 14, 1857, ae 2	4	21
John, of Danbury, m. Betsey **BENNET**, of Newtown, Oct. 14, 1832, by Rev. Samuel C. Stratton	3	57
Sarah, m. Eli R. B. **ALIBY**, b. of Newtown, July 1, 1825, by Rev. David Bennett	3	22
WILSON, Charles, his s. [ ], d. July 23, 1836, ae 1	2	130
Charles, his d. [ ], d. Feb. 14, 1837, ae 10	2	127
Charles A., his s. [ ], d. Dec. 25, 1837, ae [ ]	2	128
Maria, Mrs., d. July 10, 1868, ae 63	4	40
Moses H., of Bridgeport, m. Francis **NORTON**, of Newtown, Oct. 9, 1836, by Rev. N. M. Urmston	3	80
Sarah, Mrs., d. Apr. 12, 1870, ae 94	4	44
WINCHELL, Eliza, d. Apr. 16, 1862, ae 7	4	29
WINTON, Andrew, m. Reuah **SANFORD**, d. Samuel & Abiah, [ ]	2	90
Asa, Capt., d. Apr. 6, 1826, ae 68	2	145
Botsford, m. Cornelia **BRADLEY**, Apr. 24, 1837, by Rev. Rodney Rossiter, of Monroe	3	84
Caroline, d. May 24, 1854, ae 8	4	17
Delia, Mrs., d. Oct. 2, 1868, ae 72	4	41
Eli, his child d. Jan. 11, 1805	2	168
George H., d. Oct. 2, 1828, ae 31	2	143
Hannah, wid., d. June 16, 1848, ae [ ]	4	7
Harvey, d. Sept. 24, 1841, ae 29	2	122

	Vol.	Page
WINTON (cont.),		
Henry L., m. Polly A. **SHERMAN**, b. of Newtown, Nov. 22, 1842, by Rev. John H. Waterbury	3	114
Jno, m. Azubah **SANFORD**, d. Samuel & Abiah, [ ]	2	90
Lockwood, d. Nov. 15, 1826, ae 64	2	146
Lockwood, his wid. [ ], d. May 23, 1849, ae 86	4	9
Oscar, m. Eliza **JORDAN**, Apr. 25, 1848, by Rev. Charles Bartlett	3B	20
Sarah A., of Newtown, m. Jesse P. **BRADLEY**, of Maple Grove, N. Y., Sept. 7, 1845, by Rev. S. S. Stocking	3	127
WONDERLICH, Philip, d. Dec. 8, 1865, ae 4	4	36
WOOD, Anner, d. [Henry & Lucy], b. Dec. 14, 1774	1	82
Caroline, of Newtown, m. James **BEARD**, of Huntington, May 18, 1836, by Rev. S. C. Stratton	3	78
Caroline, Mrs., m. John **PRATT**, b. of Danbury, Aug. 29, 1847, by Walter Clark, J. P.	3	138
Henry, m. Lucy **BOTSFORD**, Mar. 9, 1774	1	82
John, d. Oct. 3, 1797	LR19	Index
WOOSTER, Ellen, d. July 16, 1843, ae 26	2	119
Mary, m. Charles **BRADSHAW**, b. of Oxford, Aug. 19, 1827, by Rev. Daniel Burhans	3	29
Philo, d. Apr. 30, 1869, ae 89	4	42
Starling, of Oxford, m. Phebe **SHERMAN**, of Newtown, Jan. 5, 1826, by John Sherman	3	21
WORSHE(?), Sally, Mrs., d. Nov. 8, 1861, ae 76	4	28
WRIGHT, Betsey, d. [William & Thankful], b. May 11, 1766	1	13
David, [s. William & Thankful], b. June 22, 1772	1	13
Lucretia, d. [William & Thankful], b. Nov. 15, 1768	1	13
Mari Amny, d. [William & Thankful], b. Mar. 19, 1771	1	13
William, m. Thankful **BRISTOLL**, Aug. 1, 1765	1	13
Will[ia]m, s. [William & Thankful], b. Sept. 19, 1767	1	13
WYGANT, Anthony, d. Apr. 1, 1845, ae 36	4	2
Anthony, d. Apr. 2, 1846, ae 36	2	117
YALE, Edwin A., his s. [ ], d. Apr. 11, 1856, ae 3	4	19
William, his w. [ ], d. May 24, 1827, ae 31	2	144
YELVERTON, William, of Southbury, m. Aurilla **LATTIN**, of Newtown, Oct. 19, 1823, by John Sherman	3	9
William, his w. [ ], d. May 4, 1835, ae 38	2	131
YEMMONS, YEMMANS, Augusta, d. Mar. 5, 1866, ae 16	4	36
Orrin, of New Haven, m. Emily E. **TYRRELL**, of Newtown, Jan. 25, 1841, by Rev. L. H. Corson	3	104
Orrin, his w. [ ], d. Mar. 6, 1844, ae 30	2	118
Orrin, his w. [ ], d. Mar. 6, 1844, ae 30	4	1
Orrin, m. Rebecca **HURD**, b. of Newtown, Apr. 16, 1845, by Rev. Aaron S. Hill	3	126
NO SURNAME		
Abigal, m. Joseph **PECK**, Jan. 14, 1706/7, in Milford, by "Mayger" Eells	LR2	348
Ann, m. Ephraim **BENNITT**, June 18, 1745	1	20
Authey, m. Peter **STILSON**, Oct. 24, 1782	1	88

	Vol.	Page
NO SURNAME (cont.),		
Ann, m. Ephraim **BENNITT**, June 18, 1745	1	20
Authey, m. Peter **STILSON**, Oct. 24, 1782	1	88
Cato, colored, his child d. Dec. 24, 1797	LR19	Index
Cato, colored, his child d. Dec. 24, 1797	2	173
Cato, colored, his child d. June 3, 1810	2	163
Damaras, m. David **PECK**, Oct. 14, 1772, by Rev. Thomas Brooks, of Newbury	1	86
Divine, m. Benjamin **CURTIS**, [ ], 1774	2	27
Dorcas, colored, d. Oct. 31, 1801	2	171
Eunice, m. Jonathan **BOOTH**, June 17, 1784	1	56
Henry, of Danbury, m. Susannah [ ], of Newtown, (colored), Jan. 14, 1824, by Rev. Daniel Burhans	3	10
Jenny, servant, b. May 11, 1786; entitled to freedom at the age of 25 y.	2	26
Jerusha, m. Caleb **BALDWIN**, [ ], Feb. 8, 1759	1	66
Lidia, colored, d. Mar. 23, 1789	1	88
Margaret, m. Edward **MILLER** (colored), Oct. 12, 1828, by Rev. Solomon Glover	3	34
Peggy, w. Zephaniah, negro, d. May 9, [1800]	LR20	0
Peggy, colored, d. Apr. 3, 1828, ae 60	2	143
Peggy, m. Elixander **BRISCOE**, [[, by Rev. Mr. Rexford (negros)	1	60
Polly, b. Feb. 2, 1762; m. Cyrus **PRINDLE**, Apr. 3, 1782	1	84
Primus, colored, his child d. Apr. 8, 1797	LR19	Index
Primus, colored, his child d. Apr. 8, 1797	2	173
Primus, negro his child d. Sept. 6, [1800]	LR20	0
Sary, m. Thomas **SHARP**, Feb. 17, 1745	1	7
Stephen, d. Dec. 17, 1823	2	150
Susannah, of Newtown, m. Henry [ ], of Danbury, (colored), Jan. 14, 1824, by Rev. Daniel Burhans	3	10
Temperance, colored d. Primus, d. Apr. 29, 1808	2	165
Timothy, his w. (colored), d. July 30, 1839, ae 57	2	123
Titus, colored, his child d. July 20, 1816	2	157
Tobias, his w. Philis, d. June 6, 1812	2	161
Tobias, colored, her d. [ ], d. Aug. 7, 1819	2	154

NORTH BRANFORD VITAL RECORDS
1831-1854

	Page
ALLEN, George D., of Wallingford, m. Caroline **BARTHOLOMEW**, of North Branford, Nov. 26, 1838, by Rev. Lemuel B. Hull	31
AUGUR, Elizabeth, [d. George & Sybil], b. Oct. 5, 1832	42
Eunice Ann, m. Miles **FRISBIE**, Jan. 9, 1832, by Rev. Mathew Noyes	25
Grace Ann, [d. George & Sybil], b. Apr. 12, 1834	42
Hester L., [twin with Sylvester, d. Harvey & Lydia], d. Mar. 22, 1828	42
Hester L., d. Harvey & Lydia, d. Mar. 16, 1829, ae 1 y.	59
Mary A., [d. Harvey & Lydia], b. June 25, 1824	42
Olive E., [twin with Oliver B., d. Harvey & Lydia], b. Feb. 27, 1826	42
Oliver B., [twin with Olive E., s. Harvey & Lydia], b. Feb. 27, 1826	42
Rebecca A., of Northford, m. W[illia]m W. **CHITTENDON**, of Durham, Apr. 8, 1844, by Rev W[illia]m J. Boardman	35
Reuben, Capt., d. Jan. 13, 1830	59
Reuben, of Fair Haven, m. Esther Elizabeth **TODD**, of Northford, Nov. 25, 1846, by Rev. Henry Fitch	39
Reuben N., m. Mariah C. **TODD**, b. of North Branford, Oct. 28, 1850, by William E. Vibbert	111
Sylvester, [twin with Hester L., s. Harvey & Lydia], b. Mar. 22, 1828	42
AUSTIN, Eliza, of Wallingford, m. George **FOWLER**, of North Branford, Aug. 30, 1834, by Rev. Charles William Bradley, in St Andrews Church	26
BALDWIN, Cynthia A., m.Virgil H. **ROSE**, b. of North Branford, Mar. 20, 1853, by Whitman Peck	112
Elizabeth, d. George & Lucretia, b. Nov. 4, 1827	43
Hannah, m. Henry **JOHNSON**, Sept. 25, 1833, by Rev. Judson A. Root	26
Jane Elizabeth, [d. William A. & Lucina], b. Aug. 17, 1838	41
Linus, m. Amelia **BARKER**, b. of North Branford, [May] 6, [1832], by Judson A. Root	25
Lurenna C., of Branford, m. James **HARRISON**, of North Branford, Oct. 15, 1849, by Geo[rge] I. Wood	110
Rhoda C., w. Josiah, d. Sept. 1, 1840, in the 64th y. of her age	59
Rhoda E., of North Branford, m. Edward F. **DAVIS**, of Watertown, Nov. 22, 1835, by Rev. Henry B. Camp	27
Samuel, m. Sally **BUTLER**, b. of North Branford, July 1, 1838, by John D. Baldwin	30
Tabitha, [d. William A. & Lucina], b. June 8, 1840	41
BALL, Ann Eliza, m. George H. **LANFAIR**, b. of Fair Haven, Oct. 14, 1845, by Rev. George I. Wood	38

	Page
BALL (cont.),	
Zina, of Fair Haven, m. Anna **BUNNELL**, of North Branford, Dec. [ ], 1839, by John D. Baldwin	32
BARKER, Amelia, m. Linus **BALDWN**, b. of North Branford, [May] 6, [1832], by Judson A. Root	25
Elon, m. Annis **HARRISON**, Apr. 17, 1836, by Rev. Henry B. Camp	28
BARTHOLOMEW, Caroline, of North Branford, m. George D. **ALLEN**, of Wallingford, Nov. 26, 1838, by Rev. Lemuel B. Hull	31
Ellen Eliza, d.Timothy, b. Oct. 26, 1841	43
Lois, m. Stephen **TYLER**, Nov. 19, 1819, by Rev. Mathew Noyes	25
Rebecca, m. Elizur **HARRISON**, Dec. 31, 1809	26
Sarah G., of North Branford, m. William W. **IVES**, of Wallingford, Mar. 24, 1841, by Rev. Henry Townsend	32
BEARDSLEY, Sheldon, Dr., m. Maria **ROSE**, Aug. 18, 1835, by Rev. Henry B. Camp	27
BEERS, Frederick W., m. Amelia **PALMER**, b. of North Branford, Sept. 5, 1841, by John D. Baldwin	34
BENTON, David, of North Guilford, m. Abigail Eliza **BYINGTON**, of North Branford, Aug. 31, 1845, by Rev. George I. Wood	37
Emma E., of North Branford, m. Whitney **ELLIOT**, of North Guilford, Mar. 14, 1847, by Rev. George I. Wood	108
BISHOP, Andria F., of Paris, N. Y., m. Levi **LINSLEY**, of North Branford, Feb. 18, 1836, by Rev. Timothy P. Gillett	27
Fanny N., m. Anson **NORTON**, Oct. 5, 1838, by John D. Baldwin	30
Harriet M., of North Branford, m. Jesse May, of Attleborough, Mass., Apr. 25, 1841, by John D. Baldwin	33
Ruth S., of North Branford, m. Samuel S. Daggett, of Attleborough, Ms., Apr. 19, 1840, by John D. Baldwin	32
BLAKESLEE, Abigail, of Northford, m. Robert **HITCHCOCK**, of New Haven, Sept. 25, 1836, by Zolva Whitmore	28
Charles P., s. Edward, b. Aug. 12, 1839	44
Julius M., of Fair Haven, m. Lucine **LEETE**, of Northford, Nov. 30, 1837, by Rev. W[illia]m J. Boardman	30
Lavinia, m. Lyman **CLINTON**, b. of North Haven, Nov. 24, 1841, by Rev. William J. Boardman	33
Sophronia, m. Langdon **HARRISON**, Nov. 14, 1836, by Matthew Noyes, V. D. M.	28
BOARDMAN, Frances E., of Northford, m. George E. **SHIPMAN**, M. D., of Andover, Ill., Apr. 24, 1845, by Rev. W[illia]m J. Boardman	36
Sidney H., m. Martha **KELSEY**, b. of Northford, Apr. 27, 1841, by Rev. W[illia]m J. Boardman	33
BRADLEY, Seth, of Branford, m. Mary M. Bunnell, of Northford, Oct. 7, 1838, by Rev. William J. Boardman	31
Warren S., of East Haven, m. Adelia E. **PALMER**, of North Branford, Sept. 21, 1845, by Rev. George I. Wood	37
BROCKETT, Cynthia, m. Edwin **COLLINS**, b. of Charlestown, Mass., Nov. 26, 1848, by L. I. Hoadley	109
Jennett E., m. William Wheadon, Sept. 4, 1834, by Rev. J. A. Root	27
Louisa, of North Haven, m. Amos S. **ROBINSON**, of North Branford,	

	Page
BROCKETT (cont.),	
Oct. 28, 1847, by Rev. Geo[rge] I. Wood	109
BROOKS, Abigail Ann, m. Capt. W[illia]m M. **FOWLER**, Apr. 30, 1837, by Rev. John W. Woodward, in St. Andrews Church, in Northford	29
Caroline F., of Northford, m. Harvey T. **EATON**, of North Haven, Nov. 23, 1841, by Rev.W[illia]m J. Boardman	33
Emeline, of Northford, m. William **TODD**, of North Haven, Aug. 15, 1842, by John D. Baldwin	34
BULLOCK, Samuel, Dr., of Killingly, m. Elizabeth M. **LINSLEY**, of Northford, Aug. 21, 1832, by James H. Linsley	26
BUNNELL, Anna, of North Branford, m. Zina **BALL**, of Fair Haven, Dec. [ ], 1839, by John D. Baldwin	32
George W., [s. George & Fanny], b. Aug. 3, 1837	42
Hannah E., [d. George & Fanny], b. July 3, 1832	42
Major A., [s. George & Fanny], b. Jan. 31, 1830	42
Mary M., of Northford, m. Seth **BRADLEY**, of Branford, Oct. 7, 1838, by Rev. William J. Boardman	31
Nancy W., of North Branford, m. John P. **LANGDON**, of Naugatuck, Jan. 6, 1845, by Rev. George P. Wood	36
Selina, of North Branford, m. Charles **FOOT**, of Northford, Apr. 24, 1843, by John D. Baldwin	34
Wyllys, m. Catharine **PALMER**, b. of North Branford, May 27, 1853, by Whitman Peck	113
BUTLER, George A., of Branford, m. Henrietta A. **COOKE**, of Northford, Aug. 25, 1844, by Rev. W[illia]m J. Boardman	35
Ruth, m. Bennett **STONE**, Mar. 30, 1836, by Jesse Linsley, J. P.	28
Sally, m. Samuel **BALDWIN**, b. of North Branford, July 1, 1838, by John D. Baldwin	30
BYINGTON, Abigail Eliza, of North Branford, m. David **BENTON**, of North Guilford, Aug. 31, 1845, by Rev. George I. Wood	37
Myron H., of North Branford, m. Emily E. **READ**, of Meriden, Sept. 7, 1846, by Rev. George I. Wood	107
Venelia L., of Northford, m. John **MARROWAY**, of Southington, Mar. 14, 1850, by L. Ives Hoadley	109
CHAPMAN, Angeline A., of North Branford, m. Joel A. **EVARTS**, of Killingworth, Nov. 27, 1851, by Whitman Peck	111
Jane W., of North Branford, m. Aaron **WHITE**, of Meriden, Jan. 1, 1854, by Whitman Peck	113
Rufus, of New Haven, m. Sarah **TRACY**, of North Branford, Sept. 7, 1852, by Whitman Peck	112
CHIDSEY, CHEDSEY, Almira, of East Haven, m. Samuel F. **RUSSELL**, of North Branford, Sept. 4, 1836, by Rev. Henry Gleason	28
Betsey, of East Haven, m. Rufus **ROGERS**, 2nd., of North Branford, [Jan. 25, 1837], by W. Bushnell	29
Grace, m. Noah **FOOTE**, b. of North Branford, Jan. 1, 1852, by Whitman Peck	111
Harriet, of East Haven, m. Abijah H. **ROGERS**, of North Branford, May 16, 1825	29
Harriet R., w. Jared C., d. Oct. 16, 1831	59

	Page
CHIDSEY, CHEDSEY (cont.),	
Jared G., m. Lydia S. **WHEDON**, May 4, 1834, by J. A. Root	27
Salman, of East Haven, m. Sarah S. **ROSE**, of North Branford, Dec. 21, 1831, by J. A. Root	25
CHITTENDON, W[illia]m W., of Durham, m. Rebecca A. **AUGUR**, of Northford, Apr. 8, 1844, by Rev. W[illia]m J. Boardman	35
CLARK, CLERK, Elizabeth B., of New York, m. Bushnel **WHITE**, of Cleveland, O., Sept. 19, 1844, by Rev. W[illia]m J. Boardman	35
Russell, m. Chloe **PALMER**, b. of North Branford, [Sept.] 12, [1831], by Judson A. Root	25
CLERK, [see under **CLARK**]	
CLINTON, Lyman, m. Lavinia **BLAKESLEE**, b. of North Haven, Nov. 24, 1841, by Rev. William J. Boardman	33
COLLINS, Edwin, m. Cynthia **BROCKETT**, b. of Charlestown, Mass., Nov. 26, 1848, by L. I. Hoadley	109
COOK, COOKE, Emily, m. Charles M. **FOWLER**, June 8, 1824	27
Emily Cecilia, m. Tho[mas] Russell **LINSLEY**, [Apr. 30, 1837], by Rev. John W. Woodward, in St. Andrews Church, in Northford	29
Henrietta A., of Northford, m. George A. **BUTLER**, of Branford, Aug. 25, 1844, by Rev. W[illia]m J. Boardman	35
COOPER, Charles, m. Laura **PALMER**, b. of North Branford, Apr. 28, 1839, by John D. Baldwin	31
Charles Smith, [s. Charles & Laura], b. Nov. 15, 1845	44
Hannah Estella, [d. Charles & Laura], b. Jan. 16, 1849	44
CRAMPTON, Calvin, of Guilford, m. Betsey **HUNT**, of Northford, Sept. 22, 1835, by Rev. William J. Boardman	29
CRANDAL, Fanny W., of Clinton, m. Edward **TRYON**, of Chatham, May 6, 1841, by Rev. William J. Boardman	33
CROWELL, Martha A., of Northford, m. Jason **PIERPONT**, of North Haven, Feb. 23, 1845, by Rev. W[illia]m J. Boardman	36
CURTIS, Mary T., m. Eli A. **HALL**, July 1, 1849, by Rev. David Baldwin	109
DAGGETT, Samuel S., of Attleborough, Ms., m. Ruth S. **BISHOP**, of North Branford, Apr. 19, 1840, by John D. Baldwin	32
DARROW, Abram H., of Bristol, m. Ann M. **HARRISON**, of North Branford, Sept. 16, 1839, by John D. Baldwin	31
DAVIS, Edward F., of Watertown, m. Rhoda E. **BALDWIN**, of North Branford, Nov. 22, 1835, by Rev. Henry B. Camp	27
DAYTON, Eliza R., d. of Jonathan H., of Northford, m. Lewis C. **GREENE**, of West Meriden, Oct. 15, 1851, by Rev. Frederick Sill	111
DOUGLASS, Sarah, m. John **MALTBY**, Jan. 2, 1832, by Rev. Mathew Noyes	25
DOWD, Elizabeth P., m. Sam[ue]l H. **GRUMBLY**, Apr. 2, 1837, by Rev. John W. Woodward, in St. Andrews Church, in Northford	29
Lyman, of North Branford, m. Esther **WEBBER**, of East Haven, May 1, 1843, by John D. Baldwin	34
DOWNS, Laura Ann, Mrs., m. Amos **STEVENS**, June 3, 1849, by Geo[rge] I. Wood	110
Leonard, m. Laura Ann **MOULTHROP**, b. of North Branford, July 8, 1839, by John D. Baldwin	31
DURGEN, Catharine C., of Guilford, m. Reuben **HARRISON**, of North Bran-	

	Page
DURGEN (cont.),	
ford, Dec. 21, 1852, by Whitman Peck	112
EATON, Harvey T., of North Haven, m. Caroline F. **BROOKS**, of Northford, Nov. 23, 1841, by Rev. W[illia]m J. Boardman	33
ELLIOT, Whitney, of North Guilford, m. Emma E. **BENTON**, of North Branford, Mar. 14, 1847, by Rev. George I. Wood	108
ELLIS, Obed, of Fair Haven, m. Ellen L. **RUSSELL**, of North Branford, Dec. 19, 1842, by John D. Baldwin	34
EVARTS, Joel A., of Killingworth, m. Angeline A. **CHAPMAN**, of North Branford, Nov. 27, 1851, by Whitman Peck	111
FOOTE, FOOT, Ann L., of Warren, m. Jerome W. **FOOTE**, of Northford, Nov. 24, 1853, by Rev. A. C. Pierce	113
Anna Adelia, [d. Frederick & Sybil Celestia], b. June 13, 1849	44
Anna Lois, m. Abel **PATTER**, Dec. 14, 1831, by Rev. Matthew Noyes	25
Caroline, [d. Frederick & Sybil Celestia], b. Apr. 5, 1861	44
Celestia Tuttle, [d. Frederick & Sybil Celestia], b. Dec. 6, 1842	44
Charles, of Northford, m. Selina **BUNNELL**, of North Branford, Apr. 24, 1843, by John D. Baldwin	34
Ellen Mary, [d. Frederick & Sybil Celestia], b. Aug. 4, 1853	44
Frederick, b. Nov. 7, 1806; m. Sybil Celestia **TUTTLE**, June 25, 1840, at Cheshire	44
Frederick, [s. Frederick & Sybil Celestia], b. Apr. 24, 1841	44
Henry W., of Warren, m. Caroline A. **MUNSON**, of Wallingford, Nov. 27, 1853, by Rev. A. C. Pierce	113
Isaac, s. Frederick, b. Oct. 17, 1844	44
Isaac, [s. Frederick & Sybil Celestia], b. Oct. 17, 1844	44
Jerome W., of Northford, m. Ann L. **FOOTE**, of Warren, Nov. 24, 1853, by Rev. A. C. Pierce	113
John M., m. Sarah A. **MUNSON**, b. of Northford, Nov. 18, 1846, by Rev. William J. Boardman	38
Lucy H., of Northford, m. Leander **HARRISON**, of Wallingford, Oct. 31, 1847, by Rev. Henry Steele, in the Cong. Church, in Northford	108
Luzerne, m. Grace **FOWLER**, b. of Northford, May 20, 1838, by Rev. Lemuel B. Hull	30
Mariette, m. Levi **TALMAGE**, Apr. 11, 1832, by Rev. Matthew Noyes	25
Mary, of North Branford, m. Charles H. **FRISBIE**, of Branford, Dec. 31, 1854, by Whitman Peck	114
Noah, m. Grace **CHIDSEY**, b. of North Branford, Jan. 1, 1852, by Whitman Peck	111
Polly Ann, m. W[illia]m **MALTBY**, b. of Northford, Sept. 30, 1835, by Rev. W[illia]m J. Boardman	30
Samuel, m. Nabby **FORBES**, Apr. 9, 1841, by Rev. David Baldwin	33
FORBES, Nabby, m. Samuel **FOOT**, Apr. 9, 1841, by Rev. David Baldwin	33
FORD, George Lewis, [s. William], b. Apr. 28, 1839	43
Maria Antoinette, [d. William], b. June 10, 1835	43
William Davis, s. William, b. May 2, 1835	40
FOWLER, Ann Louisa, [d. Charles M. & Emily], b. Sept. 6, 1826	40
Charles M., m. Emily **COOK**, June 8, 1824, by [ ]	27
Ellen, [d. Charles M. & Emily], b. June 2, 1830	40

	Page
FOWLER (cont.),	
George, of North Branford, m. Eliza **AUSTIN**, of Wallingford, Aug. 30, 1834, by Rev. Charles William Bradley, in St. Andrews Church	26
Georgianna E., d. George & Eliza, b. Oct. 9, 1839	43
Gerard C., m. Lucy Ann **LINSLEY**, b. of Northford, Aug. 25, 1841, by Rev. William J. Boardman	33
Grace, m. Luzerne **FOOT**, b. of Northford, May 20, 1838, by Rev. Lemuel B. Hull	30
Jennet, [d. Charles M. & Emily], b. Nov. 19, 1831	40
John D., of New Haven, m. Mary E. **ROSE**, Apr. 23, 1849, by Geo[rge] I. Wood	110
Lydia, m. Richard **LINDSLEY**, Oct. 16, 1828, by Rev. Mathew Noyes	26
W[illia]m M., Capt., m. Abigail Ann **BROOKS**, Apr. 30, 1837, by Rev. John W. Woodward, in St. Andrews Church, in Northford	29
FREEMAN, W[illia]m H., of North Branford, m. Elizabeth **JONES**, of Wallingford, Mar. 23, 1853, by Whitman Peck	112
FRISBIE, Betsey, of New Haven, m. David A. **RUSSELL**, of North Branford, Mar. 25, 1833, by Rev. Judson A. Root	26
Charles H., of Branford, m. Mary **FOOTE**, of North Branford, Dec. 31, 1854, by Whitman Peck	114
Miles, m. Eunice Ann **AUGUR**, Jan. 9, 1832, by Rev. Mathew Noyes	25
GATES, Andrew M., [s. Andrew M. & Lucinda], b. Nov. 28, 1831	42
Charles E., [s. Andrew M. & Charlotte], b. Mar. 28, 1839	42
Eliza A., [d. John M. & Sylvia], b. Oct. 14, 1828	41
George W., [s. Andrew M. & Lucinda], b. Feb. 28, 1824	42
John A., [s. Andrew M. & Charlotte], b. June 6, 1836	42
John H., [s. John M. & Sylvia], b. Apr. 29, 1831	41
Mary E., [d. Andrew M. & Lucinda], b. Apr. 23, 1828	42
Phebe, of North Branford, m. John C. **GOLDSMITH**, of Guilford, Oct. 7, 1851 by Whitman Peck	111
Phebe C., [d. John M. & Sylvia, b. May 11, 1825	41
Sarah A., [d. John M. & Sylvia], b. May 22, 1823	41
GEER, Harriet C., of Canaan, m. David H. **THOMPSON**, of Madison, Apr. 4, 1841, by Rev. W[illia]m J. Boardman	32
GIDNEY, Daniel W., of Newburg, N. Y., m. Harriet L. **TYLER**, of Northford, Mar. 26, [1846], by Rev. William J. Boardman	38
GOLDSMITH, John C., of Guilford, m. Phebe **GATES**, of North Branford, Oct. 7, 1851, by Whitman Peck	111
GORDON, George A., of Sheffield, Ms., m. Phebe A. **GORDON**, of North Branford, Dec. 30, 1840, by John D. Baldwin	32
Hannah, of North Branford, m. Merit E. **WILLIAMS**, of Wallingford, Dec. 23, 1838, by John D. Baldwin	31
Laura S., of North Branford, m. M. Douglass **MUNSON**, of Wallingford, Oct. 3, 1853, by Whitman peck	113
Phebe A., of North Branford, m. George A. **GORDON**, of Sheffield, Ms., Dec. 30, 1840, by John D. Baldwin	32
GREENE, Lewis C., of West Meriden, m. Eliza R. **DAYTON**, d. of Jonathan H., of Northford, Oct. 15, 1851, by Rev. Frederick Sill	111
GRISWOLD, Lewis, of Guilford, m. Lucretia **LINSLEY**, of Northford, Oct.	

	Page
GRISWOLD (cont.),	
14, 1840, by Rev. William J. Boardman	32
GRUMBLY, Sam[ue]l H., m. Elizabeth P. **DOWD**, Apr. 2, 1837, by Rev. John W. Woodward, in St. Andrews Church, in Northford	29
HALL, Abigail F., of Branford, m. Darwin **PAGE**, of North Branford, Jan. 8, 1854, by Whitman Peck	114
Eli A., m. Mary T. **CURTIS**, July 1, 1849, by Rev. David Baldwin	109
Emeline A., m. Edward **LINSLEY**, b. of North Branford, Sept. 24, 1854, by Rev. A. Savage	114
William, of New Haven, m. Harriet F. **PAGE**, of North Branford, Sept. 26, 1847, by Rev. Geo[rge] I. Wood	108
HARRISON, Ann M., of North Branford, m. Abram H. **DARROW**, of Bristol, Sept. 16, 1839, by John D. Baldwin	31
Annis, m. Elon **BARKER**, Apr. 17, 1836, by Rev. Henry B. Camp	28
Benjamin Franklin, [s. Elizur & Rebecca], b. Apr. 19, 1811	40
Butler, d. June 11, 1832	59
Caroline, m. Alfred **RUSSELL**, b. of North Branford, Mar. 9, 1845, by John D. Baldwin	36
Edward, d. Jan. 22, 1833, ae 86 y.	59
Elizur, m. Rebecca **BARTHOLOMEW**, Dec. 31, 1809	26
Giles, d. Aug. 14, 1831, ae 66 y.	59
James, of North Branford, m. Lurenna C. **BALDWIN**, of Branford, Oct. 15, 1849, by Geo[rge] I. Wood	110
Jeremiah, of North Branford, m. Mary C. **MIX**, of New Haven, Mar. 14, 1847, by Rev. George I. Wood	107
Langdon, m. Sophronia **BLAKESLEE**, Nov. 14, 1836, by Matthew Noyes, V. D. M.	28
Leander, of Wallingford, m. Lucy H. **FOOTE**, of Northford, Oct. 31, 1847, by Rev. Henry Steele, in the Cong. Church, in Northford	108
Lorenzo E., m. Antoinette **TODD**, b. of Northford, Dec. 17, 1846, by Rev. Henry Fitch	39
Lorenzo Elizur, [s. Elizur & Rebecca], b. Apr. 10, 1820	40
Martha Ann, m. Albert B. **WHEDON**, b. of North Branford, Oct. 17, 1841, by John D. Baldwin	34
Reuben, [s. Elizur & Rebecca] b. Mar. 21, 1822	40
Reuben, of North Branford, m. Catharine C. **DURGEN**, of Guilford, Dec. 21, 1852, by Whitman Peck	112
Sally B., m. Jonathan **ROSE**, b. of North Branford, Oct. 12, 1837, by Rev. Timothy P. Gillett	29
Sylvanus, [d. Elizur & Rebecca], b. Mar. 24, 1816	40
HEMINGWAY, Augustus A., of North Haven, m. Ann Maria **ROGERS**, of North Branford, Apr. 24 1853, by Whitman Peck	113
HILL, Lucy, m. Phineas Bartlet **NICHOLS**, Sept. 5, 1844, by Malachi Cooke, J. P.	35
HITCHCOCK, Alfred, of Prospect, m. Mary M. **TALEMADGE**, of North Branford, Mar. 2, 1847, by Rev. George I. Wood	107
Robert, of New Haven, m. Abigail **BLAKESLEE**, of Northford, Sept. 25, 1836, by Zolva Whitmore	28
HOADLEY, Hannah Smith, m. Epaphras Chapman **MALTBY**, b. of North-	

	Page
HOADLEY (cont.),	
ford, Apr. 8, 1851, by L. Ives Hoadley	110
Mary E., of Branford, m. J. Albert **PALMER**, of N. Branford, May 6, 1851, by Whitman Peck	110
Minerva, of Northford, m. George **WALKER**, of New Haven, Jan. 2, 1832, by Rev. Mathew Noyes	25
HOBART, John, m. Lydia A. **NICHOLS**, Sept. 20, 1840, by Rev. David Baldwin	32
HOTCHKISS, John, of North Haven, m. Parnell **LEETE**, of Guilford, July [ ], 1841, by John D. Baldwin	33
HUBBARD, John, of Guilford, m. Mary **LINSLEY**, of North Branford, Nov. 26, 1835, by Rev. David Baldwin	32
Mary L., w. John, of Guilford & d. of Chauncey **LINSLEY**, of North Branford, d. Nov. 16, 1837, ae 28 y.	59
HUNT, Betsey, of Northford, m. Calvin **CRAMPTON**, of Guilford, Sept. 22, 1835, by Rev. William J. Boardman	29
ISBEL, Betsey A., Mrs., m. Edmund **WELD**, b. of Guilford, Nov. 17, 1850, by Rev. Lorenzo T. Bennett, of Guilford	110
IVES, William W., of Wallingford, m. Sarah G. **BARTHOLOMEW**, of North Branford, Mar. 24, 1841, by Rev. Henry Townsend	32
JAMES, W. B., of New Haven, m. Chloe F. **RICHARDS**, of Guilford, Feb. 6, 1853, by Whitman Peck	112
JOHNSON, Hannah B., d. Henry & Harriet, b. Sept. 23, 1842	43
Henrietta Amelia, [d. John B.], b. June 28, 1836	43
Henry, m. Hannah **BALDWIN**, Sept. 25, 1833, by Rev. Judson A. Root	26
John, m. Maria **MOULTHROP**, May 25, 1836, by Rev. Henry B. Camp	28
Julia Silina, [d. John B.], b. Feb. 12, 1841	43
Lucy Lucretia, [d. John B.], b. Aug. 13, 1844	43
William Benjamin, [s. John B.], b. Sept. 13, 1838	43
JONES, Elizabeth, of Wallingford, m. W[illia]m H. **FREEMAN**, of North Branford, Mar. 23, 1853, by Whitman Peck	112
Horace B., [s. Daniel], b. Mar. 10, 1829	43
Merit M., [s. Daniel], b. Nov. 20, 1826	43
Willys G., [s. Daniel], b. Nov. 8, 1832	43
KELSEY, Martha, m. Sidney H. **BOARDMAN**, b. of Northford, Apr. 27, 1841, by Rev. W[illia]m J. Boardman	33
LANFAIR, George H., Capt., m. Ann Eliza **BALL**, b. of Fair Haven, Oct. 14, 1845, by Rev. George I. Wood	38
LANGDON, John P., of Naugatuck, m. Nancy W. **BUNNELL**, of North Branford, Jan. 6, 1845, by Rev. George P. Wood	36
LEETE, Lucine, of Northford, m. Julius M. **BLAKESLEE**, of Fair Haven, Nov. 30, 1837, by Rev. W[illia]m J. Boardman	30
Parnell, of Guilford, m. John **HOTCHKISS**, of North Haven, July [ ], 1841, by John D. Baldwin	33
LINSLEY, LINDSLEY, Edward, m. Emeline A. **HALL**, b. of North Branford, Sept. 24, 1854, by Rev. A. Savage	114
Elizabeth M., of Northford, m. Dr. Samuel **BULLOCK**, of Killingly, Aug. 21, 1832, by James H. Linsley	26
Eunice S., of North Branford, m. Henry **PLUMLY**, of Massena, N. Y.,	

	Page
LINSLEY, LINDSLEY (cont.),	
May 5, 1844, by Ammi Linsley, V. D. M.	35
Hannah, of Northford, m. John C. **PARKER**, of Guilford, Dec. 6, 1836, by Rev. W[illia]m J. Boardman	30
Levi, of North Branford, m. Andria F. **BISHOP**, of Paris, N. Y., Feb. 18, 1836, by Rev. Timothy P. Gillett	27
Lucretia, of Northford, m. Lewis **GRISWOLD**, of Guilford, Oct. 14, 1840, by Rev. William J. Boardman	32
Lucy Ann, m. Gerard C. **FOWLER**, b. of Northford, Aug. 25, 1841, by Rev. William J. Boardman	33
Mary, of North Branford, m. John **HUBBARD**, of Guilford, Nov. 26, 1835, by Rev. David Baldwin	32
Mary, m. Philetus **MONTAGUE**, May 9, 1836, by Rev. Henry B. Camp	28
Mary L., see Mary L. **HUBBARD**	59
Richard, m. Lydia **FOWLER**, Oct. 16, 1828, by Rev. Mathew Noyes	26
Sally, of Northford, m. Henry **SCRANTON**, of Madison, Jan. 16, 1844, by Rev. W[illia]m J. Boardman	34
Tho[ma]s Russell, m. Emily Cecilia **COOK**, [Apr. 30, 1837], by Rev. John W. Woodward, in St. Andrews Church, in Northford	29
LONDON, Ellen Lodemia, m. David **REED**, b. of Wallingford, Sept. 2, 1849, by L. Ives Hoadley. Witnesses, Delos Allen, Caroline Amelia Allen, Mrs. Hoadley	109
MALTBY, Emily B., of Northford, m. Benjamin **PAGE**, of Ohio, Sept. 19, 1838, by Rev. William J. Boardman	31
Epaphras Chapman, m. Hannah Smith **HOADLEY**, b. of Northford, Apr. 8, 1851, by L. Ives Hoadley	110
John, m. Sarah **DOUGLASS**, Jan. 2, 1832, by Rev. Mathew Noyes	25
W[illia]m, m. Polly Ann **FOOT**, b. of Northford, Sept. 30, 1835, by Rev. W[illia]m J. Boardman	30
MARROWAY, John, of Southington, m. Venelia L. **BYINGTON**, of Northford, Mar. 14, 1850, by L. Ives Hoadley	109
MAY, Jesse, of Attleborough, Mass., m. Harriet M. **BISHOP**, of North Branford, Apr. 25, 1841, by John D. Baldwin	33
MERRIAM, Sarah E., of Meriden, m. Benjamin **PAGE**, Jr., of North Branford, Oct. 20, 1836	29
MERRICK, Mariah, d. Sept. 3, 1831	59
MIX, Mary C., of New Haven, m. Jeremiah **HARRISON**, of North Branford, Mar. 14, 1847, by Rev. George I. Wood	107
MONROE, Beverly, [s. Jasper & Betsey], b. Aug. 20, 1824	40
James, [s. Jasper & Betsey], b. May 20, 1820	40
MONTAGUE, Philetus, m. Mary **LINSLEY**, May 9, 1836, by Rev. Henry B. Camp	28
MOSELEY, Henry W., m. Sarah E. **RUSSELL**, b. of Madison, July [ ], 1841, by John D. Baldwin	33
MOULTHROP, Laura Ann, m. Leonard **DOWNS**, b. of North Branford, July 8, 1839, by John D. Baldwin	31
Lucretia, m. Richard **RUSSELL**, July 3, 1833, by Rev. Judson A. Root	26
Maria, m. John Johnson, May 25, 1836, by Rev. Henry B. Camp	28
MUNSON, Caroline A., of Wallingford, m. Henry W. **FOOTE**, of Warren,	

	Page
MUNSON (cont.),	
Nov. 27, 1853, by Rev. A. C. Pierce	113
M. Douglass, of Wallingford, m. Laura S. **GORDON**, of North Branford, Oct. 3, 1853, by Whitman Peck	113
Sarah A., m. John M. **FOOTE**, b. of Northford, Nov. 18, 1846, by Rev. William J. Boardman	38
NICHOLS, Lydia A., m. John **HOBART**, Sept. 20, 1840, by Rev. David Baldwin	32
Phineas Bartlet, m. Lucy **HILL**, Sept. 5, 1844, by Malachi Cooke, J. P.	35
NORTON, Anson, m. Fanny N. **BISHOP**, Oct. 7, 1838, by John D. Baldwin	30
Billy, (or William), m. Mary **DUDLEY**, b. of North Guilford, Oct. 8, 1845, by Rev. George I. Wood	37
William, (or Billy), m. Mary **DUDLEY**, b. of North Guilford, Oct. 8, 1845, by Rev. George I. Wood	37
PAGE, Benjamin, Jr. of North Branford, m. Sarah E. **MERRIAM**, of Meriden, Oct. 20, 1836, by [ ]	29
Benjamin, of Ohio, m. Emily B. **MALTBY**, of Northford, Sept. 19, 1838, by Rev. William J. Boardman	31
Benjamin, [s. Benj[ami]n, Jr. & Sarah], b. Sept. 4, 1840	41
Charles, [s. Benj[ami]n, Jr. & Sarah], b. May 21, 1839	41
Darwin, of North Branford, m. Abigail F. **HALL**, of Branford, Jan. 8, 1854, by Whitman Peck	114
Eliza A., m. Abraham R. **WHEADON**, Sept. 16, 1834, by Rev. Judson A. Root	27
Harriet F. of North Branford, m. William **HALL**, of New Haven, Sept. 26, 1847, by Rev. Geo[rge] I. Wood	108
Herbert, [s. Judson & Marietta], b. May 30, 1846	44
John M., [s. Benj[ami]n, Jr. & Sarah], b. Feb. 14, 1838	41
Judson, of North Branford, m. Mariett **THOMPSON**, of East Haven, Oct. 2, 1843, by John D. Baldwin	34
Lois, m. Samuel A. **ROGERS**, b. of North Branford, Apr. 18, 1847, by Rev. George I. Wood	108
Martha Elizabeth, [d. Benj[ami]n, Jr. & Sarah], b. Feb. 25, 1845	41
Phebe A., d. Nov. 5, 1831, ae 26 y. 11 m.	59
Robert, [s. Benj[ami]n, Jr. & Sarah], b July 3, 1846	41
Sarah Elvira, [d. Judson & Marietta], b. Dec. 8, 1847	44
PALMER, Adelia E., of North Branford, m. Warren S. **BRADLEY**, of East Haven, Sept. 21, 1845, by Rev. George I. Wood	37
Amelia, m. Frederick W. **BEERS**, b. of North Branford, Sept. 5, 1841, by John D. Baldwin	34
Catharine, m. Wyllys **BUNNELL**, b. of North Branford, May 27, 1853, by Whitman Peck	113
Chloe, m. Russell **CLERK**, b. of North Branford, [Sept.] 12, [1831], by Judson A. Root	25
Grace A., of Northford, m. John F. **PALMER**, of North Haven, Mar. 22, 1846, by Rev. George I. Wood	107
J. Albert, of N. Branford, m. Mary E. **HOADLEY**, of Branford, May 6, 1851, by Whitman Peck	110
John F., of North Haven, m. Grace A. **PALMER**, of Northford, Mar. 22,	

	Page
PALMER (cont.),	
1846, by Rev. George I. Wood	107
Laura, m. Charles **COOPER**, b. of North Branford, Apr. 28, 1839, by John D. Baldwin	31
Sarah Ann, of North Branford, m. William **SHELLY**, of Guilford, Sept. 12, 1842, by Rev. Timothy P. Gillett	34
PARKER, John C., of Guilford, m. Hannah **LINSLEY**, of Northford, Dec. 6, 1836, by Rev. W[illia]m J. Boardman	30
PATTER, Abel, m. Anna Lois **FOOT**, Dec. 14, 1831, by Rev. Matthew Noyes	25
PIERPONT, Jason, of North Haven, m. Martha A. **CROWELL**, of Northford, Feb. 23, 1845, by Rev. W[illia]m J. Boardman	36
PLUMLY, Henry, of Massena, N. Y., m. Eunice S. **LINSLEY**, of North Branford, May 5, 1844, by Ammi Linsley, V. D. M.	35
REED, READ, David, m. Ellen Lodemia **LONDON**, b. of Wallingford, Sept. 2, 1849, by L. Ives Hoadley. Witnesses, Delos Allen, Caroline Amelia Allen, Mrs. Hoadley	109
Emily E., of Meriden, m. Myron H. **BYINGTON**, of North Branford, Sept. 7, 1846, by Rev. George I. Wood	107
RICHARDS, Chloe F., of Guilford, m. W. B. **JAMES**, of New Haven, Feb. 6, 1853, by Whitman Peck	112
ROBINSON, Amos S., of North Branford, m. Louisa **BROCKETT**, of North Haven, Oct. 28, 1847, by Rev. Geo[rge] I. Wood	109
John, d. Nov. 25, 1840	59
ROGERS, Abijah H., of North Branford, m. Harriet **CHIDSEY**, of East Haven, May 16, 1825	29
Ann Maria, [d. Abijah H. & Harriet], b. Nov. 15, 1832	40
Ann Maria, of North Branford, m. Augustus A. **HEMINGWAY**, of North Haven, Apr. 24, 1853, by Whitman Peck	113
Elizur, [s. Abijah H. & Harriet], b. May 18, 1826	40
Henry, s. Rufus & Betsey, b. July 19, 1838	42
Manson, [s. Ebenezer & Rebecca], b. Dec. 28, 1823	43
Mary Ann, [d. Ebenezer & Rebecca], b. May 18, 1817	43
Phebe Ann, [d. Samuel A. & Esther], b. Feb. 10, 1837	42
Rufus, 2nd., of North Branford, m. Betsey **CHIDSEY**, of East Haven, [Jan. 25, 1837], by W. Bushnell	29
Samuel, [s. Samuel A. & Esther], b. Apr. 3, 1824	42
Samuel A., m. Lois **PAGE**, b. of North Branford, Apr. 18, 1847, by Rev. George I. Wood	108
ROSE, Beverley Monroe, s. Jonathan, 2nd. & Harriot], b. Apr. 6, 1808	40
Charles, [s. Jonathan, 2nd. & Harriot], b. July 3, 1818	40
Eunice, d. Sept. 21, 1809	59
George, [s. Jonathan, 2nd. & Harriot], b. Feb. 5, 1805	40
Harriot, w. of Jonathan, 2nd., b. Sept. 7, 1780	40
John, [s. Jonathan, 2nd. & Harriot], b. July 24, 1815	40
Jonathan, 2nd., b. Aug. 30, 1781	40
Jonathan, 2nd., of North Branford, m. Harriot **WOODWARD**, of Guilford, Sept. 8, 1803, by [ ]	27
Jonathan, m. Sally B. **HARRISON**, b. of North Branford, Oct. 12, 1837, by Rev. Timothy P. Gillett	29

	Page
ROSE (cont.),	
Julia Ann, m. Horace **SMITH**, b. of Northford, Nov. 29, 1836, by Rev. William J. Boardman	30
Justus, d. Nov. 2, 1810	59
Levi, d. Dec. 13, 1831, ae 82 y.	59
Lydia, wid. Justus, d. Dec. 12, 1831, ae 91 y.	59
Maria, [d. Jonathan, 2nd. & Harriot], b. May 8, 1810	40
Maria, m. Dr. Sheldon **BEARDSLEY**, Aug. 18, 1835, by Rev. Henry B. Camp	27
Mary E., m. John D. **FOWLER**, of New Haven, Apr. 23, 1849, by Geo[rge] I. Wood	110
Nathan, d. Nov. 3, 1844, ae 88 y.	59
Sally, d. Nov. 24, 1834, ae 43 y.	59
Sarah S., of North Branford, m. Salman **CHEDSEY**, of East Haven, Dec. 21, 1831, by J. A. Root	25
Virgil H., m. Cynthia A. **BALDWIN**, b. of North Branford, Mar. 20, 1853, by Whitman Peck	112
RUSSELL, Alfred, m. Caroline **HARRISON**, b. of North Branford, Mar. 9, 1845, by John D. Baldwin	36
Ann C., d. Samuel F. & Ann C., b. Sept. 26, 1835	42
David, Dea., d. July 2, 1836, ae 74 y.	59
David A., of North Branford, m. Betsey **FRISBIE**, of New Haven, Mar. 25, 1833, by Rev. Judson A. Root	26
Ellen L., of North Branford, m. Obed Ellis, of Fair Haven, Dec. 19, 1842, by John D. Baldwin	34
Emily Frances, [d. David A. & Betsey], b. Aug. 17, 1838	41
Frank Maynard, s. Chauncey & Lois B., b. Jan. 27, 1847	44
Jane Elizabeth, [d. David A. & Betsey], b. Feb. 15, 1835	41
Julia Augusta, [d. David A. & Betsey], b. Mar. 22, 1842	41
Julia Frances, [d. David A. & Betsey], b. Jan. 19, 1836	41
Julia Frances, d. David A. & Betsey, d. Mar. 23, 1839, ae 3 y. 2 m.	59
Merrick Monroe, s. Samuel F. & Almira, b. July 26, 1841	42
Richard, m. Lucretia **MOULTHROP**, July 3, 1833, by Rev. Judson A. Root	26
Samuel F., of North Branford, m. Almira **CHIDSEY**, of East Haven, Sept. 4, 1836, by Rev. Henry Gleason	28
Sarah E., m. Henry W. **MOSELEY**, b. of Madison, July [ ], 1841, by John D. Baldwin	33
SCRANTON, Henry, of Madison, m. Sally **LINSLEY**, of Northford, Jan. 16, 1844, by Rev. W[illia]m Boardman	34
SHELLY, William, of Guilford, m. Sarah Ann **PALMER**, of North Branford, Sept. 12, 1842, by Rev. Timothy P. Gillett	34
SHIPMAN, George E., M. D., of Andover, Ill., m. Frances E. **BOARDMAN**, of Northford, Apr. 24, 1845, by Rev. W[illia]m Boardman	36
SMITH, Eli, of Northford, m. Mrs. Lydia **TODD**, wid. of Lyman, of North Haven, Dec. 16, 1844, by Malachi Cooke, J. P.	35
Horace, m. Julia Ann **ROSE**, b. of Northford, Nov. 29, 1836, by Rev. William J. Boardman	30
STENT, Dwight, s. Newton & Jane, b. Jan. 25, 1840	41

	Page
STENT (cont.),	
Newton, d. Feb. 14, 1843, ae 29 y.	59
STEVENS, Amos, m. Mrs. Laura Ann **DOWNS**, June 3, 1849, by Geo[rge] I. Wood	110
STONE, Bennett, m. Ruth **BUTLER**, Mar. 30, 1836, by Jesse Linsley, J. P.	28
[TALMADGE], TALEMADGE, TALMAGE, Levi, m. Mariette **FOOT**, Apr. 11, 1832, by Rev. Matthew Noyes	25
Mary M., of North Branford, m. Afred **HITCHCOCK**, of Prospect, Mar. 2, 1847, by Rev. George I. Wood	107
THOMPSON, David H., of Madison, m. Harriet C. **GEER**, of Canaan, Apr. 4, 1841, by Rev. W[illia]m J. Boardman	32
Mariett, of East Haven, m. Judson **PAGE**, of North Branford, Oct. 2, 1843, by John D. Baldwin	34
TODD, Antoinette, m. Lorenzo E. **HARRISON**, b. of Northford, Dec. 17, 1846, by Rev. Henry Fitch	39
Ellen, m. Philo **WILLIAMS**, b. of Northford, Apr. 12, 1846, by Rev. Henry Fitch	38
Esther Elizabeth, of Northford, m. Reuben **AUGUR**, of Fair Haven, Nov. 25, 1846, by Rev. Henry Fitch	39
Lydia, wid., of Lyman, of North Haven, m. Eli **SMITH**, of Northford, Dec. 16, 1844, by Malachi Cooke, J. P.	35
Mariah C., m. Reuben N. **AUGUR**, b. of North Branford, Oct. 28, 1850, by William E. Vibbert	111
William, of North Haven, m. Emeline **BROOKS**, of Northford, Aug. 15, 1842, by John D. Baldwin	34
TRACY, Sarah, of North Branford, m. Rufus **CHAPMAN**, of New Haven, Sept. 7, 1852, by Whitman Peck	112
TRYON, Edward, of Chatham, m. Fanny W. **CRANDAL**, of Clinton, May 6, 1841, by Rev. William J. Boardman	33
TUTTLE, Sybil Celestia, b. Oct. 1, 1819, at Hamden; m. Frederick **FOOTE**, June 25, 1840 at Cheshire	44
TYLER, Elizabeth Ann, [d. Stephen & Lois], b. Oct. 21, 1821	40
Harriet L., of Northford, m. Daniel W. **GIDNEY**, of Newburg, N. Y., Mar. 26, [1846], by Rev. William J. Boardman	38
Mathew Noyes, [s. Stephen & Lois], b. Nov. 12, 1825	40
Stephen, M. Lois **BARTHOLOMEW**, Nov. 19, 1819, by Rev. Matthew Noyes	25
WALKER, George, of New Haven, m. Minerva **HOADLEY**, of Northford, Jan. 2, 1832, by Rev. Mathew Noyes	25
WEBBER, Esther, of East Haven, m. Lyman **DOWD**, of North Branford, May 1, 1843, by John D. Baldwin	34
WELD, Edmund, m. Mrs. Betsey A. **ISBEL**, b. of Guilford, Nov. 17, 1850, by Rev. Lorenzo T. Bennett, of Guilford	110
WHEADON, WHEDON, Abraham, d. Aug. 31, 1842, ae 81 y.	59
Abraham R., m. Eliza A. **PAGE**, Sept. 16, 1834, by Rev. Judson A. Root	27
Albert B., m. Martha Ann **HARRISON**, b. of North Branford, Oct. 17, 1841, by John D. Baldwin	34
Lydia S., m. Jared G. **CHIDSEY**, May 4, 1834, by Rev. J. A. Root	27
William, m. Jennett E. **BROCKETT**, Sept. 4, 1834, by Rev. J. A. Root	27

	Page
WHITE, Aaron, of Meriden, m. Jane W. **CHAPMAN**, of North Branford, Jan. 1, 1854, by Whitman Peck	113
Bushnel, of Cleveland, O., m. Elizabeth B. **CLARK**, of New York, Sept. 19, 1844, by Rev. W[illia]m J. Boardman	35
WILLIAMS, Douglas, [s. Hermon H. & Sarah J.], b. July 5, 1830	41
Grace, [d. Hermon H. & Sarah J.], b. May 8, 1826	41
Grace, of Northford, m. Henry **WILLIAMS**, of Wallingford, Dec. 24, 1846, by Rev. Henry Fitch	39
Henry, of Wallingford, m. Grace **WILLIAMS**, of Northford, Dec. 24, 1846, by Rev. Henry Fitch	39
Henry I., of North Branford, m. Jane **WILLIAMS**, of New Haven, (colored), Aug. 24, 1845, by Rev. Samuel Merwin	37
Jane, of New Haven, m. Henry I. **WILLIAMS**, of North Branford (colored), Aug. 24, 1845, by Rev. Samuel Merwin	37
Merit E., of Wallingford, m. Hannah **GORDON**, of North Branford, Dec. 23, 1838, by John D. Baldwin	31
Philo, m. Ellen **TODD**, b. of Northford, Apr. 12, 1846, by Rev. Henry Fitch	38
WOODWARD, Harriot, w. of Jonathan **ROSE**, 2nd., b. Sept. 7, 1780	40
Harriot, of Guilford, m. Jonathan **ROSE**, 2nd., of North Branford, Sept. 8, 1803	27

NORTH HAVEN VITAL RECORDS
1786-1854

	Vol.	Page
ABBEY, Amos, m. Lydia **TUTTLE**, Sept. 28, 1817	2	16
Amos, divorced from Lydia, [ ]	2	16
Lydia, divorced from Amos, [ ]	2	16
Mary Ann, see Mary Turner **ABBEY**	2	16
Mary T. of North Haven, m. Evanday **BIGGS**, of New York, Feb. 26, 1845, by L. Griggs	2	136
Mary Turner, [d. Amos & Lydia], b. Oct. 12, 1817, "Mary Ann was entered by Amos **ABBEY** and Mary **TURNER**, by his w. after divorced"	2	16
Sally, m. Bela **BISHOP**, Nov. 26, 1835, by Leverett Griggs	2	124
Sally Tuttle, [d. Amos & Lydia], b. May 31, 1819	2	16
ABBOTT, ABBOT, Catharine A., of North Haven, m. Henry B. **FOWLER**, of North Guilford, Mar. 20, 1839, by Leverett Griggs	2	130
Catharine Augusta, [d. John & Anna Person], b. Jan 1, 1818	2	19
Hiram, [s. John & Anna Person], b. May 1, 1803	2	19
John, m. Anna Person **SIMMONS**, May 29, 1800	2	19
Luanna P. of North Haven, m. Stephen **GILBERT**, of Hamden, Oct. [ ], 1828, by Nath[anie]l W. Taylor	2	114
Luanna Person, [d. John & Anna Person], b. Apr. 3, 1810	2	19
Mariah, [d. John & Anna Person], b. Jan. 23, 1801	2	19
Maria, m. Eliada **SANFORD**, b. of North Haven, May 30, 1821, by Rev. W[illia]m J. Boardman	2	101
ADAMS, William B., of Cabotsville, Mass., m. Cordelia **HOTCHKISS**, of New Haven, Dec. 29, 1845, by Rev. John Doolittle, at Lyman Thorp's	2	139
ALLEN, Cata, d. [Jotham & Sarah], b. Aug. 27, 1777	1	2
Cata, [d. Jotham & Sarah], b. Aug. 27, 1777	2	3
Delos, m. Esther A. **BENNETT**, Sept. 17, 1854, by S. W. Robbins	2	147
Jotham, m. Sarah **WOLCOT**, Jan. 8, 1770	1	2
Jotham, m. Sarah **WOLCOT**, Jan. 8, 1770	2	3
Jotham, [s. Jotham & Sarah], b. Mar. 24, 1787	2	3
Jotham, s. [Jotham & Sarah], b. Mar. 24, 1787	1	3
Lydia, d. [Jotham & Sarah], b. May 30, 1782	1	2
Lydia, [d. Jotham & Sarah], b. May 30, 1782	2	3
Sarah, d. [Jotham & Sarah], b. Nov. 11, 1779	1	2
Sarah, [d. Jotham & Sarah], b. Nov. 11, 1779	2	3
Sibbel, d. Jotham & Sarah, b. Sept. 13, 1770	1	2
Sibbel, [d. Jotham & Sarah], b. Sept. 13, 1770	2	3
Timothy, s. [Jotham & Sarah], b. Oct. 31, 1772	1	2
Timothy, [s. Jotham & Sarah], b. Oct. 31, 1772	2	3

	Vol.	Page
ALLEN (cont.),		
Viney, d, [Jotham & Sarah], b. Dec, 26, 1789	1	3
Viney, [child of Jotham & Sarah], b. Dec. 26, 1789	2	3
Zopher, s. [Jotham & Sarah], b. Jan. 5, 1775	1	2
Zopher, [s. Jotham & Sarah], b. Feb. 5, 1775	2	3
ALLIS, Sylvester B., of Huntington, m. Eliza M. **TUTTLE**, of North Haven, Apr. 13, 1849, by Joseph D. Hull	2	141
ANDREWS, ANDREW, [see also **ANDRUS**], Edward A., of Hamden, m. Adaline **MOULTHROP**, of North Haven, Mar. 31, 1850, by Rev. J. P. Warren, of Hamden	2	143
Frankling C., of Southington, m. Delight **THORP**, of North Haven, June [ ], 1836, by Rev. Leverett Griggs	2	126
Jesse, m. Phila **HUMISTON**, Oct. 22, 1801	1	15
Laura, of North Haven, m. Andrew **HALL**, of Hamden, May 9, 1836, by Rev. Leverett Griggs	2	126
ANDRUS, [see also **ANDREWS**], Alfred, s. Pierpont & Sibbel, b. Oct. 14, 1805	2	12
Allen Ives, [s. Jesse & Phila], b. Jan. 23, 1803	1	15
Allen Ives, [s. Jesse & Phila], b. Jan. 23, 1803	2	11
Cornelia B., [d. Jesse, Jr. & Mary], b. Feb. 12, 1832	2	41
Franklin, s. Jesse & Phila, b. Aug. 16, 1813	2	12
George, [s. Timothy & Lydia], b. May 7, 1817	2	17
Grace, [d. Timothy & Polly], b. Oct. 14, 1812	2	17
Jesse, m. Phila **HOMISTON**, Oct. 22, 1801	2	11
Jesse, [s. Jesse & Phila], b. Mar. 26, 1805	1	15
Jesse, [s. Jesse & Phila], b. Mar. 26, 1805	2	11
Jesse, Jr., m. Mary **BRADLEY**, Sept. 10, 1827	2	41
Jesse, Jr., of North Haven, m. Mary G. **BRADLEY**, of North Haven, Sept. 10, 1827, by James Noyes	2	113
Judson B., [s. Jesse, Jr. & Mary], b. Apr. 25, 1834	2	41
Laura, d. [Jesse & Phila], b. Sept. 24, 1816	2	12
Luther, [s. Timothy & Lydia], b. Feb. 12, 1816	2	17
Newell W., [s. Jesse, Jr. & Mary], b. Apr. 6, 1841	2	41
Polly, [w. Timothy], d. Oct. 2, 1813	2	17
Sibbel, m. Levi **COOPER**, May 5, 1810	2	12
Timothy, m. Polly **BRADLEY**, Dec. 25, 1811	2	17
Timothy, m. Lydia **IVES**, Dec. 13, 1814	2	17
ATKINS, Mary Ann, m. Edmund **HOWD**, b. of Wallingford, Sept. 20, 1822, by Rev. W[illia]m J. Boardman	2	104
ATWATER, Elezur P., of New Haven, m. Julia **HEMINGWAY**, of North Haven, Oct. 3, 1849, by Rev. T. G. Colton	2	142
Harriet, m. Henry **HOUGH**, of Wallingford, Oct. 19, 1825, by Rev. W[illia]m J. Boardman	2	111
Lucy, m. Eli **BROCKETT**, Apr. 15, 1801	1	7
Lucy, m. Eli **BROCKETT**, Apr. 15, 1801	2	7
ATWOOD, Zeruah, m. Burret **BROCKETT**, b. of North Haven, Nov. 20, 1825, by Rev. W[illia]m J. Boardman. (*Written "Jeruah")	2	111
AUGUR, Reuel, of Branford, m. Roxana **WAY**, of Hamden, Mar. 27, 1823, by Rev. Oliver Willson	2	106

	Vol.	Page
BAILEY, Oliver, of East Haven, m. Meriam **STEPHENS**, of North Guilford, Mar. 15, 1838, by Rev. T. O. Judd	2	128
BAKER, Abby, of Groton, m. Lyman **BLAKESLEE**, of North Haven, Nov. 4, 1821, by Rev. Oliver Willson	2	102
BALDWIN, Abram N., of North Guilford, m. Emily **FOOT**, of North Haven, June 30, 1830, by Rev. W[illia]m J. Boardman	2	116
Damaris, of North Branford, m. Lyman **TODD**, of New York State, Sept. 26, 1830, by Rev. W[illia]m J. Boardman	2	116
Maria A., m. Lawrence P. **TODD**, Mar. 11, 1848, by Burdett Hart	2	141
BALL, Miles J., of Fair Haven, m. Emily L. **BASSETT**, of North Haven, July 14, 1852, by Ammi Simsbury, V. D. M.	2	145
BARBER, Walter, of Lenington, N. Y., m. Laura W. **DICKERMAN**, of North Haven, May 18, 1842, by L. Griggs	2	134
BARKER, Eliphalet, of Branford, m. Martha **McCOY**, of North Haven, Nov. 29, 1838, by Rev. T. O. Judd	2	125
BARNES, BARNS, Abiah, mother of John, d. Dec. 9, 1805	2	31
Abigail, m. Nymphas [**STACEY**], Mar. [ ], 1818	2	38
Amelia, [d. Joshua, Jr. & Amelia], b. Sept. 20, 1810	2	28
Andrew, [s. Byard & Cleora], b. Feb. 3, 1825	2	37
Bede Eliza, [w. Byard], d. Aug. 26, 1823	2	37
Bede Goodyear, [d. Byard & Bede Eliza], b. Oct. [ ]	2	37
Bede Julia Ann, [child of Joshua, Jr. & Amelia], b. May 31, 1816	2	28
Betsey, [d. Justus & Susannah], b. Jan. 17, 1790	2	29
Betsey, of North Haven, m. William **McCOY**, of Branford, Apr. 4, 1825, by Rev. W[illia]m J. Boardman	2	110
Byard, m. Bede Eliza **GILL**, Nov. 6, 1816	2	37
Byard, m. Cleora **LINDSLEY**, Mar. 31, 1824	2	37
Byard Eleazer, [s. Byard & Cleora], b. Dec. 11, 1826	2	37
Caroline, m. Beri **TODD**, b. of North Haven, Nov. 12, 1828, by Rev. W[illia]m J. Boardman	2	115
Caroline Samathy, [d. Joshua, Jr. & Amelia], b. Dec. 26, 1807	2	28
Chauncey Merwin, [s. Joshua, Jr. & Amelia], b. Sept. 8, 1806	2	28
Chloe, [w. John], d. Aug. 13, 1811	2	31
Daniel, m. Jane **BARNES**, b. of North Haven, Oct. 25, 1829, by Rev. Talcott Bates	2	115
David, m. Abigail **HOMASTEN**, Jan. 7, 1773	2	28
David, [s. David & Abigail], b. Jan. 10, 1783	2	28
David, d. Apr. 9, 1821	2	35
Delia, [d. Frederick & Eunetia], b. June 6, 1809	2	33
E. Augusta, m. George W. **BROCKETT**, Apr. 2, 1838, by Rev. Leverett Griggs	2	127
Eliza Augusta, [d. Byard & Bede Eliza], b. Aug. 1, 1817, in Ulysses, N. Y.	2	37
Elizabeth, of Fair Haven, m. Albert **BROCKETT**, of North Branford, [1846?], by Rev. Niles Whiting	2	138
Ellen Amanda, [d. Byard & Bede Eliza], b. Feb. 15, 1822	2	37
Frederick, m. Eunetia **BLAKESLEE**, Apr. 3, 1808	2	33
Frederick L., m. Catharine L. **BROCKETT**, May 6, 1847, by Rev. Burdett Hart, of Fair Haven	2	140

	Vol.	Page

BARNES, BARNS (cont.),

	Vol.	Page
Frederick Luzern, [s. Frederick & Eunetia], b. Mar. 11, 1825	2	33
George J., m. Mary E. **LARKIN**, b. of North Haven, Oct. 26, 1854, by S. O. Judd	2	148
Hubbard, [s. John & Chloe], b. Feb. 9, 1791; d. Dec. 25, 1793	2	31
Hubbard, [s. John & Chloe], b. Mar. 31, 1797	2	31
Jane, m. Daniel **BARNES**, b. of North Haven, Oct. 25, 1829, by Rev. Talcott Bates	2	115
Jared, m. Silome **BROCKETT**, June 22, 1786	2	15
Jared, d. Sept. 19, 1833; ae 75	2	15
Jemima, m. Ebenezer **PARDEE**, Mar. 23, 1781	1	2
Jemima, m. Ebenezer **PARDEE**, Mar. 23, 1781	2	3
Jennett, [d. Joshua, Jr. & Amelia], b. Oct. 16, 1813	2	28
John, m. Chloe **BISHOP**, Aug, 13, 1788	2	31
John, m. Bede **MOULTH**(?), Apr. 2, 1818	2	31
Joshua, Jr., m. Amelia **DAGGETT**, Nov. 22, 1805	2	28
Joshua, Dea. of North Haven, m. Mrs. Elizabeth **HAYES**, of New Haven, Mar. 4, 1830, by Rev. W[illia]m J. Boardman	2	117
Juliette M., of North Haven, m. Henry M. **FOOT**, of North Branford, May 28, 1843, by Rev. Harmon Ellis	2	135
Juline, [d. Frederick & Eunetia], b. June 7, 1821	2	33
Juline A., m. William **TODD**, Oct. 21, 1841, by L. Griggs	2	133
Justus, m. Susannah **PARDEE**, Mar. 10, 1782	2	29
Justus, [s. Justus & Susannah], b. Oct. 21, 1792	2	29
Justus, m. Polly **BROCKETT**, b. of North Haven, May 16, 1841, by Leverett Griggs	2	131
Linus, [s. Justus & Susannah], b. Dec. 19, 1785; d. Mar. 15, 1794	2	29
Linus, m. Jane **LARKINS**, b. of North Haven, Mar. 11, 1838, by Rev. Truman O. Judd	2	124
Lovina, m. Samuel **CLARK**, b. of North Haven, Oct. 15, 1820, by Rev. Oliver Willson	2	100
Lidia, d. Noah & Hannah, b. May 11, 1773	1	5
Lidia, had d. Sarah, b. Sept. 8, 1791	1	5
Mary, [d. Justus & Susannah], b. Mar. 30, 1786	2	29
Mary Ann, [d. Frederick & Eunetia], b. July 4, 1816	2	33
Mary Ann, m. Horatio N. **WARNER**, Dec. 12, 1833, by Rev. Leverett Griggs	2	120
Mary Ann, of North Haven, m. [ ] **DODD**, of New Haven, Sept. 19, 1844, by L. Griggs	2	136
Mercy, b. May 30, 1789; m. Andrew **PIERPONT**, Dec. [ ], 1811	2	30
Merit, m. Mary **TODD**, b. of North Haven, May 16, 1821, by Rev. Oliver Willson	2	101
Meret, m. Grace Ann **FITCH**, b. of North Haven, Sept. 24, 1828, by Rev. Zoper Whitman, of Guilford	2	113
Phebe, [d. David & Abigail], b. Aug. 12, 1779; d. Feb. 3, 1802	2	28
Rebecca, m. Eleazer **WARNER**, Jan. 14, 1818	2	30
Rosannah, [d. Justus & Susannah], b. Oct. 6, 1787	2	29
Rowena, of North Haven, m. Jared C. **CHITTENDEN**, of Guil-		

	Vol.	Page
BARNES, BARNS (cont.),		
ford, May 19, 1825, by Rev. Zopher Whitman, of Guilford	2	110
Sarah, d. Lidia, b. Sept. 8, 1791	1	5
Sarah, wid. of Hamden, m. Jesse **THORP**, 2nd, of North Haven, May 17, 1838, by Rev. Leverett Griggs	2	128
Sherman, [s. John & Chloe], b. Sept. 27, 1792; d. Oct. 7, 1794	2	31
Sybel, [d. John & Chloe], b. Jan. 7, 1795	2	31
Sybil S., m. Timothy W. **PALMER**, Nov. 16, 1845, by Rev. Niles Whiting	2	137
Thomas, [s. David & Abigail], b. July 19, 1775; d. Nov. 18, 1811	2	28
Weeden, [s. Justus & Susannah], b. Nov. 14, 1794	2	29
Weeden, m. Patty **BUTTON**, b. of North Haven, May 24, 1829, by Rev. Samuel Miller, of Meriden	2	115
-----, s. [John & Chloe], b. Jan. 11, 1790; d. [Jan.] 14, [1790]	2	31
BASSETT, Abby, [d. Jacob & Lovicy], b. Feb. 9, 1811	2	34
Abby, m. Willis **TUTTLE**, b. of North Haven, May 18, 1831, by Rev. W[illia]m J. Boardman	2	118
Abigail Juliana, [d. David & Hannah], b. Mar. 25, 1810	2	25
Alma, m. Jacob **THORP**, b. of North Haven, Nov. 22, 1830, by Rev. W[illia]m J. Boardman	2	118
Almiry, [d. Joel & Betsey], b. May 22, 1807	2	26
Alvira, [d. Jacob & Lovicy], b. May 7, 1808	2	34
Alvira, m. Enos T. **TUTTLE**, b. of North Haven, May 8, 1826, by Rev. W[illia]m J. Boardman	2	112
Amelia J., m. Jairus **BROCKETT**, May 18, 1845, by L. Griggs	2	137
Amos, of Hamden, m. Mabel **HULL**, of North Haven, Jan. 27, 1822, by Rev. Origin P. Holcomb	2	104
Anson, [s. Joel & Betsey], b. July 21, 1803	2	26
Antoinette E., of North Haven, m. Elizur H. **THATCHER**, of East Haven, Nov. 17, 1842, by L. Griggs	2	134
Aurelia, [d Jesse, 2nd & Patience], b. Aug. 18, 1800	2	22
Aurelia, m. Ithamer **TUTTLE**, b. of North Haven, Nov. 22, 1820, by Rev. W[illia]m J. Boardman	2	100
Bede, [child of Jesse, 2nd & Patience], b. Apr. 25, 1804	2	22
Bela, m. Lois **MUNSON**, b. of North Haven, June 30, 1830, by Rev. W[illia]m J. Boardman	2	116
Betsey, [d. Joel & Betsey], b. May 21, 1814	2	26
Betsey, of North Haven, m. Chauncey **DOOLITTLE**, of Wallingford, Dec. 28, 1834, by Rev. Stephen Hubbell, of Hamden	2	122
Chloe, [d. Jesse, 2nd & Patience], b. Nov. 8, 1797	2	22
David, m. Hannah **TUTTLE**, Aug. 15, 1804	2	25
Eldad, of Hamden, m. Harriet **STACY**, of North Haven, Nov. 23, 1823, by Rev. W[illia]m J. Boardman	2	108
Elias, m. Charlotte **MANSFIELD**, b. of Hamden, May 12, 1824, by Rev. W[illia]m J. Boardman	2	108
Elmina, m. Dennis **THORP**, Jan. 3, 1837, by Rev. Leverett Griggs	2	126
Emily, [d. Jesse, 2nd & Patience], b. May 6, 1807	2	22
Emily, m. James **SMITH**, b. of North Haven, [1827(?)], by Rev. Matthew Noyes, of Northford	2	113

	Vol.	Page
BASSETT (cont.),		
Emily L., of North Haven, m. Miles J. **BALL**, of Fair Haven, July 14, 1852, by Ammi Simsbury, V.D.M.	2	145
Esther, of North Haven, m. Solomon A. **ORCOTT**, of Butternutts, N. Y., Apr. 19, 1838, by Rev. Leverett Griggs	2	127
Garry, [s. Jacob & Lovicy], b. Nov. 26, 1803	2	34
Hannah, m. Elmer **HOPKINS**, b. of North Haven, Oct. 8, 1841, by Leverett Griggs	2	132
Harriet, [d. Jacob & Lovicy], b. Sept. 28, 1812	2	34
Harriet, of North Haven, m. Amos **TUTTLE**, of Hamden, Feb. 24, 1840, by Leverett Griggs	2	131
Harvey, m. Olive **TUTTLE**, Mar. 15, 1807	1	15
Harvey, m. Ollive **TUTTLE**, Mar. 15 1807	2	11
Harvey, [s. David & Hannah], b. Apr. 4, 1815	2	25
Harvey D., m. Mary A. **FOOT**, Feb. 6, 1845, by L. Griggs	2	136
Hulda, [d. Jesse, 2nd & Patience], b. June 7, 1794	2	22
Isaac, m. Lucy C. **BRADLEY**, b. of North Haven, Oct. 20, 1843, by Rev. Henry Fitch	2	134
Jacob, m. Lovicy **BASSETT**, Sept. 26, 1801	2	34
Jesse, 2nd, m. Patience **BLAKESLEE**, Sept. 1, 1790	2	22
Joel, m. Betsey **BLAKESLEE**, Nov. 25, 1802	2	26
Joel E., m. Julia C. **THORP**, Nov. 30, 1854, by S. W. Robbins	2	148
John, [s. Jacob & Lovicy], b. Nov. 24, 1806	2	34
John, m. Cynthia **DUDLEY**, Mar. 4, 1834, by Rev. Leverett Griggs	2	121
Julia Anne, m. Augustus **BROCKETT**, Jan. 29, 1834, by Rev. Leverett Griggs	2	121
Lorenzo, d. [Harvey & Olive], b. July 11, 1811	1	15
Lorenza, d. [Harvey & Ollive], b. July 11, 1811	2	11
Louisa, [d. Jacob & Lovicy], b. Aug. 22, 1802	2	34
Lovicy, m. Jacob **BASSETT**, Sept. 26, 1801	2	34
Lovisa, of North Haven, m. Merit **DICKERMAN**, of Hamden, Mar. 17, 1825, by Rev. W[illia]m J. Boardman	2	109
Luzetta, d. Harvey & Olive, b. Dec. 15, 1807	1	15
Luzetta, [d. Harvey & Ollive], b. Dec. 15, 1807	2	11
Lyddia, m. Joseph **PIERPONT**, Sept. 21, 1756	1	7
Lydia, m. Joseph **PIERPONT**, Sept. 21, 1756	2	8
Manair B. [child of Jacob & Lovicy], b. Apr. 2, 1815. (Probably "Mannin[g] B.")	2	34
Manning B., of North Haven, m. Julia Ann **TYLER**, of Tolland, Apr. 2, 1840, by Leverett Griggs	2	131
Mary, m. Joseph **FOOT**, Feb. 16, 1797	1	6
Mary, m. Joseph **FOOT**, Feb. 16, 1797	2	8
Mary, [d. Joel & Betsey], b. Oct. 16, 1809	2	26
Nancy, of Watertown, m. Jason **DICKERMAN**, of North Haven, Apr. 27, 1839, by Leverett Griggs	2	130
Phelanzo, [s. David & Hannah], b. Jan. 30, 1805	2	25
Philanzo, m. Lucinda **COOPER**, b. of North Haven, Nov. 26, 1829, by Rev. W[illia]m J. Boardman	2	116
Polly E., m. Sherlock A. **MANSFIELD**, Mar. 14, 1850, by Rev.		

	Vol.	Page

BASSETT (cont.),

	Vol.	Page
T. G. Colton	2	143
Rosanna, m. Jesse **CLINTON**, b. of North Haven, Nov. 16, 1825, by Rev. W[illia]m J. Boardman	2	111
Sally, m. Giles [**PIERPONT**, Jr.], Dec. 13, 1814	2	14
Sharon, [s. David & Hannah], b. May 11, 1808	2	25
Wyllys, [s. Joel & Betsey], b. Dec. 15, 1811	2	26
Zenas, [s. Joel & Betsey], b. Feb. 7, 1805	2	26
Zenas, m. Delana **MANSFIELD**, b. of North Haven, Nov. 11, 1830, by Rev. W[illia]m J. Boardman	2	118
-----, s. [David & Hannah], b. Aug. 19, 1806; d. [Aug.] 21, [1806]	2	25
BATCHELOR, Reuben, of Litchfield, m. Anna **PARKER**, of North Haven, May 1, 1794, by Rev. Mr. Noyes, of Wallingford	1	4
Ruben, of Litchfield, m. Anna **PARKER**, of North Haven, May 1, 1794, by Rev. Mr. Noyes, of Wallingford	2	5
BATES, Lewis, of North Haven, m. Cynthia **CLYNTON**, of Wallingford, Dec. 9, 1824, by Rev. W[illia]m J. Boardman	2	109
Marietta, m. Ezra **TYLER**, b. of Wallingford, Nov. 30, 1853, by Rev. Alonzo G. Shares	2	147
BEACH, Abigail, [d. Joel & Patty], b. Dec. 8, 1814	2	32
Abigail, m. Augustus **ROBINSON**, Apr. 7, 1840, by Rev. John Noye	2	129
Abram, [s. Giles & Mary], b. Dec. 24, 1801	2	34
Amy, [d. Giles & Mary], b. June 1, 1805	2	34
Ansee, child [Giles & Mary], b. Mar. 5, 1792	1	3
Ansee, [child of Giles & Mary], b. Mar. 5, 1792; d. Oct. 1, 1794	2	3
Bede, [child] of Giles & Mary, b. Apr. 1, 1790	1	3
Bede, [child of Giles & Mary], b. Apr. 1, 1790	2	3
Cyrus, s. Elias, d. Jan. 10, 1830	2	39
Elizabeth, m. Luther H. **ROOT**, of Mereden, Oct. 1, 1849, by Rev. T. G. Colton	2	142
George, s. John & Betsey, b. Nov. 21, 1820	2	39
Giles, m. Mary **DAYTON**, May 3, 1789	1	3
Giles, m. Mary **DAYTON**, May 3, 1789	2	3
Giles, [twin with Jonathan, s. Giles & Mary], b. Feb. 11, 1799; d. Mar. 4, 1799	2	34
Giles, of North Haven, m. Hannah **STILSON**, of Derby, Nov. 25, 1832, by Hubbard Barnes, J. P.	2	120
Heman, s. [Nathaniel & Phebe], Feb. 25, 1782	1	5
Heman, [s. Nathaniel & Phebe], b. Feb. 25, 1782	2	6
Hubbard, [s. Giles & Mary], b. Sept. 21, 1796	2	34
Jennette H., Mrs., m. Seabury **JACOBS**, b. of North Haven, Jan. 19, 1848, by Rev. Charles W. Potter	2	141
John, m. Betsey **BLAKESLEE**, Jan. 19, 1814	2	23
John Nelson, [s. John & Betsey], b. Nov. 12, 1814	2	23
Jonathan, [twin with Giles, s. Giles & Mary], b. Feb. 11, 1799; d. Feb. 26, 1799	2	34
Joseph Dayton, [s. Giles & Mary], b. Jan. 8, 1794	2	3
Julius Vespasian, [s. John & Betsey], b. Mar. 14, 1817	2	23

	Vol.	Page
BEACH (cont.),		
Lydia, [d. Joel & Patty], b. Dec. 11, 1805	2	32
Mary, [d. Giles & Mary], b. Jan. 1, 1800; d. Apr. 19, 1809	2	34
Mehetable, m. Nathaniel **STACEY**, Aug. 5, 1777	2	21
Nathan, of Wallingford, m. Lucy **PIERPONT**, of North Haven, May 1, 1834, by Rev. Leverett [Griggs]	2	122
Nathaniel, s. [Nathaniel & Phebe], b. Nov. 1, 1799	1	5
Nathaniel, [s. Nathaniel & Phebe], b. Nov. 1, 1779	2	6
Patty Lovice, [d. Joel & Patty], b. June 24, 1816	2	32
Phebe, d. [Nathaniel & Phebe], b. June 12, 1776	1	5
Phebe, [d. Nathaniel & Phebe], b. June 12, 1776	2	6
Rily Ray, [child of Joel & Patty], b. Dec. 31, 1802	2	32
Roxsena, [d. John & Betsey], b. Aug. 2, 1829	2	39
Samuel, s. [Nathaniel & Phebe], b. Feb. 22, 1773	1	5
Samuel, [s. Nathaniel & Phebe], b. Feb. 22, 1773	2	6
Sarah, d. [Nathaniel & Phebe], b. Nov. 12, 1771	1	5
Sarah, [d. Nathaniel & Phebe], b. Nov. 12, 1771	2	6
Sharon Yale, [s. Giles & Mary], b. May 21, 1809	2	34
Sibel, [d. Joel & Patty], b. Apr. 21, 1807	2	32
Thomas, s. Nathaniel & Phebe, b. Jan. 13, 1768	1	5
Thomas, [s. Nathaniel & Phebe], b. Jan. 13, 1768	2	6
BENNETT, Esther A., m. Delos **ALLEN**, Sept. 17, 1854, by S. W. Robbins	2	147
BENTLEY, William, Rev. of Weathersfield, m. Mrs. Rhoda R. **FITCH**, Oct. 4, 1853, by Rev. S. O. Judd	2	146
BENTON, Dan[ie]l, of Guilford, m. Eliza A. **BLAKESLEE**, of Northford, May 30, 1841, by L. Griggs	2	133
BIGGS, Evanday, of New York, m. Mary T. **ABBEY**, of North Haven, Feb. 26, 1845, by L. Griggs	2	136
BISHOP, Abigail, b. Oct. 6, 1774; m. James **HEATON**, Nov. [ ], 1792	2	18
Almery Mahola, [d. Benajah & Sarah], b. Sept. 20, 1807	2	30
Amelia, of North Haven, m. Amos P. **STONE**, of Stockbridge, Mass., Mar. 30, 1838, by Rev. Leverett Griggs	2	127
Andrew, [s. Riah & Content], b. Oct. 18, 1809; d. May 31 1811	2	20
Bela, [s. Riah & Content], b. Feb. 19, 1813	2	20
Bela, m. Sally **ABBEY**, Nov. 26, 1835, by Leverett Griggs	2	124
Benajah, ae 27, m. Sarah **COOPER**, ae 25, Mar. 27, 1805	2	30
Betsey, m. Orrin **MANSFIELD**, b. of North Haven, Nov. 25, 1838, by Ransom Johnson	2	125
Chloe, m. John **BARNS**, Aug. 13, 1788	2	31
David Trumbull, [s. Justus & Hannah], b. Nov. 12, 1800	2	24
Edwin W., m. Ann E. **CHILD**, Oct. 17, 1854, by S. W. Robbins	2	147
Eras, [s. Riah & Content], b. Mar. 13, 1817	2	20
Erus, m. Charlotte **THORP**, Apr. 17, 1844, by L. Griggs	2	135
Esther, m. Joseph **PIERPOINT**, Jr., Oct. 26, 1789	1	3
Esther, m. Joseph **PIERPONT**, Jr., Oct. 26, 1789	2	4
James, [s. Justus & Hannah], b. Feb. 23, 1804; d. June 1, 1804	2	24
Joel, [s. Benajah & Sarah], b. Jan. 16, 1806; d. Dec. 10, 1806	2	30

	Vol.	Page
BISHOP (cont.),		
Justus, m. Hannah **TRUMBULL**, Feb. 3, 1800	2	24
Justus Phelps, [s. Justus & Hannah], b. Feb. 4, 1810	2	24
Lent L., of New Haven, m. Harriet E. **BRADLEY**, b. of North Haven, Nov. 23, 1829, by James Noyes	2	115
Mahola A., of North Haven, m. Albert E. **MOULTHROP**, of Harrington, June 20, 1830, by Rev. W[illia]m J. Boardman	2	117
Merab, [child of Riah & Content], b. Apr. 4, 1811	2	20
Olive, of North Haven, m. Daniel **JONES**, of Northford, June 23, 1825, by Rev. W[illia]m J. Boardman	2	110
Oran, [child of Riah & Content], b. Feb. 6, 1815	2	20
Patty, of North Haven, m. James D. **LEWIS**, of Southington, May 29, [1824?], by Rev. W[illia]m J. Boardman	2	109
Riah, b. Apr. 20, 1783; m. Content **BLAKESLEE**, Apr. 2, 1809	2	20
Sarah Ann, [d. Benajah & Sarah], b. May 13, 1810	2	30
Sherlock Hubbard, [s. Benajah & Sarah], b. Nov. 15, 1817	2	30
BLAKESLEE, BLACKESLEE, BLAKESLE, Abigail, [d. Isaac], b. Jan. 3, 1817	2	23
Abraham, m. Mabel **PIERPOINT**, Feb. 1, 1787, by Rev. Benjamin Trumbull	1	1
Abraham, m. Mabel **PIERPONT**, Feb. 1, 1787	2	1
Abraham, Capt., m. Sibel **BROCKET**, Dec. 17, 1801	1	6
Abraham, m. Sibel **BROCKETT**, Dec. 17, 1801	2	1
Abraham, s. Abraham & Sibil, b. Jan. 24, 1805	1	6
Abraham, s. [Abraham & Sibel], b. Jan. 24, 1805	2	1
Abraham, Capt., d. Mar. 28, 1813	2	1
Abraham, m. Mary **BROCKETT**, Oct. 22, 1837, by Rev. Leverett Griggs	2	127
Almiry, d. [Cooper & Mary], b. July 22, 1801	1	14
Almiry, [d. Cooper & Mary], b. July 22, 1801	2	10
Alonzo Henry, [s. Sackett & Polly], b. Aug. 10, 1832	2	41
Amanda, [d. Parley & Mary], b. Sept. 19, 1818	2	14
Amanda Salome, [d. David & Salome M.], b. Apr. 5, 1840	2	40
Amos, m. Eunice **COOPER**, Nov. 7, 1782	2	13
Annis, m. [Joseph **PIERPONT**], Oct. 26, 1791	1	7
Annis, m. Joseph [**PIERPONT**], Oct. 26, 1791	2	8
Anson, [s. Amos & Eunice], b. Aug. 28, 1783	2	13
Aurelia, child [Caleb & Lydia], b. June 11, 1788	1	3
Aurelia, [d. Caleb & Lydia], b. June 11, 1788	2	4
Betsey, m. Joel **BASSETT**, Nov. 25, 1802	2	26
Betsey, m. John **BEACH**, Jan. 19, 1814	2	23
Caleb, m. Lydia **TUTTLE**, June 12, 1784	1	3
Caleb, m. Lydia **TUTTLE**, June 12, 1784	2	4
Caroline, m. Titus **WATERMAN**, b. of North Haven, June 15, 1823, by Rev. W[illia]m J. Boardman	2	107
Charlotte, [d. Sackett & Polly], b. Apr. 1, 1824	2	41
Chauncey, [twin with Eunelia, s. Amos & Eunice], b. Dec. 19, 1786; d. July 31, 1789	2	13
Chauncey, 2nd, [s. Amos & Eunice], b. July 27, 1789; d. Mar. 19,		

BLAKESLEE, BLACKESLEE, BLAKESLE (cont.),

	Vol.	Page
1802	2	13
Chauncey W., m. Moab **HEATON**, b. of North Haven, May 2, 1849, by Rev. Henry Fitch, of Northford	2	142
Chlorama, [child of Oliver & Elizabeth], b. Nov. 21, 1764	2	15
Content, b. Sept. 24, 1793; m. Riah **BISHOP**, Apr. 2, 1809	2	20
Cooper, m. Mary **SACKETT**, Feb. 10, 1796	1	14
Cooper, m. Mary **SACKETT**, Feb. 10, 1796	2	10
David, s. Abraham & Sibil, b. Oct. 17, 1809	1	6
David, s. [Abraham & Sibel], b. Oct. 17, 1809	2	1
David, m. Salome M. **TODD**, May 14, 1835	2	40
David, m. Salome M. **TODD**, May 14, 1835, by Leverett Griggs	2	123
Edward, s. [Philemon & Lydia], b. Sept. 16, 1800	1	8
Edward, s. [Phelemon & Lydia], b. Sept. 16, 1800	2	9
Elam Oliver, [s. Oliver & Elizabeth], b. Mar. 18, 1774	2	15
Elam Oliver, [s. Oliver & Elizabeth], d. Nov. 6, 1775	2	15
Elam Oliver, [s. Oliver & Elizabeth], b. Nov. 17, 1778	2	15
Eliza, m. Henry **SMITH**, b. of North Haven, Oct. 10, 1832, by Rev. Stephen Hubbell	2	119
Eliza A., of Northford, m. Dan[ie]l **BENTON**, of Guilford, May 30, 1841, by L. Griggs	2	133
Elizabeth, divorced from Oliver, July [ ], 1798	2	15
Elizabeth Abi, [d. Sackett & Polly], b. June 29, 1818	2	41
Elmon, s. [Philemon & Lydia], b. Apr. 9, 1793	1	8
Elmon, s. [Phelemon & Lydia], b. Apr. 9, 1793	2	9
Elmond, m. Laura **JACOBS**, b. of North Haven, May 9, 1925, by Rev. James Noyes, of Wallingford	2	110
Elson, child [Caleb & Lydia], b. Aug. 25, 1791	1	3
Elson, [child of Caleb & Lydia], b. Aug. 25, 1791	2	4
Eras, child [Caleb & Lydia], b. Feb. 23, 1785	1	3
Eras, [s. Caleb & Lydia], b. Feb. 23, 1785	2	4
Eunelia, [twin with Chauncey, d. Amos & Eunice], b. Dec. 19, 1786	2	13
Eunetia, m. Frederick **BARNS**, Apr. 3, 1808	2	33
Eunice, m. Isaac Clark **STILES**, May 3, 1787	1	2
Eunice, m. Isaac Clark **STILES**, May 3, 1787	2	2
Eunice, wid. Zopher, d. Apr. 27, 1801	1	6
Eunice, wid. Zopher, d. Apr. 27, 1801	2	2
Eveline, s. [sic], [Philemon & Lydia], b. Oct. 7, 1805	1	8
Eveline, s. [sic], [Phelemon & Lydia], b. Oct. 7, 1805	2	9
Florace, [child of Caleb & Lydia], b. Oct. 19, 1786	2	4
Henry M., m. Charlotte **PIERPONT**, May 3, 1835, by Leverett Griggs	2	123
Henry M., m. Polly **GOODYEAR**, Sept. 17, 1837, by Rev. L. Griggs	2	127
Hobert, [s. David & Salome M.], b. Mar. 20, 1838	2	40
Horace, [s. Caleb & Lydia], b. Oct. 19, 1786	1	3
Horrace, s. Cooper & Mary, b. Feb. 18, 1797	1	14
Horrace, [s. Cooper & Mary], b. Feb. 19, 1797	2	10
Horace, [s. David & Salome M.], b. Oct. 26, 1847	2	40

	Vol.	Page
BLAKESLEE, BLACKESLEE, BLAKESLE (cont.),		
Irvine Perley, [s. Parley & Mary], b. Oct. 6, 1823	2	14
Isaac, Jr., m. Marcy **TUTTLE**, Oct. 29, 1810	1	9
Isaac, Jr., m. Marcy **TUTTLE**, Oct. 29, 1810	2	11
Isaac, d. Nov. 16, 1814, ae 81	2	15
Jared, s. [Cooper & Mary], b. Oct. 3, 1811	1	14
Jared, [s. Cooper & Mary], b. Oct. 3, 1811	2	10
Joel, had negro slave, Ben, ae not over 45 years nor less than 25 years, emancipated, Jan. 14, 1795	1	10
Joel Sackett, [s. Sackett & Polly], b. Oct. 26, 1826	2	41
John, of North Haven, m. Jennet **LAWRENCE**, of Mereden, Dec. 27, 1836, by Rev. Leverett Griggs	2	126
Julia, d. [Abraham & Mabel], b. Aug. 28, 1792	2	1
Julia Minerva, [d. Parley & Mary], b. Jan. 31, 1821	2	14
Juliana, d. [Abraham & Mabel], b. Aug. 28, 1792	1	2
Julina, [d. Amos & Eunice], b. Aug. 7, 1795	2	13
Julius Merrick, twin with Lucius Meret, [s. Isaac], b. Jan. 1, 1814	2	23
Lewis, [s. Sackett & Polly], b. May 10, 1821	2	41
Lois, 2nd w. [Lieut. Isaac], d. Feb. 1, 1805, ae 65	2	15
Lovice, d. [Cooper & Mary], b. Aug. 5, 1803	1	14
Lovice, [d. Cooper & Mary], b. Aug. 5, 1803	2	10
Lucinda, [d. Oliver & Elizabeth], b. Dec. 31, 1768	2	15
Lucinda, [d. Oliver & Elizabeth], d. Jan. 13, 1769	2	15
Lucinda, [d. Oliver & Elizabeth], b. Aug. 12, 1790	2	15
Lucinda, [d. Oliver & Elizabeth], d. July 25, 1791	2	15
Lucius Meret, twin with Julius Merrick, [s. Isaac], b. Jan. 1, 1814	2	23
Lucretia, d. [Cooper & Mary], b. July 3, 1806	1	14
Lucretia, [d. Cooper & Mary], b. July 3, 1806	2	10
Lydia, w. Lieut. Isaac, d. Nov. 15, 1796, ae 66	2	15
Lyddia, d. [Philemon & Lydia], b. Apr. 22, 1798	1	8
Lydia, d. [Phelemon & Lydia], b. Apr. 22, 1798	2	9
Lyman, of North Haven, m. Abby **BAKER**, of Groton, Nov. 4, 1821, by Rev. Oliver Willson	2	102
Mabel, w. A[braham], d. Nov. 12, 1795, ae 35 y.	1	4
Mabel, [w. Abraham], d. Nov. 12, 1795, ae 35	2	1
Margaret Elizabeth, [d. David & Salome M.], b. June 14, 1845	2	40
Mary, d. [Philemon & Lydia], b Oct. 31, 1795	1	8
Mary, d. [Phelemon & Lydia], b. Oct. 31, 1795	2	9
Mary, m. Parley **BLAKESLEE**, Nov. 27, 1817	2	14
Melia, m. Lemma **BROOKS**, Nov. 9, 1786	1	1
Melia, m. Lemme **BROOKS**, Nov. 9, 1786	1	6
Melia, m. Lemma **BROOKS**, Nov. 9, 1786	2	7
Nancy, d. [Philemon & Lydia], b. Nov. 8, 1787	1	8
Nancy, [d. Phelemon & Lydia], b. Nov. 8, 1787	2	9
Nancy, m. Elijah **HULL**, Dec. 20, 1812	2	16
Neus, [child of Oliver & Elizabeth], b. Jan 8, 1770	2	15
Neus, [child of Oliver & Elizabeth], d. Jan. 8, 1770	2	15
Neus, [child of Oliver & Elizabeth], b. Dec. 19, 1781	2	15
Oliver, m. Elizabeth **HOMISTON**, May 3, 1762	2	15

	Vol.	Page
BLAKESLEE, BLACKESLEE, BLAKESLE (cont.),		
Oliver, divorced from Elizabeth, July [ ], 1798	2	15
Oliver, m. wid. Susannah **TUTTLE**, Mar. 27, 1799	2	15
Orrin, s. [Cooper & Mary], b. July 3, 1808	1	14
Orrin, [s. Cooper & Mary], b. July 3, 1808	2	10
Parley, m. Mary **BLAKESLEY**, Nov. 27, 1817	2	14
Patience, m. Jesse **BASSETT**, 2nd, Sept. 1, 1790	2	22
Patta, [d. Oliver & Elizabeth], b. July 12, 1771	2	15
Patta, [d. Oliver & Elizabeth], d. May 22, 1773	2	15
Patta, [d. Oliver & Elizabeth], b. Apr. 26, 1776	2	15
Perley, s. Abraham & Mabel, b. Nov. 1, 1788	1	2
Perly, s. [Abraham & Mabel], b. Nov. 1, 1788	2	1
Philemon, m. Lydia **BROCKET**, Feb. 22, 1787	1	8
Phelemon, m. Lydia **BROCKETT**, Feb. 22, 1787	2	9
Philemon, s. [Philemon & Lydia], b. Jan. 5, 1803	1	8
Philemon, s. [Phelemon & Lydia], b. Jan. 5, 1803	2	9
Polly, of North Haven, m Joel **TYLER**, of Wallingford, Sept. 12, 1821, by Rev. W[illia]m J. Boardman	2	102
Reuel, [s. Oliver & Elizabeth], b. Mar. 12, 1785	2	15
Rhoda, d. Oliver & Elizabeth, b. Apr. 16, 1763	2	15
Richard, s. [Philemon & Lydia], b. June 16, 1790	1	8
Richard, s. [Phelemon & Lydia], b. June 16, 1790	2	9
Sally, [d. Isaac, Jr. & Marcy], b. May 14, 1812	2	11
Sereno Hart, [d. Parley & Mary], b. Feb. 21, 1828	2	14
Solomon, s. Abraham & Sibil, b. Sept. 26, 1812	1	6
Solomon, s. [Abraham & Sibel], b. Sept. 26, 1812	2	1
Sophronia, m. Isaac L. **STILES**, Feb. 16, 1842, by L. Griggs	2	133
Stephen, s. Abraham & Sibil, b. May 16, 1807	1	6
Stephen, s. [Abraham & Sibel], b. May 16, 1807	2	1
Stephen, m. Sina **JACOBS**, May 25, 1835, by Rev. Charles William Bentley	2	122
Susanna, [d. Oliver & Elizabeth], b. Jan. 27, 1767	2	15
Sylvia A., m. Alfred **IVES**, b. of North Haven, Dec. 28, 1834, by Rev. Stephen Hubbell, of Hamden	2	122
Thede, d. [Cooper & Mary], b. Mar. 19, 1799	1	14
Thede, [Child of Cooper & Mary], b. Mar. 19, 1799	2	10
Wyllys, [s. Amos & Eunice], b. Aug. 16, 1792	2	13
Zopher, Jr., s. Zopher, d. Apr. 15, 1791, in the 22nd year of his age	1	3
Zopher, Jr., s. Zopher, d. Apr. 15, 1791, in the 22nd year of his age	2	4
Zopher, s. [Abraham & Mabel], b. Feb. 13, 1794	1	2
Zopher, s. [Abraham & Mabel], b. Feb. 13, 1794; d. Nov. 6, 1795	2	1
Zopher, s. Abraham & [Mabel], d. Nov. 6, 1795, ae 1 y. 9 m.	1	4
Zopher, d. Feb. 2, 1798	1	6
Zopher, d. Feb. 2, 1798	2	2
Zopher, s. Abraham & Sibbel, b. Jan. 23, 1803	1	6
Zopher, s. [Abraham & Sibel], b. Jan. 23, 1803	2	1
BLIN, Caroline J., of Weathersfield, m. Samuel C. **MILLER**, of Middletown, Apr. 7, 1835, by Rev. Leverett Griggs	2	123
BOWEN, Mary, of New Haven, m. Ransford **BUTTON**, of North		

	Vol.	Page
BOWEN (cont.),		
Haven, Nov. 20, 1842, by Rev. Harmon Ellis	2	132
Mary Ann, of Wallingford, m. Oliver **MESHAVAL**, of Southing, Oct. 9, 1822, by Rev. W[illia]m J. Boardman	2	104
BRADLEY, Abijah, [s. Whiting & Betsey], b. Mar. 31, 1814	2	27
Abijah, m. Hannah M. **HEMINGWAY**, Dec. 15, 1836, by Rev. Leverett Griggs	2	126
Amos, m. Rhoda **TUTTLE**, Dec. [ ], 1800	2	27
Betsey, m. Miller **HAWLEY**, Mar. 9, 1789	1	3
Betsey, m. Miller **HAWLEY**, Mar. 9, 1789	2	4
Brazilla, [s. Titus & Mary], b. Mar. 17, 1811	2	36
Cynthia, [d. Amos & Rhoda], b. Mar. 2, 1804	2	27
Elias, [s. Joseph & Harriet], b. Sept. 1, 1813	2	19
Ellen, A., m. Henry **HALE**, b. of North Haven, Nov. 19, 1840, by Leverett Griggs	2	131
Emily, [d. Joseph & Harriet], b. Mar. 14, 1815	2	19
Esther, of North Haven, m. Hezekiah **MILLER**, of Middlefield, Feb. 12, 1827, by James Noyes	2	113
Harriet, [d. Whiting & Betsey], b. Sept. 3, 1810	2	27
Harriet, [d. Titus & Mary], b. Nov. 5, 1816	2	36
Harriet, of North Haven, m. Benj[amin] H. **JACKSON**, of Stanhope, N. J., Sept. 2, 1839, by Leverett Griggs	2	131
Harriet, E., of North Haven, m. Lent L. **BISHOP**, of New Haven, Nov. 23, 1829, by James Noyes	2	115
Henry, [s. Whiting & Betsey], b. Apr. 28, 1804	2	27
Henry, m. Mary Ann **LEETE**, b. of North Haven, Jan. 27, 1830, by Rev. W[illia]m J. Boardman	2	116
Henry, of Hamden, m. Laura **DEE**, of North Haven, May 4, 1846, by Elizur C. Tuttle, J. P.	2	138
Henry M., m. Sylva **PIERPONT**, Nov. 13, 1843, by L. Griggs	2	135
Henry Munson, [s. Titus & Mary], b. June 3, 1819	2	36
Jesse, [s. Whiting & Betsey], b. May 31, 1802	2	27
Joseph, [s. Theophilus & Sarah], b. Mar. 8, 1790	2	19
Joseph, m. Harriet **WELLS**, Jan. 26, 1812	2	19
Levret, [s. Theophilus & Sarah], b. Oct. 1, 1787	2	19
Levret, [s. Theophilus & Sarah], d. Feb. 16, 1794	2	19
Louisa, [d. Titus & Mary], b. Mar. 27, 1813	2	36
Lucy C., m. Isaac **BASSETT**, b. of North Haven, Oct. 20, 1843, by Rev. Henry Fitch	2	134
Luther, [s. Titus & Mary], b. Feb. 20, 1815; d. June 17, 1815	2	36
Lydia, m. Joel **TUTTLE**, Sept. 3, 1772	2	37
Mary, m. Jesse **ANDRUS**, Jr., Sept. 10, 1827	2	41
Mary G., of North Haven, m. Jesse **ANDRUS**, Jr., of North Haven, Sept. 10, 1827, by James Noyes	2	113
Mary Gennet, [d. Titus & Mary], b. Aug. 21, 1808	2	36
Merlin, [child of Amos & Rhoda], b. Nov. 19, 1808. (Perhaps 1809?)	2	27
Miles, [s. Theophilus & Sarah], b. July 6, 1798	2	19
Nancy, [d. Theophilus & Sarah], b. Sept 23, 1785	2	19

	Vol.	Page

BRADLEY (cont.),

	Vol.	Page
Nancy, [d. Theophilus & Sarah], d. Sept 2, 1792	2	19
Nancy S., of East Haven, m. Amasa B. **PARKER**, of Wallingford, Feb. 2, 1824, by Rev. W[illia]m J. Boardman	2	108
Nelson, [s. Amos & Rhoda], b. June 29, 1801	2	27
Polly, m. Timothy **ANDRUS**, Dec. 25, 1811	2	17
Seymour, [s. Titus & Mary], b. Aug. 14, 1806	2	36
Theophilus, m. Sarah **GILL**, Feb. 28, 1785	2	19
Titus, m. Mary **MUNSON**, Feb. 6, 1805	2	36
Whiting, m. Betsey **PARKER**, Mar. 26, 1801	2	27
Willis H., m. Emily S. **PARDEE**, b. of North Haven, Sept. 5, 1847, by Rev. C. W. Everest	2	140

BRISTOL, John, m. Angenette A. **FOOT**, b. of North Haven, May 2, 1849, by Rev. Henry Fitch, in St. Johns Church — 2, 142

BROCKETT, BROCKET, Abiram, [s. Moses T. & Polly], b. Sept. 5, 1825 — 2, 36

	Vol.	Page
Adelia, of North Haven, m. William **MENICH**, of North Branford, Oct. 24, 1849, by Rev. T. G. Colton ("Merrick?")	2	142
Adeline Rebeckah, [d. Bethuel & Laura], b. May 6, 1831	2	42
Albert, of North Branford, m. Elizabeth **BARNES**, of Fair Haven, [1846?], by Rev. Niles Whiting	2	138
Augustus, m. Julia Anne **BASSETT**, Jan. 29, 1834, by Rev. Leverett Griggs	2	121
Bethuel, [child of Isaiah & Sarah], b. June 22, 1780	1	6
Bethuel, [child of Isaiah & Sarah], b. June 22, 1780	2	7
Bethuel, s. Eli & Lucy, b. Oct. 11, 1802	1	7
Bethuel, [s. Eli & Lucy], b. Oct. 11, 1802	2	7
Bethuel, m. Laura **EATON**, Dec. 9, 1824	2	42
Bethuel, m. Laura A. **EATON**, b. of North Haven, Dec. 9, 1824, by Rev. W[illia]m J. Boardman	2	109
Burret, m. Zeruah **ATWOOD**, b. of North Haven, Nov. 20, 1825, by Rev. W[illia]m J. Boardman. (Arnold Copy has "Jeruah")	2	111
Catharine L., m. Frederick L. **BARNES**, May 6, 1847, by Rev. Burdett Hart, of Fair Haven	2	140
Catherine Louizer, [d. Bethuel & Laura], b. Sept 1, 1826	2	42
Celia, of East Haven, m. Dephorest **JACOBS**, of North Haven, Apr. 15, 1836, by Rev. Truman O. Judd	2	124
Cordelia, m. Medad T. **ROBINSON**, b. of North Haven, July [ ], 1831, by Rev. William Bentley	2	118
Dwight, [s. Moses T. & Martha], b. May 28, 1814	2	36
Eaton A., m. Cynthia H. **STANTON**, Dec. 21, 1851, by O. Street	2	145
Eaton Atwater, [s. Bethuel & Laura], b. May 18, 1833	2	42
Edward, [s. Moses T. & Martha], b. May 27, 1808	2	36
Eli, [s. Isaiah & Sarah], b. Sept. 15, 1775	2	7
Eli, s. [Isaiah & Sarah], b. Sept. 15, 1776	1	6
Eli, m. Lucy **ATWATER**, Apr. 15, 1801	1	7
Eli, m. Lucy **ATWATER**, Apr. 15, 1801	2	7
Eliza, of North Haven, m. Uri **BUTLER**, of Norfolk, [May] 30, [1849], by Rev. E. R. Gilbert, of Wallingford	2	143

	Vol.	Page

BROCKETT, BROCKET (cont.),

	Vol.	Page
Elizabeth, ae 30, m. John **PARDEE**, ae 25, Oct. 8, 1789	1	8
Elizabeth, m. John **PARDEE**, Oct. 8, 1789	2	9
Emmeline, [d. Moses T. & Martha], b. Apr. 4, 1806	2	36
Enos, m. Lydia **PARKER**, b. of North Haven, Nov. 9, 1827, by Justus Bishop, J. P.	2	113
George W., m. E. Augusta **BARNS**, Apr. 2, 1838, by Rev. Leverett Griggs	2	127
George Wyllys, [s. Eli & Lucy], b. June 14, 1816	2	30
Horrace, of East Haven, m. Belinda **JACOBS**, of North Branford, Apr. 25, 1838, by Rev. T. O. Judd	2	125
Isaiah, m. Sarah **COOPER**, Aug. 23, 1775	1	6
Isaiah, m. Sarah **COOPER**, Aug. 23, 1775	2	7
Jairus, m. Amelia J. **BASSETT**, May 18, 1845, by L. Griggs	2	137
Jesse, [child of Joseph & Rebecca], b. May 28, 1785	1	4
Jesse, [child of Joseph & Rebecca], b. May 28, 1785	2	5
John Eli, [s. Bethuel & Laura], b. Feb. 20, 1828	2	42
Joseph, m. Rebecca **TUTTLE**, May 8, 1782	1	4
Joseph, m. Rebecca **TUTTLE**, May 8, 1782	2	5
Julia Augusta, [d. Bethuel & Laura], b. Aug. 2, 1841	2	42
Lodema, m. Justus **PRESTON**, b. of Wallingford, Jan. 16, 1823, by Rev. Oliver Willson	2	105
Lucy Adelaida, [d. Eli & Lucy], b. May 23, 1810	2	30
Lucy Almira, [d. Bethuel & Laura], b. Sept. 3, 1838	2	42
Luzern, m. Lydia A. **EATON**, Nov. 22, 1837, by Rev. Leverett Griggs	2	127
Lydia, m. Philemon **BLAKESLEE**, Feb. 22, 1787	1	8
Lydia, m. Phelemon **BLAKESLEE**, Feb. 22, 1787	2	9
Martha, [w. Moses T.], d. June 8, 1826	2	36
Mary, [d. Moses T. & Martha], b. Jan. 29, 1804	2	36
Mary, m. Abraham **BLAKESLEE**, Oct. 22, 1837, by Rev. Leverett Griggs	2	127
Moses T., m. Martha **ROBINSON**, Apr. 6, 1803	2	36
Moses [T], m. Polly **SMITH**, of Derby, July 28, 1824	2	36
Moses T., of North Haven, m. Polly **SMITH**, of Derby, Aug. 18, 1826, by Rev. Oliver Willson	2	109
Nancy, m. Caleb H. **CULVER**, of Wallingford, Sept. 23, 1738*, by Rev. Leverett Griggs. (*1838?)	2	128
Nancy E., of North Haven, m. Gurdon **PARDEE**, of East Haven, Apr. 15, 1841, by L. Griggs	2	132
Patty, m. Daniel **SACKETT**, Jan. 15, 1812	2	28
Pierpoint, child of [Joseph & Rebecca], b. Oct. 30, 1787	1	4
Pierpont, [s. Joseph & Rebecca], b. Oct. 30, 1787	2	5
Polly, m. Justus **BARNES**, b. of North Haven, May 16, 1841, by Leverett Griggs	2	131
Rocksyana*, m. Jes[s]ey **PRESTON**, b. of Wallingford, Jan. 16, 1823, by Rev. Oliver Willson. *(Note says "Supposed to be Lodema")	2	105
Roxina, d. [Joseph & Rebecca], b. Nov. 27, 1782	1	4

	Vol.	Page

BROCKETT, BROCKET (cont.),
    Roxina, [d. Joseph & Rebecca], b. Nov. 27, 1782 — 2 — 5
    Sarah E., of North Haven, m. Henry **PRESCOTT**, of New Haven,
        June 20, 1847, by Rev. C. W. Everest — 2 — 140
    Sibel, see under Sybil
    Silome*, m. Jared **BARNES**, June 22, 1786.   *(Silence?) — 2 — 15
    Susanna, m. Benjamin **PEIRPOINT**, Jr., Nov. 4, 1795 — 1 — 5
    Susanna, m. Benjamin **PIERPONT**, Jr., Nov. 4, 1795 — 2 — 6
    Sibel, m. Capt. Abraham **BLAKESLEE**, Dec. 17, 1801. (Sybil) — 1 — 6
    Sibel, m. Abraham **BLAKESLEE**, Dec. 17, 1801 — 2 — 1
    Thomas, [s. Isaiah & Sarah], b. Apr. 12, 1778 — 1 — 6
    Thomas, [s. Isaiah & Sarah], b. Apr. 12, 1778 — 2 — 7
    William, m. Louisa **EATON**, b. of North Haven, May 27, 1829,
        by Judson A. Root, North Branford — 2 — 115
    William Atwater, [s. Eli & Lucy], b. June 22, 1805 — 2 — 30
BROOKS, Bela, s. [Lemme & Melia], b. Dec. 30, 1799 — 1 — 6
    Bela, s. [Lemma & Melia], b. Dec. 30, 1799 — 2 — 7
    Eli, s. Lemma & Melia, b. Mar. 30, 1798 — 1 — 3
    Eli, s.[Lemme & Melia], b. Mar. 30, 1798 — 1 — 6
    Eli, [s. Lemme & Melia], b. Mar. 30, 1798 — 2 — 7
    Fanny, d. [Lemme & Melia], b. Oct. 7, 1801 — 1 — 6
    Fanny, [d. Lemma & Melia], b. Oct. 7, 1801 — 2 — 7
    Heman P., of Northford, m. Cornelia **MANSFIELD**, of North
        Haven, May 20, 1845, by L. Griggs — 2 — 137
    Lemma, m. Melia **BLAKESLE[E]**, Nov. 9, 1786 — 1 — 1
    Lemme, m. Melia **BLACKESLEE**, Nov. 9, 1786 — 1 — 6
    Lemma, m. Melia **BLAKESLEE**, Nov. 9, 1786 — 2 — 7
    Lemma, [s. Lemma & Melia], b. Sept. 15, 1787 — 1 — 1
    Lemme, child [Lemme & Melia], b. Sept. 15, 1787 — 1 — 6
    Lemme, [s. Lemme & Melia], b. Sept. 15, 1787 — 2 — 7
    Lyman, s. [Lemma & Melia], b. Oct. 4, 1793 — 1 — 1
    Lyman, s. [Lemma & Melia], b. Oct. 4, 1793 — 1 — 6
    Lyman, [s. Lemma & Melia], b. Oct. 4, 1793 — 2 — 7
    Melia, d. [Lemma & Melia], b. July 21, 1796 — 1 — 3
    Melia, [d. Lemma & Melia], b. July 21, 1796 — 2 — 7
    Melinda, d. Lemma & Melia, b. Apr. 20, 1790 — 1 — 3
    Melinda, d. [Lemme & Melia], b. Apr. 20, 1790 — 1 — 6
    Melinda, [d. Lemma & Melia], b. Apr. 20, 1790 — 2 — 7
    Melinda, d. [Lemme & Melia], b. July 21, 1796 — 1 — 6
    Samuel S., of Butternutts, N.Y., m. Elizabeth H. B. **STILES**, of
        North Haven, Apr. 16, 1851, by Rev. C. W. Everest, of
        Hamden — 2 — 144
    Thankful, d. [Lemma & Melia], b. June 4, 1792 — 1 — 1
    Thankful, d. [Lemma & Melia], b. June 4, 1792 — 1 — 6
    Thankful, [d. Lemme & Melia], b. June 4, 1792 — 2 — 7
    William Ryla, [s. Lemme & Melia], b. May 28, 1806 — 1 — 6
    William Rila, [s. Lemme & Melia], b. May 28, 1806 — 2 — 7
BUNNELL, BUNNEL, John S., of North Branford, m. Mary **PIER-**
    PO[I]NT, of North Haven, Sept. 13, 1820, by Rev. Oliver

	Vol.	Page
BUNNELL, BUNNEL (cont.),		
Willson	2	100
Mary Ann, of North Haven, m. John **JACOBS**, of North Branford, July 5, 1840, by Rev. John Noye	2	129
BUTLER, Loureanna S., m. William **JACOBS**, b. of North Haven, Mar. 24, 1838, by Rev. T. O. Judd	2	125
Uri, of Norfolk, m. Eliza **BROCKETT**, of North Haven, [May] 30, [1849], by Rev. E. R. Gilbert, of Wallingford	2	143
BUTTON, Jedediah, m. Bedothy **DAYTON**, b. of North Haven, Sept. 13, 1821, by Rev. Oliver Willson	2	102
Patty, m. Weeden **BARNS**, b. of North Haven, May 24, 1829, by Rev. Samuel Miller, of Meriden	2	115
Ransford, of North Haven, m. Mary **BOWEN**, of New Haven, Nov. 20, 1842, by Rev. Harmon Ellis	2	132
Ruth, of North Haven, m. Nicholas C. **GOODALE**, of East Hartford, Feb. 8, 1824, by Rev. W[illia]m J. Boardman	2	108
CASTLE, Linus B., of Harwenton, m. Polly E. **TUTTLE**, of North Haven, Dec. 16, 1841, by L. Griggs	2	133
CHILD, CHILDS, Ann E., m. Edwin W. **BISHOP**, Oct. 17, 1854, by S. W. Robbins	2	147
Joshua M., of East Livermore, Me., m. Abigail **THORP**, of North Haven, May 21, 1835, by Leverett Griggs	2	123
CHITTENDEN, Jared C., of Guilford, m. Rowena **BARNS**, of North Haven, May 19, 1825, by Rev. Zopher Whitman, of Guilford	2	110
CHURCH, Cynthia M., m. Erastus B. **LEWIS**, b. of Berlin, Conn., Oct. 25, 1841, by Rev. Harmon Ellis	2	129
CLARK, Asenath, [d. Caleb & Elizabeth], b. June 19, 1783	2	21
Caleb, m. Elizabeth **SMITH**, Dec. 2, 1776	2	21
Cephas, [s. Caleb & Elizabeth], b. Jan. 5, 1787	2	21
Chester, [s. Caleb & Elizabeth], b. June 30, 1780	2	21
Esther, [d. Caleb & Elizabeth], b. Sept. 18, 1777	2	21
Huldah Elizabeth, [d. Caleb & Elizabeth], b. May 27, 1791	2	21
Lora, [d. Caleb & Elizabeth], b. July 16, 1794	2	21
Rhoda, m. Elisaph **HULL**, Dec. 30, 1811	2	16
Samuel, m. Lovina **BARNES**, b. of North Haven, Oct. 15, 1820, by Rev. Oliver Willson	2	100
CLINTON, CLYNTON, Aurelia, m. Owen **TODD**, b. of North Haven, Oct. 30, 1823, by Rev. W[illia]m J. Boardman	2	107
Beman, of Wallingford, m. Lavina **TUTTLE**, of North Haven, Nov. 5, 1826, by Rev. W[illia]m J. Boardman	2	112
Cynthia, of Wallingford, m. Lewis **BATES**, of North Haven, Dec. 9, 1824, by Rev. W[illia]m J. Boardman	2	109
Eunetia, m. Serena B. **TODD**, Nov. 26, 1846, by Rev. Ira H. Smith	2	139
Jesse, m. Rosanna **BASSETT**, b. of North Haven, Nov. 16, 1825 by Rev. W[illia]m J. Boardman	2	111
Julia S., of North Haven, m. John B. **JOHNSON**, of Northford, Feb. 3, 1833, by Ab[raha]m C. Baldwin, Int. Pub.	2	119
Lovinna Lucy, of North Haven, m. Ezra S. **MUNSON**, of Hamden, Sept. 25, 1838, by Rev. Leverett Griggs	2	128

	Vol.	Page
CLINTON, CLYNTON (cont.),		
Sally, b. July 29, 1793; m. Edward **TUTTLE**, May 6, 1813	2	16
COLES, Lucretia, of Berlin, m. Dacatur D. **DAYTON**, of Mereden, June 11, 1848, by Rev. Charles W. Potter	2	141
CONANT, Harriet Elizabeth, d. David & Elizabeth, b. Feb. 20, 1812	1	15
Harriet Elizabeth, [d. David & Elizabeth], b. Feb. 20, 1812	2	11
COOK, Anna, m. John **SMITH**, Oct. 16, 1781	2	32
Charles B., of Wallingford, m. Maria **FROST**, of North Haven, Jan. 22, 1823, by Rev. W[illia]m J. Boardman	2	105
Cyrus, of Guilford, m. Ann Eliza **FOOTE**, of Northford, Nov. 23, 1845, by Rev. Allen Darrow, of Waterbury	2	137
Leander Dwight, s. Stephen & Julia Eliza, b. June 22, 1825	2	36
Mary Anna, m. Joshua [**THARP**], June 2, 1806	2	11
Stephen, of Cheshire, m. Julia Eliza **SMITH**, of North Haven, Nov. 28, 1822, by Joshua Barns, J. P.	2	105
COOPER, Abiah, [s. John & Hannah], b. Mar. 18, 1797	2	29
Celena, [child of John & Hannah], b. May 26, 1806	2	29
Elihu, [s. John & Hannah], b. July 27, 1788	2	29
Eliphalet Pardee, [s. John & Hannah], b. Feb. 18, 1804	2	29
Elizabeth, m. Giles **PIERPINT**, Jan. 22, 1766	1	1
Elizabeth, m. Giles **PIERPO[I]NT**, Jan. 22, 1766	2	1
Elizabeth, [d. Levi & Sibby]], b. Nov. 29, 1826	2	41
Eunice, m. Amos **BLACKESLEE**, Nov. 7, 1782	2	13
Hannah Charlot[te], [d. Levi & Sibbel], b. Mar. 31, 1814	2	12
Hannah Elmina, [d. John & Hannah], b. Aug. 22, 1808; d. Sept. [ ], 1814	2	29
Harriet Rebeckah, [d. Levi & Sibbyl], b. Jan. 28, 1823	2	41
Ira, [s. Justus & Lois], b. Mar. 31, 1789	2	25
John, b. Dec. 2, 1767; m. Hannah **PARDEE**, July 14, 1785	2	29
John Lewis, [s. John & Hannah], b. Nov. 19, 1800	2	29
Julia Ann Caroline, [d. Samuel & Emily], b. Feb. 24, 1823	2	28
Justus, b. June 14, 1751 O. S.; m Lois **COOPER**, Jan. 17, 1782	2	25
Justus, [s. Justus & Lois], b. May 25, 1797	2	25
Levi, m. Sibbel **ANDRUS**, May 5, 1810	2	12
Lois, b. May 27, 1762; m. Justus **COOPER**, Jan. 17, 1782	2	25
Lois, [d. Justus & Lois], b. May 31, 1792	2	25
Lois, m. Isaac **STILES**, Nov. [ ], 1815	2	27
Lucinda, m. Philanzo **BASSETT**, b. of North Haven, Nov. 26, 1829, by Rev. W[illia]m J. Boardman	2	116
Lucretia, [d. Levi & Sibbyl], b. Dec. 1, 1819	2	41
Lydia B., m. Henry M. **FOOTE**, b. of North Haven, Aug. 23, 1846, by Rev. Niles Whiting	2	138
Mabel, [d. Justus & Lois], b. July 9, 1786	2	25
Marcy, m. Levi **RAY**, Oct. 30, 1768	2	22
Martha, twin with [ ], [d. Justus & Lois], b. Mar. 22, 1807	2	25
Mary E., of North Haven, m. Julius P. **MOULTON**, of New Haven, Dec. 10, 1837, by Rev. Leverett Griggs	2	127
Maryett Sophia, [d. Samuel & Emily], b. Oct. 15, 1817	2	28

NORTH HAVEN VITAL RECORDS 253

	Vol.	Page
COOPER (cont.),		
Phebe, [d. John & Hannah], b. July 27, 1811	2	29
Polly, [d. John & Hannah], b. May 11, 1786	2	29
Sally, [d. Justus & Lois], b. Oct. 21, 1782	2	25
Samuel, b. Apr. 8, 1790; m. Emily **LINDSLEY**, Jan. 29, 1816	2	28
Sarah, m. Isaiah **BROCKET**, Aug. 23, 1775	1	6
Sarah, m. Isaiah **BROCKETT**, Aug. 23, 1775	2	7
Sarah, ae 25, m. Benajah **BISHOP**, ae 27, Mar. 27, 1805	2	30
Sibil, m. Jonathan **TUTTLE**, Oct. 24, 1784 (Sybil)	1	3
Sible, m. Jonathan **TUTTLE**, Oct. 24, 1784	2	4
Sibbel Elvira, [d. Levi & Sibbel], b. Dec. [ ], 1816	2	12
Warren, m. Charlotte **TODD**, b. of North Haven, Feb. 21, 1843, by Ammi Linsley, V. D. M.	2	132
Wyllis Russell, [s. Levi & Sibbel], b. Mar. 22, 1811	2	12
-----, twin with Martha, [s. Justus & Lois], b. Mar. 22, 1807; d. in 4 d.	2	25
COREY, Betsey, m. Russel **THORP**, Oct. 14, 1812	2	27
COWLES, Asa F., m. Susan R. **SANFORD**, Dec. 2, 1847, by Rev. Burdett Hart, of Fair Haven	2	140
Orson, of Woodstock, m. Eunice Ann **FOOT**, of North Haven, Nov. 25, 1832, by Rev. William Mitchell	2	119
CRANE, Ann Maria, m. Henry **TAINTER**, Aug. 10, 1834, by Jesse Brockett, J. P.	2	121
CROWELL, Martha A., m. Jason **PIERPO[I]NT**, Feb. 23, 1845	2	42
Nelson J., m. Mary A. **DEGROAT**, b. of Northford, Feb. 4, 1844, by Rev. Henry Fitch	2	135
CULVER, Caleb H., of Wallingford, m. Nancy **BROCKETT**, Sept. 23, 1738*, by Rev. Leverett Griggs *(1838?)	2	128
Paulina M., of North Haven, m. George **DARROW**, of Wallingford, Apr. 13, 1846, by Rev. Niles Whiting	2	138
CURTIS, Esther, m. Christopher **HORTON**, Aug. 8, 1792	1	4
Esther, m. Christopher **HORTON**, Aug. 8, 1792	2	5
DAGGETT, Amelia, m. Joshua **BARNS**, Jr., Nov. 22, 1805	2	28
DARLING, Aurelia, d. Joseph & Aurelia, b. Jan. 11, 1788	1	1
Aurelia, [child of Joseph], b. Jan. 11, 1788	2	2
DARROW, George, of Wallingford, m. Paulina M. **CULVER**, of North Haven, Apr. 13, 1846, by Rev. Niles Whiting	2	138
DAYTON, Bedothy, m. Jedediah **BUTTON**, b. of North Haven, Sept. 13, 1821, by Rev. Oliver Willson	2	102
Bezeleel, m. Sophia **JOHNSON**, June 18, 1797	2	17
Cynthia Eliza, [d. Enos B. & Lucretia], b. June 24, 1823	2	32
Dacatur D., of Mereden, m. Lucretia **COLES**, of Berlin, June 11, 1848, by Rev. Charles W. Potter	2	141
Emily, [d. Bezeleel & Sophia], b. Feb. 13, 1807	2	17
Enos, [s. Jonathan], b. May 13, 1789	2	23
Enos B., m. Lucretia **TODD**, Oct. 31, 1819	2	32
Jonathan H., m. Polly E. **TODD**, b. of North Haven, May 9, 1830, by Rev. W[illia]m J. Boardman	2	117
Jonathan Hezekiah, [s. Bezeleel & Sophia], b. Oct. 3, 1802	2	17

	Vol.	Page
DAYTON (cont.),		
Laura, [d. Enos B. & Lucretia], b. Aug. 5, 1820; d. July 31, 1823	2	32
Lewis, m. Mariah **MUNSON**, b. of North Haven, Feb. 11, 1838, by Rev. John W. Woodward	2	125
Lois, [d. Jonathan], b. Dec. 13, 1795	2	23
Mary, m. Giles **BECAH**, May 3, 1789	1	3
Mary, m. Giles **BEACH**, May 3, 1789	2	3
Semanthe, [d. Bezeleel & Sophia], b. Apr. 19, 1805	2	17
Texana, [child of Bezeleel & Sophia], b. May 24, 1798	2	17
Urana, [child of Bezeleel & Sophia], b. Aug. 6, 1800	2	17
DEE, Laura, of North Haven, m. Henry **BRADLEY**, of Hamden, May 4, 1846, by Elizur C. Tuttle, J. P.	2	138
Mark, a foreigner, m. Laura **RANGER**, Aug. 13, 1827, by Justus Bishop, J. P.	2	113
DEGROAT, Mary A., m. Nelson J. **CROWELL**, b. of Northford, Feb. 4, 1844, by Rev. Henry Fitch	2	135
DeWOLFE, Henry, of Northford, m. Almira **TUTTLE**, of North Haven, June 10, 1830, by Rev. W[illia]m J. Boardman	2	117
DICKERMAN, Edwin, m. Lucretia **PECK**, Nov. 17, 1846, by Rev. Ira H. Smith	2	139
Henry G., of Hamden, m. Mary J. **TUTTLE**, of North Haven, June 22, 1854, by Rev. Austin Putnam	2	147
Jason, of North Haven, m. Nancy **BASSETT**, of Watertown, Apr. 27, 1839, by Leverett Griggs	2	130
Laura W., of North Haven, m. Walter **BARBER**, of Lenington, N. Y., May 18, 1842, by L. Griggs	2	134
Merit, of Hamden, m. Lovisa **BASSETT**, of North Haven, Mar. 17, 1825, by Rev. W[illia]m J. Boardman	2	109
Rebecca, m. Joshua **THARP**, Nov. 25, 1801	2	11
William A., of New Haven, m. Rachel C. **DOWD**, of Madison, May 19, 1845, by L. Griggs	2	137
DODD, -----, of New Haven, m. Mary Ann **BARNES**, of North Haven, Sept. 19, 1844, by L. Griggs	2	136
DOOLITTLE, Abraham, s. [Daniel & Abigail], b. Sept. 30, 1792	1	1
Abraham, [s. Daniel & Abigail], b. Sept. 30, 1792	2	1
Abram C., of Vermont, m. Marah E. **MORSE**, of North Haven, May 31, 1842, by Rev. Matthew Batchelor	2	130
Anson, m. Elizabeth **DOOLITTLE**, b. of North Haven, Apr. 28, 1839, by Walter W. Brewer	2	128
Asaph, s. [Joseph], b. Mar. [ ], 1798; d. Jan. 31, 1798 [sic]	1	1
Asaph, [s. Joseph], b. Mar. [ ], 1798; d. Jan. 31, 1798	2	2
Asenath, [d. Roswell], b. July 20, 1820	2	38
Chauncey, of Wallingford, m. Betsey **BASSETT**, of North Haven, Dec. 28, 1834, by Rev. Stephen Hubbell, of Hamden	2	122
David, of Wallingford, m. Rosanna **SMITH**, of North Haven, June 1, 1839, by Leverett Griggs	2	130
Delight, of Wallingford, m. Sam[ue]l **MORSE**, of North Haven, Dec. 29, 1846, by A. C. Denison	2	139
Edward J., m. Elizabeth **TUTTLE**, Feb. 2, 1834	2	40

	Vol.	Page
DOOLITTLE (cont.),		
Edward J., of Wallingford, m. Elizabeth **TUTTLE**, of North Haven, Feb. 2, 1834, by Rev. Leverett Griggs	2	121
Elizabeth, d. [Daniel & Abigail], b. Oct. 10, 1790	1	1
Elizabeth, [d. Daniel & Abigail], b. Oct. 10, 1790	2	1
Elizabeth, m. Anson **DOOLITTLE**, b. of North Haven, Apr. 28, 1839, by Walter W. Brewer	2	128
Henry E., [s. Edward J. & Elizabeth], b. Mar. 3, 1835, in Wallingford	2	40
Ira, s. [Joseph], b. Sept. 28, 1785	1	1
Ira, [s. Joseph], b. Sept. 28, 1785	2	2
Ira, m. Lowly **TUTTLE**, Jan. 14, 1810	1	14
Ira, m. Lowly **TUTTLE**, Jan. 14, 1810	2	11
Jacob, s. [Daniel & Abigail], b. July 13, 1796	1	1
Jacob, [s. Daniel & Abigail], b. July 13, 1796	2	1
Jacob, m. Esther **TUTTLE**, b. of North Haven, Apr. 11, 1823, by Rev. W[illia]m J. Boardman	2	106
Jane Harriet, [d. Roswell], b. Mar. 15, 1826	2	38
Jared, s. Joseph, b. Aug. 29, 1780	1	1
Jared, [s. Joseph], b. Aug. 29, 1780	2	2
Julia, of Wallingford, m. Phineas T. **IVES**, of Clinton, Mar. 30, 1842, by Rev. Ira Abbott	2	130
Lois, d. Daniel & Abigail, b. May 1, 1788	1	1
Lois, [d. Daniel & Abigail], b. May 1, 1788	2	1
Lois, m. Ira Obrian **PHELPS**, July 31, 1803	2	28
Lucy E., m. Henry B. **FOWLER**, b. of North Haven, Nov. 10, 1854, by S. W. Robbins	2	147
Lucy Elizabeth, [d. Roswell], b. Dec. 14, 1816, at Hartford	2	38
Martha Lovisa, [d. Roswell], b. May 10, 1818, at Hartford	2	38
Mary, d. [Joseph], b. Aug. 29, 1783	1	1
Mary, [d. Joseph], b. Aug. 29, 1783	2	2
Mary, of Wallingford, m. John **SMITH**, of North Haven, May 7, 1837, by Rev. Leverett Griggs	2	126
Mary Ann, [d. Roswell], b. Jan. 12, 1809, at Hartford	2	38
Nathaniel, s. [Joseph], b. Dec. 25, 1787	1	1
Nathaniel, [s. Joseph], b. Dec. 25, 1787	2	2
Nathaniel, d. Dec. 6, 1825	2	36
Nathaniel, m. Sally **MERRETT** or **DOOLITTLE**, of Wallingford, Jan. 10, 1850, by Rev. A[a]ron S. Hill	2	143
Patience Catharine, [d. Roswell], b. Mar. 28, 1822	2	38
Roman, of Wallingford, m. Mary A. **THORP**, of North Haven, Sept. 20, 1842, by L. Griggs	2	134
Roswell Parsons, [s. Roswell], b. Apr. 12, 1824	2	38
Sally, see under Sally **MERRETT**		
Sarah, d. Ira & Lowly, b. Feb. 28, 1812	1	14
Sarah, d. [Ira & Lowly], b. Feb. 28, 1812	2	11
DOWD, Rachel C., of Madison, m. William A. **DICKERMAN**, of New Haven, May 19, 1845, by L. Griggs	2	137
DUDLEY, Cynthia, m. John **BASSETT**, Mar. 4, 1834, by Rev. Lev-		

	Vol.	Page

DUDLEY (cont.),
erett Griggs	2	121
EASTMAN, Benjamin Clark, [s. Peter & Polly], b. Dec. 29, 1806	2	21
Mary, of North Haven, m. Street **JONES**, b. of Wallingford, Feb. 1, 1826, by Rev. W[illia]m J. Boardman	2	112
Mary **PIERPO[I]NT**, [d. Peter & Polly], b. Dec. 11, 1803	2	21
Peter, m. Polly **TRUMBULL**, June 25, 1801	2	21
Peter, had negro slave Jube, ae between 25 & 26 years, emancipated, Feb. 2, 1801	1	11-12
Peter, d. June 12, 1829	2	21
EATON, [see also **HEATON**], Elizabeth A., m. Alexander J. **ROBINSON**, Nov. 5, 1849, by Rev. T. G. Colton	2	142
Hannah C., m. John **MOULTHROP**, May 19, 1807	2	40
Julia, m. Riley **MARKS**, June 26, 1842, by L. Griggs	2	134
Julius, m. Sally **TODD**, b. of North Haven, Oct. 23, 1822, by Rev. W[illia]m J. Boardman	2	104
Laura, m. Bethuel **BROCKETT**, Dec. 9, 1824	2	42
Laura A., m. Bethuel **BROCKETT**, b. of North Haven, Dec. 9, 1824, by Rev. W[illia]m J. Boardman	2	109
Louisa, m. William **BROCKETT**, b. of North Haven, May 27, 1829, by Judson A. Root, North Branford	2	115
Lydia A., m. Luzern **BROCKETT**, Nov. 22, 1837, by Rev. Leverett Griggs	2	127
Rebecca, m. Julius **SMITH**, b. of North Haven, Sept. 21, 1840, by Leverett Griggs	2	131
EVARTS, Benj[amin] R., of Northford, m. Angeline **GOODSELL**, of North Haven, Dec. 12, 1841, by L. Griggs	2	133
FITCH, Grace Ann, m. Meret **BARNS**, b. of North Haven, Sept. 24, 1828, by Rev. Zoper Whitman, of Guilford	2	113
Harriet, m. Joel **RAY**, Mar. 19, 1801	2	19
Harriet, [d. Jeffrey & Rhoda], b. Aug. 17, 1819	2	41
Jeffrey, m. Rhoda **PARDEE**, Oct. 20, 1818	2	41
Rhoda R., Mrs., m. Rev. William **BENTLEY**, of Weathersfield, Oct. 4, 1853, by Rev. S. C. Judd	2	146
William J., [twin with Wyllis, s. Jeffrey & Rhoda], b. July 6, 1823	2	41
Wyllis, [twin with William J., s. Jeffrey & Rhoda], b. July 6, 1823	2	41
FLYNT, Caroline E., of East Williamstown, Vt., m. James H. **THORP**, of North Haven, May 28, 1839, by Leverett Griggs	2	130
FOOTE, FOOT, Angenette A., m. John **BRISTOL**, b. of North Haven, May 2, 1849, by Rev. Henry Fitch, in St. Johns Church	2	142
Ann Eliza, of Northford, m. Cyrus **COOK**, of Guilford, Nov. 23, 1845, by Rev. Allen Darrow, of Waterbury	2	137
Bela H., of Northford, m. Almira **PIERPO[I]NT**, June 3, 1844, by L. Griggs	2	136
Emily, d. [Joseph & Eunice], b. Mar. 13, 1804	1	6
Emily, [d. Joseph & Eunice], b. Mar. 13, 1804	2	8
Emily, of North Haven, m. Abram N. **BALDWIN**, of North Guilford, June 30, 1830, by Rev. W[illia]m J. Boardman	2	116
Eunice, m. Joseph **FOOT**, Jan. 26, 1803	1	6

	Vol.	Page
FOOTE, FOOT (cont.),		
Eunice, m. Joseph **FOOT**, Jan. 26, 1803	2	8
Eunice Ann, [d. Joseph & Eunice], b. July 1, 1809	1	6
Eunice Ann, [d. Joseph & Eunice], b. July 1, 1809	2	8
Eunice Ann, of North Haven, m. Orson **COWLES**, of Woodstock, Nov. 25, 1832, by Rev. William Mitchell	2	119
Henry M., of North Branford, m. Juliette M. **BARNES**, of North Haven, May 28, 1843, by Rev. Harmon Ellis	2	135
Henry M., m. Lydia B. **COOPER**, b. of North Haven, Aug. 23, 1846, by Rev. Niles Whiting	2	138
Jared, s. [Joseph & Mary], b. Jan. 2, 1800	1	6
Jared, [s. Joseph & Mary], b. Jan. 2, 1800	2	8
Joseph, m. Mary **BASSET**, Feb. 16, 1797	1	6
Joseph, m. Mary **BASSETT**, Feb. 16, 1797	2	8
Joseph, m. Eunice **FOOT**, Jan. 26, 1803	1	6
Joseph, m. Eunice **FOOT**, Jan. 26, 1803	2	8
Lavina, d. [Joseph & Eunice], b. Sept. 16, 1806	1	6
Lavinia, [d. Joseph & Eunice], b. Sept. 16, 1806	2	8
Lavora, of North Haven, m. W[illia]m **WOOLCOT**, of Stow, Mass., Sept. 27, 1830, by Rev. W[illia]m J. Boardman (Lavina?)	2	116
Maria C., m. Charles D. **HEATON**, Nov. 25, 1847, by Rev. C. W. Everest	2	140
Mary, d. [Joseph & Mary], b. June 3, 1798	1	6
Mary, [d. Joseph & Mary], b. June 3, 1798	2	8
Mary, w. Joseph, d. Sept. 3, 1801	1	6
Mary, w. Joseph, d. Sept. 3, 1801	2	8
Mary, of North Haven, m. Whiting **SANFORD**, of Laurel, Del., Aug. 30, 1821, by Rev. W[illia]m J. Boardman	2	102
Mary A., m. Harvey D. **BASSETT**, Feb. 6, 1845, by L. Griggs	2	136
William Cullen, [s. Joseph & Eunice], b. Nov. 6, 1811	1	6
William Cullan, [s. Joseph & Eunice], b. Nov. 6, 1811	2	8
FORD, Roger Whiting, m. Emily **MOULTHROP**, Nov. 12, 1828, by Rev. Matthew Noyes, of Northford	2	114
FOWLER, Henry B., of North Guilford, m. Catharine A. **ABBOT**, of North Haven, Mar. 20, 1839, by Leverett Griggs	2	130
Henry B., m. Lucy E. **DOOLITTLE**, b. of North Haven, Nov. 10, 1854, by S. W. Robbins	2	147
FROST, Charlotte L., of North Haven, m. W[illia]m B. **GOODYEAR**, of Florence, N. Y., May 16, 1830, by Rev. W[illia]m J. Boardman	2	117
Henry, m. Adaline **PIERPO[I]NT**, June 4, 1851, by Rev. T. G. Colton	2	144
John, m. Malinda **MANSFIELD**, b. of North Haven, Apr. 10, 1823, by Rev. W[illia]m J. Boardman	2	106
Maria, of North Haven, m. Charles B. **COOK**, of Wallingford, Jan. 22, 1823, by Rev. W[illia]m J. Boardman	2	105
Martha, m. Cha[rle]s W. **MINER**, Nov. 12, 1851, by Rev. Burdett Hart	2	145

	Vol.	Page
FROST (cont.),		
Mary A., of North Haven, m. Julius **SMITH**, of Northford, Apr. 6, 1842, by L. Griggs	2	133
GILBERT, Elias, of New Haven, m. Leeta **SHEPHARD**, of North Haven, Mar. 16, 1831, by Rev. W[illia]m J. Boardman	2	118
James, of Hamden, m. Betsey **TODD**, of North Haven, Dec. 16, 1825, by Rev. W[illia]m J. Boardman	2	112
Stephen, of Hamden, m. Luanna P. **ABBOT**, of North Haven, Oct. [ ], 1828, by Nath[anie]l W. Taylor	2	114
Timothy A., of Branford, m. Louisa **IVES**, of North Haven, Dec 3, 1828, by Rev. J. A. Root, of Branford	2	114
GILL, GILLS, Bede Eliza, m. Byard **BARNS**, Nov. 6, 1816	2	37
Delean A., m. Hubbard B. **GOODYEAR**, b. of North Haven, Nov. 16, 1826, by Rev. W[illia]m J. Boardman	2	112
Frances A., of North Haven, m. William **TODD**, Jr., of Wallingford, Sept. 15, 1835, by Leverett Griggs	2	123
Henry, m. Lovica **TUTTLE**, b. of North Haven, Nov. 6, 1821, by Rev. W[illia]m J. Boardman	2	103
John, m. Lidia **TURNER**, June 20, 1791	1	3
John, m. Lydia **TURNER**, June 20, 1791	2	4
John, m. Sally **STILLMAN**, of New Haven, Nov. 26, 1843, by L. Griggs	2	135
Naomy, m. Stephen **JACOBS**, Jr., May 19, 1791	2	33
Sarah, m. Theophilus **BRADLEY**, Feb. 28, 1785	2	19
GOODALE, Nicholas C., of East Hartford, m. Ruth **BUTTON**, of North Haven, Feb. 8, 1824, by Rev. W[illia]m J. Boardman	2	108
GOODSELL, Angeline, [d. John & Melinda], b. Aug. 11, 1817	2	27
Angeline, of North Haven, m. Benj[amin] R. **EVARTS**, of Northford, Dec. 12, 1841, by L. Griggs	2	133
John, m. Melinda **SMITH**, Dec. 19, 1816	2	27
Mary Ann, m. Loyal **THORP**, Mar. 29, 1843, by L. Griggs	2	134
GOODYEAR, Hubbard B., m. Delean A. **GILL**, b. of North Haven, Nov. 16, 1826, by Rev. W[illia]m J. Boardman	2	112
Polly, m. Henry M. **BLAKESLEE**, Sept. 17, 1837, by Rev. L. Griggs	2	127
W[illia]m B., of Florence, N.Y., m. Charlotte L. **FROST**, of North Haven, May 16, 1830, by Rev. W[illia]m J. Boardman	2	117
GRANNIS, Joseph A., of East Haven, m. Eliza A. **TUTTLE**, of North Haven, May 16, 1838, by Rev. Leverett Griggs	2	127
GREGORY, William D., of Canandaigua, N. Y., m. Charlotte F. **LINSLEY**, of North Haven, Nov. 15, 1853, by Rev. S. W. Robbins	2	146
HALE, Augustus, of North Haven, m. Marriett M. **SHEPHERD**, of East Haven, Oct. 1, 1837, by Rev. T. O. Judd	2	124
Elam W., m. Mrs. Mary **MUNSON**, Jan. 6, 1842, by L. Griggs	2	133
Henry, m. Ellen A. **BRADLEY**, b. of North Haven, Nov. 19, 1840, by Leverett Griggs	2	131
Lydia, m. Rufus K. **HATHAWAY**, b. of Suffield, Nov. 3, 1846, by Rev. Niles Whiting	2	139
Samuel, m. Grace A. **TODD**, Jan. 29, 1851, by Rev. T. G. Colton	2	144

	Vol.	Page
HALL, Andrew, of Hamden, m. Laura **ANDREWS**, of North Haven, May 9, 1836, by Rev. Leverett Griggs	2	126
Rhoda, m. Jonathan **HEATON**, Feb. 28, 1781	1	14
Rhoda, m. Jonathan **HEATON**, Feb. 28, 1781	2	5
HARDEN, Sally, of Derby, m. Garry **JOHNSON**, Oct. 29, 1854, by S. W. Robbins	2	147
HARTLEY, W[illia]m, m. Rebecca **THORP**, b. of North Haven, Jan. 19, 1831, by Rev. W[illia]m J. Boardman	2	118
HATHAWAY, Rufus K., m. Lydia **HALE**, b. of Suffield, Nov. 3, 1846, by Rev. Niles Whiting	2	139
HAWLEY, Miller, m. Betsey **BRADLEY**, Mar. 9, 1789	1	3
Miller, m. Betsey **BRADLEY**, Mar. 9, 1789	2	4
Nancy, [d. Miller & Betsey], b. May 18, 1789	1	3
Nancy, [d. Miller & Betsey], b. May 18, 1789	2	4
HAYES, Elizabeth, Mrs., of New Haven, m. Dea. Joshua **BARNS**, of North Haven, Mar. 4, 1830, by Rev. W[illia]m J. Boardman	2	117
HEALD, Lydia, m. Lyman **TODD**, b. of North Haven, Nov. 28, 1842, by Rev. Harmon Ellis	2	132
HEATON, [see also **EATON**], Abigail, [d. James & Abigail], b. Jan. 25, 1803	2	18
Abigail, [w. James], d. Oct. 13, 1813	2	18
Charles Dennis, [s. Julius & Sarah], b. Nov. 7, 1823	2	38
Charles D., m. Maria C. **FOOTE**, of North Haven, Nov. 25, 1847, by Rev. C. W. Everest	2	140
Hannah Cook, d. Jonathan & Rhoda, b. Oct. 31, 1788	1	4
Hannah Cook, d. [Jonathan & Rhoda], b. Oct. 31, 1788	2	5
Isaac, [s. James & Abigail], b. Nov. 12, 1793	2	18
James, b. May 14, 1770; m. Abigail **BISHOP**, Nov. [ ], 1792	2	18
James, m. Mabel **TODD**, May 4, 1814	2	19
James, [s. James & Abigail], b. Oct. 31, 1800	2	18
James, [s. Julius & Sarah], b. Apr. 19, 1831	2	38
Jonathan, m. Rhoda **HALL**, Feb. 28, 1781	1	4
Jonathan, m. Rhoda **HALL**, Feb. 28, 1781	2	5
Jonathan, d. Feb. 21, 1799	1	4
Jonathan, d. Feb. 21, 1799	2	5
Julia, [d. James & Abigail], b. Mar. 18, 1796	2	18
Julius, [s. James & Abigail], b. Mar. 16, 1798	2	18
Julius, m. Sarah **TODD**, Oct. 23, 1822	2	38
Lorenzo Dennis, [s. James & Abigail], b. Mar. 11, 1808; d. Oct. 1, 1813	2	18
Merab Rosetta, [d. Julius & Sarah], b. Aug. 11, 1828	2	38
Moab, m. Chauncey W. **BLAKESLEE**, b. of North Haven, May 2, 1849, by Rev. Henry Fitch, of Northford	2	142
Orrin Orson, [s. James & Abigail], b. Aug. 27, 1810; d. Sept. 29, 1813	2	18
Rhoda Hall, d. [Jonathan & Rhoda], b. Oct. 4, 1790	1	4
Rhoda Hall, d. [Jonathan & Rhoda], b. Oct. 4, 1790	2	5
Sarah Jane, [d. Julius & Sarah], b. Dec. 18, 1825	2	38
Sarah Jane, m. Henry Hobart **STILES**, b. of North Haven, Oct.		

	Vol.	Page
HEATON, [see also **EATON**] (cont.),		
15, 1845, by Rev. Henry Fitch	2	137
Susan Carilla, [d. Julius & Sarah], b. Dec. 31, 1835	2	38
Susanna, [d. James & Abigail], b. Dec. 20, 1805	2	18
HEMINGWAY, Hannah M., m. Abijah **BRADLEY**, Dec. 15, 1836, by		
Rev. Leverett Griggs	2	126
Julia, of North Haven, m. Elezur P. **ATWATER**, of New Haven,		
Oct. 3, 1849, by Rev. T. G. Colton	2	142
Samuel, had negro slave Dick and his w. Ellis, emancipated, Sept.		
29, 1798	1	11
HILL, Russell, of Hamden, m. Amelia **MOULTHORP**, of North Haven,		
Dec. 25, 1850, by Rev. T. G. Colton	2	144
HOMASTEN, HOMISTON, [see under **HUMASTON**]		
HOPKINS, Elmer, m. Hannah **BASSETT**, b. of North Haven, Oct. 8,		
1841, by Leverett Griggs	2	132
HORTON, Christopher, m. Esther **CURTIS**, Aug. 8, 1792	1	4
Christopher, m. Esther **CURTIS**, Aug. 8, 1792	2	5
Ruth, d. Chris[tophe]r & Esther, b. Sept. 25, 1793	1	4
Ruth, d. [Christopher & Esther], b. Sept. 25, 1793	2	5
HOTCHKISS, Cordelia, of New Haven, m. William B. **ADAMS**, of		
Cabotsville, Mass., Dec. 29, 1845, by Rev. John Doolittle,		
at Lyman Thorp's	2	139
Leonard B., of Waterbury, m. Luanna E. **TUTTLE**, of North		
Haven, Nov. 27, 1834, by Rev. Leverett Riggs [Griggs]	2	122
HOUGH, Henry, m. Harriet **ATWATER**, b. of Wallingford, Oct. 19,		
1825, by Rev. W[illia]m J. Boardman	2	111
HOWD, Edmund, m. Mary Ann **ATKINS**, b. of Wallingford, Sept. 20,		
1822, by Rev. W[illia]m J. Boardman	2	104
HUFFMAN, HUFMAN, Lucy, m. Thomas Goodsell **WOLCOTT**, May		
27, 1789	1	5
Lucy, m. Thomas Goodsell **WOLCOT[T]**, May 27, 1789	2	6
HUGHES, John, of East Haven, m. Zeruah **JACOBS**, of North Haven,		
Dec. 3, 1821, by Rev. W[illia]m J. Boardman	2	103
HULL, Ebenezer, m. Bede **JACOBS**, Jan. 2, 1803	1	8
Ebenezer, m. Bede **JACOBS**, Jan. 2, 1803	2	6
Eli, of Hamden, m. Anna **TALMAGE**, of Northford, Aug. 21,		
1832, by A. C. Baldwin	2	119
Eli Lucius, [s. Elisaph & Rhoda], b. June 14, 1828	2	16
Elijah, b. Jan. 14, 1784; m. Nancy **BLACKESLEE**, Dec. 20, 1812	2	16
Elisaph, b. Oct. 30, 1786; m. Rhoda **CLARK**, Dec. 30, 1811	2	16
Elisaph Andrew, [s. Elisaph & Rhoda], b. Sept. 7, 1824	2	16
Ezra Whiting, s. Benjamin & Hannah, b. Jan. 10, 1786	2	14
John William, [s. Elijah & Nancy], b. Apr. 26, 1814	2	16
Levi, [s. Ebenezer & Bede], b. Apr. 23, 1804	1	8
Levi, [s. Ebenezer & Bede], b. Apr. 23, 1804	2	6
Lucinda, [d. Elisaph & Rhoda], b. Oct. 25, 1812	2	16
Mabel, of North Haven, m. Amos **BASSETT**, of Hamden, Jan. 27,		
1822, by Rev. Origin P. Holcomb	2	104
Patty, [d. Elisaph & Rhoda], b. Feb. 2, 1816; d. Mar. 6, 1816	2	16

NORTH HAVEN VITAL RECORDS 261

	Vol.	Page
HULL (cont.),		
Sarah Adelia, [d. Elisaph & Rhoda], b. Apr. 11, 1817	2	16
HUMASTON, HOMASTEN, HOMISTEN, HUMISTON, Abigail,		
m. David **BARNES**, Jan. 7, 1773	2	28
Elizabeth, m. Oliver **BLAKESLEE**, May 3, 1762	2	15
Esther, m. Daniel **PIERPOINT**, Sept. 26, 1799	1	6
Esther, m. Daniel **PIERPO[I]NT**, Sept. 26, 1799	2	7
Joel, m. Emelia **MIX**, Jan. 12, 1797	2	23
Lydia, d. [Joel & Emelia], b. Dec. 14, 1800	2	23
Lydia, of North Haven, m. Ward **PECK**, of Waterbury, [ ], 2, 1822, by Rev. W[illia]m J. Boardman	2	103
Phila, m. Jesse **ANDREWS**, Oct. 22, 1801	1	15
Phila, m. Jesse **ANDRUS**, Oct. 22, 1801	2	11
Susannah, b. [ ], 1763; m. Samuel **MIX**, Nov. [ ], 1793	2	21
IVES, Alban, s. Noah & Abigail, b. Sept. 8, 1788	1	3
Alban, s. Noah & Abigail, b. Sept. 8, 1788	2	4
Alfred, m. Sylvia A. **BLAKESLEE**, b. of North Haven, Dec. 28, 1834, by Rev. Stephen Hubbell, of Hamden	2	122
Allen, m. Betsey [ ], Sept. 1, 1825, by Rev. W[illia]m J. Boardman	2	111
Louisa, of North Haven, m. Timothy A. **GILBERT**, of Branford, Dec. 3, 1828, by Rev. J. A. Root, of Branford	2	114
Lydia, m. Timothy **ANDRUS**, Dec. 13, 1814	2	17
Lydia L., of North Haven, m. John **SAMPSON**, formerly of Mass., Jan. 24, 1830, by Rev. W[illia]m J. Boardman	2	116
Phineas T., of Clinton, m. Julia **DOOLITTLE**, of Wallingford, Mar. 30, 1842, by Rev. Ira Abbott	2	130
Roxanna, of North Haven, m. David **WIXAN**, of New Haven, Dec. 13, 1840, by Rev. John Noye	2	129
William, of New Haven, m. Mary **TUTTLE**, of North Haven, Nov. 28, 1833, by Rev. Leverett Griggs	2	120
JACKSON, Benj[amin] H., of Stanhope, N. J., m. Harriet **BRADLEY**, of North Haven, Sept. 2, 1839, by Leverett Griggs	2	131
JACOBS, Bede, m. Ebenezer **HULL**, Jan. 2, 1803	1	8
Bede, m. Ebenezer **HULL**, Jan. 2, 1803	2	6
Bela Thomas, s. Zopher & Betsey, b. Sept. 19, 1829	2	34
Belinda, of North Branford, m. Horrace **BROCKETT**, of East Haven, Apr. 25, 1838, by Rev. T. O. Judd	2	125
Betsey, d. Zopher & Betsey, b. July 24, 1822	2	34
Betsey, d. Zopher & Betsey, b. July 24, 1822	2	35
Dephorest, of North Haven, m. Celia **BROCKETT**, of East Haven, Apr. 15, 1836, by Rev. Truman O. Judd	2	124
Elam, [s. Stephen, Jr. & Naomy], b. Nov. 20, 1791	2	33
Elam, [s. Stephen, Jr. & Naomy], d. Dec. 2, 1813	2	33
Elizabeth, m. Enos **MANSFIELD**, Apr. [ ], 1793* *(Probably 1792)	2	12
Eunetia Jennet, b. Sept. 19, 1802; m. Riley **TUTTLE**, Sept. 19, 1821	2	39
George, of North Haven, m. Sally S. **TUTTLE**, of East Haven,		

	Vol.	Page
JACOBS (cont.),		
Oct. 27, 1835, by Leverett Griggs	2	123
John, of North Branford, m. Mary Ann **BUNNELL**, of North Haven, July 5, 1840, by Rev. John Noye	2	129
Julia, [d. Stephen, Jr. & Naomy], b. Aug. 1, 1810	2	33
Laura, [d. Stephen, Jr. & Naomy], b. Aug. 4, 1794	2	33
Laura, m. Elmond **BLAKESLEE**, b. of North Haven, May 9, 1825, by Rev. James Noyes, of Wallingford	2	110
Louisa M., m. Justin **MARKS**, Oct. 31, 1842, by L. Griggs	2	134
Lydia Sophronia, of North Haven, m. Julius S. **TOLLES**, of Woodbridge, Mar. 8, 1829, by Elder Joseph Glasier	2	114
Mariah, [d. Zopher & Betsey], b. July 19, 1815	2	24
Mary, [d. Stephen, Jr. & Naomy], b. Feb. 28, 1803	2	33
Rosetta E., m. Lewis **PIERPO[I]NT**, Oct. 7, 1838, by Rev. Leverett Griggs	2	128
Roswell, [s. Stephen, Jr. & Naomy], b. Jan. 19, 1800	2	33
Sally, b. Oct. [ ], 1778; m. Jesse **WATERS**, Jan. 14, 1801	2	20
Seabury, m. Mrs. Jennette H. **BEACH**, b. of North Haven, Jan. 19, 1848, by Rev. Charles W. Potter	2	141
Sina, [child of Zopher & Betsey], b. Sept. 1, 1813	2	24
Sina, m. Stephen **BLAKESLEE**, May 25, 1835, by Rev. Charles William Bentley	2	122
Solomon, b. Feb. 9, 1787	1	9
Solomon, b. Feb. 9, 1787	2	10
Stephen, Jr., m. Naomy Gill, May 19, 1791	2	33
Stephen, Jr., d. Oct. 1, 1814	2	33
Thomas, [s. Zopher & Betsey], b. Apr. 11, 1807	2	24
Thomas, [s. Zopher & Betsey], d. Sept. 11, 1813	2	24
Washington, m. Mary **MANSFIELD**, b. of North Haven, Nov. 16, 1826, by Rev. W[illia]m J. Boardman	2	112
William, m. Lovisa **THORP**, b. of North Haven, [ ] 1, 1822, by Rev. W[illia]m J. Boardman	2	103
William, m. Loureanna S. **BUTLER**, b. of North Haven, Mar. 24, 1838, by Rev. T. O. Judd	2	125
Zeruah, of North Haven, m. John **HUGHES**, of East Haven, Dec. 3, 1821, by Rev. W[illia]m J. Boardman	2	103
Zopher, m. Betsey **THOMAS**, Jan. 2, 1804	2	24
JOHNSON, Edward A., of Bristol, Conn., m. Eunice **MANSFIELD**, of North Haven, Dec. 27, 1841, by Rev. Henry Fitch, of Hamden	2	129
Elizabeth, of Wallingford, m. Lewis **RHOADES**, of Boston, Mass., May 18, 1844, by L. Griggs	2	136
Garry, m. Sally **HARDEN**, of Derby, Oct. 29, 1854, by S. W. Robbins	2	147
John B., of Northford, m. Julia S. **CLINTON**, of North Haven, Feb. 3, 1833, by Ab[raha]m C. Baldwin. Int. Pub.	2	119
Loly, of Hamden, m. Justus **SMITH**, of North Haven, Feb. 23, 1826, by Rev. W[illia]m J. Boardman	2	112
Sophia, m. Bezeleel **DAYTON**, June 18, 1797	2	17
JONES, Almira, of Hamden, m. Horace **PIERPO[I]NT**, of North		

	Vol.	Page

JONES (cont.),

Haven, Oct. 25, 1846, by Rev. A. C. Wheat, of Branford	2	138
Daniel, of Northford, m. Olive **BISHOP**, of North Haven, June 23, 1825, by Rev. W[illia]m J. Boardman	2	110
Horace, of Northford, m. Mary Cornelia **PIERPO[I]NT**, of North Haven, Dec. 30, 1854, by S. W. Robbins	2	148
Hubbard, of Wallingford, m. Bede R. **THORP**, of North Haven, May 6, 1833, by Rev. Stephen Hubbell	2	120
Street, of Wallingford, m. Mary **EASTMAN**, of North Haven, Feb. 1, 1826, by Rev. W[illia]m J. Boardman	2	112

[**KELSEY**], **KILSEY**, Amos, of Clinton, m. Nancy **PARKER**, of Wallingford, Feb. 24, 1839, by Ransom Johnson — 2 — 128

LARKINS, LARKIN, Converse, m. Betsey M. **ROBINSON**, b. of North Haven, Mar. 31, 1836, by Rev. Truman O. Judd — 2 — 124

Elihu, of North Haven, m. July Ann **ROBINSON**, of North Branford, May 13, 1838, by Rev. T. O. Judd	2	125
Jane, m. Linus **BARNS**, b. of North Haven, Mar. 11, 1838, by Rev. Truman O. Judd	2	124
Mary E., m. George J. **BARNES**, b. of North Haven, Oct. 26, 1854, by S. O. Judd	2	148

LAWRENCE, Jennet, of Mereden, m. John **BLAKESLEE**, of North Haven, Dec. 27, 1836, by Rev. Leverett Griggs — 2 — 126

LEEK, [see also **LEETE**], Susan, m. Jared A. **WHITING**, b. of Hamden, [Jan.] 11, [1843], by O. Cowles — 2 — 132

LEETE, [see also **LEEK**], Mary Ann, m. Henry **BRADLEY**, b. of North Haven, Jan. 27, 1830, by Rev. W[illia]m J. Boardman — 2 — 116

Ruth, m. Nymphas [**STACEY**], [1811?]	2	38
*-----, of North Haven, m. W[illia]m A. **PECK**, of Waterbury, Dec. 26, 1830, by Rev. W[illia]m J. Boardman *(Lucretia written in pencil in the margin)	2	118

LEWIS, Erastus B., m. Cynthia M. **CHURCH**, b. of Berlin, Conn., Oct. 25, 1841, by Rev. Harmon Ellis — 2 — 129

James D., of Southington, m. Patty **BISHOP**, of North Haven, May 19, [1824?], by Rev. W[illia]m J. Boardman — 2 — 109

LINDSLEY, LINSLEY, Charlotte F., of North Haven, m. William D. **GREGORY**, of Canandaigua, N. Y., Nov. 15, 1853, by Rev. S. W. Robbins — 2 — 146

Cleora, m. Byard **BARNS**, Mar. 31, 1824	2	37
Emily, b. Apr. 14, 1794; m. Samuel **COOPER**, Jan. 29, 1816	2	28

LOUNSBURY, Isaac, m. Lodema D. **TODD**, Mar. 24, 1835, by Rev. A. Bushnell — 2 — 122

MANSFIELD, Almoran Bronson, [child of John H. & Eliza], b. Nov. 17, 1829 — 2 — 41

Charlotte, m. Elias **BASSETT**, b. of Hamden, May 12, 1824, by Rev. W[illia]m J. Boardman	2	108
Cornelia, of North Haven, m. Heman P. **BROOKS**, of Northford, May 20, 1845, by L. Griggs	2	137
Delana, m. Zenas **BASSETT**, b. of North Haven, Nov. 11, 1830, by Rev. W[illia]m J. Boardman	2	118

	Vol.	Page
MANSFIELD (cont.),		
Eliza, m. John H. **MANSFIELD**, Apr. 15, 1829	2	41
Elizabeth Frances, [d. John H. & Eliza], b. Mar. 29, 1832	2	41
Elvia, m. John H. **MANSFIELD**, Apr. 15, 1829, by Nath[anie]l W. Taylor, New Haven	2	114
Enos, m. Elizabeth **JACOBS**, Apr. [ ], 1793 (*Probably 1792)	2	12
Eunice, of North Haven, m. Edward A. **JOHNSON**, of Bristol, Conn., Dec. 27, 1841, by Rev. Henry Fitch, of Hamden	2	129
Grace A., of North Haven, m. William J. **VAN DOREN**, of Whitehouse, N. J., Oct. 7, 1852, by Ammi Simsbury, V. D. M.	2	146
James Gurdon, [s. John H. & Eliza], b. Feb. 6, 1836	2	41
Jared, s. [Joel & Terza], b. Sept. 29, 1801	2	18
Joel Leverett, [s. Joel & Terza], b. Apr. 7, 1816	2	18
John H., m. Eliza **MANSFIELD**, Apr. 15, 1829	2	41
John H., m. Elvia **MANSFIELD**, Apr. 15, 1829, by Nath[anie]l W. Taylor, New Haven	2	114
John Henry, [s. Joel & Terza], b. June 6, 1806	2	18
Liveros(?), [s. Joel & Terza], b. Nov. 28, 1808	2	18
Lyman, [s. Enos & Elizabeth], b. Jan. 29, 1793	2	12
Malinda, see under Melinda		
Mary, m. Washington **JACOBS**, b. of North Haven, Nov. 16, 1826, by Rev. W[illia]m J. Boardman	2	112
Melinda, [d. Enos & Elizabeth], b. July 8, 1797	2	12
Malinda, m. John **FROST**, b. of North Haven, Apr. 10, 1823, by Rev. W[illia]m J. Boardman	2	106
Orin, [s. Joel & Terza], b. Oct. 22, 1812	2	18
Orrin, m. Betsey **BISHOP**, b. of North Haven, Nov. 25, 1838, by Ransom Johnson	2	125
Seymour, [s. Enos & Elizabeth], b. July 1, 1794	2	12
Sherlock A., m. Polly E. **BASSETT**, Mar. 14, 1850, by Rev. T. G. Colton	2	143
MARKS, Amanda, [d. Nathan & Susanna], b. Feb. 2, 1800; d. Feb. 12, 1800	2	12
Electa, [d. Nathan & Susanna], b. Feb. 1, 1797	2	12
George Riley, [s. Nathan & Susanna], b. Jan. 9, 1808	2	12
Justin, s. Nathan & Susannah, b. June 3, 1818	2	28
Justin, m. Louisa M. **JACOBS**, Oct. 31, 1842, by L. Griggs	2	134
Lodema, [child of Nathan & Susanna], b. Dec. 13, 1804	2	12
Nathan, m. Susanna **PIERPO[I]NT**, Nov. 25, 1796	2	12
Riley, m. Julia **EATON**, June 26, 1842, by L. Griggs	2	134
Susan Amanda, [d. Nathan & Susanna], b. Sept. 14, 1811	2	12
Thomas, [s. Nathan & Susanna], b. Mar. 30, 1802	2	12
William Henry, [s. Nathan & Susanna], b. Mar. 31, 1814	2	12
MARTIN, Alfred, of Stratford, N. H., m. Lucy M. **PALMER**, of North Haven, Sept. 7, 1851, by Rev. Orson Cowles	2	145
McCOY, Martha, of North Haven, m. Eliphalet **BARKER**, of Branford, Nov. 29, 1838, by Rev. T. O. Judd	2	125
William, of Branford, m. Betsey **BARNS**, of North Haven, Apr. 4, 1825, by Rev. W[illia]m J. Boardman	2	110

NORTH HAVEN VITAL RECORDS 265

	Vol.	Page
MENICH*, William, of North Branford, m. Adelia **BROCKETT**, of North Haven, Oct. 24, 1849, by Rev. T. G. Colton. (**MERRICK**?)	2	142
MERRETT*, Sally, of Wallingford, m. Nathaniel **DOOLITTLE**, Jan. 10, 1850, by Rev. A[a]ron S. Hill *(Perhaps "**DOO- LITTLE**")	2	143
[**MERRICK**], [see under **MENICH**]		
MESHAVAL, Oliver, of Southing, m. Mary Ann **BOWEN**, of Wallingford, Oct. 9, 1822, by Rev. W[illia]m J. Boardman	2	104
MILLER, Hezekiah, of Middlefield, m. Esther **BRADLEY**, of North Haven, Feb. 12, 1827, by James Noyes	2	113
Samuel C., of Middletown, m. Caroline J. **BLIN**, of Weathersfield, Apr. 7, 1835, by Rev. Leverett Griggs	2	123
MILLS, Henry R., of Weathersfield, m. Elvira **ROWLEY**, of North Haven, Nov. 29, 1849, by Rev. T. G. Colton	2	143
MINER, Cha[rle]s W., m. Martha **FROST**, Nov. 12, 1851, Rev. Burdett Hart	2	145
MIX, Benjamin, [s. Samuel & Susannah], b. Aug. 14, 1796	2	21
Catherine, m. Theophilus **TODD**, Dec. 26, 1801	2	24
Delight, of Waterbury, m. Samuel **ROSE**, of Branford, May 7, 1837, by Ransom Johnson	2	124
Emelia, m. Joel **HUMASTON**, Jan. 12, 1797	2	23
Lydia, [d. Samuel & Susannah], b. Feb. 1, 1801	2	21
Samuel, b. Jan. 25, 1756; m. Susannah **HOMISTON**, Nov. [ ], 1793	2	21
Samuel, [s. Samuel & Susannah], b. Oct. 11, 1798	2	21
Samuel, m. Melinda **SHARES**, b. of North Haven, June 4, 1823, by Rev. W[illia]m J. Boardman	2	107
Susannah, w. Samuel, d. July 16, 1810	2	21
MOODEY, Geo[rge] A., Dr., m. Nancy E. **SANFORD**, Nov. 28, 1844, by L. Griggs	2	136
MORSE, Marah E., of North Haven, m. Abram C. **DOOLITTLE**, of Vermont, May 31, 1842, by Rev. Matthew Batchelor	2	130
Sam[ue]l, of North Haven, m. Delight **DOOLITTLE**, of Wallingford, Dec. 29, 1846, by A. C. Denison	2	139
MOULTH(?), Bede, m. John **BARNS**, Apr. 2, 1818	2	31
MOULTHROP, Adaline, of North Haven, m. Edward A. **ANDREW**, of Hamden, Mar. 31, 1850, by Rev. J. P. Warren, of Hamden	2	143
Albert E., [s. John & Hannah C.], b. Feb. 11, 1808	2	40
Albert E., of Harrington, m. Mahola A. **BISHOP**, of North Haven, June 20, 1830, by Rev. W[illia]m J. Boardman	2	117
Amelia, of North Haven, m. Russell **HILL**, of Hamden, Dec. 25, 1850, by Rev. T. G. Colton	2	144
Emily, m. Roger Whiting **FORD**, Nov, 12, 1828, by Rev. Matthew Noyes, of Northford	2	114
Emory H., [s. John & Hannah C.], b. Oct. 23, 1809	2	40
Harriet L., of North Haven, m. Robert **WALLACE**, of Prospect, Mar. 17, 1839, by Leverett Griggs	2	130
Jennet, of North Haven, m. John **RUSSELL**, of Wallingford, Oct.		

	Vol.	Page
MOULTHROP (cont.),		
21, 1847, by Rev. C. R. Gilbert, of Wallingford	2	140
John, m. Hannah C. **EATON**, May 19, 1807	2	40
John, [s. John & Hannah C.], b. May 20, 1811; d. Oct. [ ]	2	40
Polly, m. Billa **THORP**, Sept. 6, 1800	2	26
MOULTON, Julius P., of New Haven, m. Mary E. **COOPER**, of North Haven, Dec. 10, 1837, by Rev. Leverett Griggs	2	127
MUNSON, Benjamin, d. May 28, 1815, ae 43 y.	2	13
Benjamin Green, [s. Benjamin & Betsey], b. Feb. 20, 1803, in Northford, Branford	2	13
Betsey, [d. Benjamin & Betsey], b. Mar. 10, 1800, in Northford, Branford	2	13
Eunice, m. Giles **PIERPO[I]NT**, Jr., Oct. 26, 1808	1	15
Eunice, m. Giles **PIERPO[I]NT**, Jr., Oct. 26, 1808	2	11
Ezia*, m. Abigail **SIMSBURY**, Dec. 2, 1850, by Rev. T. G. Colton *(Ezra)	2	144
Ezra S., of Hamden, m. Lovinna Lucy **CLINTON**, of North Haven, Sept. 25, 1838, by Rev. Leverett Griggs	2	128
Henrietta, [d. Benjamin & Betsey], b. Mar. 8, 1798, in Northford, Branford	2	13
Julius, [s. Benjamin & Betsey], b. Sept. 15, 1805	2	13
Lois, m. Bela **BASSETT**, b. of North Haven, June 30, 1830, by Rev. W[illia]m J. Boardman	2	116
Lois Jennet, [d. Benjamin & Betsey], b. Aug. 31, 1809	2	13
Mariah, m. Lewis **DAYTON**, b. of North Haven, Feb. 11, 1838, by Rev. John W. Woodward	2	125
Mary, [d. Benjamin & Betsey], b. Dec. 8, 1795, in Northford, Branford	2	13
Mary, m. Titus **BRADLEY**, Feb. 6, 1805	2	36
Mary, Mrs., m. Elam W. **HALE**, Jan. 6, 1842, by L. Griggs	2	133
ORCOTT, Solomon A., of Butternutts, N. Y., m. Esther **BASSETT**, of North Haven, Apr. 19, 1838, by Rev. Leverett Griggs	2	127
PAGE, Charlotte, m. Cyrus E. **THORP**, Nov. 2, 1850, by Rev. T. G. Colton	2	144
PALMER, Lucy M., of North Haven, m. Alfred **MARTIN**, of Stratford, N. H., Sept. 7, 1851, by Rev. Orson Cowles	2	145
Maryette, of Northford, m. Willys A. **ROBINSON**, of North Haven, Oct. 16, 1843, by Rev. Harmon Ellis	2	135
Timothy W., m. Sybil S. **BARNES**, of North Haven, Nov. 16, 1845, by Rev. Niles Whiting	2	137
PARDEE, Betsey, [d. John & Elizabeth], b. July 23, 1804	1	8
Betsey, [d. John & Elizabeth], b. July 23, 1804	2	9
Easther, see under Esther		
Ebenezer, m. Jemima **BARNES**, Mar. 23, 1781	1	2
Ebenezer, m. Jemima **BARNS**, Mar. 23, 1781	2	3
Ebenezer, s. [Ebenezer & Jemima], b. Sept. 13, 1787	1	2
Ebenezer, s. [Ebenezer & Jemima], b. Sept. 13, 1787	2	3
Elizabeth, d. [Ebenezer & Jemima], b. July 21, 1785	1	2
Elizabeth, d. [Ebenezer & Jemima], b. July 21, 1785	2	3

	Vol.	Page

PARDEE (cont.),
Emily S., m. Willis H. **BRADLEY**, b. of North Haven, Sept. 5,
    1847, by Rev. C. W. Everest — 2 — 140
Easther, [d. John & Elizabeth], b. Sept. 20, 1791 — 1 — 8
Esther, [d. John & Elizabeth], b. Sept. 20, 1791 — 2 — 9
Esther, [d. John & Elizabeth], d. Nov. 19, 1794, ae 3 y. 2 m. 3 d. — 1 — 8
Esther, [d. John & Elizabeth], d. Nov. 19, 1794 — 2 — 9
Esther, 2nd, [d. John & Elizabeth], b. June 24, 1796 — 1 — 8
Esther, 2nd, [d. John & Elizabeth], b. June 24, 1796 — 2 — 9
Gurdon, of East Haven, m. Nancy E. **BROCKETT**, of North
    Haven, Apr. 15, 1841, by L. Griggs — 2 — 132
Hannah, b. Nov. 1, 1769; m. John **COOPER**, July 14, 1785 — 2 — 29
Harriet, [d. John & Elizabeth], b. Dec. 6, 1800 — 1 — 8
Harriet, [d. John & Elizabeth], b. Dec. 6, 1800 — 2 — 9
Isabel, d. [James & Mary], b. July 17, 1785 — 1 — 2
Isabel, d. [James & Mary], b. July 17, 1785 — 2 — 3
James, m. Mary **SMITH**, Nov. 2, 1772 — 1 — 2
James, m. Mary **SMITH**, Nov. 2, 1772 — 2 — 3
James Smith, s. [James & Mary], b. July 1, 1789 — 1 — 2
James Smith, s. [James & Mary], b. July 1, 1789 — 2 — 3
John, ae 25, m. Elizabeth **BROCKETT**, ae 30, Oct. 8, 1789 — 1 — 8
John, m. Elizabeth **BROCKETT**, Oct. 8, 1789 — 2 — 9
John, [s. John & Elizabeth], b. Sept. 5, 1793 — 1 — 8
John, [s. John & Elizabeth], b. Sept. 5, 1793 — 2 — 9
John, [s. John & Elizabeth], d. Nov. 22, 1794, ae 2 m. 17 d. — 1 — 8
John, [s. John & Elizabeth], d. Nov. 22, 1794 — 2 — 9
John, 2nd, [s. John & Elizabeth], b. July 27, 1798 — 1 — 8
John, 2nd, [s. John & Elizabeth], b. July 27, 1798 — 2 — 9
Lyman, s. Eben[eze]r & Jemima, b. Nov. 9, 1781 — 1 — 2
Lyman, [s. Ebenezer & Jemima], b. Nov. 9, 1781 — 2 — 3
Mabel, d. [James & Mary], b. June 16, 1778 — 1 — 2
Mabel, [d. James & Mary], b. June 16, 1778 — 2 — 3
Martha, d. [James & Mary], b. Dec. 17, 1782 — 1 — 2
Martha, [d. James & Mary], b. Dec. 17, 1782 — 2 — 3
Polly, d. [James & Mary], b. Nov. 30, 1780 — 1 — 2
Polly, [d. James & Mary], b. Nov. 30, 1780 — 2 — 3
Rhoda, [d. John & Elizabeth], b. Feb. 17, 1790 — 1 — 8
Rhoda, [d. John & Elizabeth], b. Feb. 17, 1790 — 2 — 9
Rhoda, m. Jeffrey **FITCH**, Oct. 20, 1818 — 2 — 41
Samuel, s. [Ebenezer & Jemima], b. July 6, 1783 — 1 — 2
Samuel, [s. Ebenezer & Jemima], b. July 6, 1783 — 2 — 3
Sarah, d. James & Mary, b. July 5, 1776 — 1 — 2
Sarah, [d. James & Mary], b. July 5, 1776 — 2 — 3
Susannah, m. Justus **BARNS**, Mar. 10, 1782 — 2 — 29

PARKER, Amasa B., of Wallingford, m. Nancy S. **BRADLEY**, of East
    Haven, Feb. 2, 1824, by Rev. W[illia]m J. Boardman — 2 — 108
Anna, of North Haven, m. Reuben **BATCHELOR**, of Litchfield,
    May 1, 1794, by Rev. Mr. Noyes, of Wallingford — 1 — 4
Anna, of North Haven, m. R[e]uben **BATCHELOR**, of Litchfield,

	Vol.	Page

PARKER (cont.),

May 1, 1794, by Rev. Mr. Noyes, of Wallingford	2	5
Betsey, m. Whiting **BRADLEY**, Mar. 26, 1801	2	27
Lydia, m. Enos **BROCKETT**, b. of North Haven, Nov. 9, 1827, by Justus Bishop, J. P.	2	113
Nancy, of Wallingford, m. Amos **KILSEY**, of Clinton, Feb. 24, 1839, by Ransom Johnson	2	128
Ruth, m. Sidney **SMITH**, Dec. 16, 1807	2	23

PECK, Lucretia, m. Edwin **DICKERMAN**, Nov. 17, 1846, by Rev. Ira

H. Smith	2	139
Ward, of Waterbury, m. Lydia **HUMASTON**, of North Haven, [ ], 2, 1822, by Rev. W[illia]m J. Boardman	2	103
W[illia]m A., of Waterbury, m. [ ] **LEETE**, of North Haven, Dec. 26, 1830, by Rev. W[illia]m J. Boardman	2	118

PHELPS, Ira Briant, m. Eunisia **THORP**, b. of North Haven, Oct. 17,

1830, by Rev. W[illia]m J. Boardman	2	117
Ira Obrian, m. Lois **DOOLITTLE**, July 31, 1803	2	28
Ira Obrian, [s. Ira Obrian & Lois], b. Apr. 14, 1804	2	28

PIERPONT, PEIRPOINT, PIERPOINT, Adaline, m. Henry **FROST**,

June 4, 1851, by Rev. T. G. Colton	2	144
Almira, m. Bela H. **FOOT**, of Northford, June 3, 1844, by L. Griggs	2	136
Almiry, of North Haven, m. Jabez **POTTER**, of Hamden, Feb. 14, 1821, by Rev. Oliver Willson	2	101
Andrew, b. Dec. 13, 1788; m. Marcy **BARNES**, Dec. [ ], 1811	2	30
Annis, w. [Joseph], d. Sept. 4, 1800, in her 66th year	1	7
Annis, w. [Joseph], d. Sept. 4, 1800, in her 66th year	2	8
Asahel, s. [Joseph, Jr. & Esther], b. Oct. 16, 1796	2	4
Asahel, m. Lois **THORP**, b. of North Haven, Nov. 19, 1823, by Rev. W[illia]m J. Boardman	2	108
Asahel, m. Mary **THORP**, b. of North Haven, Oct. 24, 1830, by Rev. W[illia]m J. Boardman	2	117
Asel, s. [Joseph, Jr. & Esther], b. Oct. 16, 1796	1	3
Bedee, [child of Daniel & Esther], b. Dec. 10, 1800	1	6
Beda, [child of Daniel & Esther], b. Dec. 10, 1800	2	7
Bede, m. Merret Sackett **PIERPO[I]NT**, June 15, 1823, by Rev. Joseph Perry	2	106
Bela, [s. Benjamin, Jr. & Susanna], b. Jan. 1, 1815	2	6
Belinda, d. [Joseph, Jr.], b. Dec. 29, 1804	1	9
Belinda, d. [Joseph, Jr.], b. Dec. 29, 1804	2	9
Benjamin, Jr., m. Susanna **BROCKET[T]**, Nov. 4, 1795	1	5
Benjamin, Jr., m. Susanna **BROCKETT**, Nov. 4, 1795	2	6
Benjamin, d. Sept 20, 1812	2	14
Betsey, d. [Philemon & Mehitable], b. Mar. 31, 1813	2	13
Betsey Louisa, [d. Jared & Loviza], b. Mar. 1, 1841; d. June 2, 1852	2	40
Byard A., m. Eunice **TUTTLE**, b. of North Haven, Sept. 21, 1851, by Ammi Simsbury, V. D. M.	2	145
Byard Barns, [s. Andrew & Marcy], b. Oct. 27, 1817	2	30
Charles, m. Grace **TODD**, Nov. 24, 1836, by Rev. Leverett Griggs	2	126

	Vol.	Page
PIERPONT, PEIRPOINT, PIERPOINT (cont.),		
Charles Thomas, [s. Andrew & Marcy], b. Mar. 14, 1814	2	30
Sharlott, [d. Benjamin & Susanna], b. Jan. 1, 1812	1	15
Sharlot, [d. Benjamin & Susanna], b. Jan. 1, 1812	2	6
Charlotte, m. Henry M. **BLAKESLEE**, May 3, 1835, by Leverett Griggs	2	123
Daniel, s. [Joseph & Lydia], b. May 16, 1775	1	7
Daniel, [s. Joseph & Lydia], b. May 16, 1775	2	8
Daniel, m. Esther **HUMASTON**, Sept. 26, 1799	1	6
Daniel, m. Esther **HUMISTON**, Sept. 26, 1799	2	7
David, s. [Benjamin & Susanna], b. Feb. 23, 1801	1	5
David, [s. Benjamin, Jr. & Susanna], b. Feb. 23, 1801	2	6
Dennis, s. Joseph, Jr., Dec. 1, 1793; d. Sept. 29, 1794	2	27
Elias, s. Daniel & Esther, b. Apr. 21, 1803	1	6
Elias, [s. Daniel & Esther], b. Apr. 21, 1803	2	7
Elias Richard, s. Rufus & Harriet, b. Nov. 28, 1849; d. Jan. 29, 1850	2	42
Elizabeth, [w. Giles], d. Nov. 1, 1832	2	1
Ellen Adelia, [d. Jason & Martha A.], b. Dec. 4, 1851	2	42
Elmon, [s. Giles, Jr. & Sally], b. Jan. 19, 1816; d. Mar. 19, 1816	2	14
Elmond, s. [Giles, Jr. & Sally], b. Dec. 3, 1828	2	31
Emeline, of North Haven, m. Erastus **ROBINSON**, of Branford, Feb. 15, 1825, by Rev. Oliver Willson	2	111
Esther, [d. Giles & Elizabeth], b. Oct. 27, 1771	1	1
Esther, [d. Giles & Elizabeth], b. Oct. 27, 1771	2	1
Esther, m. Jesse **TUTTLE**, Sept. 30, 1795	2	17
Esther, [d. Daniel & Esther], b. Sept. 1, 1805	1	6
Esther, [d. Daniel & Esther], b. Sept. 1, 1805	2	7
Esther, m. Ezra **STILES**, Apr. 30, 1829	2	39
Esther, m. Ezra **STILES**, b. of North Haven, Apr. 30, 1829, by Rev. Ashbel Baldwin	2	115
Esther Maria, [d. Jason & Martha A.], b. Oct. 31, 1849	2	42
Eunelia, [child of Andrew & Mercy], b. Sept. 11, 1819	2	30
Eunice, [d. Giles & Elizabeth], b. Feb. 24, 1775	1	1
Eunice, [d. Giles & Elizabeth], b. Feb. 24, 1775	2	1
Eunice, d. [Benjamin & Susanna], b. Jan. 21, 1808	1	5
Eunice, d. [Benjamin, Jr. & Susanna], b. Jan. 24, 1808; d. Dec. 26, 1808	2	6
Eunice, d. [Benjamin & Susanna], d. Dec. 26, 1808	1	15
Eunice, [w. Giles, Jr.], d. June 23, 1814	2	14
Eunice, d. [Giles, Jr. & Sally], b. Mar. 23, 1822	2	31
Eunice, m. Anson **TUTTLE**, of Cheshire, May 1, 1844, by L. Griggs	2	136
Ezra, s. Joseph & Lyddia, b. July 11, 1757	1	7
Ezra, s. [Joseph & Lydia], b. July 11, 1757	2	8
George, [s. Joseph, Jr.], b. Oct. 15, 1808	2	9
Giles, m. Elizabeth **COOPER**, Jan. 22, 1766	1	1
Giles, m. Elizabeth **COOPER**, Jan. 22, 1766	2	1
Giles, [s. Giles & Elizabeth], b. May 31, 1783	1	1

	Vol.	Page
PIERPONT, PEIRPOINT, PIERPOINT (cont.),		
Giles, [s. Giles & Elizabeth], b. May 31, 1783	2	1
Giles, Jr., m. Eunice **MUNSON**, Oct. 26, 1808	1	15
Giles, Jr., m. Eunice **MUNSON**, Oct. 26, 1808	2	11
Giles, [Jr.], m. Sally **BASSETT**, Dec. 13, 1814	2	14
Giles, Sr., d. Jan. 16, 1832	2	1
Guy, s. Giles, Jr. & Sally, b. Apr. 6, 1820	2	31
Hannah Rebecca, [d. Andrew & Mercy], b. Jan. 13, 1816	2	30
Har[r]iet, [d. Daniel & Esther], b. Feb. 13, 1808	1	6
Harriet, [d. Daniel & Esther], b. Feb. 13, 1808	2	7
Horace, of North Haven, m. Almira **JONES**, of Hamden, Oct. 25, 1846, by Rev. A. C. Wheat, of Branford	2	138
Jared, s.[Philemon & Mehitable], b. Jan. 13, 1809	2	13
Jared, [s. Daniel & Esther], b. June 24, 1814	2	13
Jared, s. Philemon, m. Loviza **TODD**, Mar. 25, 1833, in New Haven	2	40
Jason, s. Philemon & Mehetable, b. Sept. 11, 1819	2	31
Jason, m. Martha A. **CROWELL**, Feb. 23, 1845	2	42
Joel, [s. Giles & Elizabeth], b. Oct. 9, 1768	1	1
Joel, [s. Giles & Elizabeth], b. Oct. 9, 1768	2	1
Joseph, s. Rev. James, b. Oct. 21, 1704	2	35
Joseph, s. Joseph, b. Sept. 13, 1730	2	35
Joseph, m. Lyddia **BASSETT**, Sept. 21, 1756	1	7
Joseph, m. Lydia **BASSETT**, Sept. 21, 1756	2	8
Joseph, s. [Joseph & Lyddia], b. Apr. 28, 1760	1	7
Joseph, [s. Joseph & Lydia], b. Apr. 28, 1760	2	8
[Joseph], m. Annis **BLAKESLEE**, Oct. 26, 1791	1	7
Joseph, Jr., m. Esther **BISHOP**, Oct. 26, 1789	1	3
Joseph, Jr., m. Esther **BISHOP**, Oct. 26, 1789	2	4
Joseph, m. Annis **BLAKESLEE**, Oct. 26, 1791	2	8
Joseph, d. Feb. 8, 1824, in the 94th year of his age, at the house of his s. Dan[ie]l	2	35
Joseph, 2nd, s. Jos[eph], d. July 30, 1833	2	35
Laura, d. [Giles, Jr. & Sally], b. Aug. 12, 1826	2	31
Levinia, d. [Benjamin & Susanna], b. Feb. 14, 1804	1	5
Levinia, [d. Benjamin, Jr. & Susanna], b. Feb. 14, 1804	2	6
Lewey, m. John **TODD**, Nov. 27, 1813	2	30
Lewis, m. Rosetta E. **JACOBS**, Oct. 7, 1838, by Rev. Leverett Griggs	2	128
Lois, d. [Benjamin & Susanna], b. Jan. 13, 1806	1	5
Lois, [d. Benjamin, Jr. & Susanna], b. Jan. 13, 1806	2	6
Lois, m. Horace **STILES**, Oct. 9, 1834, by Rev. Charles William Bentley	2	121
Louann, m. John D. **POST**, Oct. 24, 1836, by Rev. Leverett Griggs	2	126
Luann, [child of Andrew & Mercy], b. Jan. 23, 1813	2	30
Lucinda, [d. Giles & Elizabeth], b. Dec. 1, 1766	1	1
Lucinda, [d. Giles & Elizabeth], b. Dec. 1, 1766	2	1
Lucinda, d. Jan. 15, 1841, ae 74	2	40
Lucy, d. [Joseph & Lyddia], b. Oct. 21, 1771	1	7

	Vol.	Page
PIERPONT, PEIRPOINT, PIERPOINT (cont.),		
Lucy, [d. Joseph & Lydia], b. Oct. 21, 1771	2	8
Lucy, d. [Joseph & Lyddia], d. Nov. 4, 1792, ae 21	1	7
Lucy, d. [Joseph & Lydia], d. Nov. 4, 1792, ae 21	2	8
Lucy, [d. Joseph, Jr.], b. Dec. 1, 1810	2	9
Lucy, of North Haven, m. Nathan **BEACH**, of Wallingford, May 1, 1834, by Rev. Leverett [Griggs]	2	122
Lyddia, d. [Joseph & Lyddia], b. Nov. 18, 1776	1	7
Lydia, [d. Joseph & Lydia], b. Nov. 18, 1776	2	8
Lyddia, w. [Joseph], d. Nov. 9, 1783, ae 48	1	7
Lyddia, w. Joseph, d. Nov. 9, 1783, ae 48	2	8
Lyddia, d. [Joseph & Lyddia], d. Sept. 9, 1788, ae 22	1	7
Lydia, d. [Joseph & Lydia], d. Sept. 9, 1788, ae 22	2	8
Lidia, d. [Joseph, Jr. & Esther], b. Oct. 30, 1790	1	3
Lydia, [d. Joseph, Jr. & Esther], b. Oct. 30, 1790	2	4
Mabel, m. Abraham **BLAKESLEE**, Feb. 1, 1787, by Rev. Benjamin Trumbull	1	1
Mabel, m. Abraham **BLAKESLEE**, Feb. 1, 1787	2	1
Martha, of North Haven, m. Samuel **POTTER**, of Hamden, Sept. 7, 1853, by S. W. Robbins	2	146
Mary, d. Joseph, Jr., b. Feb. 28, 1802	1	9
Mary, [d. Joseph, Jr.], b. Feb. 28, 1802	2	9
Mary, of North Haven, m. John S. **BUNNEL**, of North Branford, Sept. 13, 1820, by Rev. Oliver Willson	2	100
Mary Cornelia, of North Haven, m. Horace **JONES**, of Northford, Dec. 30, 1854, by S. W. Robbins	2	148
Mehetable, d. May 16, 1834, ae 51 y. 9 m. 13 d.	2	31
Merit, s. Philemon **PIERPONT** & Mehitable **SACKETT**, b. Oct. 8, 1799	2	13
Merret Sackett, m. Bede **PIERPONT**, June 15, 1823, by Rev. Joseph Perry	2	106
Miles, s. [Benjamin & Susanna], b. Dec. 15, 1798	1	5
Miles, [s. Benjamin, Jr. & Susanna], b. Dec. 15, 1798	2	6
Munson, s. Giles, Jr. & Eunice, b. Nov. 4, 1813	2	14
Philemon, m. Mehitable **SACKETT**, June 22, 1801	2	13
Ruel, [child of Jason & Martha A.], b. Dec. 1, 1845	2	42
Rufus, [s. Daniel & Esther], b. Mar. 5, 1818	2	13
Russel, s. [Joseph & Lyddia], b. May 17, 1763	1	7
Russell, [s. Joseph & Lydia], b. May 17, 1763	2	8
Sala, see under Sela		
Sally, d. [Giles, Jr. & Eunice], b. Aug. 21, 1810	1	15
Sally, [d. Giles, Jr. & Eunice], b. Aug. 21, 1810	2	11
Sally, [d. Daniel & Esther], b. Dec. 10, 1811	2	7
Sally, d. Daniel & Esther, d. July 27, 1831, in the 20th year of her age	2	39
Sarah, w. Benjamin, d. Sept. 19, 1794	2	14
Sarah, d. Benjamin & Susanna, b. Sept. 24, 1796; d. June 15, 1797	1	5
Sarah, [d. Benjamin, Jr. & Susanna], b. Sept. 24, 1796; d. June 15, 1797	2	6

	Vol.	Page
PIERPONT, PEIRPOINT, PIERPOINT (cont.),		
Sarah Eliza, [d. Jason & Martha A.], b. July 26, 1854; d. Mar. 20, 1855	2	42
Sarah Mehetable, [d. Jason & Loviza], b. Mar. 9, 1835	2	40
Sela, [child of Benjamin & Susanna], b. Dec. 26, 1809	1	15
Sala, [d. Benjamin, Jr. & Susanna], b. Dec. 25, 1809	2	6
Sala, m. Hannah **SMITH**, b. of North Haven, Oct. 10, 1832, by Rev. Stephen Hubbell	2	119
Sharlot, see under Charlotte		
Susanna, m. Nathan **MARKS**, Nov. 25, 1796	2	12
Sylva, m. Henry M. **BRADLEY**, Nov. 13, 1843, by L. Griggs	2	135
Sylvia, d. [Giles, Jr. & Sally], b. Mar. 17, 1824	2	31
Zera, [child of Giles & Elizabeth], b. July 20, 1779	2	1
Zarah, [d. Giles & Elizabeth], b. July 20, 1779	1	1
Zerah, s. [Giles, Jr. & Sally], b. Feb. 25, 1817	2	14
------, [child of Philemon & Mehitable], b. May 1, 1802; d. July 25, 1802	2	13
POST, John D., m. Louann **PIERPONT**, Oct. 24, 1836, by Rev. Leverett Griggs	2	126
POTTER, Jabez, of Hamden, m. Almiry **PIERPONT**, of North Haven, Feb. 14, 1821, by Rev. Oliver Willson	2	101
Samuel, of Hamden, m. Martha **PIERPONT**, of North Haven, Sept. 7, 1853, by S. W. Robbins	2	146
PRESCOTT, Henry, of New Haven, m. Sarah E. **BROCKETT**, of North Haven, June 20, 1847, by Rev. C. W. Everest	2	140
PRESTON, Jes[s]ey, m. Rocksyana* **BROCKETT**, b. of Wallingford, Jan. 16, 1823, by Rev. Oliver Willson. (*Note says "Supposed to be Lodema")	2	105
Justus, m. Lodema **BROCKETT**, b. of Wallingford, Jan 16, 1823, by Rev. Oliver Willson	2	105
RALPH, Zille, s. Jonathan, b. Aug. 4, 1785	2	27
RANGER, Laura, m. Mark **DEE**, a foreigner, Aug. 13, 1827, by Justus Bishop, J. P.	2	113
RAY, Betsey, [d. Levi & Marcy], b. Feb. 4, 1785	2	22
Betsey, m. [Benajah **TUTTLE**], June 24, 1802	2	22
Cooper, [s. Levi & Marcy], b. June 25, 1790	2	22
David, [s. Levi & Marcy], b. July 12, 1770	2	22
Harriet Angeline, [d. Joel & Harriet], b. May 31, 1808	2	19
Joel, [s. Levi & Marcy], b. Oct. 6, 1776	2	22
Joel, m. Harriet **FITCH**, Mar. 19, 1801	2	19
Joel Luzern, [s. Joel & Harriet], b. Dec. 22, 1811	2	19
Levi, m. Marcy **COOPER**, Oct. 30, 1768	2	22
Levi, [s. Levi & Marcy], b. July 14, 1772	2	22
Lovice, [d. Levi & Marcy], b. May 10, 1782	2	22
Lovice, m. Benajah **TUTTLE**, Aug. [ ], 1800	2	22
Polly, [d. Levi & Marcy], b. Jan. 19, 1779	2	22
Polly, m. Melvin **TODD**, Nov. 19, 1799	2	14
Rhoda, [d. Levi & Marcy], b. Aug. 24, 1788	2	22
Susan Charlotte, [d. Joel & Harriet], b. June 13, 1804	2	19

	Vol.	Page
RAY (cont.),		
Thomas, [s. Levi & Marcy], b. Dec. 19, 1774	2	22
RHOADES, Lewis, of Boston, Mass., m. Elizabeth **JOHNSON**, of Wallingford, May 18, 1844, by L. Griggs	2	136
RICE, Parles, m. Louisa **TUTTLE**, b. of Wallingford, Sept. 29, 1823, by Rev. W[illia]m J. Boardman	2	107
ROBINSON, Alexander J., m. Elizabeth A. **EATON**, Nov. 5, 1849, by Rev. T. G. Colton	2	142
Augustus, m. Abigail **BEACH**, Apr. 7, 1840, by Rev. John Noye	2	129
Betsey M., m. Converse **LARKINS**, b. of North Haven, Mar. 31, 1836, by Rev. Truman O. Judd	2	124
Caroline, of North Haven, m. Warren **SMITH**, of East Haven, Apr. 21, 1844, by Rev. Davis T. Shailer	2	135
Erastus, of Branford, m. Emeline **PIERPONT**, of North Haven, Feb. 15, 1825, by Rev. Oliver Willson	2	111
Jesse, m. Betsey **TODD**, b. of North Haven, June 8, 1823, by Rev. Pierpont Brockett	2	107
July Ann, of North Branford, m. Elihu **LARKIN**, of North Haven, May 13, 1838, Rev. T. O. Judd	2	125
Martha, m. Moses T. **BROCKETT**, Apr. 6, 1803	2	36
Medad T., m. Cordelia **BROCKETT**, b. of North Haven, July [ ], 1831, by Rev. William Bentley	2	118
Willys A., of North Haven, m. Maryette **PALMER**, of Northford, Oct. 16, 1843, by Rev. Harmon Ellis	2	135
ROGERS, Mary Ann, m. Ebenezer **SMITH**, Mar. 22, 1847, by Ira H. Smith	2	139
ROOT, Luther H., of Mereden, m. Elizabeth **BEACH**, Oct. 1, 1849, by Rev. T. G. Colton	2	142
ROSE, Samuel, of Branford, m. Delight **MIX**, of Waterbury, May 7, 1837, by Ransom Johnson	2	124
ROW, Charles, [s. Ceazer & Patience], b. Nov. 18, 1781	1	4
Charles, [s. Caezer & Patience], b. Nov. 18, 1781	2	5
David, [s. Ceazer & Patience], b. Oct. 9, 1792	1	4
David, [s. Caezer & Patience], b. Oct. 9, 1792	2	5
Ebenezer, [s. Ceazer & Patience], b. June 9, 1788	1	4
Ebenezer, [s. Caezer & Patience], b. June 9, 1788	2	5
Nancy, [d. Ceazer & Patience], b. June 20, 1784	1	4
Nancy, [d. Caezer & Patience], b. June 20, 1784	2	5
Polly, [d. Ceazer & Patience], b. Feb. 7, 1790	1	4
Polly, [d. Caezer & Patience], b. Feb. 7, 1790	2	5
ROWLEY, Elvira, of North Haven, m. Henry R. **MILLS**, of Weathersfield, Nov. 29, 1849, by Rev. T. G. Colton	2	143
ROYCE, Martha, m. Ezra L. **TODD**, Dec. 6, 1821, by Rev. Origin P. Holcomb, in the Episcopal Church	2	103
RUSSELL, John, of Wallingford, m. Jennet **MOULTHROP**, of North Haven, Oct. 21, 1847, by Rev. C. R. Gilbert, of Wallingford	2	140
SACKETT, Abigail, [d. Samuel & Abigail], b. Sept. 4, 1782	1	23
Ammi, [child of Daniel & Patty], b. Aug. 10, 1817	2	28
Betsey Anna, d. [Daniel & Patty], b. Feb. 12, 1828	2	32

	Vol.	Page
SACKETT (cont.),		
Daniel, m. Patty **BROCKETT**, Jan. 15, 1812	2	28
Electa, [d. Daniel & Patty], b. Dec. 8, 1812	2	28
Harvey, [s. Daniel & Patty], b. Dec. 7, 1814	2	28
Isaac, [s. Samuel & Abigail], b. June 19, 1769	2	23
Joseph, s. Eli, d. Apr. 9, 1834, ae 44	2	39
Lorenzo, s. Daniel & Patty, b. Nov. 23, 1820	2	32
Mary, m. Cooper **BLAKESLEE**, Feb. 10, 1796	1	14
Mary, m. Cooper **BLAKESLEE**, Feb. 10, 1796	2	10
Mehitable, had s. Merit **PIERPO[I]NT**, b. Oct. 8, 1799; f. Philemon **PIERPONT**	2	13
Mehitable, m. Philemon [**PIERPONT**], June 22, 1801	2	13
Merret, see under Merret Sackett **PIERPONT**		
Samuel, [s. Samuel & Abigail], b. Mar. 2, 1771	2	23
Samuel, s. [Daniel & Patty], b. Mar. 9, 1824	2	32
Sarah, [d. Samuel & Abigail], b. Apr. 15, 1776	2	23
SAMPSON, John, formerly of Mass., m. Lydia L. **IVES**, of North Haven, Jan. 24, 1830, by Rev. W[illia]m J. Boardman	2	116
SANFORD, Anna, [d. William], b. June 18, 1778	1	1
Anna, [d. William], b. June 18, 1778	2	2
Eliada, m. Nancy **TODD**, July 6, 1785	1	1
Eliada, m. Nancy **TODD**, July 6, 1785	1	9
Eliada, m. Nancy **TODD**, July 6, 1785	2	9
Eliada, m. Maria **ABBOTT**, b. of North Haven, May 30, 1821, by Rev. W[illia]m J. Boardman	2	101
Eliza A., m. Levi G. **SILIMAN**, Feb. 17, 1848, by [Burdett Hart]	2	141
Joel, s. [William], b. Mar. 29, 1788	1	1
Joel, [s. William], b. Mar. 29, 1788	2	2
Lucretia, d. Eliada & Nancy, b. Sept. 20, 1787	1	1
Lucretia, d. Eliada & Nancy, b. Sept. 20, 1787	1	9
Lucretia, [d. Eliada & Nancy], b. Sept. 20, 1787	2	9
Liddia, d. [William], b. Dec. 18, 1775	1	1
Lydia, [d. William], b. Dec. 18, 1775	2	2
Mary, d. [William], b. Apr. 23, 1782	1	1
Mary, [d. William], b. Apr. 23, 1782	2	2
Nancy, m. Dennis **TUTTLE**, b. of North Haven, Sept. 24, 1820, by Rev. W[illia]m J. Boardman	2	100
Nancy E., m. Dr. Geo[rge] A. **MOODEY**, Nov. 28, 1844, by L. Griggs	2	136
Perrel Merriman, [s. Eliada & Nancy], b. Jan. 2, 1791 (Probably "Perret")	2	9
Perrit Merriman, s. Eliada & Nancy, b. Jan. 2, 1791	1	3
Perret Merriman, s. [Eliada & Nancy], b. Jan. 2, 1791	1	9
Sarah, d. Eliada & Nancy, b. Mar. 8, 1789	1	2
Sarah, d. [Eliada & Nancy], b. Mar. 8, 1789	1	9
Sarah, [d. Eliada & Nancy], b. Mar. 8, 1789	2	9
Susan R., m. Asa F. **COWLES**, Dec. 2, 1847, by Rev. Burdett Hart, of Fair Haven	2	140
Titus, s. William, b. May 1, 1770	1	1

	Vol.	Page
SANFORD (cont.),		
Titus, [s. William], b. May 1, 1770	2	2
Titus, of New Haven, m. Rebecca **SMITH**, of Branford, July 22, 1821, by Sedgwick Rice, Wallingford	2	101
Whiting, of Laurel, Del., m. Mary **FOOT**, of North Haven, Aug. 30, 1821, by Rev. W[illia]m J. Boardman	2	102
William, s. [William], b. Mar. 20, 1785	1	1
William, [s. William], b. Mar. 20, 1785	2	2
SELAY, Joel Butler, s. Abraham & Eunice, b. Feb. 7, 1788	1	4
Joel Butler, [s. Abraham & Eunice], b. Feb. 7, 1788	2	5
Maria, d. [Abraham & Eunice], b. Dec. 13, 1790	1	4
Maria, [d. Abraham & Eunice], b. Dec. 13, 1790	2	5
Nancy, d. [Abraham & Eunice], b. Jan. 11, 1793	1	4
Nancy, [d. Abraham & Eunice], b. Jan. 11, 1793	2	5
Susannah, m. Josiah **THOMAS**, Feb. 4, 1783	2	24
SHARES, Melinda, m. Samuel **MIX**, of North Haven, June 4, 1823, by Rev. W[illia]m J. Boardman	2	107
SHEPHARD, SHEPHERD, Leeta, of North Haven, m. Elias **GILBERT**, of New Haven, Mar. 16, 1831, by Rev. W[illia]m J. Boardman	2	118
Marriett M., of East Haven, m. Augustus **HALE**, of North Haven, Oct. 1, 1837, by Rev. T. O. Judd	2	124
[**SILLIMAN**], SILIMAN, Levi G., m. Eliza A. **SANFORD**, Feb. 17, 1848, by [Burdett Hart]	2	141
SIMMONS, Anna Person, m. John **ABBOT**, May 29, 1800	2	19
SIMSBURY, Abigail, m. Ezia **MUNSON**, Dec. 2, 1850, by Rev. T. G. Colton	2	144
SMITH, Adeline, d. [Justus & Lydia], b. Jan. 10, 1815	2	29
Amelia R., of North Haven, m. Norman B. **WOOD**, of Mereden, June 26, 1833, by Charles J. Hinsdale	2	120
Betsey, m. Oliver **TODD**, May 1, 1786	1	14
Betsey, m. Oliver **TODD**, May 1, 1786	2	10
Charles, [s. Sidney & Ruth], b. Nov. 9, 1817	2	23
Delight, d. [Samuel & Hannah], b. Dec. 30, 1802	1	9
Delight, [d. Samuel & Hannah], b. Dec. 30, 1802	2	10
Ebenezer, of North Haven, m. Mary Ann **ROGERS**, Mar. 22, 1847, by Ira H. Smith	2	139
Elizabeth, m. Caleb **CLARK**, Dec. 2, 1776	2	21
Elmon, [s. Harvey & Sally], b. Nov. 5, 1817	2	24
Esther, d. [Samuel & Hannah], b. May 19, 1804	1	9
Esther, [d. Samuel & Hannah], b. May 19, 1804	2	10
Hannah, m. Sala **PIERPONT**, b. of North Haven, Oct. 10, 1832, by Rev. Stephen Hubbell	2	119
Harvey, m. Sally **SMITH**, June 3, 1812	2	12
Harvey, m. Grace **WHITNEY**, Feb. 10, 1819	2	29
Henry, [s. Sidney & Ruth], b. Sept. 25, 1808	2	23
Henry, m. Eliza **BLAKESLEE**, b. of North Haven, Oct. 10, 1832, by Rev. Stephen Hubbell	2	119
Hiram, m. Patty M. **SMITH**, Apr. 2, 1834, by Rev. Leverett Griggs	2	121

	Vol.	Page
SMITH (cont.),		
Horrace, [s. Sidney & Ruth], b. Jan. 20, 1810	2	23
James, m. Emily **BASSETT**, b. of North Haven, [ ], by Rev. Matthew Noyes, of Northford	2	113
John, m. Anna **COOK**, Oct. 16, 1781	2	32
John, of North Haven, m. Mary **DOOLITTLE**, of Wallingford, May 7, 1837, by Rev. Leverett Griggs	2	126
John Edwin, [s. Harvey & Sally], b. Oct. 12, 1815	2	24
Julia Eliza, of North Haven, m. Stephen **COOK**, of Cheshire, Nov. 28, 1822, by Joshua Barns, J. P.	2	105
Julius, m. Rebecca **EATON**, b. of North Haven, Sept. 21, 1840, by Leverett Griggs	2	131
Julius, of Northford, m. Mary A. **FROST**, of North Haven, Apr. 6, 1842, by L. Griggs	2	133
Justus, m. Lydia **TUTTLE**, Dec. 22, 1813	2	12
Justus, of North Haven, m. Loly **JOHNSON**, of Hamden, Feb. 23, 1826, by Rev. W[illia]m J. Boardman	2	112
Lydia Evelina, [d. Harvey & Sally], b. July 11, 1813	2	12
Martha, m. George L. **THORP**, b. of North Haven, Nov. 21, 1833, by Rev. Leverett Griggs	2	120
Mary, m. James **PARDEE**, Nov. 2, 1772	1	2
Mary, m. James **PARDEE**, Nov. 2, 1772	2	3
Melinda, m. John **GOODSELL**, Dec. 19, 1816	2	27
Nathaniel Stacey, s. [Samuel* & Hannah], b. May 30, 1801. (Arnold copy had "Sanford")	1	9
Nathaniel Stacey, [s. Samuel & Hannah], b. May 30, 1801	2	10
Olive, of North Haven, m. Willys **SMITH**, of Wallingford, Oct. 29, 1823, by Rev. W[illia]m J. Boardman	2	107
Patty M., m. Hiram **SMITH**, Apr 2, 1834, by Rev. Leverett Griggs	2	121
Polly, of Derby, m. Moses [T.] **BROCKETT**, July 28, 1824	2	36
Polly, of Derby, m. Moses T. **BROCKETT**, of North Haven, Aug. 18, 1826, by Rev. Oliver Willson	2	109
Rebecca, of Branford, m. Titus **SANFORD**, of New Haven, July 22, 1821, by Sedgwick Rice, Wallingford	2	101
Rosanna, of North Haven, m. David **DOOLITTLE**, of Wallingford, June 1, 1839, by Leverett Griggs	2	130
Sally, m. Harvey **SMITH**, June 3, 1812	2	12
Sally, w. Harvey, d. Sept. 27, 1818	2	24
Samuel, m. Hannah **STACEY**, Sept. 11, 1800	1	9
Samuel, m. Hannah **STACEY**, Sept. 11, 1800	2	10
Sidney, m. Ruth **PARKER**, Dec. 16, 1807	2	23
Sidney, [s. Sidney & Ruth], b. July 26, 1813	2	23
Warren, of East Haven, m. Caroline **ROBINSON**, of North Haven, Apr. 21, 1844, by Rev. Davis T. Shailer	2	135
Willys, of Wallingford, m. Olive **SMITH**, of North Haven, Oct. 29, 1823, by Rev. W[illia]m J. Boardman	2	107
-----, s. [Justus & Lydia], b. Sept. 23, 1817; d. 29th of the same month	2	29
STACY, STACEY, Betsey, [d. Nathaniel & Mehetable], b. June 21,		

	Vol.	Page
STACY, STACEY (cont.),		
1786	2	21
George, [s. Nymphas & Abigail], b. July 19, 1825	2	38
Hannah, [d. Nathaniel & Mehetable], b. Sept. 22, 1778	2	21
Hannah, m. Samuel **SMITH**, Sept. 11, 1800	1	9
Hannah, m. Samuel **SMITH**, Sept. 11, 1800	2	10
Harriet, [d. Nathaniel & Mehetable], b. Oct. 15, 1791	2	21
Harriet, [d. Nymphas & Abigail], b. Oct. 12, 1822	2	38
Harriet, of North Haven, m. Eldad **BASSETT**, of Hamden, Nov. 23, 1823, by Rev. W[illia]m J. Boardman	2	108
John A., [s. Nymphas & Abigail], b. Sept. 28, 1818	2	38
John Ayres, [s. Nymphas & Sela], b. Aug. 20, 1807; d. July 21, 1810	2	38
Mabel, w. [Nathaniel], d. Sept. 1, 1827	2	36
Mary, d. [Nymphas & Ruth], b. Sept. 1, 1812	2	38
Munroe, [s. Nymphas & Abigail], b. Mar. 25, 1820	2	38
Nathaniel, m. Mehetable **BEACH**, Aug. 5, 1777	2	21
Nathaniel, d. Apr. 1, 1827	2	36
Nymphas, [child of Nathaniel & Mehetable], b. May 6, 1782	2	21
Nymphas, m. Sela **TUTTLE**, [, 1804?]	2	38
Nymphas, m. Ruth **LEETE**, [, 1811?]	2	38
Nymphas, m. Abigail **BARNES**, Mar. [ ], 1818	2	38
Nymphas, and his family removed to Owego, N. Y., Nov. 5, 1830	2	38
Ruth, [d. Nymphas & Ruth], b. Oct. 11, 1815	2	38
Ruth, [w. Nymphas], d. Dec. 31, 1815	2	38
Sila, [w. Nymphas], d. July 9, 1810, ae 26	2	38
Silce Adelia, [child of Nymphas & Sela], b. May 19, 1805	2	38
Sila Adelia, [d. Nymphas & Abigail], b. Oct. 2, 1828	2	38
Sila Adelia, [d. Nymphas & Sela], d. [ ]	2	38
Terza, [d. Nathaniel & Mehetable], b. Apr. 8, 1784	2	21
STANTON, Cynthia H., m. Eaton A. **BROCKETT**, Dec. 21, 1851, by O. Street	2	145
STEPHENS, Meriam, of North Guilford, m. Oliver **BAILEY**, of East Haven, Mar. 15, 1838, by Rev. T. O. Judd	2	128
STETSON, Hannah, of Derby, m. Giles **BEACH**, of North Haven, Nov. 25, 1832, by Hubbard Barnes, J. P. (Perhaps "**STILSON**")	2	120
STILES, Charles W[illia]m, [s. Ezra & Esther], b. Feb. 1, 1833	2	39
Elizabeth H. B., of North Haven, m. Samuel S. **BROOKS**, of Butternutts, N. Y., Apr. 16, 1851, by Rev. C. W. Everest, of Hamden	2	144
[Esther], [w. Ezra], d. Sept. 26, 1836	2	39
Esther Josephine, [d. Ezra & Esther], b. Mar. 22, 1836, d. Sept. 28, 1836	2	39
Eunice, d. [Isaac Clark & Eunice], b. July 22, 1795	2	2
Ezra, s. [Isaac Clark & Eunice], b. July 26, 1804	2	2
Ezra, m. Esther **PIERPONT**, Apr. 30, 1829	2	39
Ezra, m. Esther **PIERPONT**, b. of North Haven, Apr. 30, 1829, by Rev. Ashbel Baldwin	2	115
Flora, [s. Isaac Clark & Eunice], b. May 21, 1809. (Perhaps a		

	Vol.	Page

STILES (cont.),
daughter?)	2	2
Harvey, m. Emily **TODD**, Oct. 21, 1832, by Rev. Charles William Bradley	2	119
Henry Hobart, m. Sarah Jane **HEATON**, b. of North Haven, Oct. 15, 1845, by Rev. Henry Fitch	2	137
Horrace, s. [Isaac Clark & Eunice], b. May 31, 1801	2	2
Horce, m. Lois **PIERPONT**, Oct. 9, 1834, by Rev. Charles William Bentley	2	121
Isaac, s. [Isaac Clark & Eunice], b. Aug. 2, 1792	2	2
Isaac, m. Lois **COOPER**, Nov. [ ], 1815	2	27
Isaac Clark, m. Eunice **BLAKESLEE**, May 3, 1787	1	2
Isaac Clark, m. Eunice **BLAKESLEE**, May 3, 1787	2	2
Isaac C[lark], d. June 16, 1834, ae 67	2	2
Isaac L., m. Sophronia **BLAKESLEE**, Feb. 16, 1842, by L. Griggs	2	133
Lora, d. Isaac C. & Eunice, b. Nov. 30, 1787	1	2
Lora, d. [Isaac Clark & Eunice], b. Nov. 30, 1787	2	2
Sina, d. [Isaac Clark & Eunice], b. Apr. 24, 1790	2	2
Sterling, [s. Isaac & Lois], b. Dec. 30, 1816; d. Jan. 24, 1818	2	27
Zopher, s. [Isaac Clark & Eunice], b. Aug. 24, 1799	2	2
-----, s. [Ezra & Esther], b. Feb. 14, 1831; lived about 18 hrs.	2	39

STILLMAN, Roswell F., Dr., of Burlington, N. Y., m. Rebecca E. **WARNER**, of North Haven, June 1, 1848, by Rev. Austin Putnam — 2, 141

Sally, of New Haven, m. John **GILL**, Nov. 26, 1843, by L. Griggs — 2, 135

STILSON*, Hannah, of Derby, m. Giles **BEACH**, of North Haven, Nov. 25, 1832, by Hubbard Barnes, J. P.   *(Perhaps "**STETSON**") — 2, 120

STONE, Amos P., of Stockbridge, Mass., m. Amelia **BISHOP**, of North Haven, Mar. 30, 1838, by Rev. Leverett Griggs — 2, 127

STOW, James S., of New Haven, m. Ann Delia **TUTTLE**, of North Haven, Dec. 13, 1853, by S. W. Robbins — 2, 146

TAINTER, Henry, m. Ann Maria **CRANE**, Aug. 10, 1834, by Jesse Brockett, J. P. — 2, 121

TALMADGE, TALMAGE, Anna, of Northford, m. Eli **HULL**, of Hamden, Aug. 21, 1832, by A. C. Baldwin — 2, 119

Selah, of Southwick, Mass., m. wid. Esther **TUTTLE**, of North Haven, Dec. 22, 1846, by Ira H. Smith — 2, 139

THARP, [see under **THORP**]

THATCHER, Elizur H., of East Haven, m. Antoinette E. **BASSETT**, of North Haven, Nov. 17, 1842, by L. Griggs — 2, 134

THOMAS, Betsey, [d. Josiah & Susannah], b. Aug. 31, 1785 — 2, 24

Betsey, m. Zopher **JACOBS**, Jan. 2, 1804 — 2, 24

Josiah, m. Susannah **SELAY**, Feb. 4, 1783 — 2, 24

Sina, [child of Josiah & Susannah], b. Aug. 5, 1792 — 2, 24

THORP, THARP, Abigail, d. [Joshua & Mary Anna], b. Dec. 18, 1815 — 2, 11

Abigail, of North Haven, m. Joshua M. **CHILDS**, of East Livermore, Me., May 21, 1835, by Leverett Griggs — 2, 123

Anson Cook, s. [Joshua & Mary Anna], b. Nov. 29, 1812 — 2, 11

	Vol.	Page
THORP, THARP (cont.),		
Asa, [s. Asa & Lydia], b. Oct. 16, 1799	2	26
Asa*, of North Haven, m. Sally **DOOLITTLE**, of Wallingford, [ ] 1, 1823, by Rev. W[illia]m J. Boardman		
*Asa, Jr.	2	105
Asa, Jr., see Asa **THORP**	2	105
Bedy, [child of Billa & Polly], b. Apr. 5, 1801; d. Oct. 26, 1805	2	26
Bede R., of North Haven, m. Hubbard **JONES**, of Wallingford, May 6, 1833, by Rev. Stephen Hubbell	2	120
Bedy Rocksyna, [child of Billa & Polly], b. Feb. 3, 1810	2	26
Billa, m. Polly **MOULTHROP**, Sept. 6, 1800	2	26
Charlotte, m. Erus **BISHOP**, Apr. 17, 1844, by L. Griggs	2	135
Charlotte Emeline, [d. Asa & Lydia], b. Apr. 22, 1812	2	26
Cyrus E., m. Charlotte **PAGE**, Nov. 2, 1850, by Rev. T. G. Colton	2	144
Delight, of North Haven, m. Frankling C. **ANDREWS**, of Southington, June [ ], 1836, by Rev. Leverett Griggs	2	126
Dennis, [s. Billa & Polly], b. Feb. 4, 1813	2	26
Dennis, m. Elmina **BASSETT**, Jan. 3, 1837, by Rev. Leverett Griggs	2	126
Eunice, [d. Asa & Lydia], b. July 2, 1796	2	26
[E]unetia, [child of Billa & Polly], b. Aug. 5, 1803	2	26
Eunisia, m. Ira Briant **PHELPS**, b. of North Haven, Oct. 17, 1830, by Rev. W[illia]m J. Boardman	2	117
George, [s. Asa & Lydia], b. July 30, 1806	2	26
George L., m. Martha **SMITH**, b. of North Haven, Nov. 21, 1833, by Rev. Leverett Griggs	2	120
Harriet, [d. Joshua & Rebecca], b. June 29, 1803	2	11
Jacob, [s. Billa & Polly], b. Sept. 26, 1805	2	26
Jacob, m. Alma **BASSETT**, b. of North Haven, Nov. 22, 1830, by Rev. W[illia]m J. Boardman	2	118
James H., of North Haven, m. Caroline E. **FLYNT**, of East Williamstown, Vt., May 28, 1839, by Leverett Griggs	2	130
James Harvey, [s. Joshua & Mary Anna], b. Apr. 26, 1810	2	11
Jesse, 2nd, of North Haven, m. wid. Sarah **BARNES**, of Hamden, May 17, 1838, by Rev. Leverett Griggs	2	128
Joshua, m. Rebecca **DICKERMAN**, Nov. 25, 1801	2	11
Joshua, m. Mary Anna **COOK**, June 2, 1806	2	11
Julia C., m. Joel E. **BASSETT**, Nov. 30, 1854, by S. W. Robbins	2	148
Lois, m. Asahel **PIERPO[I]NT**, b. of North Haven, Nov. 19, 1823, by Rev. W[illia]m J. Boardman	2	108
Loly, m. Zerah **TODD**, Oct. 6, 1819	2	32
Loley, m. Zerah **TODD**, Oct. 6, 1819	2	35
Lovisa, m. William **JACOBS**, b. of North Haven, [ ] 1, 1822, by Rev. W[illia]m J. Boardman	2	103
Loyal, m. Mary Ann **GOODSELL**, Mar. 29, 1843, by L. Griggs	2	134
Lydia, [d. Asa & Lydia], b. July 1, 1804	2	26
Lynas, [child of Asa & Lydia], b. Aug. 22, 1802	2	26
Mary, [d. Russel & Betsey], b. Aug. 4, 1814	2	27
Mary, m. Asahel **PIERPO[I]NT**, b. of North Haven, Oct. 24, 1830,		

	Vol.	Page
THORP, THARP (cont.),		
by Rev. W[illia]m J. Boardman	2	117
Mary A., of North Haven, m. Roman **DOOLITTLE**, of Wallingford, Sept. 20, 1842, by L. Griggs	2	134
Meriam, m. William **WATERMAN**, Oct. 16, 1793	2	20
Polly Delight, [d. Billa & Polly], b. Aug. 11, 1816	2	26
Rebecca, w. [Joshua], d. Dec. 9, 1805	2	11
Rebecca, d. [Joshua & Mary Anna], b. May 3, 1807	2	11
Rebecca, m. W[illia]m **HARTLEY**, b. of North Haven, Jan. 19, 1831, by Rev. W[illia]m J. Boardman	2	118
Roswell, [s. Asa & Lydia], b. Mar. 7, 1798	2	26
Russel, [s. Asa & Lydia], b. June 25, 1789	2	26
Russel, m. Betsey **COREY**, Oct. 14, 1812	2	27
Sally, [d. Asa & Lydia], b. Jan. 19, 1793	2	26
Sybel, of North Haven, m. Miles **TUTTLE**, of Vernon, June 2, 1822, by Rev. W[illia]m J. Boardman	2	104
William Derias, [s. Billa & Polly], b. Nov. 19, 1807	2	26
Wyllys, s. [Joshua & Mary Anna], b. Dec. 4, 1821	2	11
TODD, Anna Loiza, d. [Oliver & Betsey], b. Sept. 30, 1807	1	14
Anna Loiza, d. [Oliver & Betsey], b. Sept. 30, 1807	2	10
Beda, d. [Oliver & Betsey], b. July 18, 1802	1	14
Beda, [child of Oliver & Betsey], b. July 18, 1802	2	10
Bennet, [s. Zerah & Loley], b. Aug. 14, 1822	2	35
Beri, m. Caroline **BARNS**, b. of North Haven, Nov. 12, 1828, by Rev. W[illia]m J. Boardman	2	115
Beri M., [s. Melvin & Polly], b. Apr. 7, 1807	2	14
Betsey, d. [Oliver & Betsey], b. Jan. 30, 1800	1	14
Betsey, [d. Oliver & Betsey], b. Jan. 30, 1800	2	10
Betsey, [d. Melvin & Polly], b. Aug. 3, 1800	2	14
Betsey, m. Jesse **ROBINSON**, b. of North Haven, June 8, 1823, by Rev. Pierpo[i]nt Brockett	2	107
Betsey, of North Haven, m. James **GILBERT**, of Hamden, Dec. 16, 1825, by Rev. W[illia]m J. Boardman	2	112
Caroline, [d. Melvin & Polly], b. Dec. 31, 1804	2	14
Charlotte, m. Warren **COOPER**, b. of North Haven, Feb. 21, 1843, by Ammi Linsley, V. D. M.	2	132
Debbe, d. [Oliver & Betsey], b. July 28, 1791	1	14
Debba, [child of Oliver & Betsey], b. July 28, 1791	2	10
Emily, d. [Oliver & Betsey], b. Feb. 15, 1805	1	14
Emily, [d. Oliver & Betsey], b. Feb. 15, 1805	2	10
Emily, m. Harvey **STILES**, Oct. 21, 1832, by Rev. Charles William Bradley	2	119
Ezra L., m. Martha **ROYCE**, Dec. 6, 1821, by Rev. Origin P. Holcomb, in the Episcopal Church	2	103
George Clinton, s. [John & Lewey], b. Dec. 1, 1816	2	30
Grace, m. Charles **PIERPO[I]NT**, Nov. 24, 1836, by Rev. Leverett Griggs	2	126
Grace A., m. Samuel **HALE**, Jan. 29, 1851, by Rev. T. G. Colton	2	144
Joel Edwin, [s. Zerah & Loley], b. Feb. 21, 1821	2	35

	Vol.	Page
TODD (cont.),		
John, m. Lewey **PIERPO[I]NT**, Nov. 27, 1813	2	30
Lawrence P., m. Maria A. **BALDWIN**, Mar. 11, 1848, by Burdett Hart	2	141
Lodema D., m. Isaac **LOUNSBURY**, Mar. 24, 1835, by Rev. A. Bushnell	2	122
Loviza, m. Jared **PIERPO[I]NT**, s. of Philemon, Mar. 25, 1833, in New Haven	2	40
Lucretia, m. Enos B. **DAYTON**, Oct. 31, 1819	2	32
Lyman, m. Mrs. Polly **TODD**, b. of North Haven, Apr. 5, 1825, by Jacob Bassett, J. P.	2	110
Lyman, of New York State, m. Damaris **BALDWIN**, of North Branford, Sept. 26, 1830, by Rev. W[illia]m J. Boardman	2	116
Lyman, m. Lydia **HEALD**, b. of North Haven, Nov. 28, 1842, by Rev. Harmon Ellis	2	132
Mabel, b. Sept. 13, 1771; m. James **HEATON**, May 4, 1814	2	19
Maria, d. [Oliver & Betsey], b. Feb. 24, 1797	1	14
Meria, [child of Oliver & Betsey], b. Feb. 24, 1797	2	10
Maria, m. Zerah **TUTTLE**, b. of North Haven, Apr. 6, 1824, by Rev. W[illia]m J. Boardman	2	108
Maria, m. Zerah P. **TUTTLE**, Apr.[ ], 1824	2	40
Mary, m. Merit **BARNS**, b. of North Haven, May 16, 1821, by Rev. Oliver Willson	2	101
Mary Ann, [d. Melvin & Polly], b. Sept. 10, 1802	2	14
Melvin, m. Polly **RAY**, Nov. 19, 1799	2	14
Nancy, m. Eliada **SANFORD**, July 6, 1785	1	1
Nancy, m. Eliada **SANFORD**, July 6, 1785	1	9
Nancy, m. Eliada **SANFORD**, July 6, 1785	2	9
Oliver, m. Betsey **SMITH**, May 1, 1786	1	14
Oliver, m. Betsey **SMITH**, May 1, 1786	2	10
Owen, m. Aurelia **CLINTON**, b. of North Haven, Oct. 30, 1823, by Rev. W[illia]m J. Boardman	2	107
Polly, d. [Oliver & Betsey], b. Jan. 11, 1789	1	14
Polly, [d. Oliver & Betsey], b. Jan. 11, 1789	2	10
Polly, d. [Oliver & Betsey], d. Dec. 19, 1793	1	14
Polly, d. [Oliver & Betsey], d. Dec. 19, 1793	2	10
Polly, m. Roswell **TODD**, June 19, 1816	2	18
Polly, Mrs., m. Lyman **TODD**, b. of North Haven, Apr. 5, 1825, by Jacob Bassett, J. P.	2	110
Polly E., [d. Melvin & Polly], b. July 20, 1809	2	14
Polly E., m. Jonathan H. **DAYTON**, b. of North Haven, May 9, 1830, by Rev. W[illia]m J. Boardman	2	117
Roswell, s. [Oliver & Betsey], b. Sept. 22, 1794	1	14
Roswell, [s. Oliver & Betsey], b. Sept. 22, 1794	2	10
Roswell, m. Polly **TODD**, June 19, 1816	2	18
Sally, m. Julius **EATON**, b. of North Haven, Oct. 23, 1822, by Rev. W[illia]m J. Boardman	2	104
Salome M., m. David **BLAKESLEE**, May 14, 1835	2	40
Salome M., m. David **BLAKESLEE**, May 14, 1835, by Leverett		

	Vol.	Page
TODD (cont.),		
Griggs	2	123
Sarah, m. Julius **HEATON**, Oct. 23, 1822	2	38
Serena B., m. Eunetia **CLINTON**, Nov. 26, 1846, by Rev. Ira H. Smith	2	139
Sharlotte Elizabeth, [d. Roswell & Polly], b. Apr. 3, 1817	2	18
Theophilus, m. Catharine **MIX**, Dec. 26, 1801	2	24
William, Jr., of Wallingford, m. Frances A. **GILL**, of North Haven, Sept. 15, 1835, by Leverett Griggs	2	123
William, m. Juline A. **BARNS**, Oct. 21, 1841, by L. Griggs	2	133
Zerah, s. Oliver & Betsey, b. Dec. 26, 1786	1	14
Zera, [child of Oliver & Betsey], b. Dec. 26, 1786	2	10
Zerah, m. Loly **THORP**, Oct. 6, 1819	2	32
Zerah, m. Loley **THORP**, Oct. 6, 1819	2	35
-----, s. [Theophilus & Catharine], b. July 1, 1808; d. [July] 15, [1808]	2	24
TOLLES, Julius S., of Woodbridge, m. Lydia Sophronia **JACOBS**, of North Haven, Mar. 8, 1829, by Elder Joseph Glasier	2	114
Mary A., m. William J. **TUTTLE**, May 10, [1852]	2	145
TRUMBULL, Benjamin, Rev., D. D., d. Feb. 2, 1820, ae 84	2	31
Hannah, m. Justus **BISHOP**, Feb. 3, 1800	2	24
Polly, m. Peter **EASTMAN**, June 25, 1801	2	21
TURNER, Lidia, m. John **GILLS**, June 20, 1791	1	3
Lydia, m. John **GILL**, June 20, 1791	2	4
Mary, b. Apr. 15, 1754; m. Hezekiah **TUTTLE**, Mar. 19, 1770	2	25
TUTTLE, Abraham, [s. Joel & Lydia], b. July 17, 1778	2	37
Albert Munroe, [s. Riley & Eunetia Jennet], b. Sept. 30, 1829	2	39
Almira, of North Haven, m. Henry **DeWOLFE**, of Northford, June 10, 1830, by Rev. W[illia]m J. Boardman	2	117
Amos, of Hamden, m. Harriet **BASSETT**, of North Haven, Feb. 24, 1840, by Leverett Griggs	2	131
Ann Delia, of North Haven, m. James S. **STOW**, of New Haven, Dec. 13, 1853, by S. W. Robbins	2	146
Anson, of Cheshire, m. Eunice **PIERPO[I]NT**, May 1, 1844, by L. Griggs	2	136
Asa, [s. Jonathan & Sible], b. Jan. 3, 1797	2	4
Asahel, [s. Hezekiah & Mary], b. Aug. 27, 1787	2	25
Benajah, m. Lovice **RAY**, Aug. [ ], 1800	2	22
Benajah, m. Betsey **RAY**, June 24, 1802	2	22
Betsey, [d. Benajah & Betsey], b. Apr. 20, 1809	2	22
Caleb, [s. Hezekiah & Mary], b. Nov. 18, 1779	2	25
Caroline, [d. Zerah P. & Maria], b. Nov. 27, 1831	2	40
Delia, [d. Edward & Sally], b. Nov. 14, 1813; d. Aug. 15, 1815	2	16
Dennis, [s. Jesse & Esther], b. Mar. 31, 1797	2	17
Dennis, m. Nancy **SANFORD**, b. of North Haven, Sept. 24, 1820, by Rev. W[illia]m J. Boardman.	2	100
Edward, b. May 3, 1789; m. Sally **CLINTON**, May 6, 1813	2	16
Elam, [s. Hezekiah & Mary], b. July 30, 1777	2	25
Eliazer, s. [Jonathan & Sibil], b. Nov. 20, 1787 (Eleazer)	1	3

	Vol.	Page
TUTTLE (cont.),		
Eleazer, s. [Jonathan & Sible], b. Nov. 20, 1787	2	4
Eli, [s. Hezekiah & Mary], b. Mar. 1, 1775	2	25
Eliada, [d. Joel & Lydia], b. June 2, 1786	2	37
Eliza, [d. Jonathan & Sible], b. Oct. 4, 1805	2	4
Eliza, [d. Edward & Sally], b. May 15, 1816	2	16
Eliza A., of North Haven, m. Joseph A. **GRANNIS**, of East Haven, May 16, 1838, by Rev. Leverett Griggs	2	127
Eliza M., of North Haven, m. Sylvester B. **ALLIS**, of Huntington, Apr. 13, 1849, by Joseph D. Hull	2	141
Eliza Maria, [d. Zerah P. & Maria], b. Mar. 21, 1829	2	40
Elizabeth, d. Solomon & Eunice, b. May 13, 1775	1	7
Elizabeth, [d. Solomon & Eunice], b. May 13, 1775	2	8
Elizabeth, [d. Jesse & Esther], b. Apr. 5, 1809	2	17
Elizabeth, m. Edward J. **DOOLITTLE**, Feb. 2, 1834	2	40
Elizabeth, of North Haven, m. Edward J. **DOOLITTLE**, of Wallingford, Feb. 2, 1834, by Rev. Leverett Griggs	2	121
Enos T., m. Alvira **BASSETT**, of North Haven, May 8, 1826, by Rev. W[illia]m J. Boardman	2	112
Esther, m. Jacob **DOOLITTLE**, b. of North Haven, Apr. 11, 1823, by Rev. W[illia]m J. Boardman	2	106
Esther, wid. of North Haven, m. Selah **TALMADGE**, of Southwick, Mass., Dec. 22, 1846, by Ira H. Smith	2	139
Eunice, [d. Zerah P. & Maria], b. Jan. 19, 1827	2	40
Eunice, m. Byard A. **PIERPO[I]NT**, b. of North Haven, Sept. 21, 1851, by Ammi Simsbury, V. D. M.	2	145
Frederick, [s. Joel & Lydia], b. June 22, 1773	2	37
George, [s. Benajah & Lovice], b. Mar. 27, 1801	2	22
George Riley, [s. Riley & Eunetia Jennet], b. Mar. 4, 1824	2	39
Hannah, [d. Joel & Lydia], b. May 28, 1781	2	37
Hannah, m. David **BASSETT**, Aug. 15, 1804	2	25
Hezekiah, b. May 20, 1749; m. Mary **TURNER**, Mar. 19, 1770	2	25
Ithamer, m. Aurelia **BASSETT**, b. of North Haven, Nov. 22, 1820, by Rev. W[illia]m J. Boardman	2	100
Jesse, [s. Hezekiah & Mary], b. Mar. 8, 1771	2	25
Jesse, m. Esther **PIERPO[I]NT**, Sept. 30, 1795	2	17
Joel, m. Lydia **BRADLEY**, Sept. 3, 1772	2	37
Joel, d. Oct. 9, 1826	2	37
Jonathan, m. Sible **COOPER**, Oct. 24, 1784	2	4
Jonathan, m. Sibil **COOPER**, Oct. 24, 1784	1	3
Lavina, of North Haven, m. Beman **CLINTON**, of Wallingford, Nov. 5, 1826, by Rev. W[illia]m J. Boardman	2	112
Lois, [d. Joel & Lydia], b. Dec. 22, 1794	2	37
Louisa, m. Parles **RICE**, b. of Wallingford, Sept. 29, 1823, by Rev. W[illia]m J. Boardman	2	107
Lovice, w. [Benajah] d. Mar. 27, 1801	2	22
Lovice, [d. Benajah & Betsey], b. Dec. 19, 1803	2	22
Lovica, m. Henry **GILL**, b. of North Haven, Nov. 6, 1821, by Rev. W[illia]m J. Boardman	2	103

	Vol.	Page
TUTTLE (cont.),		
Lowly, m. Ira **DOOLITTLE**, Jan. 14, 1810	1	14
Lowly, m. Ira **DOOLITTLE**, Jan. 14, 1810	2	11
Luanna E., of North Haven, m. Leonard B. **HOTCHKISS**, of Waterbury, Nov. 27, 1834, by Rev. Leverett Riggs [Griggs]	2	122
Lucinda, [d. Joel & Lydia], b. Apr. 8, 1775	2	37
Lucretia, d. [Solomon & Eunice], b. Feb. 25, 1780	1	7
Lucretia, [d. Solomon & Eunice], b. Feb. 25, 1780	2	8
Lydia, [d. Hezekiah & Mary], b. Mar. 4, 1783	2	25
Lydia, m. Caleb **BLAKESLEE**, June 12, 1784	1	3
Lydia, m. Caleb **BLAKESLEE**, June 12, 1784	2	4
Lydia, [d. Joel & Lydia], b. Apr. 7, 1791	2	37
Lydia, m. Justus **SMITH**, Dec. 22, 1813	2	12
Lydia, m. Amos **ABBEY**, Sept. 28, 1817	2	16
Marcy, m. Isaac **BLAKESLEE**, Jr., Oct. 29, 1810	2	11
Marcy, m. Isaac **BLAKESLEY**, Jr., Oct. 29, 1810	1	9
Martha Jennett, [d. Riley & Eunetia Jennet], b. Aug. 3, 1822	2	39
Mary, [d. Benajah & Betsey], b. Mar. 11, 1815	2	22
Mary, of North Haven, m. Willaim **IVES**, of New Haven, Nov. 28, 1833, by Rev.Leverett Griggs	2	120
Mary J., of North Haven, m. Henry G. **DICKERMAN**, of Hamden, June 22, 1854, by Rev. Austin Putnam	2	147
Mary L., [d. Riley & Eunetia Jennet], b. Aug. 2, 1834	2	39
Miles, [s. Hezekiah & Mary], b. Sept. 3, 1792	2	25
Miles, of Vernon, m. Sybel **THORP**, of North Haven, June 2, 1822, by Rev. W[illia]m J. Boardman	2	104
Newton, [s. Zerah P. & Maria], b. Apr. 13, 1825	2	40
Olive, [d. Joel & Lydia], b. Sept. 25, 1783	2	37
Olive, m. Harvey **BASSETT**, Mar. 15, 1807	1	15
Ollive, m. Harvey **BASSETT**, Mar. 15, 1807	2	11
Polly E., of North Haven, m. Linus B. **CASTLE**, of Harwenton, Dec. 16, 1841, by L. Griggs	2	133
Rebecca, m. Joseph **BROCKET**[T], May 8, 1782	1	4
Rebecca, m. Joseph **BROCKETT**, May 8, 1782	2	5
Rhoda, m. Amos **BRADLEY**, Dec. [ ], 1800	2	27
Riley, b. Sept. 23, 1787, in Hamden; m. Eunetia Jennet **JACOBS**, Sept. 19, 1821	2	39
Sally, twin with Seyla, [d. Solomon & Eunice], b. Nov. 19, 1784	1	7
Sally, twin with Seyla, [d. Solomon & Eunice], b. Nov. 19, 1784	2	8
Sally S., of East Haven, m. George **JACOBS**, of North Haven, Oct. 27, 1835, by Leverett Griggs	2	123
Seyla, twin with Sally, [d. Solomon & Eunice], b. Nov. 19, 1784	1	7
Seyla, twin with Sally, [d. Solomon & Eunice], b. Nov. 19, 1784	2	8
Sele, [child of Joel & Lydia], b. Sept. 27, 1788	2	37
Sela, m. Nymphas **STACEY**, [ ]	2	38
Solomon, s. [Solomon & Eunice], b. June 9, 1782	1	7
Solomon, [s. Solomon & Eunice], b. June 9, 1782	2	8
Susannah, wid., m. Oliver **BLAKESLEE**, Mar. 27, 1799	2	15

	Vol.	Page
TUTTLE (cont.),		
Theophilus, s. [Solomon & Eunice], b. Dec. 17, 1787	1	7
Theophilus, [s. Solomon & Eunice], b. Dec. 17, 1787	2	8
Uranis, d. Jonathan & Sibil, b. Nov. 20, 1785	1	3
Urania, [d. Jonathan & Sible], b. Nov. 20, 1785	2	4
William J., m. Mary A. **TOLLES**, May 10, [1852]	2	145
Willis, m. Abby **BASSETT**, b. of North Haven, May 18, 1831, by Rev. W[illia]m J. Boardman	2	118
Zerah, m. Maria **TODD**, b. of North Haven, Apr. 6, 1824, by Rev. W[illia]m J. Boardman	2	108
Zerah P., m. Maria **TODD**, Apr. [ ], 1824	2	40
Zerah Pierpo[i]nt, [child of Jesse & Esther], b. Oct. 2, 1800	2	17
Zerviah, d. [Solomon & Eunice], b. July 25, 1777	1	7
Zerviah, [child of Solomon & Eunice], b. July 25, 1777	2	8
----, [child of Zerah P. & Maria], b. [Nov.14, 1830]; d. Nov. 14, 1830	2	40
TYLER, Ezra, of Wallingford, m. Marietta **BATES**, of Wallingford, Nov. 30, 1853, by Rev. Alonzo G. Shares	2	147
Joel, of Wallingford, m. Polly **BLAKESLEE**, of North Haven, Sept. 12, 1821, by Rev. W[illia]m J. Boardman	2	102
Julia Ann, of Tolland, m. Manning B. **BASSETT**, of North Haven, Apr. 2, 1840, by Leverett Griggs	2	131
VAN DOREN, William J., of Whitehouse, N. J., m. Grace A. **MANSFIELD**, of North Haven, Oct. 7, 1852, by Ammi Simsbury, V. D. M.	2	146
WALLACE, Robert, of Prospect, m. Harriet L. **MOULTHROP**, of North Haven, Mar. 17, 1839, by Leverett Griggs	2	130
WARNER, Eleazer, m. Rebecca **BARNS**, Jan. 14, 1818	2	30
Horatio N., m. Mary Ann **BARNS**, Dec. 12, 1833, by Rev. Leverett Griggs	2	120
Mary Elizabeth, d. Eleazer & Rebecca, b. Sept. 10, 1821	2	33
Mary Elizabeth, d. Eleazer & Rebecca, b. Sept. 10, 1821; d. May 10, 1822	2	33
Rebecca E., of North Haven, m. Dr. Roswell F. **STILLMAN**, of Burlington, N. Y., June 1, 1848, by Rev. Austin Putnam	2	141
WATERMAN, Bishop Hall, [s. William & Meriam], b. June 2, 1813	2	20
Julia, [d. William & Meriam], b. Mar. 4, 1810	2	20
Polly Barker, [d. William & Meriam], b. Feb. 4, 1797	2	20
Titus, [s. William & Meriam], b. Sept. 16, 1799	2	20
Titus, m. Caroline **BLAKESLEE**, b. of North Haven, June 15, 1823, by Rev. W[illia]m J. Boardman	2	107
William, m. Meriam **THORP**, Oct. 16, 1793	2	20
William, [s. William & Meriam], b. Feb. 27, 1802	2	20
WATERS, Almira, [d. Jesse & Sally], b. Apr. 2, 1802	2	20
Betsey, [d. Jesse & Sally], b. Oct. 10, 1803	2	20
Eunice, [d. Jesse & Sally], b. Nov. 16, 1807	2	20
Harris, [s. Jesse & Sally], b. Nov. 25, 1814	2	20
Jesse, b. Sept. 11, 1776; m. Sally **JACOBS**, Jan. 14, 1801	2	20
Marvin, [s. Jesse & Sally], b. Jan. 13, 1811; d. June 10, 1812	2	20

	Vol.	Page
WAY, Roxana, of Hamden, m. Reuel **AUGUR**, of Branford, Mar. 27, 1823, by Rev. Oliver Willson	2	106
WELLS, Harriet, m. Joseph **BRADLEY**, Jan. 26, 1812	2	19
WHITING, Jared A., m. Susan **LEEK**, b. of Hamden, [Jan.] 11, [1843], by O. Cowles	2	132
WHITNEY, Grace, m. Harvey **SMITH**, Feb. 10, 1819	2	29
WIXAN, David, of New Haven, m. Roxanna **IVES**, of North Haven, Dec. 13, 1840, by Rev. John Noye	2	129
WOLCOTT, WOLCOT, WOOLCOT, Alexander, [s. Thomas Goodsell & Lucy], b. Jan. 13, 1800	1	5
Alexander, [s. Thomas Goodsell & Lucy], b. Jan. 13, 1800	2	6
Eliza, [d. Thomas Goodsell & Lucy], b. Feb. 2, 1795	1	5
Eliza, [d. Thomas Goodsell & Lucy], b. Feb. 2, 1795	2	6
Nancy Green, [d. Thomas Goodsell & Lucy], b. Sept. 14, 1791	1	5
Nancy Green, [d. Thomas Goodsell & Lucy], b. Sept. 14, 1791	2	6
Sarah, m. Jotham **ALLEN**, Jan. 8, 1770	1	2
Sarah, m. Jotham **ALLEN**, Jan. 8, 1770	2	3
Sarah G., [d. Thomas Goodsell & Lucy], b. Mar. 19, 1790	1	5
Sarah G., [d. Thomas Goodsell & Lucy], b. Mar. 19, 1790	2	6
Thomas Goodsell, m. Lucy **HUFFMAN**, May 27, 1789	1	5
Thomas Goodsell, m. Lucy **HUF[F]MAN**, May 27, 1789	2	6
W[illia]m, of Stow, Mass., m. Lavora **FOOTE**, of North Haven, Sept. 27, 1830, by Rev. W[illia]m J. Boardman	2	116
WOOD, Norman B., of Mereden, m. Amelia R. **SMITH**, of North Haven, June 26, 1833, by Charles J. Hinsdale	2	120
NO SURNAME		
Betsey, m. Allen **IVES**, Sept. 1, 1825, by Rev. W[illia]m J. Boardman	2	111

www.ingramcontent.com/pod-product-compliance
Lightning Source LLC
Chambersburg PA
CBHW062003220426
43662CB00010B/1210